Kommentar ATV DIN 18 350 und DIN 18 299

Putz- und Stuckarbeiten

Markus Weißert · Achim Bauer

Kommentar ATV DIN 18 350 und DIN 18 299

Putz- und Stuckarbeiten

14. Auflage

Mit 82 Abbildungen und 20 Tabellen

Unter Mitarbeit von
Siegfried Birkholz
Markus Eberlein

Springer Vieweg

c.maurer FACHMEDIEN

Markus Weißert
Asperg, Deutschland

Achim Bauer
Mannheim, Deutschland

Die Normtexte wurden mit Erlaubnis von DIN Deutsches Institut für Normung e.V. wiedergegeben. Maßgebend für das Anwenden der DIN-Norm ist deren Fassung mit dem neuesten Ausgabedatum, die bei der Beuth Verlag GmbH, Am DIN Platz, Burggrafenstraße 6, 10787 Berlin erhältlich ist.

ISBN 978-3-658-17759-1
DOI 10.1007/978-3-658-17760-7

ISBN 978-3-87517-057-3 (C.Maurer)

Die Deutsche Nationalbibliothek verzeichnet diese Publikation in der Deutschen Nationalbibliografie; detaillierte bibliografische Daten sind im Internet über http://dnb.d-nb.de abrufbar.

Springer Vieweg
Ursprünglich erschienen bei Bauverlag, Wiesbaden und Berlin (bis 10. Aufl.)
11. bis 13. Aufl. bearbeitet von Rainer Franz, Eugen Schwarz und Markus Weißert

Lektorat: Karina Danulat/Annette Prenzer
Umschlagbild: Fassade in Donaueschingen
Foto: bernhardstrauss.com
Architekt: gaebeleraufer.de
Fachunternehmen: albi Stuckateure, Hüfingen/Hausen vor Wald, albi-gipsmir.de

Gedruckt auf säurefreiem und chlorfrei gebleichtem Papier.

Springer Vieweg ist Teil von Springer Nature
Die eingetragene Gesellschaft ist Springer Fachmedien Wiesbaden GmbH
Die Anschrift der Gesellschaft ist: Abraham-Lincoln-Str. 46, 65189 Wiesbaden, Germany

Vorwort zur 14. Auflage

In der 14. Auflage wurde die Kommentierung der Allgemeinen Technischen Vertragsbedingungen (ATV) DIN 18350 Putz- und Stuckarbeiten völlig neu überarbeitet, ergänzt durch die Neuerungen der Gesamtausgabe der VOB 2016.

Bei der Bearbeitung der 14. Auflage dieses Kommentars wurde wiederum besonders Wert darauf gelegt, Erfahrungen und Erkenntnisse aus der Praxis in die Erläuterungen mit einzubeziehen und diese verständlich und anwendungsnah darzustellen. Die kommentierten Erläuterungen geben die übereinstimmende Auffassung der Verfasser wieder, die beide als Fachberater an der überarbeiteten Fassung der ATV 18350 Putz- und Stuckarbeiten mitgewirkt haben.

Die im vorliegenden Kommentar aufgezeigten praxisgerechten Erläuterungen spiegeln damit zugleich auch die Sichtweise aus den Beratungen des Hauptausschusses Hochbau im Deutschen Vergabe- und Vertragsausschuss wider.

Allen Fachleuten, die für die Überarbeitung dieser Auflage Anregungen und Hinweise gegeben haben, sei an dieser Stelle gedankt. Gleichwohl konnten bei der Vielfalt von möglichen Sachverhalten sicher nicht alle in der Praxis aufkommenden Fragen behandelt und kommentiert werden. Für Anregungen und Hinweise zu Ergänzungen und Klarstellungen der kommentierten Sachverhalte sind die Verfasser dankbar.

Allen Autoren, die an den vorangegangenen Auflagen dieses Kommentars langjährig mitgewirkt haben, wie dem ehemaligen Vorsitzenden des Hauptausschuss Hochbau (HAH) des Deutschen Vergabe- und Vertragsausschusses für Bauleistungen (DVA) Herrn Ministerialdirigent Rainer Franz, dem ehemaligen Geschäftsführer des HAH des DVA Herrn Otto Stich und insbesondere Herrn Stuckateurmeister Eugen Schwarz, Stuttgart, der als Obmann der Fachberater im HAH des DVA über 40 Jahre an der jeweiligen Neugestaltung der ATV DIN 18350 Putz und Stuckarbeiten sowie bis zur 13. Auflage diese Kommentars mit hohem Engagement aktiv und mit hoher Kontinuität mitgewirkt hat, sei an dieser Stelle ganz besonders gedankt.

Die vorherigen Kommentatoren haben es verstanden, eine Kommentierung zu schaffen, die beispielhaft geprägt ist vom fairen Ausgleich zwischen den am Bau beteiligten Partnern wie Auftraggebern und Auftragnehmern. In diesem Sinne gilt der Dank der Autoren für die geschaffenen fairen Grundlagen an denen in diesem Sinne weitergearbeitet wurde.

Mai 2017

Markus A. Weißert, Asperg **Achim Bauer, Mannheim**

Die Autoren der 14. Auflage

Markus A. Weißert, Asperg/Württ.

Stuckateur, Dipl.-Ing. (FH), Geschäftsführer Technik beim Fachverband der Stuckateure für Ausbau und Fassade Baden-Württemberg, Mitglied DIN NABau 005-06-06 Putzmörtel, Obmann des europäischen Normungsgremiums CEN TC 125 WG 5 Außen- und Innenputze, Fachberater für ATV DIN 18350 Putz- und Stuckarbeiten, für ATV DIN 18340 Trockenbauarbeiten sowie Obmann der Fachberater für die ATV DIN 18345 Wärmedämm-Verbundsysteme beim Hauptausschuss Hochbau (HAH) des Deutschen Vergabe- und Vertragsausschusses für Bauleistungen (DVA).

Achim Bauer, Mannheim

Dipl.-Ing (FH), Fachunternehmer für Ausbau und Fassade, Mannheim, stellv. Landesinnungsmeister des Fachverbandes der Stuckateure für Ausbau und Fassade Baden-Württemberg, Vorsitzender des Ressort Technik, öffentlich bestellter und vereidigter Sachverständiger für das Stuckateurhandwerk, Handwerkskammer Mannheim, Obmann der Fachberater für die ATV DIN 18350 Putz- und Stuckarbeiten sowie Fachberater für die ATV DIN 18345 Wärmedämm-Verbundsysteme beim HAH des DVA.

Unter Mitarbeit von

Markus Eberlein, Ostfildern-Ruit

Rechtsanwalt, Geschäftsführer des Geschäftsbereichs Recht im Fachverband der Stuckateure für Ausbau und Fassade Baden-Württemberg, Lehrbeauftragter an der Hochschule für Technik (HfT), Stuttgart

Siegfried Birkholz, Leukersdorf bei Chemnitz

Stuckateurmeister, Bauingenieur, Restaurator im Stuckateurhandwerk, anerkannter Kunsthandwerker

An der Kommentierung der vorangegangenen Auflagen wirkten mit

Eugen Schwarz	Stuckateurmeister, Obmann der Fachberater der ATV DIN 18350 Putz- und Stuckarbeiten beim HAH des DVA bis 2015
Otto Stich	Dipl.-Ing (FH), ehemaliger Geschäftsführer des HAH beim DVA Neumarkt in der Oberpfalz
Rainer Franz	Dipl.-Ing. Ministerialdirigent a. D., ehemaliger Vorsitzender des HAH beim DVA †
Dr. Karlheinz Goll	Rechtsanwalt, ehemaliger Hauptgeschäftsführer Landesinnungsverband für das Stuckateurhandwerk Baden-Württemberg †
Hans von Damerau	Dipl.-Ing., Baudirektor a. D. †
Eugen Hobach	Regierungsbauoberamtmann a. D. †
Eugen Schwarz, sen.	Stuckateurmeister †
Helmut Weyler	Baumeister †

Inhaltsverzeichnis

1 Einführung

Gliederung der VOB

Die Vergabe- und Vertragsordnung für Bauleistungen (VOB) ist in drei Teile gegliedert:

VOB Teil A:	Allgemeine Bestimmungen für die Vergabe von Bauleistungen – DIN 1960
VOB Teil B:	Allgemeine Vertragsbedingungen für die Ausführung von Bauleistungen – DIN 1961
VOB Teil C:	Allgemeine Technische Vertragsbedingungen (ATV) für Bauleistungen – ATV DIN 18299 bis ATV DIN 18459

Im Oktober 2016 wurde die Gesamtausgabe der VOB 2016 neu herausgegeben. Sie löst die Gesamtausgabe VOB 2012 sowie den Ergänzungsband 2015 ab. Die ATV DIN 18350 Putz- und Stuckarbeiten wurde gegenüber der Fassung von 2012 komplett redaktionell und inhaltlich bzw. fachtechnisch überarbeitet und schon im Ergänzungsband 2015 neu herausgegeben. Die Kommentierung wurde daher in zahlreichen Bereichen durch Neuerungen sowie neue Erfahrungen aus der Praxis ergänzt. Die Kommentierung dieser 14. Auflage stellt die erste Kommentierung der neuen Inhalte, insbesondere im Abschnitt 4 und im neugegliederten Abschnitt 5 (Nebenleistungen/Besondere Leistungen sowie Abrechnung) dar.

VOB Teil A (VOB/A)

Die VOB/A beinhaltet Regelungen über die Anforderungen an das Verfahren zur Vergabe öffentlicher Bauleistungen. Sie bezieht sich insgesamt auf das Geschehen bis zum Abschluss des Bauvertrages.

Für öffentliche Auftraggeber ist die Beachtung und Einhaltung dieser Verfahrensregeln verbindlich. Grundlage hierfür sind die §§ 97 ff. Gesetz gegen Wettbewerbsbeschränkungen (GWB) sowie entsprechende Einführungserlasse des Bundes und der Länder, die einschlägigen Richtlinien in den Haushaltsordnungen des Bundes, der Länder und der Gemeinden sowie die dazu erlassenen Verwaltungsvorschriften. Hierdurch soll gewährleistet werden, dass im öffentlichen Vergabebereich die Chancengleichheit der Bewerber unter Beachtung der Grundsätze eines gerechten Wettbewerbs gewahrt wird.

Da die Vergaberegeln des Teils A keine materiell-rechtlichen Bestimmungen darstellen, sondern nur Verfahrensregelungen sind, wird Teil A nicht Vertragsbestandteil. Dennoch ist die Beachtung der Verfahrensvorschriften des Teils A der VOB/A geboten.

Werden diese Verfahrensregeln durch öffentliche Auftraggeber jedoch nicht beachtet, können sich daraus zusätzliche Vergütungsansprüche (Abweichung „Bau-Ist" von „Bau-Soll") bzw. Schadensersatzansprüche ergeben.

Die VOB/A stellt bei öffentlichen Auftraggebern eine „Konkretisierung der Grundsätze von Treu und Glauben als Verbot treuwidrigen widersprüchlichen Verhaltens" dar (BGH, BauR 1994, 236).

Anzumerken ist, dass die VOB/A den privaten Auftraggeber nicht bindet, allerdings sind die Vorschriften, insbesondere die Anforderungen an die Ausschreibung (§ 7 VOB/A) auch im privaten Bereich heranzuziehen und zur Anwendung empfehlenswert. Im Leistungsverzeichnis sind die geforderten Leistungen vollständig und erschöpfend zu beschrieben, damit der Auftragnehmer eine eindeutige Kalkulationsgrundlage erhält.

Für den Bereich der privaten Auftraggeber gilt die VOB/A grundsätzlich nicht. Bestimmte Vorschriften der VOB/A gelten aber als Auslegungshilfen auch im Verhältnis zu privaten Auftraggebern und sind daher auch für den privaten Bauherren zur Anwendung empfehlenswert. Insbesondere hinzuweisen ist hier auf VOB/A § 7 Leistungsbeschreibung. Der § 7 (1) Nr. 1 bis Nr. 3 VOB/A lautet:

Nr. 1: Die Leistung ist eindeutig und so erschöpfend zu beschreiben, dass alle Bewerber die Beschreibung im gleichen Sinne verstehen müssen und ihre Preise sicher und ohne umfangreiche Vorarbeiten berechnen können.

Nr. 2: Um eine einwandfreie Preisermittlung zu ermöglichen, sind alle sie beeinflussenden Umstände festzustellen und in den Vergabeunterlagen anzugeben.

Nr. 3: Dem Auftragnehmer darf kein ungewöhnliches Wagnis aufgebürdet werden über Umstände und Ereignisse, auf die er keinen Einfluss hat und deren Einwirkung auf die Preise und Fristen er nicht im Voraus schätzen kann.

Das dort enthaltene Gebot der Klarheit und Vollständigkeit der Leistungsbeschreibung gilt grundsätzlich für jeden Auftraggeber. Dieses ist schon deshalb notwendig, damit der Auftragnehmer eine eindeutige Kalkulationsgrundlage für die geforderte Leistung erhält.

Entsprechend § 5 VOB/A ist geregelt dass, *Bauleistungen in der Menge aufzuteilen (Teillose) und getrennt nach Art oder Fachgebiet (Fachlose) zu vergeben sind. Bei der Vergabe kann aus wirtschaftlichen und technischen Gründen auf eine Aufteilung oder Trennung verzichtet werden.*

Daraus folgt eindeutig, dass der öffentliche Auftraggeber Baumaßnahmen in erster Linie getrennt nach Art oder Fachgebieten (Fachlose) zu vergeben hat und erst in zweiter Linie als Ganzes einem Generalunternehmer vergeben soll.

VOB Teil B (VOB/B)

Die VOB/B enthält die Allgemeinen Vertragsbedingungen für die Ausführung von Bauleistungen. Die Vorschriften der VOB/B stellen eine ausgewogene Regelung der Rechte und Pflichten der Partner eines Bauwerkvertrags sowie eine Ergänzung zum Werkvertragsrecht des BGB (§§ 631–651) dar. Die VOB/B ist im Bauvertrag zu vereinbaren.

Zu Recht wird die Auffassung vertreten, dass die VOB/B für Bauverträge besser geeignet ist, als das Werkvertragsrecht des BGB. Die VOB/B wurde vom BGH als Gesetzesersatzrecht angesehen (BGH, NJW 1983, 816). Die VOB/B gilt als Allgemeine Geschäftsbedingung. Die VOB/B nimmt unter den Allgemeinen Geschäftsbedingungen eine Sonderstellung ein, da sie eine ausgewogene Regelung der Rechte und Pflichten der Partner eines Bauwerkvertrags (Auftraggeber/Auftragnehmer) darstellt. Man spricht von der „Privilegierung der VOB, das heißt, dass die einzelnen Bestimmungen nicht der Inhaltskontrolle nach den §§ 307 f. BGB unterzogen werden – sofern die „VOB/B als Ganzes“ vertraglich vereinbart wurde.

Die VOB wird erarbeitet vom Deutschen Vergabe- und Vertragsausschuss für Bauleistungen (DVA), der paritätisch aus Vertretern der Auftraggeber- und Auftragnehmerseite besetzt ist.

Insofern ist es folgerichtig, dass, wenn dieses Gleichgewicht zulasten einer der Vertragsparteien gestört wird, die VOB/B dieses Privileg nicht mehr genießt und die einzelnen Bestimmungen der VOB/B, je nachdem, wer sie als Vertragsgrundlage „gestellt“ hat, einer Überprüfung nach dem §§ 307 ff. BGB zu unterziehen ist.

Der BGH vertritt seit der Entscheidung vom 22. Januar 2004 (VII ZR 419/02) die Auffassung, dass jeder Eingriff in die Regelungen der VOB/B die Ausgewogenheit beeinträchtigt. Es kommt nicht darauf an, welches Gewicht der Eingriff hat. Dies hat zur Folge, dass dann, wenn einzelne Regelungen der VOB/B durch abgeänderte Vertragsbedingungen anders geregelt werden sollen, jede einzelne Regelung der VOB/B nach den Grundsätzen der §§ 305 ff. BGB (früher: AGB-Gesetz) auf ihre Wirksamkeit hin überprüft wird.

In Bezug auf die Vereinbarung der VOB als Vertragsgrundlage kann zwischen 4 verschiedenen Auftraggebern unterschieden werden:

a) Öffentlicher Auftraggeber

b) Gewerblicher Auftraggeber (selbst baukundig, z. B. Bauträger bzw. selbstbauunkundige Druckerei GmbH mit Planer)

c) Gewerblicher Auftraggeber (bauunkundig, z. B. Druckerei GmbH ohne Planer)

d) Privater Auftraggeber

a) Öffentlicher Auftraggeber

Für die öffentlichen Auftraggeber gilt die VOB/B kraft Gesetz.

VOB/B ist bei Bauverträgen mit öffentlichen Auftraggebern immer Vertragsgrundlage. § 1 (1) VOB/B regelt weiter, dass dann auch die Allgemeinen Technischen Vorschriften für Bauleistungen (ATV = VOB/C) als Vertragsbestandteil gelten. Für den öffentlichen Auftraggeber, z. B. Bund, Land, Gemeinde, ist die Einhaltung der VOB verpflichtend.

b) Gewerblicher Auftraggeber (baukundig, z. B. Bauträger oder mit Planer)

Bei Bauverträgen mit gewerblichen baukundigen Auftraggebern (Bauträgern, Generalunternehmern und dergleichen) wird die VOB/B regelmäßig als Vertragsgrundlage vereinbart. Dies geschieht jedoch nicht automatisch. Soll die VOB/B hier Bestandteil des Bauvertrages werden, so muss sie ausdrücklich – als Abweichung von dem gesetzlichen Werkvertragsrecht nach den §§ 631 ff. BGB – vereinbart werden.

c) Gewerblicher Auftraggeber (bauunkundig und ohne Planer)

Bei Bauverträgen mit gewerblichen bauunkundigen Auftraggebern (z. B. Druckerei GmbH ohne Planer) kann die VOB/B als Vertragsgrundlage vereinbart werden. Dies geschieht jedoch nicht automatisch. Soll die VOB/B hier Bestandteil des Bauvertrages werden, so muss sie ausdrücklich – als Abweichung von dem gesetzlichen Werkvertragsrecht nach den §§ 631 ff. BGB – vereinbart werden. Es muss aber der gesamte Text der VOB/B und der vollständige Text der Abrechnungsregeln (Abschnitt 5 der jeweiligen ATV) nachweislich ausgehändigt werden.

d) Privater Auftraggeber

Nach der Entscheidung des BGH (Urteil vom 24.07.2008, VII ZR 55/07) ist eine Privilegierung der VOB/B bei einer Verwendung gegenüber Verbrauchern (privaten

Auftraggebern) nicht mehr gerechtfertigt. Dies bedeutet, dass die Bestimmungen der VOB/B einer Inhaltskontrolle nach den §§ 305 ff. BGB unterliegen, obwohl sie insgesamt als ausgewogen gelten. Anders als bei öffentlichen und gewerblichen Auftraggebern werden daher die einzelnen Regelungen der VOB/B bei Verwendung gegenüber Verbrauchern im Streitfall einer Einzelkontrolle nach den §§ 305 ff. BGB unterliegen. Es findet somit bei Verbraucherverträgen eine uneingeschränkte Inhaltskontrolle stattfinden.

Die VOB/B kann dagegen durch den Verbraucher als „Verwender" (= derjenige, der die VOB/B „ins Spiel bringt") auch weiterhin als Vertragsgrundlage vereinbart werden – ohne dass dann automatisch jede einzelne Regelung der VOB/B einer Inhaltskontrolle unterliegt. Das ist dann der Fall, wenn der private Bauherr (Auftraggeber/„Verbraucher") bzw. der von ihm beauftragte Architekt das Muster für den Bauvertrag stellt, in dem die VOB/B und die VOB/C als Vertragsgrundlage genannt sind. In dieser Fallkonstellation ist die Vereinbarung der VOB/B als Vertragsgrundlage für den Handwerksbetrieb ohne Risiko möglich – und er kann sich auf sämtliche Regelungen der VOB berufen.

Generell ist einem Handwerksbetrieb (Auftragnehmer) zu empfehlen, die VOB/B gegenüber einem privaten Bauherren (Auftraggeber/„Verbraucher") nicht mehr von sich aus „zu verwenden" und als Vertragsgrundlage zu vereinbaren. Unabhängig hiervon können Elemente der VOB/B in einem Individualvertrag übernommen und gesondert vereinbart werden.

VOB Teil C (VOB/C)

Teil C der VOB enthält die Allgemeinen Technischen Vertragsbedingungen für Bauleistungen (ATV) als DIN-Normen DIN 18299 bis DIN 18459. Die ATV DIN 18350 Putz- und Stuckarbeiten der VOB/C, sowie andere ATV des Hochbaus werden im mit Auftraggebern und Auftragnehmern paritätisch besetzten Hauptausschuss Hochbau (HAH) des Deutschen Vergabe- und Vertragsausschusses für Bauleistungen (DVA) einvernehmlich beraten und verabschiedet.

Wenn die VOB/B Vertragsbestandteil ist, gelten nach § 1 (1) Satz 2 VOB/B auch die Vorschriften der VOB/C. Die jeweiligen ATV beinhalten neben technischen Regeln für die Ausführung von Bauleistungen auch vertragsrechtlich relevante Bestimmungen, z. B. die Abgrenzung von Nebenleistungen zu Besonderen Leistungen (Abschnitt 4 der jeweiligen ATV) oder die Abrechnungsregeln (Abschnitt 5 der jeweiligen ATV). Die ATV stellen die Grundlage für die Herstellung der Leistung entsprechend den allgemein anerkannten Regeln der Technik dar, wie sie beispielsweise in den Abschnitten 2 und 3 der jeweiligen ATV genannt sind.

Aus § 1 (1) VOB/B folgt, dass die VOB/C dann Bestandteil des Vertrags ist, wenn die VOB/B wirksam als Vertragsgrundlage vereinbart worden ist. Konkret bedeutet das, dass die VOB/C bei Bauwerkverträgen mit öffentlichen Auftraggebern immer Bestandteil des Vertrags ist.

Nach der Rechtsprechung des BGH (Urteil vom 17.06.2004, Az.: VII ZR 75/03), ist bei gewerblichen Auftraggebern (bauunkundig, z. B. Druckerei GmbH ohne Planer) zusätzlich zum Text der VOB/B auch der vollständige Text der Abrechnungsregelungen der jeweiligen ATV mitzugeben. Dies gilt insbesondere dann, wenn der bauunkundige gewerbliche Auftraggeber keinen fachkundigen Planer mit der Ausschreibung der Leistung beauftragt hat. Grund für die genannte Entscheidung ist, dass der BGH in die Abrechnungsregeln (Abschnitt 5) als „Allgemeine Geschäftsbedingungen" qualifiziert hat.

Im Interesse einer einfachen Vertragsabwicklung ist es zweckmäßig, einen Vertrag nach VOB/B mit den allgemeinen Technischen Vertragsbedingungen (VOB/C) abzuschließen. Die dort gefundenen Regelungen sind ausgewogen und berücksichtigen die Interessen des Auftragnehmers und des Auftraggebers gleichermaßen.

Hat der gewerbliche Auftraggeber einen fachkundigen Planer mit der Ausschreibung der Leistungen beauftragt, so ist davon auszugehen, dass hier keine Aushändigung des vollständigen Textes der Abrechnungsregeln (Abschnitt 5) der jeweiligen ATV erforderlich ist. In diesem Fall besteht kein „Aufklärungsbedarf".

Bei privaten Auftraggebern sollte, wie oben dargestellt, der Handwerksbetrieb die VOB nicht mehr „von sich aus" zur Vertragsgrundlage machen wollen. Will dagegen der private Auftraggeber selbst die VOB zur Vertragsgrundlage machen, indem er z. B. ein Bauvertragsmuster vorlegt, in dem dieses so geregelt ist („Grundlage dieses Bauvertrages ist die VOB Teil B und C in ihrer jeweils gültigen Fassung."), so gelten auch die Regelungen der VOB/C uneingeschränkt.

Nach bisheriger Rechtsprechung (OLG Saarbrücken, Urteil vom 27.06.2000, Az.: 7 U 326 / 99) und herrschender Meinung waren die Abrechnungsregeln der ATV auch dann maßgeblich, wenn die Parteien eines Bauwerkvertrags die VOB/B nicht vereinbart hatten.

Orientierungssatz OLG Saarbrücken (Urteil vom 27.06.2000, Az.: 7 U 326 / 99)

„Haben die Parteien eines Bauvertrages für die Vergütung die Abrechnung nach Einheitspreisen vereinbart, sich aber nicht auf die Einbeziehung der VOB/B geeinigt, richtet sich die Abrechnung mangels abweichender Vereinbarung nach DIN 18350, da sie der gewerblichen Verkehrssitte und der allgemeinen Übung entspricht.

...

13 Dass die DIN-Normen im Werkvertragsrecht der Üblichkeit entsprechen, folgt auch aus dem Gutachten des Sachverständigen Z. Denn dieser hat ausgeführt, die Regelungen in Teil C der VOB, ´insbesondere die Abrechnungsbestimmungen´, würden von den Handwerkern als Verkehrssitte angesehen.

14 Dies kann aber letztlich dahingestellt bleiben; denn auch wenn eine Abrechnung nach der DIN 18350 nicht der Üblichkeit entspräche, so wäre sie zu-

mindest zur Feststellung der angemessenen Vergütung anzuwenden. Denn auch ohne entsprechende Vereinbarung der DIN-Normen im Bauvertrag sind sie insoweit zu beachten, als sie – bezüglich der Erfüllung und der Abrechnung – die Normalausführung festlegen (vgl. Ingenstau/Korbion, VOB Teil A und B, 13. Aufl. Einl. Rdnr. 16 m. w. N.).

15 *Dementsprechend hat auch der Sachverständige ausgeführt, dass ´eine sachgerechte Beurteilung der ausgeführten Leistung und entsprechenden Vergütung für eine Normalausführung nur auf der Grundlage der VOB Teil C möglich ist´ (...). Da somit eine Berechnung auf der Grundlage der DIN 18350 den Normalfall darstellt, ist die hieraus folgende Vergütung als angemessen anzusehen.*

...“

Die Aufmaß- und Abrechnungsregeln entsprechen jedenfalls der gewerblichen Verkehrssitte und der Üblichkeit, auf deren Basis regelmäßig auch die Preiskalkulation erfolgt.

Werden diese Verfahrensregeln durch öffentliche Auftraggeber jedoch nicht beachtet, können sich daraus zusätzliche Vergütungsansprüche (Abweichung „Bau-Ist“ von „Bau-Soll“) bzw. Schadensersatzansprüche ergeben.

Die VOB als „Allgemeine Geschäftsbedingung“:

„Allgemeine Geschäftsbedingungen“ (AGB) sind vorformulierte Vertragsbedingungen, die bei einer Vielzahl von Verträgen zur Anwendung kommen und die eine Vertragspartei (= „Verwender“) der anderen Vertragspartei bei Abschluss eines Vertrags „stellt“, d. h. einseitig auferlegt. **Von entscheidender Bedeutung ist, welche Vertragspartei „Verwender“ ist.** „Verwender“ ist derjenige, der „das Kleingedruckte ins Spiel bringt“.

Die VOB/B ist Allgemeine Geschäftsbedingung im Sinne der §§ 305 ff. BGB (früher: AGB-Gesetz). Die VOB/B nimmt aber insofern unter den Allgemeinen Geschäftsbedingungen eine Sonderstellung ein, als sie eine ausgewogene Regelung der Rechte und Pflichten der Partner eines Bauwerkvertrags (Auftraggeber/Auftragnehmer) darstellt. Man spricht von der „Privilegierung der VOB“. Die VOB wird erstellt vom Deutschen Vergabe- und Vertragsausschuss für Bauleistungen (DVA). Der DVA ist paritätisch besetzt aus Vertretern aller wesentlichen, am Baugeschehen beteiligten Gruppen.

Voraussetzung für diese Sonderstellung ist grundsätzlich, dass die VOB/B „als Ganzes“ vereinbart wird. Nach bisheriger Rechtsprechung erfolgte eine „Inhaltskontrolle“, also eine Überprüfung der einzelnen Regelungen der VOB/B nach den Grundsätzen der §§ 305 ff. BGB nur dann, wenn durch abgeänderte Vertragsbedingungen ein schwerwiegender Eingriff in den Kernbereich der Regelungen der VOB/B vorlag und somit die Ausgewogenheit erheblich beeinträchtigt war.

Der BGH vertritt aber seit der Entscheidung vom 22. Januar 2004 (Az.: VII ZR 419/02) die Auffassung, dass jeder Eingriff in die Regelungen der VOB/B die Ausgewogenheit beeinträchtigt. Es kommt nicht darauf an, welches Gewicht der Eingriff hat. Dieses hat zur Folge, dass dann, wenn einzelne Regelungen der VOB/B durch Vertragsbedingungen anders (in der Regel „zu Gunsten des Verwenders") geregelt werden sollen, jede einzelne Regelung der VOB/B nach den Grundsätzen der §§ 305 ff. BGB auf ihre Wirksamkeit hin überprüft wird. Konkret bedeutet das, dass alle Regelungen, auf die sich der „Verwender" beruft, überprüft werden. Nicht überprüft werden dagegen die Regelungen, auf die sich „die andere Vertragspartei" beruft.

Beispiel

„Verwender" ist der Auftraggeber. Dieser ändert in seinen „Vertragsbedingungen" die VOB/B einseitig dahingehend, dass er z. B. die Fristen für die Fälligkeit der Abschlagszahlung auf 4 Wochen und für die Fälligkeit der Schlusszahlung auf 4 Monate verlängert. Diese Änderung wird überprüft mit dem Ergebnis, dass sie eine unwirksame Bauvertragsklausel darstellt. Weiter will sich der Auftraggeber auf die Regelung des § 16 (3) 5 VOB/B (Vorbehalt gegen Schlusszahlung innerhalb 28 Tagen) berufen. Auch diese wird überprüft mit dem Ergebnis, dass diese Regelung – separat, für sich betrachtet – eine unwirksame Bauvertragsklausel darstellt. Beruft sich aber der Auftragnehmer auf sein Recht zur Anforderung einer Abschlagszahlung nach § 16 (1) 1 VOB/B, so wird diese Regelung nicht überprüft, da der Auftragnehmer nicht „der Verwender" ist.

Privater Auftraggeber/„Verbraucher"

Nach der Entscheidung des BGH (Urteil vom 24.07.2008, Az.: VII ZR 55/07) ist eine „Privilegierung der VOB" bei einer *„Verwendung gegenüber Verbrauchern"* (privaten Auftraggebern) nicht mehr gerechtfertigt. Dieses bedeutet, dass die Bestimmungen der VOB/B immer einer Inhaltskontrolle nach den §§ 305 ff. BGB unterliegen, obwohl sie insgesamt als ausgewogen gelten – sofern der Handwerksbetrieb (Auftragnehmer) der „Verwender" ist. Anders als bei öffentlichen und gewerblichen Auftraggebern werden daher die einzelnen Regelungen der VOB/B bei *„Verwendung gegenüber Verbrauchern"* im Streitfall immer einer Einzelkontrolle nach den §§ 305 ff. BGB unterzogen. Es kann somit künftig bei Verträgen mit privaten Auftraggebern eine uneingeschränkte Inhaltskontrolle stattfinden.

Die VOB/B kann dagegen durch den Verbraucher als *„Verwender"* (= derjenige, der die VOB/B „ins Spiel bringt") auch weiterhin als Vertragsgrundlage vereinbart werden – ohne dass dann automatisch jede einzelne Regelung der VOB/B immer einer Inhaltskontrolle unterliegt. Das ist dann der Fall, wenn der private Bauherr (Auftraggeber/„Verbraucher") bzw. der von ihm beauftragte Architekt das Muster für den

Bauvertrag stellt, in dem die VOB/B und die VOB/C als Vertragsgrundlage genannt sind.

In dieser Fallkonstellation ist die Vereinbarung der VOB/B als Vertragsgrundlage für den Handwerksbetrieb ohne Risiko möglich – und er kann sich auf sämtliche Regelungen der VOB berufen.

Generell ist einem Handwerksbetrieb (Auftragnehmer) zu empfehlen, die VOB/B gegenüber einem privaten Bauherren (Auftraggeber/„Verbraucher") nicht mehr von sich aus zu „verwenden" und als Vertragsgrundlage zu vereinbaren. Unabhängig hiervon können Elemente der VOB/B in einem Individualvertrag übernommen und gesondert vereinbart werden.

Die Anwendung der VOB/C bleibt hiervon unberührt, da gemäß Urteil OLG Saarbrücken vom 27.06.2000, Az.: 7 U 326 / 99 (siehe VOB Teil C) die Einbeziehung der VOB/B hier nicht maßgeblich ist; vielmehr richtet sich die Abrechnung mangels abweichender Vereinbarung nach ATV DIN 18350 (oder anderer ATV), da sie der gewerblichen Verkehrssitte und der allgemeinen Übung entspricht.

Dem Handwerksbetrieb bist generell zu empfehlen in seinem Angebot deutlich zu machen, dass „Kalkulationsgrundlage diese Angebots die gewerksüblichen Aufmaßregeln der ATV DIN 18350 (bzw. einer entsprechenden anderen einschlägigen ATV, z. B. ATV DIN 18345 WDVS-Arbeiten) sind."

2 Wortlaut der ATV DIN 18299

VOB – Vergabe- und Vertragsordnung für Bauleistungen

Teil C: Allgemeine Technische Vertragsbedingungen für Bauleistungen (ATV)

Allgemeine Regelungen für Bauarbeiten jeder Art – DIN 18299

Ausgabe September 2016

Inhalt

0 Hinweise für das Aufstellen der Leistungsbeschreibung

Diese Hinweise für das Aufstellen der Leistungsbeschreibung gelten für Bauarbeiten jeder Art; sie werden ergänzt durch die auf die einzelnen Leistungsbereiche bezogenen Hinweise in den ATV DIN 18300 bis ATV DIN 18459, Abschnitt 0 sowie den Anhang Begriffsbestimmungen. Die Beachtung dieser Hinweise und des Anhangs ist Voraussetzung für eine ordnungsgemäße Leistungsbeschreibung gemäß §§ 7ff, §§ 7 EU ff beziehungsweise §§ 7 VS ff. VOB/A.

In die Vorbemerkungen zum Leistungsverzeichnis ist aufzunehmen:

„Soweit in der Leistungsbeschreibung auf Technische Spezifikationen z. B. nationale Normen, mit denen Europäische Normen umgesetzt werden, europäische technische Zulassungen, gemeinsame technische Spezifikationen, Internationale Normen, Bezug genommen wird, werden auch ohne den ausdrücklichen Zusatz: „oder gleichwertig“ immer gleichwertige Technische Spezifikationen in Bezug genommen.“

Die Hinweise werden nicht Vertragsbestandteil.

In der Leistungsbeschreibung sind nach den Erfordernissen des Einzelfalls insbesondere anzugeben:

0.1 Angaben zur Baustelle

0.1.1 Lage der Baustelle, Umgebungsbedingungen, Zufahrtsmöglichkeiten und Beschaffenheit der Zufahrt sowie etwaige Einschränkungen bei ihrer Benutzung.

0.1.2 Besondere Belastungen aus Immissionen sowie besondere klimatische oder betriebliche Bedingungen.

0.1.3 Art und Lage der baulichen Anlagen, z. B. auch Anzahl und Höhe der Geschosse.

0.1.4 Verkehrsverhältnisse auf der Baustelle, insbesondere Verkehrsbeschränkungen.

0.1.5 Für den Verkehr freizuhaltende Flächen.

0.1.6 Art, Lage, Maße und Nutzbarkeit von Transporteinrichtungen und Transportwegen, z. B. Montageöffnungen.

0.1.7 Lage, Art, Anschlusswert und Bedingungen für das Überlassen von Anschlüssen für Wasser, Energie und Abwasser.

0.1.8 Lage und Ausmaß der dem Auftragnehmer für die Ausführung seiner Leistungen zur Benutzung oder Mitbenutzung überlassenen Flächen und Räume.

0.1.9 Bodenverhältnisse, Baugrund und seine Tragfähigkeit. Ergebnisse von Bodenuntersuchungen.

0.1.10 Hydrologische Werte von Grundwasser und Gewässern. Art, Lage, Abfluss, Abflussvermögen und Hochwasserverhältnisse von Vorflutern. Ergebnisse von Wasseranalysen.

0.1.11 Besondere umweltrechtliche Vorschriften.

0.1.12 Besondere Vorgaben für die Entsorgung, z. B. Beschränkungen für die Beseitigung von Abwasser und Abfall.

0.1.13 Schutzgebiete oder Schutzzeiten im Bereich der Baustelle, z. B. wegen Forderungen des Gewässer-, Boden-, Natur-, Landschafts- oder Immissionsschutzes; vorliegende Fachgutachten oder dergleichen.

0.1.14 Art und Umfang des Schutzes von Bäumen, Pflanzenbeständen, Vegetationsflächen, Verkehrsflächen, Bauteilen, Bauwerken, Grenzsteinen und dergleichen im Bereich der Baustelle.

0.1.15 Im Bereich der Baustelle vorhandene Anlagen, insbesondere Abwasser- und Versorgungsleitungen.

0.1.16 Bekannte oder vermutete Hindernisse im Bereich der Baustelle, z. B. Leitungen, Kabel, Dräne, Kanäle, Bauwerksreste und, soweit bekannt, deren Eigentümer.

0.1.17 Bestätigung, dass die im jeweiligen Bundesland geltenden Anforderungen zu Erkundungs- und gegebenenfalls Räumungsmaßnahmen hinsichtlich Kampfmitteln erfüllt wurden.

0.1.18 Gegebenenfalls gemäß der Baustellenverordnung getroffene Maßnahmen.

0.1.19 Besondere Anordnungen, Vorschriften und Maßnahmen der Eigentümer (oder der anderen Weisungsberechtigten) von Leitungen, Kabeln, Dränen, Kanälen, Straßen, Wegen, Gewässern, Gleisen, Zäunen und dergleichen im Bereich der Baustelle.

0.1.20 Art und Umfang von Schadstoffbelastungen, z. B. des Bodens, der Gewässer, der Luft, der Stoffe und Bauteile; vorliegende Fachgutachten oder dergleichen.

0.1.21 Art und Zeit der vom Auftraggeber veranlassten Vorarbeiten.

0.1.22 Arbeiten anderer Unternehmer auf der Baustelle.

0.2 Angaben zur Ausführung

0.2.1 Vorgesehene Arbeitsabschnitte, Arbeitsunterbrechungen und Arbeitsbeschränkungen nach Art, Ort und Zeit sowie Abhängigkeit von Leistungen anderer.

0.2.2 Besondere Erschwernisse während der Ausführung, z. B. Arbeiten in Räumen, in denen der Betrieb weiterläuft, Arbeiten im Bereich von Verkehrswegen oder bei außergewöhnlichen äußeren Einflüssen.

0.2.3 Besondere Anforderungen für Arbeiten in kontaminierten Bereichen, gegebenenfalls besondere Anordnungen für Schutz- und Sicherheitsmaßnahmen.

0.2.4 Besondere Anforderungen an die Baustelleneinrichtung und Entsorgungseinrichtungen, z. B. Behälter für die getrennte Erfassung.

0.2.5 Besonderheiten der Regelung und Sicherung des Verkehrs, gegebenenfalls auch, wieweit der Auftraggeber die Durchführung der erforderlichen Maßnahmen übernimmt.

0.2.6 Besondere Anforderungen an das Auf- und Abbauen sowie Vorhalten von Gerüsten.

0.2.7 Mitbenutzung fremder Gerüste, Hebezeuge, Aufzüge, Aufenthalts- und Lagerräume, Einrichtungen und dergleichen durch den Auftragnehmer.

0.2.8 Wie lange, für welche Arbeiten und gegebenenfalls für welche Beanspruchung der Auftragnehmer Gerüste, Hebezeuge, Aufzüge, Aufenthalts- und Lagerräume, Einrichtungen und dergleichen für andere Unternehmer vorzuhalten hat.

0.2.9 Verwendung oder Mitverwendung von wiederaufbereiteten (Recycling-) Stoffen.

0.2.10 Anforderungen an wiederaufbereitete (Recycling-)Stoffe und an nicht genormte Stoffe und Bauteile.

0.2.11 Besondere Anforderungen an Art, Güte und Umweltverträglichkeit der Stoffe und Bauteile, auch z. B. an die schnelle biologische Abbaubarkeit von Hilfsstoffen.

0.2.12 Art und Umfang der vom Auftraggeber verlangten Eignungs- und Gütenachweise.

0.2.13 Unter welchen Bedingungen auf der Baustelle gewonnene Stoffe verwendet werden dürfen oder müssen oder einer anderen Verwertung zuzuführen sind.

0.2.14 Art, Zusammensetzung und Menge der aus dem Bereich des Auftraggebers zu entsorgenden Böden, Stoffe und Bauteile; Art der Verwertung bzw. bei Abfall die Entsorgungsanlage; Anforderungen an die Nachweise über Transporte, Entsorgung und die vom Auftraggeber zu tragenden Entsorgungskosten.

0.2.15 Art, Anzahl, Menge oder Masse der Stoffe und Bauteile, die vom Auftraggeber beigestellt werden, sowie Art, genaue Bezeichnung des Ortes und Zeit ihrer Übergabe.

0.2.16 In welchem Umfang der Auftraggeber Abladen, Lagern und Transport von Stoffen und Bauteilen übernimmt oder dafür dem Auftragnehmer Geräte oder Arbeitskräfte zur Verfügung stellt.

0.2.17 Leistungen für andere Unternehmer.

0.2.18 Mitwirken beim Einstellen von Anlageteilen und bei der Inbetriebnahme von Anlagen im Zusammenwirken mit anderen Beteiligten, z. B. mit dem Auftragnehmer für die Gebäudeautomation.

0.2.19 Benutzung von Teilen der Leistung vor der Abnahme.

0.2.20 Übertragung der Wartung während der Dauer der Verjährungsfrist für die Mängelbeseitigungsansprüche für maschinelle und elektrotechnische sowie elektronische Anlagen oder Teile davon, bei denen die Wartung Einfluss auf die Sicherheit und die Funktionsfähigkeit hat (vergleiche § 13 Absatz 4 Nummer 2 VOB/B), durch einen besonderen Wartungsvertrag.

0.2.21 Abrechnung nach bestimmten Zeichnungen oder Tabellen.

0.3 Einzelangaben bei Abweichungen von den ATV

0.3.1 Wenn andere als die in den ATV DIN 18299 bis ATV DIN 18459 vorgesehenen Regelungen getroffen werden sollen, sind diese in der Leistungsbeschreibung eindeutig und im Einzelnen anzugeben.

0.3.2 Abweichende Regelungen von der ATV DIN 18299 können insbesondere in Betracht kommen bei

Abschnitt 2.1.1, wenn die Lieferung von Stoffen und Bauteilen nicht zur Leistung gehören soll,

Abschnitt 2.2, wenn nur ungebrauchte Stoffe und Bauteile vorgehalten werden dürfen,

Abschnitt 2.3.1, wenn auch gebrauchte Stoffe und Bauteile geliefert werden dürfen.

0.4 Einzelangaben zu Nebenleistungen und Besonderen Leistungen

0.4.1 Nebenleistungen

Nebenleistungen (Abschnitt 4.1 aller ATV) sind in der Leistungsbeschreibung nur zu erwähnen, wenn sie ausnahmsweise selbstständig vergütet werden sollen. Eine ausdrückliche Erwähnung ist geboten, wenn die Kosten der Nebenleistung von erheblicher Bedeutung für die Preisbildung sind; in diesen Fällen sind besondere Ordnungszahlen (Positionen) vorzusehen.

Dies kommt insbesondere für das Einrichten und Räumen der Baustelle in Betracht.

0.4.2 Besondere Leistungen

Werden Besondere Leistungen (Abschnitt 4.2 aller ATV) verlangt, ist dies in der Leistungsbeschreibung anzugeben; gegebenenfalls sind hierfür besondere Ordnungszahlen (Positionen) vorzusehen.

0.5 Abrechnungseinheiten

Im Leistungsverzeichnis sind die Abrechnungseinheiten für die Teilleistungen (Positionen) gemäß Abschnitt 0.5 der jeweiligen ATV anzugeben.

1 Geltungsbereich

Die ATV DIN 18299 „Allgemeine Regelungen für Bauarbeiten jeder Art“ gilt für alle Bauarbeiten, auch für solche, für die keine ATV in VOB/C – ATV DIN 18300 bis ATV DIN 18459 – bestehen.

Abweichende Regelungen in den ATV DIN 18300 bis ATV DIN 18459 haben Vorrang.

2 Stoffe, Bauteile

2.1 Allgemeines

2.1.1 Die Leistungen umfassen auch die Lieferung der dazugehörigen Stoffe und Bauteile einschließlich Abladen und Lagern auf der Baustelle.

2.1.2 Stoffe und Bauteile, die vom Auftraggeber beigestellt werden, hat der Auftragnehmer rechtzeitig beim Auftraggeber anzufordern.

2.1.3 Stoffe und Bauteile müssen für den jeweiligen Verwendungszweck geeignet und aufeinander abgestimmt sein.

2.2 Vorhalten

Stoffe und Bauteile, die der Auftragnehmer nur vorzuhalten hat, die also nicht in das Bauwerk eingehen, dürfen nach Wahl des Auftragnehmers gebraucht oder ungebraucht sein.

2.3 Liefern

2.3.1 Stoffe und Bauteile, die der Auftragnehmer zu liefern und einzubauen hat, die also in das Bauwerk eingehen, müssen ungebraucht sein. Wiederauf-

bereitete (Recycling-)Stoffe gelten als ungebraucht, wenn sie Abschnitt 2.1.3 entsprechen.

2.3.2 Stoffe und Bauteile, für die DIN-Normen bestehen, müssen den DIN-Güte- und DIN-Maßbestimmungen entsprechen.

2.3.3 Stoffe und Bauteile, die nach den deutschen behördlichen Vorschriften einer Zulassung bedürfen, müssen amtlich zugelassen sein und den Bestimmungen ihrer Zulassung entsprechen.

2.3.4 Stoffe und Bauteile, für die bestimmte technische Spezifikationen in der Leistungsbeschreibung nicht genannt sind, dürfen auch verwendet werden, wenn sie Normen, technischen Vorschriften oder sonstigen Bestimmungen anderer Staaten entsprechen, sofern das geforderte Schutzniveau in Bezug auf Sicherheit, Gesundheit und Gebrauchstauglichkeit gleichermaßen dauerhaft erreicht wird.

Sofern für Stoffe und Bauteile eine Überwachungs-, Prüfzeichenpflicht oder der Nachweis der Brauchbarkeit, z. B. durch allgemeine bauaufsichtliche Zulassung, allgemein vorgesehen ist, kann von einer Gleichwertigkeit nur ausgegangen werden, wenn die Stoffe und Bauteile ein Überwachungs- oder Prüfzeichen tragen oder für sie der genannte Brauchbarkeitsnachweis erbracht ist.

3 Ausführung

3.1 Wenn Verkehrs-, Versorgungs- und Entsorgungsanlagen im Bereich der Baustelle liegen, sind die Vorschriften und Anordnungen der zuständigen Stellen zu beachten. Kann die Lage dieser Anlagen nicht angegeben werden, ist sie zu erkunden. Leistungen zur Erkundung derartiger Anlagen sind Besondere Leistungen (siehe Abschnitt 4.2.1).

3.2 Die für die Aufrechterhaltung des Verkehrs bestimmten Flächen sind freizuhalten. Der Zugang zu Einrichtungen der Versorgungs- und Entsorgungsbetriebe, der Feuerwehr, der Post und Bahn, zu Vermessungspunkten und dergleichen darf nicht mehr als durch die Ausführung unvermeidlich behindert werden.

3.3 Werden Schadstoffe angetroffen, z. B. in Böden, Gewässern, Stoffen oder Bauteilen, ist dies dem Auftraggeber unverzüglich mitzuteilen. Bei Gefahr im Verzug hat der Auftragnehmer unverzüglich

die notwendigen Sicherungsmaßnahmen unverzüglich durchzuführen. Die weiteren Maßnahmen sind gemeinsam festzulegen. Die erbrachten und die weiteren Leistungen sind Besondere Leistungen (siehe Abschnitt 4.2.1).

4 Nebenleistungen, Besondere Leistungen

4.1 Nebenleistungen

Nebenleistungen sind Leistungen, die auch ohne Erwähnung im Vertrag zur vertraglichen Leistung gehören (§ 2 Absatz 1 VOB/B).

Nebenleistungen sind demnach insbesondere:

4.1.1 Einrichten und Räumen der Baustelle einschließlich der Geräte und dergleichen.

4.1.2 Vorhalten der Baustelleneinrichtung einschließlich der Geräte und dergleichen.

4.1.3 Messungen für das Ausführen und Abrechnen der Arbeiten einschließlich des Vorhaltens der Messgeräte, Lehren, Absteckzeichen und dergleichen, des Erhaltens der Lehren und Absteckzeichen während der Bauausführung und des Stellens der Arbeitskräfte, jedoch nicht Leistungen nach § 3 Absatz 2 VOB/B.

4.1.4 Schutz- und Sicherheitsmaßnahmen nach den staatlichen und berufsgenossenschaftlichen Regelwerken zum Arbeitsschutz, ausgenommen Leistungen nach Abschnitt 4.2.5.

4.1.5 Beleuchten, Beheizen und Reinigen der Aufenthalts- und Sanitärräume für die Beschäftigten des Auftragnehmers.

4.1.6 Heranbringen von Wasser und Energie von den vom Auftraggeber auf der Baustelle zur Verfügung gestellten Anschlussstellen zu den Verwendungsstellen.

4.1.7 Liefern der Betriebsstoffe.

4.1.8 Vorhalten der Kleingeräte und Werkzeuge.

4.1.9 Befördern aller Stoffe und Bauteile, auch wenn sie vom Auftraggeber beigestellt sind, von den Lagerstellen auf der Baustelle oder von den in der Leistungsbeschreibung angegebenen Übergabestellen zu den Verwendungsstellen und etwaiges Rückbefördern.

4.1.10 Sichern der Arbeiten gegen Niederschlagswasser, mit dem normalerweise gerechnet werden muss, und seine etwa erforderliche Beseitigung.

4.1.11 Entsorgen von Abfall aus dem Bereich des Auftragnehmers sowie Beseitigen der Verunreinigungen, die von den Arbeiten des Auftragnehmers herrühren.

4.1.12 Entsorgen von Abfall aus dem Bereich des Auftraggebers bis zu einer Menge von 1 m^3, soweit der Abfall nicht schadstoffbelastet ist.

4.2 Besondere Leistungen

Besondere Leistungen sind Leistungen, die nicht Nebenleistungen nach Abschnitt 4.1 sind und nur dann zur vertraglichen Leistung gehören, wenn sie in der Leistungsbeschreibung besonders erwähnt sind. Besondere Leistungen sind z. B.:

4.2.1 Leistungen nach Abschnitt 3.1 und Abschnitt 3.3.

4.2.2 Beaufsichtigen der Leistungen anderer Unternehmer.

4.2.3 Erfüllen von Aufgaben des Auftraggebers (Bauherrn) hinsichtlich der Planung der Ausführung des Bauvorhabens oder der Koordinierung gemäß der Baustellenverordnung.

4.2.4 Leistungen zur Unfallverhütung und zum Gesundheitsschutz für Mitarbeiter anderer Unternehmen.

4.2.5 Besondere Schutz- und Sicherheitsmaßnahmen bei Arbeiten in kontaminierten Bereichen, z. B. messtechnische Überwachung, spezifische Zusatzgeräte für Baumaschinen und Anlagen, abgeschottete Arbeitsbereiche.

4.2.6 Leistungen für besondere Schutzmaßnahmen gegen Witterungsschäden, Hochwasser und Grundwasser, ausgenommen Leistungen nach Abschnitt 4.1.10.

4.2.7 Versicherung der Leistung bis zur Abnahme zugunsten des Auftraggebers oder Versicherung eines außergewöhnlichen Haftpflichtwagnisses.

4.2.8 Besondere Prüfung von Stoffen und Bauteilen, die der Auftraggeber liefert.

4.2.9 Aufstellen, Vorhalten, Betreiben und Beseitigen von Einrichtungen zur Sicherung und Aufrechterhaltung des Verkehrs auf der Baustelle, z. B. Bauzäune, Schutzgerüste, Hilfsbauwerke, Beleuchtungen, Leiteinrichtungen.

4.2.10 Aufstellen, Vorhalten, Betreiben und Beseitigen von Einrichtungen außerhalb der Baustelle zur Umleitung, Regelung und Sicherung des öffentlichen und Anliegerverkehrs sowie das Einholen der hierfür erforderlichen verkehrsrechtlichen Genehmigungen und Anordnungen nach der StVO.

4.2.11 Bereitstellen von Teilen der Baustelleneinrichtung für andere Unternehmer oder den Auftraggeber.

4.2.12 Leistungen für besondere Maßnahmen aus Gründen des Umweltschutzes, der Landes- und Denkmalpflege.

4.2.13 Entsorgen von Abfall über die Leistungen nach den Abschnitten 4.1.11 und 4.1.12 hinaus.

4.2.14 Schutz der Leistung, wenn der Auftraggeber eine vorzeitige Benutzung verlangt.

4.2.15 Beseitigen von Hindernissen.

4.2.16 Zusätzliche Leistungen für die Weiterarbeit bei Frost und Schnee, soweit sie dem Auftragnehmer nicht ohnehin obliegen.

4.2.17 Leistungen für besondere Maßnahmen zum Schutz und zur Sicherung gefährdeter baulicher Anlagen und benachbarter Grundstücke.

4.2.18 Sichern von Leitungen, Kabeln, Dränen, Kanälen, Grenzsteinen, Bäumen, Pflanzen und dergleichen.

5 Abrechnung

Die Leistung ist aus Zeichnungen zu ermitteln, soweit die ausgeführte Leistung diesen Zeichnungen entspricht. Sind solche Zeichnungen nicht vorhanden, ist die Leistung aufzumessen.

Anhang A
Begriffsbestimmungen zu den Allgemeinen Technischen Vertragsbedingungen für Bauleistungen

- **Aussparungen** sind bei Bauteilen Querschnittsschwächungen, deren Tiefe kleiner oder gleich der Bauteiltiefe sein kann. Aussparungen sind bei Flächen nicht zu behandelnde bzw. nicht herzustellende Teile. Aussparungen entstehen, z. B. durch Öffnungen (auch raumhoch), Durchbrüche, Durchdringungen, Nischen, Schlitze, Hohlräume, Leitungen, Kanäle.

- **Unterbrechungen** sind bei der Ermittlung der Längenmaße trennende, nicht zu behandelnde bzw. nicht herzustellende Abschnitte. Unterbrechungen durch Bauteile sind bei der Ermittlung der Flächenmaße trennende, nicht zu behandelnde bzw. nicht herzustellende Teilflächen geringer Breite, z. B. Fachwerkteile, Vorlagen, Lisenen, Gesimse, Entwässerungsrinnen, Einbauten.

- **Anarbeiten:** Heranführen an begrenzende Bauteile ohne Anpassen oder Anschließen.

- **Anpassen:** Heranführen an begrenzende Bauteile durch Bearbeiten des heranzuführenden Baustoffes, so dass dieser der Geometrie des begrenzenden Bauteils folgt.

- **Anschließen:** Heranführen an begrenzende Bauteile und Sicherstellen einer definierten technischen Funktion, z. B. Winddichtigkeit, Wasserdichtigkeit, Kraftschluss.

- **Das kleinste umschriebene Rechteck:** Das kleinste umschriebene Rechteck ergibt sich aus dem kleinsten Rechteck, das eine Fläche beliebiger Form umschließt.

3 Kommentar zur ATV DIN 18299

VOB – Vergabe- und Vertragsordnung für Bauleistungen

Teil C: Allgemeine Technische Vertragsbedingungen für Bauleistungen (ATV)

Allgemeine Regelungen für Bauarbeiten jeder Art – DIN 18299

Ausgabe September 2016

Vorbemerkungen zur DIN 18299

Die ATV DIN 18299 fasst diejenigen Regelungen des Abschnitts 0 sowie der Abschnitte 1 bis 5 zusammen, die für alle ATV der DIN 18300 bis DIN 18459 einheitlich gelten.

Auf diese Weise sollen

- die ordnungsgemäße Leistungsbeschreibung und Vertragsgestaltung erleichtert und dadurch den Grundsätzen des Teils A der VOB entsprochen werden,
- die allgemein geltenden Grundsätze für technische Vertragsbedingungen herausgestellt und ihre Übereinstimmung mit den Allgemeinen Vertragsbedingungen des Teils B der VOB verdeutlicht werden.

Die Zusammenfassung in der ATV DIN 18299 führt nicht zu materiellen Änderungen der VOB und hat keine nachteiligen Auswirkungen auf diejenigen ATV DIN 18300 bis 18459, für die einzelne Regelungen der ATV DIN 18299 keine Bedeutung haben.

Seit der Ausgabe der ATV DIN 18299 in der VOB 2012 enthält diese auch eine erläuternde Begriffsbestimmung im Anhang, welche z. B. die Begriffe Aussparungen, Unterbrechungen erläutert.

Inhalt

0 ***Hinweise für das Aufstellen der Leistungsbeschreibung***

1 **Geltungsbereich**

2 **Stoffe, Bauteile**

3 **Ausführung**

4 **Nebenleistungen, Besondere Leistungen**

5 **Abrechnung**

Verhältnis der ATV DIN 18299 zu den ATV DIN 18300 bis DIN 18459

Die ATV DIN 18299 fasst diejenigen technischen Vertragsbedingungen zusammen, die für alle oder den überwiegenden Teil der Leistungsbereiche gelten. Die ATV DIN 18300 bis DIN 18459 enthalten die leistungsspezifischen Regelungen für die einzelnen Leistungsbereiche entsprechend deren technischen Erfordernissen.

> Soweit die ATV DIN 18300 bis DIN 18459 abweichende Regelungen enthalten, gehen diese der ATV DIN 18299 vor.

Verhältnis der ATV zur Leistungsbeschreibung

Die objektbezogene Leistungsbeschreibung geht den Regelungen der ATV vor. Sie ist deshalb bei Abweichungen maßgebend für den Vertragsinhalt (§ 1 (2) VOB/B).

In allen Allgemeinen Technischen Vertragsbedingungen, also in DIN 18299 und DIN 18300 bis DIN 18459, finden sich im jeweiligen Abschnitt 0 „Hinweise für das Aufstellen der Leistungsbeschreibung“. Der Abschnitt 0 beinhaltet einen praktischen Leitfaden für den Ausschreibenden. Damit können vielfach alle wesentlichen Bestandteile der Ausschreibung im Allgemeinen (ATV DIN 18299) und des jeweiligen besonderen Leistungsbereiches (z. B. ATV DIN 18350) erfasst und sicher ausgeschrieben werden. Dieser Abschnitt 0 wird nicht Vertragsbestandteil. Dennoch sind diese Angaben zur Baustelle, zur Ausführung und zur Abrechnung nicht bedeutungslos.

Vielmehr ist die Beachtung dieser Hinweise (vgl. § 7 (1) 7 VOB/A) Voraussetzung für eine ordnungsgemäße, vollständige, eindeutige und unmissverständliche Leistungsbeschreibung gemäß § 7 VOB/A, die für eine zuverlässige Preiskalkulation erforderlich ist. Dies ist sowohl im Sinne des Auftraggebers (Vermeidung von Nachträgen), als auch im Sinne des Auftragnehmers, damit dieser eine sichere und eindeutige Preiskalkulation erstellen kann. Stellt sich nämlich nach Vertragsabschluss heraus, dass in der Leistungsbeschreibung unerwähnt gebliebene, preisrelevante und preisbeeinflussende Besonderheiten vorliegen, kann dies u. U. einen gesonderten Vergütungsanspruch für den Auftragnehmer auslösen, der u. a. auch darauf gestützt werden könnte, dass der Auftraggeber verpflichtet war, diese Besonderheiten in der Leistungsbeschreibung zu benennen und deutlich zu machen. Das heißt, dass der Auftraggeber nach § 7 (1) 7 VOB/A zwingend verpflichtet ist, die im Abschnitt 0 aufgeführten Einzelpunkte zu berücksichtigen bzw. in die Beschreibung der Leistung aufzunehmen, wenn sie für den entsprechenden Vergabefall von Bedeutung sind oder sein können.

Jeder, der ein Leistungsverzeichnis aufstellt, muss die in Abschnitt 0 genannten Punkte kennen und prüfen, ob diese in der jeweiligen Vergabe eine Rolle spielen. Falls ja, müssen sie bei der Aufstellung des Leistungsverzeichnisses beachtet werden. Andernfalls kann man sich etwaigen Ansprüchen der Gegenseite, zumindest aber selbst Unklarheiten in Bezug auf den Leistungsinhalt und den Rahmen der zu vereinbarenden bzw. später vereinbarten Vergütung ausgesetzt sehen.

Erweist es sich z. B. nach Vertragsabschluss als notwendig, eine Putzbewehrung einzubringen, die im Leistungsverzeichnis aber nicht gefordert war, so handelt es sich dabei um eine zusätzliche, gesondert zu vergütende Leistung (vgl. zutreffend OLG Düsseldorf, Urteil vom 02.07.1991, veröffentlicht in Baurecht 1991, S.797). Anspruchsankündigung gegenüber dem Auftraggeber ist aber vor Ausführung der zusätzlichen Leistung gemäß § 2 (6) VOB/B erforderlich.

Eine vorherige Vereinbarung ist unter den Voraussetzungen von § 2 (8) 2 VOB/B entbehrlich, wenn

a) die Besonderen Leistungen
   - notwendig sind
   - dem mutmaßlichen Willen des Auftraggebers entsprechen und
   - angezeigt werden (Zusatzangebot), oder
b) die Besonderen Leistungen erforderlich werden, um z. B. eine drohende Gefahr abzuwenden.

In der Praxis fehlt es allerdings regelmäßig an der Anzeige (Zusatzangebot, Nachtrag) durch den Auftragnehmer. Häufig werden Leistungen, die zur Erfüllung des Vertrages notwendig sind (z. B. zur Sicherstellung der technischen Funktionsfähigkeit) und die dem mutmaßlichen Willen des Auftraggebers entsprechen (z. B. um einen zügigen Baufortschritt sicher zu stellen) erbracht, ohne dass vorab eine Anzeige an den Auftraggeber erfolgt.

Wird diese Anzeige unterlassen, so schließt das – entgegen einer weit verbreiteten Ansicht auf Auftraggeberseite – einen Vergütungsanspruch des Auftragnehmers nicht grundsätzlich aus. Dem Auftragnehmer steht in einem solchen Fall über die Regelung des § 2 (8) 3 VOB/B i. V. m. § 683 BGB ein „Anspruch auf Aufwendungsersatz“ zu. Nach den Regelungen über die sog. „Geschäftsführung ohne Auftrag“ (§§ 677 ff. BGB), auf die in § 2 (8) 3 VOB/B ausdrücklich verwiesen wird, wird gerade keine unverzügliche Anzeige, sowie auch keine notwendige, sondern nur eine interessensgemäße Leistung vorausgesetzt, was eine weitere Abschwächung der Anforderungen an das Entstehen eines Vergütungsanspruchs darstellt.

Weiter steht dem Auftragnehmer auch dann ein Vergütungsanspruch zu, wenn der Auftraggeber die Leistung nachträglich anerkennt. Dieses Anerkenntnis kann auch „stillschweigend" erfolgen. Hierüber besteht Einigkeit in der Rechtsprechung. Nimmt ein Auftraggeber bewusst zur Kenntnis, dass der Auftragnehmer Leistungen ausführt, die nicht vom ursprünglich beauftragten Leistungsumfang („Bausoll") umfasst sind, und ist er mit der Ausführung dieser Leistungen einverstanden, so kann er später nicht die Bezahlung dieser Leistungen verweigern. Daran ändert sich auch nichts, wenn der Auftraggeber irrtümlich davon ausging, dass die Leistungen im Bausoll enthalten waren. Dadurch, dass er den Auftragnehmer die Leistungen bewusst hat ausführen lassen, hat der diese anerkannt (OLG Schleswig, Urteil vom 29.06.2010, Az.: 3 U 92/09). Ausreichend für ein Anerkenntnis einer nicht vereinbarten Leistung ist jedes tatsächliche Verhalten des Auftraggebers, durch das er eindeutig erkennen lässt, dass er mit der Ausführung der Leistung einverstanden ist. Das Bewusstsein einer Vergütungspflicht ist nicht erforderlich. Ein Irrtum über das Bausoll ist unerheblich. Ausreichend ist, dass der Auftraggeber die zusätzliche Leistung tatsächlich bemerkt und dass er dadurch, dass er den Auftragnehmer gewähren lässt, klar zum Ausdruck bringt, dass er diese Leistung erhalten und behalten will. Jede zusätzliche Leistung, die der Auftraggeber also nicht wieder beseitigt haben möchte, ist grundsätzlich auch zu vergüten.

Verletzt der Auftraggeber eine sich nach Sachlage ergebende Untersuchungspflicht (z. B. Brandschutzanforderungen), kann er sich darüber hinaus schadensersatzpflichtig machen. Kommt es nämlich durch dieses Verhalten zu längeren Unterbrechungen der Arbeiten, kann der Auftragnehmer nach Kündigung des Vertrages Schadensersatz gemäß § 6 (6 + 7) VOB/B verlangen (OLG Düsseldorf BauR 1999, S. 491).

Die Zusammenfassung und systematische Gliederung allgemein erforderlicher Angaben erleichtert die ordnungsgemäße Aufstellung der Leistungsbeschreibung, weil der Bearbeiter der Aufzählung eindeutig entnehmen kann, welche Angaben im Einzelfall bedacht werden müssen bzw. erforderlich sind.

0 Hinweise für das Aufstellen der Leistungsbeschreibung

Diese Hinweise für das Aufstellen der Leistungsbeschreibung gelten für Bauarbeiten jeder Art; sie werden ergänzt durch die auf die einzelnen Leistungsbereiche bezogenen Hinweise in den ATV DIN 18300 bis 18459, Abschnitt 0 sowie den Anhang Begriffsbestimmungen. Die Beachtung dieser Hinweise und des Anhangs ist Voraussetzung für eine ordnungsgemäße Leistungsbeschreibung gemäß §§ 7ff., §§ 7 EU ff. beziehungsweise §§ 7 VS ff. VOB/A.

In die Vorbemerkungen zum Leistungsverzeichnis ist aufzunehmen:

„Soweit in der Leistungsbeschreibung auf Technische Spezifikationen z. B. nationale Normen, mit denen europäische Normen umgesetzt werden, europäische technische Zulassungen, gemeinsame technische Spezifikationen, Internationale Normen, Bezug genommen wird, werden auch ohne den ausdrücklichen Zusatz: „oder gleichwertig“ immer gleichwertige Technische Spezifikationen in Bezug genommen.“

Die Hinweise werden nicht Vertragsbestandteil.

In der Leistungsbeschreibung sind nach den Erfordernissen des Einzelfalls insbesondere anzugeben:

Die Hinweise für das Aufstellen der Leistungsbeschreibung stellen eine praxisgerechte Checkliste für den Ausschreibenden dar, damit dieser die wesentlichen Punkte der notwendigen Ausschreibungsinhalte erkennen kann und dadurch in die Lage versetzt wird zu überprüfen, ob die jeweilige Leistung im auszuschreibenden Bauvorhaben relevant ist. § 7 (1) 7 VOB/A fordert die Beachtung des Abschnittes 0, damit Nachträge möglichst vermieden werden und der Bieter in die Lage versetzt wird, sicher zu kalkulieren.

Die Wortwahl in § 7 (1) 7 VOB/A *„Die „Hinweise für das Aufstellen der Leistungsbeschreibung“ in Abschnitt 0 der Allgemeinen Technischen Vertragsbedingungen für Bauleistungen, DIN 18299 ff., sind zu beachten.“* weist mit der Formulierung *„sind zu beachten“* eindeutig die Beachtung als „muss“ aus; d. h. die Hinweise des Abschnittes 0 sind von der ausschreibenden Stelle zu berücksichtigen, wenn die Ausschreibung aufgestellt wird. Das „ff“ weist auf die Einbeziehung ALLER weiteren ATV der VOB/C unmissverständlich hin. Diese verpflichtende Formulierung ist nicht nur für den öffentlichen Auftraggeber entsprechend VOB/A § 8a (1) zu befolgen bzw. bei allen sonstigen VOB-Verträgen, sondern auch für den privaten Auftraggeber mit einem BGB-Vertrag. Dieses begründet sich dadurch, dass gemäß § 241 (2) BGB in Verbindung mit § 311 (2) BGB Rücksicht auf die Rechte, Rechtsgüter und Interessen der Bieter sowohl beim VOB- als auch beim BGB-Vertrag zu berücksichtigen sind. (vgl. Beck´scher VOB-Kommentar VOB Teil C, 3. Auflage – Verlag C. H. Beck – DIN 18299 Rd 15, S. 241. Siehe auch BGH VII ZR 122/11 vom 21.03.2013).

Ergänzend hierzu der Auszug aus dem BGH-Urteil VII ZR 67/11, Rn. 15 vom 22.12.2011.

> „Deshalb darf der Bieter die Leistungsbeschreibung einer öffentlichen Ausschreibung nach der VOB/A im Zweifelsfall so verstehen, dass der Auftraggeber den Anforderungen der VOB/A an die Ausschreibung entsprechen will (BGH, Urteil vom 11. November 1993 – VII ZR 47/93, BGHZ 124, 64, 68; Urteil vom 9. Januar 1997 – VII ZR 259/95, aaO; Urteil vom 11. März 1999 – VII ZR 179/98, BauR 1999, 897, 898 = ZfBR 1999, 256). Nach diesen Anforderungen ist die Leistung eindeutig und so erschöpfend zu be-

beschreiben, dass alle Bewerber die Beschreibung in gleichem Sinne verstehen müssen und ihre Preise sicher und ohne umfangreiche Vorarbeiten berechnen können. Dem Auftragnehmer darf kein ungewöhnliches Wagnis aufgebürdet werden für Umstände und Ereignisse, auf die er keinen Einfluss hat und deren Einwirkung auf die Preise und Fristen er nicht im Voraus schätzen kann. Die für die Ausführung der Leistung wesentlichen Verhältnisse der Baustelle, z. B. Boden - und Wasserverhältnisse, sind so zu beschreiben, dass der Bewerber ihre Auswirkungen auf die bauliche Anlage und die Bauausführung hinreichend beurteilen kann. Die "Hinweise für das Aufstellen der Leistungsbeschreibung" in Abschnitt 0 der Allgemeinen Technischen Vertragsbedingungen für Bauleistungen, DIN 18299 ff., sind zu beachten, § 9 Nr. 1 bis 3 VOB/A [alte Fassung, jetzt VOB/A § 7 (1)]."

0.1 Angaben zur Baustelle

0.1.1 Lage der Baustelle, Umgebungsbedingungen, Zufahrtsmöglichkeiten und Beschaffenheit der Zufahrt sowie etwaige Einschränkungen bei ihrer Benutzung.

Für eine sachgerechte Preiskalkulation ist es unerlässlich, dass dem Bieter Kenntnis gegeben wird von der Lage der Baustelle und den dort vorhandenen Umgebungsbedingungen. Auch ist es für denjenigen, der die Ausführung von Putz- und Stuckarbeiten anbietet, von Bedeutung, welche Zufahrtsmöglichkeiten zur Baustelle im Zeitpunkt der Ausführung seiner Leistung bestehen werden und wie die Beschaffenheit der Zufahrt sein wird z. B. für die Aufstellung von Mörtelsilos. Deshalb ist dem Ausschreibenden aufgetragen, bereits in der Leistungsbeschreibung eindeutig Hinweise hierüber zu geben.

Neben der Lage der Baustelle sind auch die Umgebungsbedingungen maßgeblich, z. B. ob ein Kindergarten, ein Altenheim, ein Krankenhaus, ein Sanatorium, eine Kurklinik, ein Kurort oder ein Seebad mit besonderen Ruhezeiten vorhanden ist, in denen keine lärmintensiven Bauarbeiten ausgeführt werden dürfen.

0.1.2 Besondere Belastung aus Immissionen sowie besondere klimatische oder betriebliche Bedingungen.

Dieser Abschnitt wurde aus der ATV DIN 18350 übernommen und gilt für alle Gewerke. Eine objektive Kalkulation ist nur möglich, wenn in der Leistungsbeschreibung auch genaue Angaben über mögliche Beeinträchtigungen, während der Ausführung der Arbeiten, für den jeweiligen Auftragnehmer gemacht werden. Besondere Beeinträchtigungen an der Baustelle, die den Arbeitsablauf beeinflussen und die Leistungsfähigkeit der Mitarbeiter des Auftragnehmers durch z. B. Kälte, Hitze, Dämpfe oder Lärm und dergleichen beeinträchtigen, sind in die Leistungsbeschreibung aufzunehmen.

Dazu gehören auch Angaben darüber, ob lärmerzeugende Arbeiten, z. B. Putz abschlagen, Abbrucharbeiten, nur in bestimmten Zeiten ausgeführt werden dürfen. Allgemeine Aussagen in der Leistungsbeschreibung reichen hierfür nicht aus.

Eine Kalkulation ist nur möglich, wenn in der Leistungsbeschreibung auch genaue Angaben über mögliche Beeinträchtigungen, während der Ausführung der Arbeiten, für den jeweiligen Auftragnehmer gemacht werden.

Siehe hierzu auch Abschnitt 0.2.2 der ATV DIN 18299.

0.1.3 Art und Lage der baulichen Anlagen, z. B. auch Anzahl und Höhe der Geschosse.

Im Hinblick auf Logistikmaßnahmen des Auftragnehmers sind Angaben über die Größe des Bauvorhabens, Anzahl und Höhe der Geschosse und Treppenhäuser sowie über die Entfernung einzelner Arbeitsbereiche bzw. Lose unerlässlich. Es muss für den Bieter in der Leistungsbeschreibung klar erkenntlich sein, welchen zeitlichen und damit kalkulatorischen Aufwand der Materialtransport von Baustoffen für Putzarbeiten oder ggf. dafür notwendiges Gerüstmaterial an den Verwendungsort, hat. Beispielsweise ist von der Bearbeitungshöhe bzw. Geschosshöhe abzuleiten, ob Gerüstarbeiten einzukalkulieren sind oder nicht. Ebenfalls müssen ggf. längere Transortwege beim Aufstellen von Fassadengerüstarbeiten für Staffelgeschossen und dergleichen ggf. einkalkuliert werden, wenn dies aus der Leistungsbeschreibung hervorgeht.

0.1.4 Verkehrsverhältnisse auf der Baustelle, insbesondere Verkehrsbeschränkungen.

Neben der Zufahrtsmöglichkeit zur Baustelle und deren Beschaffenheit sind auch eventuell vorhandene oder während der Bauzeit erforderliche Verkehrsbeschränkungen bei der Zufahrt und/oder innerhalb der Baustelle zu beschreiben, um dadurch anfallende Mehrkosten für die Anlieferung von Materialien und Geräten kalkulieren zu können, z. B. innerstädtische Baustelle mit eingeschränkter Stellfläche, weite Material- und Gerätetransportwege . Dabei sind allgemeine Angaben darüber nicht hilfreich. Auch sind hier eine genaue Beschreibung der Beschränkungen und die zeitliche Dauer solcher Beeinträchtigungen erforderlich.

0.1.5 Für den Verkehr freizuhaltende Flächen.

Die für den öffentlichen Verkehr oder auch für den Verkehr z. B. auf einem Werksgelände freizuhaltenden Flächen sind in der Leistungsbeschreibung anzugeben, z. B. Durchfahrtshöhen und -breiten.

0.1.6 Art, Lage, Maße und Nutzbarkeit von Transporteinrichtungen und Transportwegen, z. B. Montageöffnungen.

Dieser Abschnitt wurde aus der ATV DIN 18350 übernommen und gilt nunmehr für alle Gewerke. Er ist auch in Zusammenhang mit Abschnitt 0.2.8 dieser ATV zu sehen. Demnach sind Hinweise auch über Transporteinrichtungen, wie z. B. Aufzüge, Hebewerkzeuge und dergleichen in die Leistungsbeschreibung aufzunehmen.

0.1.7 Lage, Art, Anschlusswert und Bedingungen für das Überlassen von Anschlüssen für Wasser, Energie und Abwasser.

Nach § 4 (4) VOB/B hat der Auftraggeber, wenn nichts anderes vereinbart ist, dem Auftragnehmer unentgeltlich zur Benutzung oder Mitbenutzung zu überlassen:

a) die notwendigen Lager- und Arbeitsplätze auf der Baustelle,
b) vorhandene Zufahrtswege und Anschlussgleise,
c) vorhandene Anschlüsse für Wasser und Energie. Die Kosten für den Verbrauch und den Messer oder Zähler trägt der Auftragnehmer, mehrere Auftragnehmer tragen sie anteilig.

Der Einsatz von Maschinen verschiedener Art bei der Herstellung von Putz- und Stuckarbeiten macht es notwendig, dass entsprechende Energie-, Wasseranschlüsse und Abwasserentsorgungsmöglichkeit auf der Baustelle vorhanden sind. Deshalb sollen bereits in die Leistungsbeschreibung Hinweise hierüber aufgenommen werden, wenn dies nach Lage des Einzelfalles geboten erscheint.

Nach § 8a (4) 1b VOB/A soll die Benutzung von Lager- und Arbeitsplätzen, Zufahrtswegen, Anschlussgleisen, Wasser- und Energieanschlüssen in den Zusätzlichen Vertragsbedingungen oder in den Besonderen Vertragsbedingungen geregelt bzw. dem Bieter hierzu Informationen gegeben werden. Nur so kann sichergestellt werden, dass die Kosten für das Heranbringen von Wasser und Energie an die Verwendungsstelle der Baustelle richtig kalkuliert werden kann. Aufgrund ungenauer Angaben in den Besonderen oder Zusätzlichen Vertragsbedingungen können sonst Nachforderungen entstehen – z. B. wenn ein Elektroinstallateur eine höhere Absicherung einbauen muss, damit die Putzmaschine, die Förderanlage und dergleichen zum Verputzen überhaupt funktionsfähig betrieben werden können.

Wenn im Leistungsverzeichnis zu Wasser, Energie und Abwasser keine Angaben gemacht sind, darf der Bieter darauf vertrauen, dass die Baustelle insoweit erschlossen ist. Der Auftraggeber ist aber nur zur Überlassung „vorhandener Anschlüsse“ verpflichtet. Sind keine entsprechenden Anschlüsse vorhanden, muss über die Kosten für die Einrichtung eine einvernehmliche Regelung getroffen werden. Fehlen entsprechende Kalkulationshinweise für die Einrichtung von Anschlüssen in der Ausschreibung, so sind diese Kosten als Besondere Leistung dem Auftragnehmer zu vergüten.

Sind beispielsweise besonderen Bedingungen zur Abwasserentsorgung vorgeschrieben, wie z. B. dass in die vorhandene Kanalisation kein Reinigungswasser der Putzmaschine entsorgt werden darf, ist dies im Leistungsverzeichnis kenntlich zu machen. Im Zweifelsfall muss der Fachunternehmer dies beim Auftraggeber erfragen. Siehe auch Erläuterungen zu Abschnitt 4.1.6.

0.1.8 Lage und Ausmaß der dem Auftragnehmer für die Ausführung seiner Leistungen zur Benutzung oder Mitbenutzung überlassenen Flächen und Räume.

Für die Ausführung von Putz- und Stuckarbeiten ist es erforderlich, dass geeignete Lagermöglichkeiten auf der Baustelle vorhanden sind; dies gilt z. B. für das Aufstellen von Gerüsten, Containern, Baustellenbehältern (Silo), Aufzügen, Schuttmulden u. Ä. Die notwendigen Lager- und Arbeitsplätze auf der Baustelle hat der Auftraggeber dem Auftragnehmer nach § 4 (4) VOB/B unentgeltlich zu überlassen. Ist dies nicht der Fall, so kann dies für den Auftragnehmer Erschwernisse und Behinderungen bei der Ausführung der Leistung zur Folge haben, z. B. längere Transportwege, häufigerer Materialtransport zur Verwendungsstelle,, die in der Preiskalkulation ihren Niederschlag finden müssen und deshalb bereits in der Leistungsbeschreibung anzugeben sind.

Zu Aufstellbedingungen von Baustellenbehältern bzw. Silos siehe [1].

0.1.9 Bodenverhältnisse, Baugrund und seine Tragfähigkeit. Ergebnisse von Bodenuntersuchungen.

0.1.10 Hydrologische Werte von Grundwasser und Gewässern. Art, Lage, Abfluss, Abflussvermögen und Hochwasserverhältnisse von Vorflutern. Ergebnisse von Wasseranalysen.

0.1.11 Besondere umweltrechtliche Vorschriften.

0.1.12 Besondere Vorgaben für die Entsorgung, z. B. Beschränkungen für die Beseitigung von Abwasser und Abfall.

Sind bei der Durchführung der Maßnahme besondere Vorgaben für die Entsorgung hinsichtlich der Abwasser- und Abfallbeseitigung zu beachten, sind diese in der Leistungsbeschreibung anzugeben, z. B. Wasser mit belasteten Abfallstoffen.

0.1.13 Schutzgebiete oder Schutzzeiten im Bereich der Baustelle, z. B. wegen Forderungen des Gewässer-, Boden-, Natur-, Landschafts- oder Immissionsschutzes; vorliegende Fachgutachten oder dergleichen.

Liegt die Baustelle im Bereich von Schutzgebieten, so sind Angaben hierüber in der Leistungsbeschreibung unerlässlich. Dies gilt sowohl bei Wasser- und Landschaftsschutzgebieten als auch z. B. für ausgewiesene Lärmschutzgebiete und für einzuhaltende Ruhezeiten bei Krankenhäusern, Sanatorien sowie in Kur- und Urlaubsorten.

0.1.14 Art und Umfang des Schutzes von Bäumen, Pflanzenbeständen, Vegetationsflächen, Verkehrsflächen, Bauteilen, Bauwerken, Grenzsteinen und dergleichen im Bereich der Baustelle.

Sind Bäume, Pflanzenbestände oder andere Bauteile und Bauwerke durch Schutzmaßnahmen des Auftragnehmers vor Beschädigung zu bewahren, so muss dies in der Leistungsbeschreibung unmissverständlich angegeben werden.

0.1.15 Im Bereich der Baustelle vorhandene Anlagen, insbesondere Abwasser- und Versorgungsleitungen.

0.1.16 Bekannte oder vermutete Hindernisse im Bereich der Baustelle, z. B. Leitungen, Kabel, Dräne, Kanäle, Bauwerksreste und, soweit bekannt, deren Eigentümer.

0.1.17 Bestätigung, dass die im jeweiligen Bundesland geltenden Anforderungen zu Erkundungs- und gegebenenfalls Räumungsmaßnahmen hinsichtlich Kampfmitteln erfüllt wurden.

0.1.18 Gegebenenfalls gemäß der Baustellenverordnung getroffene Maßnahmen.

Die Verordnung über Sicherheit und Gesundheitsschutz auf Baustellen, kurz BaustellV [2], definiert Verantwortlichkeit und Aufgaben für den Bauherrn. So hat der Bauherr, soweit er diese Aufgabe nicht selbst wahrnimmt, insbesondere

- Koordinatoren (SiGeKo) zu bestellen sowie
- einen Sicherheits- und Gesundheitsschutzplan (SiGe-Plan) zu erarbeiten.

Näheres ist der Baustellenverordnung [2] und den Regeln für den Arbeitsschutz auf Baustellen [3] zu entnehmen. Fehlt ein SiGe-Plan oder ist dieser unvollständig, ist dem Auftragnehmer anzuraten, gegebenenfalls Bedenken nach § 4 (3) VOB/B anzumelden.

Eine Verlagerung der Auftraggeberaufgaben auf den Auftragnehmer ist, wenn überhaupt, nur im Rahmen der jeweils vorgegebenen Leistungen nach Abschnitt 4.2.3 dieser ATV möglich.

0.1.19 Besondere Anordnungen, Vorschriften und Maßnahmen der Eigentümer (oder der anderen Weisungsberechtigten) von Leitungen, Kabeln, Dränen,

Kanälen, Straßen, Wegen, Gewässern, Gleisen, Zäunen und dergleichen im Bereich der Baustelle.

In die Leistungsbeschreibung sind Angaben darüber aufzunehmen, ob durch besondere Anordnungen, Vorschriften oder Maßnahmen der Eigentümer oder anderer Weisungsberechtigter durch den Auftragnehmer Leistungen zu erbringen sind, die über den üblichen Umfang seiner vertraglichen Leistung hinausgehen und regelmäßig Mehraufwendungen verursachen.

0.1.20 Art und Umfang von Schadstoffbelastungen, z. B. des Bodens, der Gewässer, der Luft, der Stoffe und Bauteile; vorliegende Fachgutachten oder dergleichen.

Nach Abschnitt 4.2.13 dieser ATV DIN 18299 ist die Entsorgung von schadstoffbelastetem Abfall aus dem Bereich des Auftraggebers eine Besondere Leistung, die gesondert zu vergüten ist. Deshalb sind Angaben bereits in der Leistungsbeschreibung erforderlich, wenn aus dem Bereich des Auftraggebers stammende schadstoffbelastete Abfälle und Stoffe (z. B. Bekleidungen aus Asbestfaserplatten) entsorgt werden müssen. In der Leistungsbeschreibung sind also Hinweise zu geben, welcher Art der schadstoffbelastete Bauschutt ist und wie er entsorgt werden muss, einschließlich Angaben zu den regionalen Abfall-Annahmestellen (z. B. Adresse, Tel., Fax.). Weitere Hinweise hinsichtlich der Abfallbeseitigung können z. B. folgenden Internetseiten entnommen werden:

a) kommunale Abfallsatzung (meist herunterzuladen über die Internetseite der jeweiligen Kommune/Landkreis bzw. deren Eigenbetriebe)
b) Arbeitshilfe Recycling
http://www.arbeitshilfen-recycling.de/Index0.html
c) Gewerbeabfallverordnung
http://bundesrecht.juris.de/bundesrecht/gewabfv/gesamt.pdf
d) Europäisches Abfallverzeichnis: http://www.ngs-mbh.de/zs/eak.html

0.1.21 Art und Zeit der vom Auftraggeber veranlassten Vorarbeiten.

Dazu gehört u. a. die Herstellung der Rohplanie für die Ausführung von Gerüstarbeiten oder auch die Herstellung der Bauwerksabdichtung vor Anbringen der Perimeterdämmplatten im Sockel- und erdberührten Bereich, der Einbau von einzuputzenden Fensterbänken, Installationsleitungen und dergleichen. Sind derartige Arbeiten vom Auftraggeber veranlasst, so sind diese dem Auftragnehmer der Putz- und Stuckarbeiten mitzuteilen. Durch zeitliche Verzögerungen der veranlassten, aber zum Ausführungszeitpunkt der Putzarbeiten nicht ausgeführten, Vorarbeiten können preisbeeinflussenden bzw. kostenverursachende Behinderungen, z. B nachträgliche An- und Beiputzarbeiten (vgl. Abschnitt 4.2.35 ATV DIN 18350) gegeben sein.

0.1.22 Arbeiten anderer Unternehmer auf der Baustelle.

Nach § 5 (1) VOB/B hat der Auftragnehmer die Ausführung seiner Leistung nach den festgelegten Vertragsfristen zu beginnen, angemessen zu fördern und zu vollenden.

Dies setzt voraus, dass der Auftragnehmer seine Leistungen ohne Behinderungen erbringen kann. Werden zur gleichen Zeit Arbeiten anderer Unternehmer auf der Baustelle ausgeführt, so kann dies zu Behinderungen oder Erschwernissen und Mehrkosten für den Auftragnehmer führen.

Es ist Sache des Auftraggebers, für die Durchführung der Arbeiten zum Zeitpunkt der Ausschreibung einen Ablaufplan zu erstellen, in dem für den einzelnen Auftragnehmer Hinweise enthalten sind, zu welchem Zeitrahmen seine Arbeiten ausgeführt werden können.

0.2 Angaben zur Ausführung

0.2.1 Vorgesehene Arbeitsabschnitte, Arbeitsunterbrechungen und Arbeitsbeschränkungen nach Art, Ort und Zeit sowie Abhängigkeit von Leistungen anderer.

In § 5 (1) VOB/B ist dem Auftragnehmer die Verpflichtung auferlegt, mit der Ausführung seiner Leistung nach den verbindlichen Fristen (Vertragsfristen) zu beginnen, die Ausführung angemessen zu fördern und zu vollenden.

Deshalb ist es nötig, Hinweise in die Leistungsbeschreibung aufzunehmen, wenn die Ausführung der Leistung in Arbeitsabschnitten erfolgen soll oder wenn Arbeitsunterbrechungen oder -beschränkungen vorgesehen oder zu erwarten sind.

Ist die angeforderte Leistung abhängig von den Leistungen oder Vorleistungen anderer Unternehmer, sind dazu im Leistungsverzeichnis eindeutige Angaben zu machen; z. B. Koordinieren des Einbaus von Einbauteilen, Luftauslässen oder Ähnlichem in zu verputzenden oder mit Stuck zu versehenden Flächen. Fehlen derartige Angaben in der Leistungsbeschreibung, so kann der Auftragnehmer wegen der Unterbrechung der Ausführung beim Auftraggeber nach § 6 (1) VOB/B Behinderung anzeigen, was nach § 6 (2) VOB/B zur Fristverlängerung der vorgesehenen Ausführungsdauer führen kann. Die Behinderung ist unverzüglich und schriftlich gegenüber dem Auftraggeber anzuzeigen.

0.2.2 Besondere Erschwernisse während der Ausführung, z. B. Arbeiten in Räumen, in denen der Betrieb weiterläuft, Arbeiten im Bereich von Verkehrswegen oder bei außergewöhnlichen äußeren Einflüssen.

Der Bieter muss in der Lage sein, besondere Erschwernisse während der Ausführung bei der Preiskalkulation zu berücksichtigen. Erschwernisse sind regelmäßig gegeben, wenn z. B. Putz- und Stuckarbeiten in Räumen ausgeführt werden müssen, in denen der Betrieb des Auftraggebers weiterläuft. Dasselbe gilt, wenn Arbeiten bei außergewöhnlichen Temperaturen auszuführen sind. Deshalb ist es erforderlich, dass Hinweise hierüber bereits in der Leistungsbeschreibung gegeben werden. Dies gilt auch für etwa erforderliche Schutzabdeckungen.

Auch Arbeiten auf Gerüsten von geringer Höhe, z. B. unter ca. 1,10 m unter einem Dachvorsprung, bzw. unter einem auskragenden Dach/Dachrinne, in niedrigen Dachboden, in Kriechkellern und dergleichen an denen vorwiegend in gebückter, gehockter, kriechender oder liegender Haltung gearbeitet werden kann, gilt als besonderes Erschwernis bei der Ausführung der Putz- und Stuckarbeiten. Die sich hierbei ergebende teilweise langanhaltende ergonomisch untypische und anstrengende Arbeitshaltung kann zudem Mehrkosten hinsichtlich der Dauer und der gesundheitlichen Regeneration der Mitarbeiter zur Folge haben.

Zudem muss berücksichtigt werden, dass unter ergonomisch schwierigen Arbeitsbedingungen die Qualität der Ausführung auch leidet und somit das gewünscht Leistungsziel einer z. B. ordentlich geriebenen Putzoberfläche nicht erreichbar ist. Insofern haben derartige Arbeitsbedingungen auch Einfluss auf das vom Auftraggeber zu erwartende Ergebnis.

Insofern empfiehlt es sich bei derartig schwierigen Arbeitsbedingungen für den Auftragnehmer der Putzarbeiten Bedenken hinsichtlich der Art der Ausführung (vgl. VOB/B § 4 (3)) bzw. Behinderung hinsichtlich einer ordnungsgemäßen Ausführung der Leistung (vgl. VOB/B § 6 (1)) gegenüber dem Auftraggeber anzumelden.

Wenn dieses Arbeitserschwernis (gebückte, kniende, kriechende oder liegende Arbeitshaltung bei der Arbeitsausübung) im Leistungsverzeichnis nicht beschrieben ist, sind hier Mehraufwendungen (z. B. für längere Ausführungsdauer oder notwendige Arbeitsplatzumgestaltung durch Gerüst-Umbaumaßnahmen) für bisher nicht einkalkulierbare Kosten vorzunehmen.

Eine Möglichkeit um das gewollte Leistungsziel zu erreichen besteht natürlich für den Auftraggeber auch darin das Gerüst für eine ergonomisch sinnvolle Arbeitsweise umbauen zu lassen und damit den der Kalkulation zugrunde gelegten Größenansatz für Putzarbeiten zu belassen. Sowohl für den Umbau des Gerüstes, als auch für die erschwerten Ausführungsbedingungen entstehen zusätzliche Kosten.

Als Erschwernisse im Bereich von Verkehrswegen kommen insbesondere in Betracht: beengte Verhältnisse bei der Ausführung der Leistung, oder besondere, notwendig werdende Gerüstkonstruktionen. Dies gilt auch in besonderem Maße für Ausführung von Putz- und Stuckarbeiten an Decken in Treppenhäusern. Derartige Arbeiten sind in gesonderten Positionen auszuschreiben.

0.2.3 Besondere Anforderungen für Arbeiten in kontaminierten Bereichen, gegebenenfalls besondere Anordnungen für Schutz- und Sicherheitsmaßnahmen.

Für Arbeiten in kontaminierten Bereichen sind besondere Anforderungen, u. a. des Personenschutzes, des Umweltschutzes, zu beachten, die bereits in der Leistungsbeschreibung durch konkrete Hinweise bezeichnet und deutlich gemacht werden müssen.

0.2.4 Besondere Anforderungen an die Baustelleneinrichtung und Entsorgungseinrichtungen, z. B. Behälter für die getrennte Erfassung.

Sind bezüglich der Baustelleneinrichtung besondere Anforderungen zu beachten, z. B. wegen vorhandener Versorgungsleitungen, so sind diese durch entsprechende Hinweise in der Leistungsbeschreibung zu bezeichnen. Dies gilt in gleicher Weise für Entsorgungseinrichtungen, soweit hierfür besondere Anforderungen zu beachten sind.

0.2.5 Besonderheiten der Regelung und Sicherung des Verkehrs, gegebenenfalls auch, wieweit der Auftraggeber die Durchführung der erforderlichen Maßnahmen übernimmt.

Für die Preiskalkulation des Auftragnehmers ist von Bedeutung, ob im Bereich der Baustelle für die Regelung und Sicherung des Verkehrs Besonderheiten bestehen. Dies kann z. B. dadurch gegeben sein, dass der Materialtransport nicht bis an die Einsatzstelle möglich ist. Wenn im Bereich der Zufahrtswege Begrenzungen der Verkehrslasten zu beachten sind, muss die Leistungsbeschreibung ebenfalls entsprechende Angaben enthalten.

0.2.6 Besondere Anforderungen an das Auf- und Abbauen sowie Vorhalten von Gerüsten.

Mit dieser Regelung wird der Ausschreibende ausdrücklich dazu angehalten, „Besondere Anforderungen“ an das Auf- und Abbauen sowie Vorhalten von Gerüsten durch den Auftragnehmer der Putz- und Stuckarbeiten bereits in der Leistungsbeschreibung in besonderen Positionen anzufordern. Diese Leistung ist nach der ATV DIN 18451 Gerüstarbeiten abzurechnen. Auch sind dabei Angaben über höchstzulässige Lasten, Gerüstbreiten sowie Angaben zu den Gerüstabständen vor der fertig verputzten (Fassaden) Oberfläche zu machen notwendig. Bei Abständen der Gerüstständer/Gerüstrohre von unter 15 cm ist eine fachgerechte Putzbearbeitung mit hierfür üblichen Werkzeugen und Geräten (z. B. Kartätsche, Traufel, Spritzgerät) nicht möglich. Der empfohlen Abstand des Gerüstrohres von der Fassade beträgt ca. 25 bis 30 cm.

0.2.7 Mitbenutzung fremder Gerüste, Hebezeuge, Aufzüge, Aufenthalts- und Lagerräume, Einrichtungen und dergleichen durch den Auftragnehmer.

Kann der Auftragnehmer der Putz- und Stuckarbeiten fremde Gerüste, Aufzüge und dergleichen mitbenutzen, so sollte hierauf in der Leistungsbeschreibung hingewiesen werden. Es ist dann entbehrlich, dass z. B. die für die Herstellung der Putz- und Stuckarbeiten erforderlichen Gerüste in einer gesonderten Position angeboten oder in die Einheitspreise einkalkuliert werden.

0.2.8 Wie lange, für welche Arbeiten und gegebenenfalls für welche Beanspruchung der Auftragnehmer Gerüste, Hebezeuge, Aufzüge, Aufenthalts- und Lagerräume, Einrichtungen und dergleichen für andere Unternehmer vorzuhalten hat.

Der Auf- und Abbau von Gerüsten mit einer Bearbeitungshöhe von mehr als 3,5 m sowie deren Vorhaltung stellt eine gesondert zu vergütende Leistung nach Abschnitt 4.2.2 der ATV DIN 18350 dar.

Verlangt der Auftraggeber, dass der Auftragnehmer der Putz- und Stuckarbeiten das von ihm erstellte Gerüst zur Benutzung für andere Unternehmer vorzuhalten hat, so sollte hierauf bereits in der Leistungsbeschreibung hingewiesen und für die Vorhaltekosten eine gesonderte Position vorgesehen werden, unabhängig von der Bearbeitungshöhe. Dies gilt auch für etwa erforderliche besondere Maßnahmen, die zum Zweck der Benutzung durch andere Unternehmer notwendig werden, z. B. Umbau oder Erweiterung eines Gerüstes. Die dadurch entstehenden Kosten sind dem Unternehmer gesondert zu vergüten.

> Wird in Vertragsbedingungen, die als Allgemeine Geschäftsbedingungen zu werten sind, vorgesehen, dass Gerüstvorhaltung oder der Gerüstumbau als zur Hauptleistung gehörend, d. h. als Nebenleistung behandelt werden soll, so ist eine derartige Klausel unwirksam.
>
> Derartige Klauseln sind in vorformulierten Vertragsbedingungen des Auftraggebers wegen Verstoßes gegen §§ 305 ff. BGB unwirksam; sie verstoßen gegen das Prinzip der Berechenbarkeit von Leistung und Gegenleistung (Äquivalenzprinzip), wie es in den §§ 320 ff BGB verankert ist (OLG München, Urteil vom 15.01.1987 in NJW-RR 1987, S. 661). Der Auftragnehmer wird dadurch zu einem inhaltlich völlig unbestimmten Leistungsumfang verpflichtet, ohne dafür eine Gegenleistung zu erhalten.

0.2.9 Verwendung oder Mitverwendung von wiederaufbereiteten (Recycling-) Stoffen.

0.2.10 Anforderungen an wiederaufbereitete (Recycling-)Stoffe und an nicht genormte Stoffe und Bauteile.

0.2.11 Besondere Anforderungen an Art, Güte und Umweltverträglichkeit der Stoffe und Bauteile, auch z. B. an die schnelle biologische Abbaubarkeit von Hilfsstoffen.

Welche Anforderungen an Art und Güte der vom Auftragnehmer zu liefernden Stoffe und Bauteile zu stellen sind, ist für den Regelfall in Abschnitt 2.3.1 festgelegt. Will der Auftraggeber abweichend hiervon an Stoffe und Bauteile besondere Anforderungen stellen, muss er dies in der Leistungsbeschreibung angeben.

0.2.12 Art und Umfang der vom Auftraggeber verlangten Eignungs- und Gütenachweise.

Die bei Putz- und Stuckarbeiten gebräuchlichsten genormten Stoffe und Bauteile sind im Abschnitt 2 der ATV DIN 18350 aufgeführt. Verlangt der Auftraggeber für bestimmte Stoffe und Bauteile Eignungs- und Gütenachweise, muss er Art und Umfang solcher Nachweise in der Leistungsbeschreibung eindeutig angeben, siehe Abschnitt 2 dieser ATV.

0.2.13 Unter welchen Bedingungen auf der Baustelle gewonnene Stoffe verwendet werden dürfen oder müssen oder einer anderen Verwertung zuzuführen sind.

0.2.14 Art, Zusammensetzung und Menge der aus dem Bereich des Auftraggebers zu entsorgenden Böden, Stoffe und Bauteile; Art der Verwertung oder bei Abfall die Entsorgungsanlage; Anforderungen an die Nachweise über Transporte, Entsorgung und die vom Auftraggeber zu tragenden Entsorgungskosten.

Mit diesen Hinweisen für das Aufstellen der Leistungsbeschreibung wird den Verordnungen und Bestimmungen des Umweltschutzes Rechnung getragen. Wichtig ist auch die in dieser Regelung angesprochene Kostentragungspflicht des Auftraggebers für die mit der Entsorgung verbundenen Aufwendungen und Maßnahmen. Siehe hierzu auch Abschnitt 4.1 und 4.2 dieser ATV

0.2.15 Art, Anzahl, Menge oder Masse der Stoffe und Bauteile, die vom Auftraggeber beigestellt werden, sowie Art, genaue Bezeichnung des Ortes und Zeit ihrer Übergabe.

Nach Abschnitt 2.1.1 umfassen alle Leistungen auch die Lieferung der dazugehörigen Stoffe und Bauteile. Will der Auftraggeber von diesem Regelfall abweichen, muss er dies in der Leistungsbeschreibung unmissverständlich angeben. Von Bedeutung sind dabei auch Art, Ort und Zeit der Übergabe, damit etwa anfallende Transportkosten bei der Kalkulation der Angebotspreise berücksichtigt werden können.

0.2.16 In welchem Umfang der Auftraggeber Abladen, Lagern und Transport von Stoffen und Bauteilen übernimmt oder dafür dem Auftragnehmer Geräte oder Arbeitskräfte zur Verfügung stellt.

Abladen und Transport von Geräten, Stoffen und Bauteilen gehören regelmäßig zum Leistungsbereich des Auftragnehmers. Ist bereits bei der Ausschreibung bekannt, dass diese Leistungen der Auftraggeber ganz oder teilweise übernimmt, ist ein dahin gehender Hinweis in der Leistungsbeschreibung unerlässlich, damit dies bei der Kalkulation der Angebotspreise berücksichtigt wird.

0.2.17 Leistungen für andere Unternehmer.

Leistungen, die der Auftragnehmer für andere Unternehmer erbringen soll, bedürfen in jedem Fall eines besonderen Hinweises in der Leistungsbeschreibung, zumal derartige Leistungen in aller Regel gesondert vergütungspflichtig sind.

0.2.18 Mitwirken beim Einstellen von Anlageteilen und bei der Inbetriebnahme von Anlagen im Zusammenwirken mit anderen Beteiligten, z. B. mit dem Auftragnehmer für die Gebäudeautomation.

0.2.19 Benutzung von Teilen der Leistung vor der Abnahme.

Nach § 13 (1) VOB/B übernimmt der Auftragnehmer die Gewähr, dass seine Leistung zur Zeit der Abnahme frei ist von Sachmängeln. Die Leistung ist zur Zeit der Abnahme frei von Sachmängeln, wenn sie die vereinbarte Beschaffenheit hat und den anerkannten Regeln der Technik entspricht. Ist eine Beschaffenheit nicht vereinbart, muss sich diese Leistung für die nach dem Vertrag vorausgesetzte, sonst für die gewöhnliche Verwendung eignen.

Will der Auftraggeber bereits vor der Abnahme der Gesamtleistung in sich abgeschlossene Teile (§ 12 (2) VOB/B) der vom Auftragnehmer erbrachten Leistung in Benutzung nehmen, so ist dies durch einen besonderen Hinweis in der Leistungsbeschreibung deutlich zu machen. Der Auftragnehmer muss in diesem Falle nämlich in die Lage versetzt werden, dass er für diese Teile seiner Leistung, die vorzeitig in Benutzung genommen werden, eine echte Teilabnahme gemäß § 12 (2) VOB/B herbeiführt und damit sicherstellt, dass mit dieser Teilabnahme gemäß § 12 (6) VOB/B die Gefahr in jedem Falle auf den Auftraggeber übergeht; wenn eine solche Teilabnahme nicht erfolgen soll, muss der Auftragnehmer in die Lage versetzt werden, mögliche Mehrkosten bei der Preiskalkulation zu berücksichtigen.

0.2.20 Übertragung der Wartung während der Dauer der Verjährungsfrist für die Mängelbeseitigungsansprüche für maschinelle und elektrotechnische sowie elektronische Anlagen oder Teile davon, bei denen die Wartung Ein-

fluss auf die Sicherheit und die Funktionsfähigkeit hat (vergleiche § 13 Absatz 4 Nummer 2 VOB/B), durch einen besonderen Wartungsvertrag.

0.2.21 Abrechnung nach bestimmten Zeichnungen oder Tabellen.

0.3 Einzelangaben bei Abweichungen von den ATV

0.3.1 Wenn andere als die in den ATV DIN 18299 bis DIN 18459 vorgesehenen Regelungen getroffen werden sollen, sind diese in der Leistungsbeschreibung eindeutig und im Einzelnen anzugeben.

Nach § 8a (2) Nr. 1 VOB/A sollen die ATV grundsätzlich unverändert bleiben. Für die Erfordernisse des Einzelfalles sind jedoch Ergänzungen und Änderungen in der Leistungsbeschreibung möglich; dies ist sinnvoll, weil Alternativen zu den in den ATV beschriebenen Regelausführungen (Abschnitt 3 in den ATV) im Einzelfall zweckmäßig sein können. Abweichende Regelungen sind zulässig und gehen dann den Regelungen der ATV vor.

Der Aufsteller einer Leistungsbeschreibung muss deshalb jeweils entscheiden, welche von mehreren möglichen Lösungen gewollt ist und diese eindeutig und im Einzelnen beschreiben.

0.3.2 Abweichende Regelungen von der ATV DIN 18299 können insbesondere in Betracht kommen bei

Abschnitt 2.1.1, wenn die Lieferung von Stoffen und Bauteilen nicht zur Leistung gehören soll,

Abschnitt 2.2, wenn nur ungebrauchte Stoffe und Bauteile vorgehalten werden dürfen,

Abschnitt 2.3.1, wenn auch gebrauchte Stoffe und Bauteile geliefert werden dürfen.

0.4 Einzelangaben zu Nebenleistungen und Besonderen Leistungen

0.4.1 Nebenleistungen

Nebenleistungen (Abschnitt 4.1 aller ATV) sind in der Leistungsbeschreibung nur zu erwähnen, wenn sie ausnahmsweise selbstständig vergütet werden sollen. Eine ausdrückliche Erwähnung ist geboten, wenn die Kosten der Nebenleistung von erheblicher Bedeutung für die Preisbildung sind; in diesen Fällen sind besondere Ordnungszahlen (Positionen) vorzusehen.

Dies kommt insbesondere für das Einrichten und Räumen der Baustelle in Betracht.

Abschnitt 0.4 stellt den Grundgedanken der VOB heraus, dass Nebenleistungen zwar grundsätzlich nicht zu erwähnen sind, eine ausdrückliche Erwähnung aber geboten ist, wenn die Kosten der Nebenleistung die Preisbildung erheblich beeinflussen.

Das Einrichten und Räumen der Baustelle wird als Hauptfall in Abschnitt 0.4.1 ausdrücklich erwähnt. Die Fassung des Abschnitts 0.4.1 und die Verwendung des Begriffes „insbesondere“ lässt aber auch zu, dass bei anderen Nebenleistungen, die die vorgenannten Kriterien erfüllen.

Mit dem zweiten Satz in Abs. 0.4.1 wird klargestellt, dass besondere Ordnungszahlen (Positionen) aufzunehmen sind, wenn es sich um die Preisbildung beeinflussende Nebenleistungen handelt, wie beispielsweise umfangreiche Einmessarbeiten von Aussparungen.

0.4.2 Besondere Leistungen

Werden Besondere Leistungen (Abschnitt 4.2 aller ATV) verlangt, ist dies in der Leistungsbeschreibung anzugeben; gegebenenfalls sind hierfür besondere Ordnungszahlen (Positionen) vorzusehen.

Besondere Leistungen, die gewerkspezifisch in Abschnitt 4.2 aller ATV beispielhaft (nicht erschöpfend) genannt sind, sind in der Leistungsbeschreibung in besonderer Position (Ordnungszahlen) zu erfassen. Dies folgt auch aus den Anforderungen an die Eindeutigkeit und Vollständigkeit der Leistungsbeschreibung, wie sie in § 7 VOB/A beschrieben und postuliert sind.

0.5 Abrechnungseinheiten

Im Leistungsverzeichnis sind die Abrechnungseinheiten für die Teilleistungen (Positionen) gemäß Abschnitt 0.5 der jeweiligen ATV anzugeben.

Im Abschnitt 0.5 der ATV sind Hinweise zu Abrechnungseinheiten, gegliedert nach Flächenmaß (m^2), nach Längenmaß (m) und nach Anzahl (Stück), enthalten. Diese Hinweise dienen dazu, die üblichen und zweckmäßigen Abrechnungseinheiten für die jeweilige Teilleistung zweifelsfrei anzugeben. Es ist Sache des Auftraggebers, bei der Aufstellung des Leistungsverzeichnisses, im Sinne einer ordnungsgemäßen Kalkulation und Abrechnung, die zutreffende Abrechnungseinheit zu verwenden.

Verwendet der Auftraggeber andere als in Abschnitt 0.5 der jeweiligen ATV angegebenen Abrechnungseinheiten, so ist darauf zu achten, dass mit den verwendeten Abrechnungseinheiten ordnungsgemäße Kalkulationen überhaupt möglich sind.

Im Sinne der VOB sind dabei stets Leistungen in eigenständigen Positionen zu beschreiben. So genannte Zulagepositionen zu bereits beschriebenen Leistungen sind dabei nicht vorgesehen. Sie führen bereits bei der Kalkulation zu Missverständnissen:

Beispiele:

Pos 1	Oberputz als Münchener Rauputz nach DIN 18550-1, Körnung 4 mm einschließlich Unterputz, ca. 250 m²
Zulage zu Pos 1	für das Ausbilden eines Sockels, fein gescheibt, ca. 28 m
Pos 2	Kratzputz grob aufgespritzt 12 mm dick, einschließlich Unterputz auf Wänden im EG, ca. 365 m²
Zulage zu Pos 2	für das Anlegen und Ausbilden eines glatten Frieses, Breite ca. 65 m

Die unterschiedlichen Abrechnungseinheiten m² und m zwischen einer Grundposition und der zugehörigen Zulageposition ermöglichen keine gesicherte Kalkulation.

Diese Beschreibung derartiger Zulagepositionen ist nicht VOB-konform. Sämtliche Leistungen sind als eigenständige Leistungen auszuschreiben.

1 Geltungsbereich

Die ATV DIN 18299 „Allgemeine Regelungen für Bauarbeiten jeder Art“ gilt für alle Bauarbeiten, auch für solche, für die keine ATV in VOB/C – ATV DIN 18300 bis ATV DIN 18459 – bestehen.
Abweichende Regelungen in den ATV DIN 18300 bis ATV DIN 18459 haben Vorrang.

Die ATV DIN 18299 ist so gefasst, dass sie für alle Bauarbeiten zur Anwendung gebracht werden kann, also auch für solche, für die keine ATV besteht.

Die ATV DIN 18299 wird, wie auch die anderen Allgemeinen Technischen Vertragsbedingungen für Bauleistungen – DIN 18300 bis DIN 18459 – Bestandteil des Bauvertrags, wenn VOB/B vereinbart wird (§ 1 (1) + (2) Nr. 5 VOB/B).

Die ATV DIN 18299 enthält allgemeine Regelungen für Bauarbeiten jeder Art. Deshalb haben abweichende Regelungen in den ATV DIN 18300 bis DIN 18459 Vorrang.

2 Stoffe, Bauteile

2.1 Allgemeines

2.1.1 Die Leistungen umfassen auch die Lieferung der dazugehörigen Stoffe und Bauteile einschließlich Abladen und Lagern auf der Baustelle.

Als Regelfall wird davon ausgegangen, dass zum vertraglichen Leistungsumfang auch die Lieferung der dazugehörigen Stoffe und Bauteile gehört. Dies entspricht auch der Grundsatzbestimmung nach § 5 (1) VOB/A, die besagt, dass *„Bauleistungen so vergeben werden sollen, dass eine einheitliche Ausführung und zweifelsfreie umfassende Haftung für Mängelansprüche erreicht wird; sie sollen daher in der Regel mit den zur Leistung gehörenden Lieferungen vergeben werden."*

Die Lieferung der Stoffe und Bauteile umfasst auch das Abladen und die sachgemäße Lagerung sowie den Transport von der Lagerstelle zu den Verwendungsstellen auf der Baustelle. Besonderheiten der Baustelle sind in der Leistungsbeschreibung ausdrücklich anzugeben, vgl. Abschnitt 0.1.1 bis 0.1.4 dieser ATV.

2.1.2 Stoffe und Bauteile, die vom Auftraggeber beigestellt werden, hat der Auftragnehmer rechtzeitig beim Auftraggeber anzufordern.

Wird abweichend von der Regelung gemäß Abschnitt 2.1.1 der ATV DIN 18299 vereinbart, dass Stoffe und Bauteile vom Auftraggeber beigestellt werden, so hat der Auftragnehmer die Verpflichtung,

- die Stoffe und Bauteile rechtzeitig beim Auftraggeber anzufordern und
- die vom Auftraggeber beigestellten Stoffe und Bauteile auf ihre Eignung zu überprüfen und etwaige Bedenken unverzüglich gegenüber dem Auftraggeber schriftlich vorzubringen (vgl. § 4 (3) VOB/B).

Kommt der Auftraggeber mit der Bereitstellung von rechtzeitig bei ihm angeforderten Stoffen und Bauteilen in Rückstand, oder liefert der Auftraggeber ungeeignete Stoffe und Bauteile, so kann für den Auftragnehmer dadurch eine Leistungsbehinderung im Sinne von § 6 (2) 1a VOB/B gegeben sein. Dies hat zur Folge, dass sich vertraglich festgelegte Ausführungsfristen entsprechend verlängern.

Die nicht rechtzeitige Bereitstellung von Stoffen und Bauteilen durch den Auftraggeber oder die Bereitstellung ungeeigneter Stoffe und Bauteile können den Auftragnehmer auch zur Kündigung des Vertrags gemäß § 9 (1) 1 VOB/B unter den dort genannten Voraussetzungen berechtigen oder die Grundlage für die Geltendmachung von Schadensersatzansprüchen für Ausfall- oder Wartezeiten sein. Es bedarf in diesem Zusammenhang jedoch des Hinweises, dass eine Vertragskündigung, die im Übrigen schriftlich erklärt werden muss, erst zulässig ist, wenn der Auftragnehmer dem Auftraggeber ohne Erfolg eine angemessene Frist zur Vertragserfüllung gesetzt und weiter erklärt hat, dass er nach fruchtlosem Ablauf dieser Frist den Vertrag kündigen wird. Die Vertragskündigung muss gemäß § 9 (2) VOB/B schriftlich erfolgen. Die Fristsetzung sollte aus Beweisgründen unbedingt ebenfalls schriftlich erfolgen.

2.1.3 Stoffe und Bauteile müssen für den jeweiligen Verwendungszweck geeignet und aufeinander abgestimmt sein.

Stoffe und Bauteile, die in das Bauwerk eingehen, müssen für den jeweiligen Verwendungszweck geeignet sein.

Die Eignung ist auch daraufhin zu überprüfen, ob die Stoffe und Bauteile richtig aufeinander abgestimmt sind. Nach § 4 (3) VOB/B obliegt dem Auftragnehmer die Verpflichtung, Bedenken gegen die vorgesehene Art der Ausführung, gegen die Güte der vom Auftraggeber gelieferten Stoffe oder Bauteile oder gegen die Leistungen anderer Unternehmer unverzüglich schriftlich dem Auftraggeber mitzuteilen.

2.2 Vorhalten

Stoffe und Bauteile, die der Auftragnehmer nur vorzuhalten hat, die also nicht in das Bauwerk eingehen, dürfen nach Wahl des Auftragnehmers gebraucht oder ungebraucht sein.

Stoffe und Bauteile, die der Auftragnehmer nur vorzuhalten und nicht einzubauen hat, die also nicht in das Bauwerk eingehen, können gebraucht oder ungebraucht sein. Dabei liegt das Wahlrecht, ob die Stoffe und Bauteile gebraucht oder ungebraucht sind, beim Auftragnehmer, wenn in der Leistungsbeschreibung darüber nichts ausdrücklich vorgeschrieben ist. So können z. B. Gerüst und Gerüstteile, die der Auftragnehmer vorzuhalten hat, durchaus gebraucht sein, wenn in der Leistungsbeschreibung nicht ausdrücklich vorgeschrieben ist, dass auch die vorzuhaltenden Stoffe und Bauteile ungebraucht sein müssen. Jedoch müssen auch gebrauchte Stoffe und Bauteile, die nur vorzuhalten sind, für den jeweiligen Verwendungszweck geeignet sein.

2.3 Liefern

2.3.1 Stoffe und Bauteile, die der Auftragnehmer zu liefern und einzubauen hat, die also in das Bauwerk eingehen, müssen ungebraucht sein. Wiederaufbereitete (Recycling-) Stoffe gelten als ungebraucht, wenn sie Abschnitt 2.1.3 entsprechen.

Grundsätzlich gilt, dass Stoffe und Bauteile, die der Auftragnehmer einzubauen hat, in ungebrauchtem Zustand zu liefern sind. Für den in der Norm nicht erwähnten Ausnahmefall, dass der Auftragnehmer gebrauchte Stoffe oder Bauteile liefern und einbauen will, ist das ausdrückliche vorherige Einverständnis des Auftraggebers einzuholen. Zur Vermeidung späterer Streitigkeiten sollte das Einverständnis immer in schriftlicher Form eingeholt werden. Durch ein solches Einverständnis des Auftraggebers wird jedoch die Gewährleistungspflicht des Auftragnehmers nicht berührt und auch nicht eingeschränkt. Werden mit dem ausdrücklichen Einverständnis des Auftraggebers gebrauchte Stoffe oder Bauteile verwendet, so müssen diese für den jeweiligen Verwendungszweck geeignet sein.

2.3.2 Stoffe und Bauteile, für die DIN-Normen bestehen, müssen den DIN-Güte- und DIN-Maßbestimmungen entsprechen.

Für die Stoffe und Bauteile, die der Auftragnehmer zu liefern und einzubauen hat, gilt weiter, dass diese Stoffe und Bauteile den DIN-Güte- und -Maßbestimmungen entsprechen müssen, soweit für die gelieferten Stoffe und Bauteile Normen bestehen. Zu beachten ist, dass mit dieser Anforderung die Stoffe oder Bauteile auch – wie dies in VOB/B § 13 (1) Satz 2 bzw. BGB 641 (3) Satz 4 – den allgemein anerkannten Regeln der Technik entsprechen müssen. Insofern obliegt es dem Auftragnehmer zu überprüfen, ob für die entsprechende Baumaßnahme einzuhaltende DIN Normen oder Ähnliches vorhanden sind, die als a. a. R. d. T gelten.

Bis zum Inkrafttreten des Ergänzungsbandes 2015 zur VOB 2012 (09/2015) war für Putzarbeiten die DIN V 18550 *Putz und Putzsysteme – Ausführung* langjährig die anzuwendende Grundlage bzw. a. a. R. d. T. Seit 09/2015 – vorausgesetzt VOB ist vereinbart – gelten für Außen- und Innenputzarbeiten

- DIN EN13914-1, -2 *„Planung, Zubereitung und Ausführung von Innen- und Außenputzen“* (06/2005 bzw. Neuauflage 09/2016) sowie die
- DIN 18550-1 (12/2014) *Planung, Zubereitung und Ausführung von Innen- und Außenputzen — Teil 1: Ergänzende Festlegungen zu DIN EN 13914-1 für Außenputze“* (Neuauflage ca. Mitte 2017) und
- DIN 18550-2 (06/2015) *„Planung, Zubereitung und Ausführung von Innen- und Außenputzen — Teil 2: Ergänzende Festlegungen zu DIN EN 13914-2 für Innenputze“* (Neuauflage ca. Mitte 2017)

(vgl. ATV DIN 18350 Abschnitt 3.2.1). Als Stoffnormen maßgeblich sind:

- DIN EN 998-1 *Festlegungen für Mörtel im Mauerwerksbau – Teil 1: Putzmörtel,*
- DIN EN 13279-1 *Gipsbinder und Gips-Trockenmörtel — Teil 1: Begriffe und Anforderungen* und
- DIN EN 15824 *Festlegungen für Außen- und Innenputze mit organischen Bindemitteln.*

2.3.3 Stoffe und Bauteile, die nach den deutschen behördlichen Vorschriften einer Zulassung bedürfen, müssen amtlich zugelassen sein und den Bestimmungen ihrer Zulassungen entsprechen.

Bedürfen Stoffe und Bauteile, um verwendet zu werden, nach den behördlichen Vorschriften einer Zulassung, so müssen die zum Einbau kommenden Stoffe und Bauteile behördlich zugelassen sein und den Bestimmungen ihrer Zulassungen entsprechen.

Fortschritt und technische Weiterentwicklung im Bauen sollen durch Normen und Allgemeine Technische Vorschriften nicht verhindert werden. Deshalb ist in der vorliegenden ATV auch der Fall angesprochen, dass Stoffe und Bauteile zur Verwendung kommen sollen, für die weder Normen bestehen noch eine amtliche Zulassung vorgeschrieben ist. Es muss jedoch in jedem Fall das Einverständnis des Auftraggebers eingeholt werden, bevor mit der Verarbeitung nicht genormter oder amtlich nicht zugelassener Stoffe und Bauteile begonnen wird. Zur Vermeidung späterer Streitigkeiten sollte das Einverständnis immer in schriftlicher Form eingeholt werden.

Bei Stoffen und Bauteilen, für die weder DIN oder EN-Normen bestehen noch eine amtliche Zulassung oder allgemein bauaufsichtliches Prüfzeugnis (abP) vorgeschrieben ist, können z. B. Gütezeichen einer Güteschutzgemeinschaft oder Prüfvermerke einer Materialprüfungsanstalt ein geeigneter Gütenachweis sein. Fehlt ein solches Gütezeichen oder ein Prüfvermerk, so hat sich der Auftragnehmer zumindest durch Rückfrage, z. B. beim Produkthersteller, Gewissheit über die einwandfreie Eignung der Stoffe und Bauteile zu verschaffen. Gegebenenfalls sollte der Auftragnehmer vom Produkthersteller nicht genormter oder amtlich nicht zugelassener Stoffe und Bauteile für die Dauer seiner Gewährleistungspflicht eine Haftungsfreistellung in schriftlicher Form verlangen.

2.3.4 Stoffe und Bauteile, für die bestimmte technische Spezifikationen in der Leistungsbeschreibung nicht genannt sind, dürfen auch verwendet werden, wenn sie Normen, technischen Vorschriften oder sonstigen Bestimmungen anderer Staaten entsprechen, sofern das geforderte Schutzniveau in Bezug auf Sicherheit, Gesundheit und Gebrauchstauglichkeit gleichermaßen dauerhaft erreicht wird.

Sofern für Stoffe und Bauteile eine Überwachungs-, Prüfzeichenpflicht oder der Nachweis der Brauchbarkeit, z. B. durch allgemeine bauaufsichtliche Zulassung, allgemein vorgesehen ist, kann von einer Gleichwertigkeit nur ausgegangen werden, wenn die Stoffe und Bauteile ein Überwachungs- oder Prüfzeichen tragen oder für sie der genannte Brauchbarkeitsnachweis erbracht ist.

3 Ausführung

3.1 Wenn Verkehrs-, Versorgungs- und Entsorgungsanlagen im Bereich der Baustelle liegen, sind die Vorschriften und Anordnungen der zuständigen Stellen zu beachten. Kann die Lage dieser Anlagen nicht angegeben werden, ist sie zu erkunden. Leistungen zur Erkundung derartiger Anlagen sind Besondere Leistungen (siehe Abschnitt 4.2.1).

Dieser Standardsatz gilt für die Ausführung von Bauleistungen jeder Art.

Nach § 3 (1) VOB/B ist es Sache des Auftraggebers, dem Auftragnehmer die für die Ausführung erforderlichen Unterlagen unentgeltlich und rechtzeitig zu übergeben. Zu den „für die Ausführung nötigen Unterlagen“ gehören im weiteren Sinne auch entsprechende Angaben, wenn im Bereich des Baugeländes derartige Anlagen vorhanden sind. Nach § 7 (1) 2 VOB/A ist der Auftraggeber gehalten, in die Leistungsbeschreibung hinreichend genaue Angaben aufzunehmen, z. B. über auf der Baustelle vorhandene Anlagen, Abwasser- und Versorgungsleitungen. Diese Regelung ist deshalb sachgerecht, weil der Auftraggeber das Baugelände für die Ausführung der Bauleistungen zur Verfügung stellt und deshalb grundsätzlich selbst die sich möglicherweise aus dem Baugrund ergebenden Risiken zu tragen hat. Fehlen dahin gehende Angaben in den Vertragsunterlagen, erkennt der Auftragnehmer aber aufgrund seiner Erfahrung und Sachkunde, dass möglicherweise Verkehrs-, Versorgungs- und Entsorgungsanlagen im Bereich des Baugeländes vorhanden sind, dann ist der Auftragnehmer gehalten, sich beim Auftraggeber Gewissheit zu verschaffen und die erforderlichen Erkundigungen einzuholen.

Die Vorschriften und Anordnungen der zuständigen Stellen (Behörden, Versorgungsunternehmungen u. a.) sind zu beachten, wenn im Bereich des Baugeländes Verkehrs-, Versorgungs- und Entsorgungsanlagen liegen. Gegebenenfalls können sich aus der Beachtung dieser Vorschriften und Anordnungen zusätzliche vom Auftragnehmer zu erbringende Leistungen ergeben, die dann der Auftraggeber gesondert zu vergüten hat. Der Anspruch auf Vergütung für derartige Besondere Leistungen ist aber nach § 2 (6) VOB/B rechtzeitig vor Ausführung dem Auftraggeber anzukündigen.

3.2 Die für die Aufrechterhaltung des Verkehrs bestimmten Flächen sind freizuhalten. Der Zugang zu Einrichtungen der Versorgungs- und Entsorgungsbetriebe, der Feuerwehr, der Post und Bahn, zu Vermessungspunkten und dergleichen darf nicht mehr als durch die Ausführung unvermeidlich behindert werden.

Die Inanspruchnahme von Flächen, die dem öffentlichen Verkehr gewidmet sind, bedarf regelmäßig einer vor Beginn der Arbeiten einzuholenden Genehmigung der zuständigen Behörde.

Werden durch Putzarbeiten Flächen, die für den öffentlichen Verkehr bestimmt sind, wie Gehwege und dergleichen, z. B. durch Gerüste, Container, Silos, Materiallagerung in Anspruch genommen, so ist vom Auftraggeber für öffentliche oder kommunale Flächen eine behördliche Erlaubnis vor Beginn der Arbeiten einzuholen – sofern nachbarschaftliche Grenzen berührt werden, auch die Zustimmung des Grenzanliegers.

Nach Abschnitt 0.1.4 ist je nach Lage des Einzelfalles in der Leistungsbeschreibung besonders anzugeben, ob und gegebenenfalls welche Flächen für den Verkehr freizuhalten sind.

Müssen für die Aufrechterhaltung des Verkehrs bestimmte Flächen freigehalten werden, so können sich daraus für den Auftragnehmer bei der Ausführung der Arbeiten möglicherweise Erschwernisse ergeben, deren Berücksichtigung dem Auftragnehmer bereits bei der Kalkulation seiner Preise möglich sein muss.

Dasselbe gilt, wenn auf den Zugang zu Einrichtungen der Versorgungs- und Entsorgungsbetriebe, der Feuerwehr, Post und Bahn oder zu Vermessungspunkten und dergleichen Rücksicht genommen werden muss, weil derartige Zugänge durch die Ausführung nicht mehr als „unvermeidlich“ behindert werden dürfen. Allerdings kann nur nach Lage des Einzelfalls beurteilt werden, was unter unvermeidlicher Behinderung zu verstehen ist.

3.3 Werden Schadstoffe angetroffen, z. B. in Böden, Gewässern, Stoffen oder Bauteilen, ist dies dem Auftraggeber unverzüglich mitzuteilen. Bei Gefahr im Verzug hat der Auftragnehmer die notwendigen Sicherungsmaßnahmen unverzüglich durchzuführen. Die weiteren Maßnahmen sind gemeinsam festzulegen. Die erbrachten und die weiteren Leistungen sind Besondere Leistungen (siehe Abschnitt 4.2.1).

4 Nebenleistungen, Besondere Leistungen

4.1 Nebenleistungen

Nebenleistungen sind Leistungen, die auch ohne Erwähnung im Vertrag zur vertraglichen Leistung gehören (§ 2 Absatz 1 VOB/B).

Nebenleistungen im Sinne des Abschnitts 4.1 setzen voraus, dass sie für die vertragliche Leistung des Auftragnehmers erforderlich werden. Sie können in den ATV nicht abschließend aufgezählt werden, weil der Umfang der gewerblichen Verkehrssitte nicht für alle Einzelfälle umfassend und verbindlich bestimmt werden kann. Abschnitt 4.1 trägt dem durch die Verwendung des Begriffs „insbesondere" Rechnung. Damit wird zugleich verdeutlicht, dass die Aufzählung die wesentlichen Nebenleistungen umfasst und Ergänzungen lediglich in Betracht kommen können, soweit sich dies für den Einzelfall aus der gewerblichen Verkehrssitte ergibt.

Eine Nebenleistung im Sinne des Abschnitts 0.4.1 bleibt auch dann Nebenleistung, wenn sie besonders umfangreich ist. So ist z. B. das Einrichten und Räumen der Baustelle unabhängig vom Umfang eine Nebenleistung, weil die für die Ausführung erforderlichen Geräte und Einrichtungen stets zur vertraglichen Leistung gehören. Sind allerdings die Kosten von Nebenleistungen erheblich, ist es zur Erleichterung einer ordnungsgemäßen Preisermittlung und -prüfung geboten, diese Kosten nicht in die Einheitspreise einzurechnen, sondern eine selbstständige Vergütung zu vereinbaren und dafür eine gesonderte Position vorzusehen (vgl. Abschnitt 0.4.1).

Grundsätzlich ist darauf hinzuweisen, dass der Begriff „Nebenleistung" nicht bedeutet, dass diese Leistung überhaupt nicht vergütet wird. Die Nebenleistung ist lediglich „nicht gesondert vergütungspflichtig". Vielmehr ist die Nebenleistung in den Einheitspreisen mit einzukalkulieren. Aus diesem Grunde ist es ganz entscheidend, dass Art und Umfang der vom Auftragnehmer zu erbringenden Nebenleistungen bereits bei der Preiskalkulation und der Preisvereinbarung bekannt sind und entsprechend berücksichtigt werden können.

Dies entspricht auch dem allgemeinen Grundsatz nach § 7 (1) VOB/A, wonach die Leistung eindeutig und erschöpfend zu beschreiben ist und dem Auftragnehmer kein ungewöhnliches Wagnis aufgebürdet werden darf für Umstände und Ereignisse, auf die er keinen Einfluss hat und deren Einwirkung auf die Preise und Fristen er nicht im Voraus abschätzen kann. Wesentlich sind hier auch die in den jeweiligen Abschnitten 0 der ATV genannten Hinweise für die Aufstellung der Leistungsbeschreibung (siehe § 7 (1) 7 VOB/A).

Bei Nichtbeachtung dieser Hinweispflichten aus § 7 VOB/A und den Abschnitten 0 der jeweiligen ATV können sich Schadensersatzansprüche gegen den Auftraggeber ergeben. Hiermit korrespondiert eine Verpflichtung des Auftragnehmers, dass er den Auftraggeber auf erkennbare Unklarheiten über Art und Umfang von Nebenleistungen hinzuweisen und insoweit im Rahmen von Vertragsverhandlungen und beim Vertragsschluss für notwendige Klarheit zu sorgen hat.

Nebenleistungen sind demnach insbesondere:

4.1.1 Einrichten und Räumen der Baustelle einschließlich der Geräte und dergleichen.

Das einmalige Einrichten und Räumen der Baustelle gilt für den Auftragnehmer üblicherweise als Nebenleistung, sodass hierfür in der Leistungsbeschreibung eine besondere Position in der Regel nicht erforderlich ist. Unter Einrichten der Baustelle ist gewerbeüblich das Anfahren, Aufstellen und Wiederentfernen von Bauwagen, Materialcontainern, Silos und Maschinen zu verstehen. Keine Nebenleistung ist es dagegen, wenn der Auftragnehmer aus bauseits bedingten Gründen, die er nicht selbst zu vertreten hat, die Baustelle räumen oder die Baustelle immer wieder, entgegen der ursprünglichen Planung, verlegen muss.

Dagegen gehören Gerüste, die zur Herstellung eines Außen- oder Innenputzes erforderlich sind, nicht zur Einrichtung der Baustelle, sofern es sich nicht um Gerüste nach Abschnitt 4.1.1 der ATV DIN 18350 handelt.

4.1.2 Vorhalten der Baustelleneinrichtung einschließlich der Geräte und dergleichen.

Die zu Abschnitt 4.1.1 gegebenen Erläuterungen gelten sinngemäß auch für das Vorhalten der Baustelleneinrichtung einschließlich dem Beibringen und Wiederentfernen der Geräte und dergleichen.

Die Baustelleneinrichtung einschließlich der Geräte und dergleichen gehen nicht in das Bauwerk ein. Sie werden auch nicht Eigentum des Bauherrn. Vielmehr werden diese Dinge lediglich als Hilfsmittel für die Herstellung der geschuldeten Bauleistung benötigt. Vorhalten bedeutet Bereitstellen, Heranschaffen, Erstellen, Unterhalten und Entfernen der Einrichtung und der Geräte und dergleichen.

Das Vorhalten der Baustelleneinrichtung als Nebenleistung gilt nur für die Ausführungsdauer der eigenen Leistung. Der Auftragnehmer ist nicht verpflichtet, die Baustelleneinrichtung über diesen Zeitraum hinaus oder für andere Gewerke vorzuhalten. Entsprechende Klauseln im Bauvertrag, nach denen z. B. die Vorhaltung von Gerüsten auch für andere Gewerke auf unbestimmte Zeit in die Einheitspreise einzukalkulieren sind, stellen unwirksame Bauvertragsklauseln dar. Sie widersprechen dem Prinzip von Leistung und Gegenleistung, wie es in den §§ 320 ff. BGB verankert ist, da eine Partei zu einem inhaltlich völlig unbestimmten Leistungsumfang verpflichtet wird. Die Abnahmepflicht des Auftraggebers – eine seiner Hauptpflichten – könnte unter Hinweis auf die Gerüstvorhaltepflicht unkontrolliert hinausgezögert werden.

4.1.3 Messungen für das Ausführen und Abrechnen der Arbeiten einschließlich des Vorhaltens der Messgeräte, Lehren, Absteckzeichen und dergleichen, des Erhaltens der Lehren und Absteckzeichen während der Bauausführung und des Stellens der Arbeitskräfte, jedoch nicht Leistungen nach § 3 Absatz 2 VOB/B.

In § 3 (2) VOB/B ist vertragsrechtlich geregelt:

„Das Abstecken der Hauptachsen der baulichen Anlagen, ebenso der Grenzen des Geländes, das dem Auftragnehmer zur Verfügung gestellt wird, und das Schaffen der notwendigen Höhenfestpunkte in unmittelbarer Nähe der baulichen Anlagen sind Sache des Auftraggebers."

Messungen für die Ausführung und die Abrechnung der Arbeiten des Auftragnehmers einschließlich der Vorhaltung der Messgeräte sind eine Nebenleistung, die nicht gesondert vergütet wird. Dies folgt zwangsläufig auch aus § 14 (1) VOB/B, wonach der Auftragnehmer seine Leistungen prüfbar abzurechnen hat und gemäß § 14 (2) dieser Bestimmung die für die Abrechnung notwendigen Feststellungen dem Fortgang der Leistung entsprechend möglichst gemeinsam vorzunehmen sind.

Die Aufmaßbestimmungen in den Allgemeinen Technischen Vertragsbedingungen (Abschnitt 5 in Verbindung mit Abschnitt 0.5 der ATV DIN 18350) und den anderen Vertragsunterlagen sind zu beachten.

Sind Leistungen auszuführen, die durch den Fortgang der Leistung nicht mehr oder nur noch sehr schwer festgestellt werden können (z. B. vorheriges Verputzen von Mauerflächen, vor die nachträglich Installationselemente eingebaut werden), muss der Auftragnehmer gemäß § 14 (2) Satz 3 VOB/B deren gemeinsame Feststellung beim Auftraggeber beantragen.

Bei diesen Nebenleistungen werden zweierlei Arten von Messungen unterschieden:

a) Messungen, die für die Ausführung der Arbeit erforderlich sind und
b) Messungen, die für die Abrechnung der Arbeiten vorgenommen werden müssen.

In beiden Fällen gehören auch das Vorhalten der erforderlichen Messgeräte und die Bereitstellung der Arbeitskräfte zur Nebenleistung des Auftragnehmers.

Zu a)
Messungen für die Ausführung der Arbeiten sind z. B.

- das Ausfluchten von Wänden, bei der Ausführung mit Pariser Leisten, Unterputzprofilen, o. Ä.,
- das Einmessen und Einnivellieren von abgehängten Decken auf die vom Auftraggeber angegebene Höhe,
- Messungen zur Abgrenzung von Putzflächen

Zu b)

Messungen für die Abrechnung der fertiggestellten Arbeiten sind gemäß § 14 (2) VOB/B möglichst gemeinsam vorzunehmen.

In § 14 (2) VOB/B ist bestimmt:
„Die für die Abrechnung notwendigen Feststellungen sind dem Fortgang der Leistung entsprechend möglichst gemeinsam vorzunehmen. Die Abrechnungsbestimmungen in den Technischen Vertragsbedingungen und der anderen Vertragsunterlagen sind zu beachten. Für Leistungen, die bei Weiterführung der Arbeiten nur schwer feststellbar sind, hat der Auftragnehmer rechtzeitig gemeinsame Feststellungen zu beantragen.“

Ein Einmessen von Aussparungen in regelmäßiger, gestreuter, willkürlicher Anordnung in Putzflächen oder abgehängten Decken, z. B. als Sternenbild, als Mikado-Anordnung o. Ä. erfordert einen erhöhten (und oftmals nicht genau kalkulierbaren) Aufwand. Solche Preise beeinflussenden (s. Abschnitt 0.4.1) Einmessarbeiten sind keine Nebenleistungen, die eindeutig auszuschreiben sind.

Als Nebenleistung gilt es aber nicht, dass der Auftragnehmer vorab alles aufmessen muss.

Ebenso ist eine Werkplanung nicht mit Messungen oder ähnlichen Arbeiten verbunden. Diese Planungsleistung obliegt dem Auftraggeber bzw. dessen Architekten bzw. Planer.

4.1.4 Schutz- und Sicherheitsmaßnahmen nach den staatlichen und berufsgenossenschaftlichen Regelwerken zum Arbeitsschutz, ausgenommen Leistungen nach Abschnitt 4.2.5.

Diese Vorschrift ist für den Auftragnehmer deshalb von besonderer Bedeutung, weil sie ihm als Nebenleistung die Einhaltung und Erfüllung von Schutz- und Sicherheitsmaßnahmen auferlegt, deren Nichteinhaltung große Gefahren und Risiken für ihn zur Folge haben kann. Es ist für jeden Auftragnehmer unumgänglich notwendig, sich mit allen Bestimmungen und Vorschriften dieser Art vertraut zu machen. Als wichtigste Vorschriften sind zu nennen:

- Unfallverhütungsvorschriften (UVV);
- Merkblätter und Richtlinien der Berufsgenossenschaft der Bauwirtschaft;
- Technische Regeln für Betriebssicherheit (TRBS) auf Basis der Betriebssicherheitsverordnung;
- Technische Regeln für Gefahrstoffe (TRGS) auf Basis der Gefahrstoffverordnung;
- Arbeitsstättenverordnung;
- baurechtliche Vorschriften der örtlich zuständigen Bauaufsicht, z. B. jeweilige Landesbauordnung;;
- Vorschriften des vorbeugenden Brandschutzes;
- Vorschriften für die Verkehrssicherung;
- Bestimmungen des Arbeitsschutzes;
- Bestimmungen der Gewerbeaufsicht;
- Bestimmungen des Jugendschutzes;
- Bestimmungen über den Immissionsschutz (Umweltschutz, Lärmschutz).

Hiervon abzugrenzen ist die Übernahme von Pflichten aus der Baustellenverordnung [2] (siehe Abschnitte 4.2.3 und 0.1.18) sowie die Durchführung von Sicherungsmaßnahmen für Leistungen anderer Unternehmer (Abschnitt 4.2.4). Dies sind Besondere Leistungen.

4.1.5 Beleuchten, Beheizen und Reinigen der Aufenthalts- und Sanitärräume für die Beschäftigten des Auftragnehmers.

Diese Vorschrift betrifft Verpflichtungen des Auftragnehmers gegenüber seinen Arbeitnehmern, wie sie allgemein bereits in § 4 (2) VOB/B, in der Gewerbeordnung [4] sowie in den Bestimmungen des Arbeitsschutzes festgelegt sind. Üblicherweise werden den Arbeitnehmern bei der Ausführung von Putz- und Stuckarbeiten Räume im Bau als Aufenthaltsräume oder Tagesunterkünfte in Baustellenwagen des Auftragnehmers zur Verfügung gestellt. Dasselbe gilt für Sanitärräume. Außer der Bereitstellung geeigneter, den Vorschriften der Arbeitsstättenverordnung [5] entsprechender Aufenthalts- und Sanitärräume stellt auch das Beleuchten, Beheizen und Reinigen der Räume eine Nebenleistung für den Auftragnehmer dar.

Wird hingegen z. B. eine Beheizung notwendig, weil der ursprünglich vorgesehene Ausführungstermin sich in eine kältere Jahreszeit verschiebt, so ist dies keine Nebenleistung.

4.1.6 Heranbringen von Wasser und Energie von den vom Auftraggeber auf der Baustelle zur Verfügung gestellten Anschlussstellen zu den Verwendungsstellen.

Nach dieser Bestimmung gilt, dass es Sache des Auftraggebers ist, vorhandene Anschlussstellen für Wasser, Gas und Strom auf der Baustelle einzurichten und dem Auftragnehmer zur Verfügung zu stellen. Unter Baustelle ist in der Regel die Grundstücksparzelle zu verstehen, auf der das Gebäude errichtet ist.

Diese Anschlussstellen sind vom Auftraggeber kostenlos zur Verfügung zu stellen (vgl. § 4 (4) VOB/B). Die Zuleitungen von diesen Anschlussstellen zu den Verwendungsstellen sind vom Auftragnehmer als Nebenleistung ohne besondere Vergütung herzustellen.

Bei weitläufigen Baustellen soll die Leistungsbeschreibung entsprechende Angaben über die Entfernung der Anschlussstellen zu den Verwendungsstellen enthalten (vgl. § 8a (4) 1b VOB/A). Für den Auftragnehmer ist es aus Gründen einer einwandfreien Preisermittlung besonders wichtig, dass vom Auftraggeber die Anschlussstellen von Wasser, Gas und Strom in der Leistungsbeschreibung möglichst genau angegeben werden.

Wenn im Leistungsverzeichnis keine Angaben hierzu gemacht sind, ist der Auftragnehmer verpflichtet, sich beim Auftraggeber Klarheit darüber zu verschaffen, ob überhaupt entsprechende Anschlüsse vorhanden sind. Der Auftraggeber ist nämlich nur zur Überlassung „vorhandener Anschlüsse“ verpflichtet. Sind keine entsprechenden Anschlüsse vorhanden, sind die damit verbundenen Kosten für die Einrichtung von Anschlüssen für Wasser und Energie (z. B. Aufstellen und Betreiben von Generatoren, Heranfahren von Wasser, Neueinrichten von Anschlüssen und dergleichen) keine Nebenleistung und als Besondere Leistung gesondert zu vergüten (siehe auch Erläuterungen zu Abschnitt 0.1.7).

Entnahme von Wasser:

Für die Herstellung von Putz- und Stuckarbeiten wird Wasser benötigt; Wasserverwendung ist also somit ein notwendiger Teil der Bauleistung. Die Kosten für das verbrauchte Wasser werden durch den für die Hauptleistung vereinbarten Preis abgegolten. Sie müssen daher vom Auftragnehmer getragen werden und, wenn der Wasserverbrauch zulasten eines anderen Auftragnehmers oder des Bauherrn geht, diesem erstattet werden (vgl. § 4 (4) 3 VOB/B). Häufig werden die Wasserkosten entsprechend der Auftragssumme prozentual aufgeteilt. Dies führt in der Regel zu sehr hohen Kosten. Besser erscheint es, dass der Auftragnehmer sich verpflichtet, eine geeichte Wasseruhr zu installieren. Damit kann er seinen Wasserverbrauch exakt nachweisen. Zur Nebenleistung gehört die Unterhaltung der Zuleitung von der Anschlussstelle zur Verwendungsstelle. Der Auftragnehmer ist haftbar für alle Schäden, die durch mangelhafte Ausführung und Instandhaltung der Zuleitung entstehen, wenn sie auf sein Verschulden zurückzuführen sind (vgl. § 10 (1) VOB/B). Aus diesem Grunde ist die Verwendung schadhafter Rohre, Verbindungsstücke, Wasserschläuche und Behälter usw. zu vermeiden. Es empfiehlt sich, nach Arbeitsschluss die Hauptleitung jeweils abzustellen und Schlauchleitungen zu entfernen. Bei Winterarbeiten (Frostgefahr) sind sämtliche Zuleitungen entsprechend zu schützen und, ebenso wie die verwendeten Wasserbehälter, nach Arbeitsschluss zu entleeren.

Entnahme von Gas:
Im Allgemeinen kommt die Verwendung von Gas zur Ausführung von Putz- und Stuckarbeiten nicht in Betracht. Wird jedoch, z. B. zum Zwecke der Bauheizung oder der Beheizung von bekleideten (z. B. mit Planen) Gerüsten, Gas verwendet, so sind die Vorschriften des Gaswerks sorgfältig zu beachten. Wenn die Bauheizung dem Auftragnehmer nach dem Vertrag nicht obliegt, sie vom Auftraggeber aber gefordert wird, hat der Auftragnehmer einen Anspruch auf Erstattung der Verbrauchskosten, wobei dieser Anspruch nach § 2 (6) VOB/B rechtzeitig vor Ausführung dem Auftraggeber anzukündigen ist.

Entnahme von Strom:
Bei Entnahme von Strom sind die Zuleitungen nach den Vorschriften der Elektrizitätswerke herzustellen. Dem Auftragnehmer der Putz- und Stuckarbeiten obliegt es, bei Verwendung von Strom die einschlägigen Vorschriften einzuhalten. Die Verbrauchskosten gehen zu seinen Lasten. Um den Verbrauch genau festhalten zu können, empfiehlt es sich, an der Baustelle einen eigenen Verteilerkasten mit Stromzähler einrichten zu lassen.

4.1.7 Liefern der Betriebsstoffe

Betriebsstoffe sind Stoffe, die für den Betrieb der Maschinen, Geräte und Fahrzeuge benötigt werden, z. B. Benzin, Öl, Gas usw. Betriebsstoffe gehen nicht in das Bauwerk ein, sie sind keine Baustoffe.

Die Lieferung der Betriebsstoffe ist eine echte Nebenleistung. Die Kosten hierfür hat der Auftragnehmer zu tragen. In diesem Sinne ist auch in § 4 (4) VOB/B bestimmt, dass der Auftragnehmer die Kosten für den Verbrauch von Wasser, Gas und Strom zu tragen und auch die entsprechenden Messgeräte vorzuhalten hat.

Werden Maschinen und die dazu nötigen Betriebsstoffe auch von anderen Unternehmern benutzt oder z. B. Strom auch von anderen Unternehmern entnommen, so ist dem Auftragnehmer der Putz- und Stuckarbeiten dringend zu empfehlen, zuvor mit den anderen Auftragnehmern eine Regelung über die Kosten zu treffen. Ebenso hat der Auftragnehmer, wenn er Maschinen und Betriebsstoffe anderer Unternehmer benutzen will, zuvor die Einwilligung dieser Unternehmer einzuholen und mit ihnen auch über die Kosten eine Vereinbarung herbeizuführen.

4.1.8 Vorhalten der Kleingeräte und Werkzeuge.

Unter Vorhalten ist zu verstehen: das Bereitstellen, d. h. das Heranbringen, Unterhalten und Entfernen von Geräten und Stoffen usw. Diese Geräte und

Stoffe gehen nicht in das Bauwerk ein, sondern werden nur als Hilfsmittel für die Herstellung der vertraglichen Leistungen benötigt. Sie gehen daher nicht in das Eigentum des Auftraggebers über.

Die vorliegende Bestimmung umfasst nur das Vorhalten von Kleingeräten und Werkzeugen, nicht auch das Vorhalten von Maschinen und Gerüsten. Hinsichtlich der Kosten für Kleingeräte, Geräte und Maschinen für Putzarbeiten, siehe Geräteliste [6].

4.1.9 Befördern aller Stoffe und Bauteile, auch wenn sie vom Auftraggeber beigestellt sind, von den Lagerstellen auf der Baustelle oder von den in der Leistungsbeschreibung angegebenen Übergabestellen zu den Verwendungsstellen und etwaiges Rückbefördern.

Der Auftragnehmer hat alle Stoffe und Bauteile, die er zur Ausführung seiner Leistung benötigt, grundsätzlich bis zur Verwendungsstelle zu befördern und übrig bleibende Stoffe und Bauteile zurückzubefördern. Werden Stoffe oder Bauteile vom Auftraggeber gestellt, so obliegt es nach der vorstehenden Vorschrift auch in diesem Falle dem Auftragnehmer, diese Stoffe und Bauteile von der Lagerstelle auf der Baustelle bis zur Verwendungsstelle zu befördern.

Eine Nebenleistung im Sinne dieser Bestimmung ist also nicht das Abladen der bauseits gestellten Stoffe und Bauteile bei der Anlieferung an der Lagerstelle. Denn das Abladen bauseits gestellter Stoffe und Bauteile an der Lagerstelle fällt in den Aufgabenbereich des Auftraggebers.

Wünscht der Auftraggeber bezüglich der von ihm beigestellten Stoffe und Bauteile, dass sie von einem Lagerplatz außerhalb der Baustelle oder von einem Lieferwerk durch den Auftragnehmer abgeholt und zur Baustelle befördert werden, so ist der Abholort im Leistungsverzeichnis genau anzugeben (vgl. § 7 (1) 2 VOB/A), andernfalls sind die dafür anfallenden Kosten besonders zu vergüten. Bezüglich der Haftung für das vom Auftraggeber beigestellte Material vgl. die Erläuterung zu Abschnitt 2.

4.1.10 Sichern der Arbeiten gegen Niederschlagswasser, mit dem normalerweise gerechnet werden muss, und seine etwa erforderliche Beseitigung.

Diese Vorschrift beinhaltet für den Auftragnehmer die Verpflichtung, Vorkehrungen zu treffen, dass Beschädigungen an seiner Bauleistung durch Tagwasser nicht entstehen. Unter Tagwasser im Sinne dieser Vorschrift ist Regen- und Schneewasser zu verstehen, nicht aber z. B. Grundwasser, Sicker- und Abwasser, Leitungs- und Bauwasser oder Hagel. Nach dieser Vorschrift sind Vorkehrungen nur insoweit und nur in dem Zusammenhang zu treffen, als mit Tagwasser normalerweise gerechnet werden muss, wie es nach der geografischen Lage, den klimatischen Verhältnissen und der allgemeinen Erfahrung am Bauort immer wiederkehrt. Ist der Auftragnehmer z. B. mit den klimatischen Verhältnissen nicht eingehend vertraut, so hat er sich vor Ausführung der Arbeiten über diese Umstände Gewissheit zu verschaffen.

Wird jedoch die Leistung des Auftragnehmers noch vor der Abnahme infolge von Tagwasser, mit dem normalerweise nicht gerechnet werden muss, beschädigt, so behält der Auftragnehmer unter der Voraussetzung von § 7 (1) VOB/B seinen Anspruch auf die Vergütung für die bisher erbrachten Leistungen. Außergewöhnliche Ereignisse, mit denen normalerweise nicht gerechnet werden muss, sind z. B. der Hagelsturm von Reutlingen und Bayern im Juli/August 2013 sowie die Starkregenereignisse im Mai/Juni 2016 in Braunsbach oder in Simbach.

Besondere Schutzmaßnahmen gegen Witterungsschäden, Hochwasser, Grundwasser sind besondere Leistungen, siehe Abschnitt 4.2.6.

Das Sichern der Arbeiten gegen Tagwasser hat nach den handwerksüblichen Regeln zu erfolgen. Bei der Ausführung von Außenputzarbeiten sind für die Ableitung von Regenwasser während der Bauzeit vom Klempner Wasserabweiser anzubringen, vorzuhalten (und zu beseitigen) so, dass sie über die Rüstung hinausreichen und die Putzfläche nicht durchnässen können. Die Wasserabweiser müssen mindestens 50 cm über das Gerüst hinausreichen. Dies ist als Nebenleistung in Abschnitt 4.1.8 der ATV DIN 18339 – Klempnerarbeiten aufgelistet.

Werden jedoch die Regenfallrohre vom Auftragnehmer der Putz- und Stuckarbeiten selbst angebracht, so hat er dafür zu sorgen, dass das Regenwasser so abgeleitet wird, dass kein Schaden entstehen kann.

4.1.11 Entsorgen von Abfall aus dem Bereich des Auftragnehmers sowie Beseitigen der Verunreinigungen, die von den Arbeiten des Auftragnehmers herrühren.

Bei Putz- und Stuckarbeiten entstehen in der Regel zweimal Verunreinigungen am Bau durch Mörtelreste, und zwar erstmals bei der Ausführung des Wand- und Deckenputzes. Die Verunreinigungen sind unmittelbar nach Fertigstellung der Arbeiten bzw. einzelner Arbeitsabschnitte, vom Auftragnehmer stockwerkweise besenrein zu entfernen. Eine zweite Reinigung fällt an, wenn die Beiputzarbeiten fertiggestellt sind.

Unter Reinigung im Sinne dieser Vorschrift ist zu verstehen, dass alle Verunreinigungen auf dem Boden und an anderen Bauteilen, z. B. Fenster, Türen, Heizkörper usw., sachgemäß, d. h. ohne Beschädigung der zu reinigenden Bauteile entfernt werden. Zweckmäßig ist, die Reinigungskosten dadurch niedrig zu halten, dass schwer zu reinigende Bauteile vor Ausführung der Putzarbeiten durch loses Abdecken oder Umwickeln gegen Verschmutzung geschützt werden gemäß Abschnitt 4.1.7 ATV DIN 18350.

Eine Besondere Leistung gemäß Abschnitt 4.2.7 der ATV DIN 18350 stellt z. B. das Abkleben von Bauteilen als besondere Schutzmaßnahme dar, (keine Nebenleistung) die vom Auftraggeber gesondert zu vergüten ist. Anfallendes Schutzmaterial ist Abfall aus dem Bereich des Auftragnehmers und fachgerecht zu entsorgen.

Der anfallende Bauschutt ist entweder auf den ausdrücklichen, vom Auftraggeber angegebenen Abladeplatz zu schaffen oder von der Baustelle auf einen vom Auftragnehmer selbst zu bestimmenden Platz zu verbringen.

Häufig werden im Bau von den verschiedensten Auftragnehmern, die ihre Bauleistung nach der Fertigstellung des Wand- und Deckenputzes auszuführen haben, ihrerseits vertragswidrig Putzflächen abgeschlagen und zur Befestigung ihrer Bauteile Gipsmörtel verwendet. Besonders große Verunreinigung entsteht durch nachträgliches Fräsen/Schlagen von Leitungsschlitzen, Durchbrüchen und dergleichen. Diese Verunreinigungen rühren dann nicht mehr von den Arbeiten des Auftragnehmers der Putz- und Stuckarbeiten her. Deshalb ist die Beseitigung dieser Verunreinigungen und dieses Bauschutts keine vertragliche Nebenleistung, sondern, sofern ihre Ausführung vom Unternehmer der Putzarbeiten gefordert wird, für diesen eine zusätzliche Leistung, die gesondert vergütet werden muss; sie ist wie das nachträgliche Verputzen nach Abschnitt 4.2.30 der ATV DIN 18350 zu behandeln und rechtfertigt auch dann gegenüber dem Auftragnehmer der Putzarbeiten keinen Abzug, wenn diese Verunreinigungen von anderen Handwerkern beseitigt werden.

Die Regelung der Abschnitte 4.1.11 und 4.1.12 sind zum besseren Verständnis zusammen zu betrachten. Es sind grundsätzlich drei unterschiedliche Kategorien von „Abfall" zu unterscheiden:

- Abfall, der von anderen Gewerken produziert wurde,
- Abfall aus dem Bereich des Auftraggebers,
- Abfall aus dem Bereich des Auftragnehmers.

Abfall, der von anderen Gewerken produziert wurde (z. B. Verschnitt, Kabelreste, Mörtelreste, Folien, Eimer, Klebebänder), ist vom Auftragnehmer grundsätzlich nie zu beseitigen. Eine Verpflichtung besteht hier nur bei entsprechender einzelvertraglicher Vereinbarung. Bei diesem Abfall handelt es sich um Material, das andere Handwerker mit auf die Baustelle gebracht haben.

Abfall aus dem Bereich des Auftraggebers ist solches Material, das in der Regel bereits vor Beginn der Ausführung der Arbeiten sich auf der Baustelle befand und das im Eigentum des Auftraggebers steht (z. B. Altputz, der abgeschlagen wird oder Material, das sich beim Hochdruckreinigen löst). Zur Pflicht des Auftragnehmers, solchen Abfall zu entsorgen, sei verwiesen auf die Erläuterungen im Abschnitt 4.1.12.

Schließlich gibt es noch den Abfall aus dem Bereich des Auftragnehmers. Bei diesem Abfall handelt es sich um Material, das der Auftragnehmer mit auf die Baustelle gebracht hat.

4.1.12 Entsorgen von Abfall aus dem Bereich des Auftraggebers bis zu einer Menge von 1 m³, soweit der Abfall nicht schadstoffbelastet ist.

Unter Abfall im Sinne von Abschnitt 4.1.12 ist z. B. zu verstehen: Abschlagen oder Aufpicken von Putz, Demontage von Trockenbaukonstruktionen, Ausbau von Estrichen, Entfernen von Fliesen, Entfernen von Materialien, die beim Hochdruckreinigen anfallen. Dies ist Abfall aus dem Eigentumsbereich des Auftraggebers.

Die Entsorgungsverpflichtung für 1 m^3 aus dem Bereich des Auftraggebers gilt für das gesamte Gewerk, also Innen- und Außenarbeiten zusammen.

Übersteigt die Abfallmenge aus dem Bereich des Auftraggebers die Bagatellgrenze von 1 m³, so ist die Entsorgung des gesamten Abfalls eine besondere vergütungspflichtige Leistung.

Ist für die Abfallentsorgung in der Leistungsbeschreibung eine besondere Position vorgesehen, ist die entsorgungsbedürftige Gesamtmenge zu vergüten; es entfällt dann die Bagatellregelung von 1 m^3.

Sind nämlich größere Mengen nicht schadstoffbelasteter Abfälle als 1 m^3 zu erwarten, ist in der Leistungsbeschreibung eine besondere Position vorzusehen.

Die Verpflichtung gemäß Abschnitt 4.1.12 umfasst nicht das Entfernen von Bauschutt anderer Gewerke. Von anderen Gewerken zurückgelassener Bauschutt/Abfall sollte jedoch für den Auftragnehmer der Putz- und Stuckarbeiten Anlass sein, schriftlich Bedenken (hinsichtlich der Vorleistung) nach § 4 (3) VOB/B beim Auftraggeber anzumelden. Die Verpflichtung zur Beseitigung auch von Abfall anderer Gewerke besteht lediglich ausnahmsweise dann, wenn eine entsprechende einzelvertragliche Vereinbarung getroffen worden ist.

Die Kosten für die Beseitigung von Abfall sind – auch durch verschiedene behördliche und gesetzliche Bestimmungen – in den vergangenen Jahren gestiegen und daher noch bedeutsamer für die Preiskalkulation.

4.2 Besondere Leistungen

Besondere Leistungen sind Leistungen, die nicht Nebenleistungen nach Abschnitt 4.1 sind und nur dann zur vertraglichen Leistung gehören, wenn sie in der Leistungsbeschreibung besonders erwähnt sind. Besondere Leistungen sind z. B.:

Im Abschnitt 4.2 werden beispielhaft Besondere Leistungen zusammengefasst aufgeführt. Anders als die Nebenleistungen gehören Besondere Leistungen nur dann zum Vertragsinhalt, wenn sie in der Leistungsbeschreibung ausdrücklich aufgeführt worden sind. Erweisen sich Besondere Leistungen nachträglich als erforderlich, die im Vertrag nicht vereinbart (d. h. im Leistungsverzeichnis nicht verlangt sind), so sind dies zusätzliche Leistungen; für die Leistungspflicht und die Vereinbarung der Vergütung gelten § 1 (4) Satz 1 und § 2 (6) bzw. § 2 (8) VOB/B. Die Aufzählung enthält Beispiele und kann entsprechend den Gegebenheiten des Einzelfalles ergänzt werden.

Die Formulierung „*... Leistungen, die nicht Nebenleistungen gemäß Abschnitt 4.1 sind ...*“ weist darauf hin, dass nach dem Vermutungsprinzip alle Leistungen, die nicht als Nebenleistungen in den Abschnitten 4.1 der ATV DIN 18299 und ATV DIN 18350 beschrieben sind, als besondere Leistungen gelten.

Besondere Leistungen müssen, soweit nötig, vom Auftraggeber mit der Leistungsbeschreibung besonders angefordert und in einem besonderen Ansatz (Position) genau festgelegt sowie eindeutig und erschöpfend so beschrieben werden, dass sie klar kalkulierbar sind. Alternativ können sie nachträglich vereinbart werden. Sie sind gesondert zu vergüten.

Stellen sich nach Vertragsabschluss bzw. während der Bauausführung im Vertrag nicht vorgesehene Leistungen oder andere als „Besondere Leistungen“ zu bewertende Arbeiten nachträglich als erforderlich heraus, so sind dies zusätzliche Leistungen; für die Leistungspflicht und die Vereinbarung der Vergütung gelten § 1 (4) Satz 1 und § 2 (6) bzw. §2 (8) VOB/B, d. h., der Auftragnehmer ist in diesem Fall verpflichtet, seinen Anspruch auf die besondere Vergütung dem Auftraggeber grundsätzlich anzukündigen, bevor er mit der Ausführung der Leistung beginnt.

Es empfiehlt sich also, Besondere Leistungen, die erst nach Abgabe des Hauptangebotes erkennbar werden und ausgeführt werden müssen, in einem Zusatzangebot festzulegen und dieses Zusatzangebot dem Auftraggeber unverzüglich einzureichen. Mit der Beauftragung durch den Auftraggeber besteht für die beauftragten Leistungen ein gesicherter Vergütungsanspruch.

Eine vorherige Vereinbarung ist unter den Voraussetzungen von § 2 (8) 2 VOB/B entbehrlich, wenn die Besonderen Leistungen für die Erfüllung des Vertrags notwendig werden, wenn sie dem mutmaßlichen Willen des Auftraggebers entsprechen und ihm unverzüglich angezeigt werden. Abschließend sei darauf hingewiesen, dass für die Erfüllung des Vertrags notwendig werdende Besondere Leistungen jedenfalls nach § 2 (8) 3 VOB/B in Verbindung mit §§ 677 ff. BGB („Geschäftsführung ohne Auftrag") vergütet werden. Siehe auch Kommentierung zu Abschnitt 4.2 der ATV DIN 18350, Seite 194 ff.

4.2.1 Leistungen nach Abschnitt 3.1 und Abschnitt 3.3.

Maßnahmen bzw. Leistungen im Zusammenhang mit der Beachtung von Vorschriften und Anordnungen bezüglich Verkehrs-, Versorgungs- und Entsorgungsanlagen, die im Bereich des Baugeländes liegen, sind Besondere Leistungen (siehe Abschnitt 3.1).

Ebenso verhält es sich bei Sicherungsmaßnahmen, die der Auftragnehmer bei Gefahr im Verzug zu treffen hat, wenn Schadstoffe z. B. in Böden, Gewässern oder Bauteilen (z. B. Asbestfaserplatten) angetroffen werden. Grundsätzlich ist der Auftraggeber unverzüglich von den angetroffenen Schadstoffen zu unterrichten. Die getroffenen sowie weiteren Maßnahmen, die nur gemeinsam von Auftraggeber und Auftragnehmer festgelegt werden können, sind Besondere Leistungen (siehe Abschnitt 3.3).

4.2.2 Beaufsichtigen der Leistungen anderer Unternehmer.

Ohne besondere vertragliche Vereinbarung hat der Auftragnehmer der Putz- und Stuckarbeiten nur die Durchführung seiner Leistung zu beaufsichtigen und zu überwachen. Dies folgt aus der Regelung in § 4 (2) VOB/B, wonach der Auftragnehmer *„die Leistung unter eigener Verantwortung nach dem Vertrag auszuführen"* hat. Zur Eigenverantwortlichkeit der Leistungserbringung gehört nach § 4 (3) VOB/B auch die Verpflichtung des Auftragnehmers, Bedenken gegen die Leistungen anderer Unternehmer gegenüber dem Auftraggeber unverzüglich schriftlich anzumelden.

Im Unterschied dazu stellt die Beaufsichtigung der Leistungen anderer Unternehmer eine besondere, gesondert zu vergütende Leistung dar. Verlangt der Auftraggeber vom Auftragnehmer, dass dieser auch die Leistungen anderer Unternehmer beaufsichtigt, so hat der Auftraggeber diese zusätzliche Leistung gesondert zu vergüten. Dies gilt jedoch nicht für den Fall, dass der Auftragnehmer der Putz- und Stuckarbeiten die ihm übertragene Leistung ganz oder teilweise von einem Nachunternehmer (Subunternehmer) ausführen lässt. Der Subunternehmer ist nämlich in diesem Fall Erfüllungsgehilfe des Auftragnehmers mit der rechtlichen Folge, dass der Auftragnehmer für die Leistung seines Subunternehmers gegenüber dem Auftraggeber einzustehen und deshalb diese wie eigene Leistungen zu beaufsichtigen und zu überwachen hat.

4.2.3 Erfüllen von Aufgaben des Auftraggebers (Bauherrn) hinsichtlich der Planung der Ausführung des Bauvorhabens oder der Koordinierung gemäß Baustellenverordnung

Aus der Baustellenverordnung [2] entstehen keine Verpflichtungen für den Auftragnehmer, es sei denn, der Auftragnehmer wird damit beauftragt. Voraussetzungen für die Übernahme solcher Leistungen sind insbesondere:

- die Koordination erfolgt aufgrund vertraglicher Regelungen mit eindeutigen Festlegungen und
- der Auftragnehmer verfügt über geeignete Koordinatoren.

Die Koordinatoren entwickeln Maßnahmen zum Schutz vor Gefahren hinsichtlich Sicherheit und Gesundheit (SiGe-Plan). Der Auftraggeber hat alle Auftragnehmer über die Aufgaben der von ihm eingeschalteten Koordinatoren zu informieren.

Der Begriff „Planung“ ist in diesem Zusammenhang nicht im Sinne der Honorarordnung für Architekten und Ingenieure (HOAI) zu verstehen. Vielmehr sind damit nur solche Planungsleistungen gemeint, die sich aus der Baustellenverordnung ergeben. Ohne gesonderte Beauftragung entstehen aus der Baustellenverordnung selbst keine Verpflichtungen für den Auftragnehmer.

4.2.4 Leistungen zur Unfallverhütung und zum Gesundheitsschutz für Mitarbeiter anderer Unternehmen.

Schutz- und Sicherungsmaßnahmen nach den Unfallverhütungsvorschriften und den Vorschriften der Bau- und Gewerbeaufsicht hat der Auftragnehmer für seine eigenen Leistungen als Nebenleistung zu erbringen.

> Soll der Auftragnehmer der Putz- und Stuckarbeiten jedoch auch Sicherungsmaßnahmen für die Leistungen anderer Auftragnehmer durchführen, so sind ihm dadurch entstehende Kosten gesondert zu vergüten (z. B. bei besonderen Schutzvorkehrungen an dem von ihm erstellten Gerüst, wenn ihm auferlegt wird, das Gerüst für Arbeiten des Dachdeckers, Installateurs oder anderer Unternehmer umzubauen).

4.2.5 Besondere Schutz- und Sicherheitsmaßnahmen bei Arbeiten in kontaminierten Bereichen, z. B. messtechnische Überwachung, spezifische Zusatzgeräte für Baumaschinen und Anlagen, abgeschottete Arbeitsbereiche.

Diese Schutz- und Sicherungsmaßnahmen können z. B. Innenputzarbeiten in Kernkraftwerken sein, die besondere kostenpflichtige Überprüfungen, zusätzliche Schutzpässe, Dosimeter etc. erfordern, sein.

4.2.6 Leistungen für besondere Schutzmaßnahmen gegen Witterungsschäden, Hochwasser und Grundwasser, ausgenommen Leistungen nach Abschnitt 4.1.10.

Zu den besonderen Schutzmaßnahmen gegen Witterungsschäden gehören z. B. Leistungen, die getroffen werden müssen, um sogenannte Winterbauarbeiten durchführen zu können (wie Beheizen der Räume, in denen Putz- und Stuckarbeiten durchgeführt oder frisch ausgeführte geschützt werden sollen, oder zum gleichen Zweck Einsetzen von Fenstern oder Notfenstern u. Ä.). Derartige Leistungen sind immer Besondere Leistungen und daher auch gesondert zu vergüten (vgl. auch Abschnitt 4.2.16).

Nach Abschnitt 4.1.10 ist der Auftragnehmer verpflichtet, als Nebenleistung (also ohne besondere Vergütung) seine Arbeiten gegen Tagwasser, mit dem normalerweise gerechnet werden muss, zu schützen. Darüber hinausgehende Schutzmaßnahmen gegen singuläre Ereignisse wie z. B. Hochwasser, Grundwasser, Sturm, Hagelschlag stellen keine Nebenleistung, sondern eine Besondere Leistung nach Abschnitt 4.2.6 dar.

4.2.7 Versicherung der Leistung bis zur Abnahme zugunsten des Auftraggebers oder Versicherung eines außergewöhnlichen Haftpflichtwagnisses.

Verlangt der Auftraggeber den Abschluss einer Versicherung, die auch im Falle des Unvermögens des Auftragnehmers für die Erfüllung seiner Verpflichtungen einzustehen hat, so hat er diese Leistung besonders zu vergüten. Ebenso hat der Auftragnehmer Anspruch auf gesonderte Vergütung, wenn er auf Verlangen des Auftraggebers eine Versicherung zu dessen Gunsten abschließen soll, die außergewöhnliche Haftpflichtwagnisse der Bauausführung einschließen soll (z. B. bei der Ausführung neuer, noch nicht ausreichend erprobter Bauweisen). Dies betrifft nicht den in der Baubranche üblichen Abschluss von Bauleistungsversicherungen (Bauwesenversicherung) sondern z. B. eine zusätzliche vom Bauherrn erwünschte Gewährleistungsversicherung.

4.2.8 Besondere Prüfung von Stoffen und Bauteilen, die der Auftraggeber liefert.

Nach Abschnitt 2.1.1 umfassen alle Leistungen auch die Lieferung der dazugehörigen Stoffe und Bauteile. Abweichend davon kann jedoch vereinbart werden, dass die für die Ausführung der Leistung erforderlichen Stoffe und Bauteile bauseits gestellt werden.

Werden Stoffe und Bauteile vom Auftraggeber geliefert, so ändert sich dadurch nichts an der Verpflichtung des Auftragnehmers, auch diese bauseits gestellten Stoffe und Bauteile daraufhin zu prüfen, ob sie für die Herstellung der vertraglichen Leistung geeignet sind. Hat der Auftragnehmer Bedenken gegen die Güte der vom Auftraggeber gelieferten Stoffe oder Bauteile, so muss er nach § 4 (3) VOB/B diese Bedenken dem Auftraggeber unverzüglich schriftlich mitteilen. Er bleibt daher verantwortlich für solche Fehler und Mängel, die er aufgrund seiner Fachkenntnisse hätte erkennen müssen, es aber unterlassen hat, diese Mängel dem Auftraggeber mitzuteilen.

Ordnet der Auftraggeber aber dann z. B. an, dass trotz der Bedenken des Auftragnehmers die bauseits gestellten Stoffe und Bauteile zur Verarbeitung kommen müssen, so wird dadurch der Auftragnehmer von der Gewährleistung für die Eignung und Güte dieser Stoffe befreit.

Während die Prüfung der bauseits gestellten Stoffe im Rahmen des im Gewerbe am Ort üblichen Umfangs eine Nebenleistung ist, sind besondere Kosten verursachende (z. B. chemische, physikalische) Prüfungen eine Besondere Leistung, deren Kosten stets der Auftraggeber zu übernehmen hat.

4.2.9 Aufstellen, Vorhalten, Betreiben und Beseitigen von Einrichtungen zur Sicherung und Aufrechterhaltung des Verkehrs auf der Baustelle, z. B. Bauzäune, Schutzgerüste, Hilfsbauwerke, Beleuchtungen, Leiteinrichtungen.

Blenden, Bauzäune und Schutzgerüste sind Bestandteile einer Baustelleneinrichtung, die dem Schutz des Publikums und des noch nicht fertigen Bauwerks dienen sollen. In diesem Abschnitt ist festgelegt, dass es sich hierbei um Besondere Leistungen handelt. Deshalb muss der Auftraggeber das Aufstellen, Vorhalten, Betreiben und Beseitigen von Blenden, Bauzäunen und Schutzgerüsten sowie Maßnahmen, die der Sicherung des öffentlichen Verkehrs dienen, in besonderen Ansätzen in der Leistungsbeschreibung erfassen und diese Leistungen dem Auftragnehmer gesondert vergüten. Siehe hierzu auch Abschnitt 0.2.5.

4.2.10 Aufstellen, Vorhalten, Betreiben und Beseitigen von Einrichtungen außerhalb der Baustelle zur Umleitung, Regelung und Sicherung des öffentlichen und Anliegerverkehrs, sowie das Einholen der hierfür erforderlichen verkehrsrechtlichen Genehmigungen und Anordnungen der StVO.

Nur selten wird es im Zuge der Herstellung von Putz- und Stuckarbeiten vorkommen, dass vom Auftragnehmer dieser Leistungen Verkehrssignalanlagen aufgestellt, vorgehalten, betrieben und wieder beseitigt werden müssen. Ist dies dennoch der Fall, sind sämtliche der dafür anfallenden Maßnahmen dem Auftragnehmer gesondert zu vergüten.

Ist die Baustelleneinrichtung oder Teile davon anderen Unternehmern oder dem Auftraggeber zur Nutzung zu überlassen, wie Schutzeinrichtungen, Schutzabdeckungen, Verkehrssignalanlagen, Absperrung von Gehwegen, Container und dergleichen für Lagerung von Stoffen, so stellt deren Bereitstellung eine Besondere Leistung dar. Hierbei sind z. B. verlängerte Vorhaltekosten, erforderliche Änderungen und/oder Ergänzungen zum Zwecke der Weiternutzung für andere Unternehmer als zusätzliche Mehrkosten verursachende Leistung zu beachten und als gesonderte Position in der Leistungsbeschreibung unter Angabe einer ei-genen Position anzugeben und gesondert zu vergüten.

4.2.11 Bereitstellen von Teilen der Baustelleneinrichtung für andere Unternehmer oder den Auftraggeber.

Ist die Baustelleneinrichtung oder Teile davon anderen Unternehmern oder dem Auftraggeber zur Nutzung zu überlassen, wie Schutzeinrichtungen, Schutzabdeckungen, Verkehrssignalanlagen, Absperrung von Gehwegen, Container und dergleichen für Lagerung von Stoffen, so stellt deren Bereitstellung eine Besondere Leistung dar. Hierbei sind z. B. verlängerte Vorhaltekosten, erforderliche Änderungen und/oder Ergänzungen zum Zwecke der Weiternutzung für andere Unternehmer als zusätzliche Mehrkosten verursachende Leistung zu beachten und als gesonderte Position in der Leistungsbeschreibung unter Angabe einer eigenen Position anzugeben und gesondert zu vergüten.

4.2.12 Leistungen für besondere Maßnahmen aus Gründen des Umweltschutzes, der Landes- und Denkmalpflege.

Sind aus Gründen des Umweltschutzes und der Landes- und Denkmalpflege vom Auftragnehmer Besondere Maßnahmen zu erbringen, so hat er Anspruch auf gesonderte Vergütung für diese Leistung. Besondere Maßnahmen dieser Art können notwendig werden aufgrund gesetzlicher Bestimmungen oder behördlicher Auflagen im Einzelfall. Derartige Leistungen können sich ergeben z. B. durch außerordentliche Unterbrechungen der Baustelle aufgrund von Sperrfristen (z. B. Ruhezeiten) in Zeiten, in denen keine Bauarbeiten, z. B. Abbrucharbeiten, Arbeiten an Fassaden von Krankenhäusern oder in Kur- und Heilbädern bzw. Erholungsgebieten, durchgeführt werden dürfen.

4.2.13 Entsorgen von Abfall über die Leistungen nach den Abschnitten 4.1.11 und 4.1.12 hinaus.

Nach den gesetzlichen und behördlichen Vorgaben sind bei der Entsorgung von Bauschutt bestimmte Richtlinien und Vorschriften einzuhalten. Wenn im Zuge einer Baumaßnahme schadstoffbelasteter Abfall und/oder Wertstoffe aus dem Bereich des Auftraggebers zu erwarten sind, so sind für die regelmäßig mit beachtlichen Kosten verbundenen Entsorgungsmaßnahmen besondere Positionen in der Leistungsbeschreibung vorzusehen.

Abfall im Sinne dieses Abschnittes ist insbesondere

- Abfall aus dem Bereich des Auftraggebers über die Menge von 1 m³ hinaus,
- Abfall, der schadstoffbelastet ist und
- Abfall, der von anderen Handwerkern/Gewerken produziert wurde,

siehe auch Abschnitte 4.1.11 und 4.1.12)

4.2.14 Schutz der Leistung, wenn der Auftraggeber eine vorzeitige Benutzung verlangt.

Will der Auftraggeber vor Fertigstellung und Abnahme der Arbeiten von Putzarbeiten eine Benutzung, z. B. mittels Freigabe für den (Baustellen-)Verkehr von Ein- oder Durchfahrten, an denen ein Außenputz ausgeführt ist, herbeiführen, so sind besondere Schutzmaßnahmen wie Schutzabdeckungen, Verschalungen oder Ähnliches notwendig. Derartige Schutzmaßnahmen, deren Unterhaltung und spätere Beseitigung, sind Besondere Leistungen, die gesondert zu vergüten bzw. in einer eigenen Position im Leistungsverzeichnis zu erfassen sind.

Ungeachtet dessen empfiehlt es sich, wenn eine frühzeitige Benutzung bereits fertig gestellter Leistungsbereiche gefordert wird, für derartige Teilbereiche eine Teilabnahme gemäß § 12 (2) VOB/B beim Auftraggeber zu erwirken. Andernfalls sollte der Auftragnehmer Bedenken anmelden und dem Auftraggeber ggf. eine Versicherung der eingebauten Leistung gemäß Abschnitt 4.2.7 sowie besonderen Schutz der Leistung bzw. Abschnitt 4.2.7 ATV DIN 18350 anbieten.

4.2.15 Beseitigen von Hindernissen.

Kann der Auftragnehmer mit der Ausführung der ihm übertragenen Putz- und Stuckarbeiten nur beginnen, wenn er zuvor Hindernisse, Leitungen und dergleichen beseitigt, so hat ihm der Auftraggeber die hierdurch anfallenden Kosten gesondert zu vergüten. Dies trifft z. B. zu, wenn die Baustelle nicht angefahren werden kann, weil noch offene Leitungsgräben durch Besondere Maßnahmen zu überbrücken sind, damit Maschinen und Baustoffe angeliefert bzw. herbeigeschafft werden können.

4.2.16 Zusätzliche Leistungen für die Weiterarbeit bei Frost und Schnee, soweit sie dem Auftragnehmer nicht ohnehin obliegen.

Putz- und Stuckarbeiten in nasser Bauweise können bei Temperaturen unter dem oder um den Gefrierpunkt nicht ohne Gefährdung durch Frost ausgeführt werden. Die Arbeiten müssen daher bei Frost oder Frostgefahr eingestellt werden. Maßnahmen, die im sogenannten Winterbau für die Aus- und Weiterführung der Arbeiten notwendig sind, sind Besondere Leistungen, die in gesonderten Ansätzen erfasst und gesondert vergütet werden müssen (siehe auch „Merkblatt Verputzen, Wärmedämmen, Spachteln und Beschichten bei hohen und niedrigen Temperaturen“ [7]).

Sind Leistungen für den Winterbau notwendig, um die Aus- bzw. Weiterführung der Arbeiten zu ermöglichen, wie z. B. Einhausung, Beheizung, Verwendung spezieller Materialien, so sind dies besondere vergütungspflichtige Leistungen, die in gesonderten Positionen in das Leistungsverzeichnis aufzunehmen sind (siehe Abschnitt 4.2.6 ATV DIN 18350).

Hat der Auftragnehmer jedoch vertraglich die Verpflichtung übernommen, seine Leistungen in einer voraussehbar ungünstigen Jahreszeit zu erbringen, so muss er die Weiterarbeit bei ungünstiger Witterung erbringen, ohne dass er hierfür eine gesonderte Vergütung geltend machen könnte. Er kann sich dann auch nicht darauf berufen, in der Ausführung seiner Arbeiten witterungsbedingt behindert zu sein. In VOB/B § 6 (2) Nr. 2 ist nämlich bestimmt:

„Witterungseinflüsse während der Ausführungszeit, mit denen bei Abgabe des Angebots normalerweise gerechnet werden musste, gelten nicht als Behinderung."

Sinnvollerweise sollten Fachunternehmer Bedenken gegen derartige ungünstige Ausführungszeitpläne vorbringen, da das Risiko nicht fachgerecht arbeiten zu können sehr erheblich steigt.

Verschiebt sich aber der Ausführungstermin durch bauseits bedingte Gründe in eine ungünstige Jahreszeit, so können alle witterungsbedingten Mehraufwendungen als Nachtrag geltend gemacht werden.

4.2.17 Leistungen für besondere Maßnahmen zum Schutz und zur Sicherung gefährdeter baulicher Anlagen und benachbarter Grundstücke.

Besteht die Gefahr, dass im Zuge der Ausführung der dem Auftragnehmer übertragenen Arbeiten angrenzende Bauwerke oder Grundstücke in Mitleidenschaft gezogen werden, so können Schutzmaßnahmen, z. B. Abdeckungen, notwendig werden, die als Besondere Leistungen dem Auftragnehmer gesondert zu vergüten sind.

Bei der Ausführung von Fassadenarbeiten kann es notwendig werden (z. B. bei Grenzbauten), dass vorübergehend das angrenzende Grundstück, z. B. für die Gerüsterstellung oder für den Materialtransport, in Anspruch genommen werden muss (siehe Hammerschlags- und Leiterrecht z. B. § 7 d Nachbarrechtsgesetz [NRG] Baden-Württemberg). Dabei ist Sache des Auftraggebers, die Zustimmung des Grundstücksnachbarn zur vorübergehenden Inanspruchnahme seines Grundstückes im Voraus herbeizuführen (in Niedersachsen z. B. 1 Monat [NNachbG § 21 a (2)] spezifisch können in anderen Bundesländer abweichende Regelungen bzw. Fristen gelten). Aus der Duldungspflicht, die insoweit in aller Regel den Grundstücksnachbarn trifft, leitet sich aber auch dessen Recht ab, dass ihm jedweder Schaden, der durch die Inanspruchnahme seines Grundstückes entsteht, ersetzt wird. Nur zur Abwendung oder Minderung eines derartigen Schadens vom Auftragnehmer erbrachte Schutzmaßnahmen sind ihm vom Auftraggeber gesondert zu vergüten. Auch hier ist Voraussetzung für den Vergütungsanspruch, dass der Auftragnehmer, wenn hierfür Positionen in der Leistungsbeschreibung nicht vorgesehen sind, den Anspruch gemäß § 2 (6) VOB/B vor Ausführung der Leistung dem Auftraggeber ankündigt.

4.2.18 Sichern von Leitungen, Kabeln, Dränen, Kanälen, Grenzsteinen, Bäumen, Pflanzen und dergleichen.

Muss der Auftragnehmer Leitungen im Bereich der Baustelle sichern, so sind die hierfür erforderlichen Maßnahmen als zusätzliche Leistungen gesondert zu vergüten. Dasselbe gilt, wenn z. B. bei Außenputzarbeiten Bäume, Sträucher und dergleichen durch Besondere Maßnahmen vor Beschädigungen oder Verunreinigungen zu schützen sind.

5 Abrechnung

Die Leistung ist aus Zeichnungen zu ermitteln, soweit die ausgeführte Leistung diesen Zeichnungen entspricht. Sind solche Zeichnungen nicht vorhanden, ist die Leistung aufzumessen.

Diese Abrechnungsregel legt fest, dass in allen Fällen, in denen dies möglich ist, die Feststellung der abzurechnenden Leistung anhand von Zeichnungen zu ermitteln ist, soweit die ausgeführte Leistung diesen Zeichnungen entspricht. Sind Zeichnungen für die Feststellung der ausgeführten Leistungen nicht vorhanden, so ist die Leistung aufzumessen. Die Aufmaßfeststellung, z. B. mit dem Metermaß am Bau, ist dabei möglichst gemeinsam zu treffen. Auch in diesem Falle sind dem Aufmaß und der Abrechnung der ausgeführten Leistungen die Abrechnungsregeln der ATV DIN 18350 zugrunde zu legen.

Grundsätzlich ist es nicht statthaft, eine Bauzeichnung zu erstellen, nach der aufgemessen werden soll und dann nach Vertragsschluss die geforderte Leistung durch Planänderung, z. B. den Einbau anderer Fenster so zu verändern, dass durch Maßabweichungen die ursprünglich kalkulierte Leistung nicht mehr stimmt.

Durch den Einbau beispielsweise alternativer Fenster während des Bauablaufs ändert sich die Vertragsgrundlage, da sich die ursprünglich vereinbarten Massen im Nachhinein verändern. Hieraus ergibt sich, dass der vorgenommene Ansatz nicht mehr angewandt werden kann, da die ursprüngliche Zeichnung nichts mehr mit der Realität zu tun hat. Es muss dann zwingend ein Aufmaß vor Ort erstellt werden. Nur dies ergibt die tatsächliche erbrachte Leistung.

Eine im Bauablauf vorgenommene Leistungsänderung anderer Gewerke ändert im Grundsatz vielfach die Kalkulationsgrundlage für Innen- oder Außenputze z. B. hinsichtlich der einzubauenden Massen.

Die vielfach verwendeten Klauseln, dass nur nach Zeichnung aufzumessen ist, obwohl im Rahmen des Bauablaufs verschiedene Details, z. B. Rollläden-, Jalousien-, Nischen-, Öffnungs- und Aussparungsmaße verändert wurden, verstoßen gegen das Prinzip der Berechenbarkeit von Leistung und Gegenleistung (Äquivalenzprinzip), wie es in den §§ 320 ff. BGB niedergelegt ist, da hier versucht wird, das Kostenrisiko einseitig auf eine Vertragspartei – in diesem Fall auf den Auftragnehmer – abzuwälzen. Der Auftragnehmer wird dadurch zu einem inhaltlich völlig unbestimmten Leistungsumfang verpflichtet, ohne dafür eine Gegenleistung zu erhalten.

Überraschende und mehrdeutige Klauseln in den Bestimmungen von Allgemeinen Geschäftsbedingungen, die nach den Umständen, insbesondere nach dem äußeren Erscheinungsbild des Vertrages, so ungewöhnlich sind, dass der Vertragspartner des Verwenders mit ihnen nicht zu rechnen braucht, sind unwirksam.

Leistungen sind aufzumessen, sofern Zeichnungen für die Ermittlung der ausgeführten Leistungen nicht vorhanden sind. Die Ermittlung des Aufmaßes mit dem Meterstab, Maßband, Lasermessgerät oder Ähnlichem ist dabei – insbesondere um spätere Streitigkeiten zu vermeiden – möglichst gemeinsam von Auftraggeber und Auftragnehmer am Bau zu erstellen (siehe § 14 (2) VOB/B).

In der Praxis haben sich Aufmaßfeststellungen vor Ort als bewährt erwiesen, da örtliche Besonderheiten wie Änderungen von verputzter Fläche, Strukturwechsel und dergleichen in der Fläche besser berücksichtigt werden können als in der Zeichnung.

Wenn Teile der ausgeführten Leistung einer Feststellung entzogen werden, z. B. wenn eine Teilleistung später nicht mehr ersichtlich bzw. nicht mehr offenkundig nachweisbar ist, ist vorab ein gemeinsames Aufmaß anzustreben. In derartigen Fällen hat der Auftragnehmer den Auftraggeber über den beabsichtigten gemeinsamen Feststellungstermin in Kenntnis zu setzen und ihm rechtzeitig einen Termin für die gemeinsame Aufmaßfeststellung mitzuteilen. Erscheint der Auftraggeber oder dessen Bevollmächtigter trotz rechtzeitiger Mitteilung nicht, dann ist der Auftragnehmer berechtigt, das Aufmaß allein aufzustellen und dem Auftraggeber durch Übersendung einer Abschrift vom Ergebnis in Kenntnis zu setzen.

Das Aufmaß und die Abrechnung der ausgeführten Leistungen eines Innen- oder Außenputzes sind nach den Abrechnungsregeln des Abschnittes 5 sowie ggf. des Abschnittes 4 der ATV DIN 18350 in Verbindung mit Abschnitt 0.5 durchzuführen.

Das Anfertigen von Abrechnungszeichnungen stellt keine Nebenleistung dar. Die jeweiligen Ergebnisse aus Längen- und Flächenberechnungen sind bis auf zwei Stellen nach dem Komma zu berechnen und nach Positionen zusammenzustellen.

Anhang A
Begriffsbestimmungen zu den Allgemeinen Technischen Vertragsbedingungen für Bauleistungen

Aussparungen sind bei Bauteilen Querschnittsschwächungen, deren Tiefe kleiner oder gleich der Bauteiltiefe sein kann. Aussparungen sind bei Flächen nicht zu behandelnde bzw. nicht herzustellende Teile. Aussparungen entstehen, z. B. durch Öffnungen (auch raumhoch), Durchbrüche, Durchdringungen, Nischen, Schlitze, Hohlräume, Leitungen, Kanäle.

Unterbrechungen sind bei der Ermittlung der Längenmaße trennende, nicht zu behandelnde bzw. nicht herzustellende Abschnitte. Unterbrechungen durch Bauteile sind bei der Ermittlung der Flächenmaße trennende, nicht zu behandelnde bzw. nicht herzustellende Teilflächen geringer Breite, z. B. Fachwerkteile, Vorlagen, Lisenen, Gesimse, Entwässerungsrinnen, Einbauten.

Anarbeiten: Heranführen an begrenzende Bauteile ohne Anpassen oder Anschließen.

Anpassen: Heranführen an begrenzende Bauteile durch Bearbeiten des heranzuführenden Baustoffes, so dass dieser der Geometrie des begrenzenden Bauteils folgt.

Anschließen: Heranführen an begrenzende Bauteile und Sicherstellen einer definierten technischen Funktion, z. B. Winddichtigkeit, Wasserdichtigkeit, Kraftschluss.

Das kleinste umschriebene Rechteck: Das kleinste umschriebene Rechteck ergibt sich aus dem kleinsten Rechteck, das eine Fläche beliebiger Form umschließt.

4 Wortlaut der ATV DIN 18350

VOB – Vergabe- und Vertragsordnung für Bauleistungen

Teil C: Allgemeine Technische Vertragsbedingungen für Bauleistungen (ATV)

Putz- und Stuckarbeiten – DIN 18350

Ausgabe September 2016

Inhalt

0 Hinweise für das Aufstellen der Leistungsbeschreibung

Diese Hinweise ergänzen die ATV DIN 18299 „Allgemeine Regelungen für Bauarbeiten jeder Art, Abschnitt 0“. Die Beachtung dieser Hinweise ist Voraussetzung für eine ordnungsgemäße Leistungsbeschreibung gemäß § 7 ff., § 7 EU ff. beziehungsweise §§ 7 VS ff. VOB/A.

Die Hinweise werden nicht Vertragsbestandteil.

In der Leistungsbeschreibung sind nach den Erfordernissen des Einzelfalls insbesondere anzugeben:

0.1 Angaben zur Baustelle

Art, Lage, Maße und Ausbildung sowie Termine des Auf- und Abbaus von bauseitigen Gerüsten.

0.2 Angaben zur Ausführung

0.2.1 Art, Lage, Beschaffenheit und Festigkeit der zu bearbeitenden Flächen, z. B. Beton, Mauerwerk.

0.2.2 Art und Umfang der vom Auftragnehmer zu liefernden Verlege- oder Montagepläne.

0.2.3 Art, Lage, Maße und Ausbildung von Bewegungs-, Bauwerks- und Bauteilfugen.

0.2.4 Schutz von Bau- oder Anlagenteilen, endbehandelten Bauteilen, Einrichtungsgegenständen und dergleichen.

0.2.5 Besondere physikalische und chemische Beanspruchungen, denen Stoffe und Bauteile nach dem Einbau ausgesetzt sind, z. B. aggressive Dämpfe, Stoßbelastungen, Feuchte.

0.2.6 Anforderungen an den Brand-, Schall-, Wärme-, Feuchte- und Strahlenschutz sowie an die Luftdichtheit.

0.2.7 Art der Bekleidung, Dicke, Maße der Einzelteile sowie ihre Befestigung. Art, Maße und Ausbildung von Aussparungen für hinterlüftete Konstruktionen sowie deren Abdeckung, z. B. für Lüftungsöffnungen.

0.2.8 Art, Anzahl, Maße und Ausbildung von An- und Abschlüssen an angrenzende Bauteile, z. B. mit Trennfugen, Trennstreifen, Trennschnitten.

0.2.9 Anzahl, Art, Lage, Maße und Beschaffenheit von geneigten, gebogenen oder andersartig geformten Flächen.

0.2.10 Anzahl Art, Lage und Maße von Mustern, z. B. Oberflächen- und Farbmuster, Musterflächen.

0.2.11 Gestaltung und Einteilung von Flächen, Raster- und Fugenausbildungen, Oberflächenstrukturen, Farben, Farbabstufungen, Übergängen zwischen verschieden strukturierten Flächen. Bossierungen. Vorgaben zur Oberflächenbehandlung.

0.2.12 Art und Farbe von Fugenabdichtungen, Fugenabdeckungen und Fugenhinterlegungen.

0.2.13 Art und Umfang des Korrosionsschutzes von Unterkonstruktionen, Profilen und dergleichen.

0.2.14 Vorbehandeln des Putzgrundes, z. B. Reinigen, Hochdruckreinigen, Entfernen von Algen- und Pilzbefall, Aufrauen, Aufpicken, Abschlagen von Altuntergründen, Verfestigen des Putzgrundes, Anbringen eines Spritzbewurfes, Auftragen einer Haftbrücke, Vorbehandeln stark saugender Putzgründe sowie Aufbringen von Bioziden.

0.2.15 Einbau von Putzbewehrungen zum Überspannen der Übergänge unterschiedlicher Stoffe und Bauteile, z. B. Übergänge von gedämmten Flächen zu Beton- und Mauerwerksflächen und Zusatzbewehrungen an Öffnungen, z. B. Diagonalbewehrung.

0.2.16 Angaben zur Kantenausbildung mit oder ohne Kantenprofile.

0.2.17 Art, Lage und Maße von Kantenprofilen, Putztrennschienen, Sockelprofilen, Randwinkeln, Lüftungsprofilen, Abschlussprofilen, Anputzleisten, Gewebewinkeln, Schattenprofilen, Bossenprofilen und dergleichen.

0.2.18 Angaben bei Ausführung von erhöhten Anforderungen an die Ebenheit oder Maßhaltigkeit.

0.2.19 Verwendungszweck des Putzes, Art, Lage, Dicke und Anforderungen von vorgesehenen Belägen, Beschichtungen oder Bekleidungen auf dem ausgeführten Putz.

0.2.20 Vorgezogenes und nachträgliches Herstellen von Flächen hinter Installationen, z. B. Flächen hinter Heizkörpern, Rohrleitungen und dergleichen.

0.2.21 Vorgezogenes und nachträgliches Herstellen von Flächen hinter Installationen, z. B. Flächen hinter Heizkörpern, Rohrleitungen und dergleichen.

0.2.22 Art, Dicke und Eigenschaften der Dämmstoffe und deren Befestigung. Art, Dicke und Eigenschaften des Putzes, z. B. ein- oder mehrlagiger Putz, Wärmedämmputz, Bindemittelart, Oberflächenstruktur, Korngröße des Oberputzes.

0.2.23 Oberflächenqualität des Innenputzes, z. B. nach DIN 18550-2 „Planung, Zubereitung und Ausführung von Innen- und Außenputzen — Teil 2: Ergänzende Festlegungen zu DIN EN 13914-1 Außenputze“ oder DIN EN 13914-2 „Planung, Zubereitung und Ausführung von Innen- und Außenputzen — Teil 2: Planung und wesentliche Grundsätze für Innenputz“ für Innenputze.

0.2.24 Egalisationsanstrich für eingefärbte Putze.

0.2.25 Algizide und fungizide Einstellung des Putzes und der Beschichtung.

0.2.26 Anzahl, Art, Lage, Maße von herzustellenden oder zu schließenden Aussparungen.

0.2.27 Art, Maße der Putzabdichtung gegen Feuchtigkeit, z. B. im erdberührtem Bereich, im Spritzwasserbereich, unterhalb von Fensterbänken und dergleichen.

0.2.28 Art, Lage, Maße des Schutzes vor Feuchtigkeit von auskragendem Stuck aus gipshaltigem Mörtel im Außenbereich.

0.2.29 Herstellen von Abdeckungen, Ablagen, Abschottungen, Durchbrüchen, Friesen, Lisenen, Nuten, Schürzen, Ummantelungen, Unterzügen, Vertiefungen, Vorlagen, Ablagen, Abdeckungen und dergleichen.

0.3 Einzelangaben bei Abweichungen von den ATV

0.3.1 Wenn andere als die in dieser ATV vorgesehenen Regelungen getroffen werden sollen, sind diese in der Leistungsbeschreibung eindeutig und im Einzelnen anzugeben.

0.3.2 Abweichende Regelungen können insbesondere in Betracht kommen bei Abschnitt 3.1.2, wenn andere als die dort aufgeführten Toleranzen gelten sollen.

0.4 Einzelangaben zu Nebenleistungen und Besonderen Leistungen

Keine ergänzende Regelung zur ATV DIN 18299, Abschnitt 0.4.

0.5 Abrechnungseinheiten

Im Leistungsverzeichnis sind die Abrechnungseinheiten wie folgt vorzusehen:

0.5.1 Flächenmaß (m^2), getrennt nach Bauart und Maßen, für

- ***Wand- und Deckenputz innen und außen, getrennt nach Art des Putzes, ebenen, geneigten, gebogenen oder andersartig geformten Flächen,***
- ***Stützen, Unterzüge, Ummantelungen und dergleichen mit einer Breite > 1 m je Ansichtsfläche,***
- ***Leibungen mit einer Breite > 1 m,***
- ***Glättputze, Spachtelungen und abgestuckte Flächen,***
- ***flächige Vorbehandlungen,***
- ***Ausgleich von unebenen Untergründen, Auffütterungen, Mehrputzdicken je 5 mm,***
- ***Abschlagen, Aufpicken, Aufrauen, Hochdruckreinigen, Verfestigen von Altuntergrundflächen,***
- ***Drahtputzwände und Drahtputzdecken,***
- ***flächige Bewehrungen und Putzträger,***
- ***Dämmstoffschichten an Decken und Wänden,***
- ***Wandbekleidungen,***
- ***Vorsatzschalen, zu spritzende Vormauerungen,***
- ***Unterkonstruktionen,***
- ***Folien, Dampfbremsen und dergleichen.***

0.5.2 Längenmaß (m), getrennt nach Bauart und Maßen, für

- ***Leibungen mit einer Breite ≤ 1 m,***

- *Schürzen, Abschottungen, Ablagen, Abdeckungen und dergleichen mit einer Breite ≤ 1 m je Seite,*
- *Pfeiler, Lisenen, Stützen, Unterzüge, Abtreppungen, Ummantelungen und dergleichen mit einer Breite ≤ 1 m je Ansichtsfläche,*
- *Schließen von Fugen in Betonfertigteilen bis zu einer Gesamtbearbeitungsbreite von 20 cm,*
- *Zuschnitte von Dämmstoffen, Putzträgerplatten, z. B. schräg, gebogen oder andersartig geformt,*
- *Putz an Gurten, Gesimsen und Kehlen sowie Rundungen,*
- *Putzanschlüsse und Putzabschlüsse,*
- *Stuckprofile, Friese, Faschen, Putzbänder, Schattenfugen und dergleichen,*
- *Fensterbänke, Fenster- und Türumrahmungen,*
- *Unterkonstruktionen für Bauteile ≤ 1 m Ansichtsfläche, z. B. im Bereich von Leibungen, Pfeilern, Lisenen, Stützen und Unterzügen,*
- *Hilfskonstruktionen im Bereich von Decken und Wänden zur Aufnahme von Installationsteilen, Beleuchtungskörpern und dergleichen,*
- *Ausschnitte für Leitungen in Dämmstoffschichten und Putzträgerplatten,*
- *Kantenprofile, Sockelprofile, Randwinkel, Lüftungsprofile, Abschlussprofile, Anputzleisten, Gewebewinkel, Schattenprofile, Bossenprofile und dergleichen sowie Kantenausbildung ohne Profile,*
- *Anschlüsse an andere Bauteile, Anschluss-, Bewegungs- und Gebäudetrennfugen, Fugendichtbänder, Rissüberbrückungen,*
- *Streifenbewehrungen und Streifenputzträger ≤ 1 m Breite,*
- *An- und Beiputzarbeiten an Fenstern, Türen, Treppen- und Podestwangen, Einbauteilen, Schlitzen,*
- *Streifenputz und dergleichen ≤ 1 m Einzelbreite,*
- *Dichtungsbänder, Dichtungsprofile, Ausspritzungen,*
- *Folien, Dampfbremsen ≤ 1 m Breite,*
- *Abdichtung von erdberührten Putzflächen und Sockelflächen ≤ 1 m Höhe,*
- *Abdichtung unter Fensterbänken.*

0.5.3 Anzahl (Stück), getrennt nach Bauart und Maßen, für

- *Vorbehandeln und Verputzen von begrenzten Flächen bis 2,5 m² differenziert nach Einzelgröße, z. B.*
  - *≤ 0,02 m²,*
  - *> 0,02 m² ≤ 0,10 m²,*

- *– > 0,10 m² ≤ 0,25 m²,*
- *– > 0,25 m² ≤ 0,50 m²,*
- *– > 0,50 m² ≤ 1,00 m²,*
- *– > 1,00 m² ≤ 1,50 m²,*
- *– > 1,50 m² ≤ 2,50 m²,*

- *Herstellen von Aussparungen für Einzelleuchten, Lichtbänder, Lichtkuppeln, Lüftungsgitter, Luftauslässe, Revisionsöffnungen, Stützen, Pfeilervorlagen, Schalter, Steckdosen, Rohrdurchführungen, Kabel, Installationsteile und dergleichen,*
- *Einbauen von Hilfskonstruktionen oder Montagezylindern für Einzelleuchten, Markisen, Fensterbänke, Werbeträger, Lichtbänder, Lichtkuppeln, Luftauslässe, Revisionsöffnungen, Installationsteile und dergleichen,*
- *Diagonalbewehrung an Ecken von Öffnungen, Aussparungen und Nischen,*
- *Rosetten, Ornamente, Konsolen und dergleichen,*
- *Ecken, Gehrungen, Kreuzungen, Verkröpfungen und Endungen von Stuckprofilen, Gesimsen und Kehlen,*
- *Verputzen von Schornsteinköpfen, Konsolen und dergleichen,*
- *Schließen von Verankerungsöffnungen, z. B. bei Gerüsten,*
- *Schließen und Verputzen von Öffnungen und Durchbrüchen,*
- *Anarbeiten an Installationen, Rohre, überstehende Schalterdosen.*

1 Geltungsbereich

1.1 **Die ATV DIN 18350 „Putz- und Stuckarbeiten“ gilt für das Herstellen von Putz, Stuck und Wärmedämmputz.**

1.2 **Ergänzend gilt die ATV DIN 18299 „Allgemeine Regelungen für Bauarbeiten jeder Art“, Abschnitte 1 bis 5. Bei Widersprüchen gehen die Regelungen der ATV DIN 18350 vor.**

2 Stoffe, Bauteile

Ergänzend zur ATV DIN 18299, Abschnitt 2, gilt:

Für die gebräuchlichsten Stoffe und Bauteile sind die DIN-Normen und weiteren Anforderungen nachstehend aufgeführt.

2.1 Putze

DIN EN 15824	**Festlegungen für Außen- und Innenputze mit organischen Bindemitteln**
DIN EN 998-1	**Festlegungen für Mörtel im Mauerwerksbau – Teil 1: Putzmörtel**
DIN EN 13279-1	**Gipsbinder und Gips-Trockenmörtel — Teil 1: Begriffe und Anforderungen**

2.2 Werkmörtel

DIN EN 998-1	**Festlegungen für Mörtel im Mauerwerksbau – Teil 1: Putzmörtel;**
DIN EN 998-2	**Festlegungen für Mörtel im Mauerwerksbau – Teil 2: Mauermörtel**

2.3 Putzträger, Putzbewehrungen, Befestigungselemente

DIN 488-4	**Betonstahl – Betonstahlmatten**
DIN EN 13658-1	**Putzträger und Putzprofile aus Metall — Begriffe, Anforderungen und Prüfverfahren — Teil 1: Innenputze**
DIN EN 13658-2	**Putzträger und Putzprofile aus Metall — Begriffe, Anforderungen und Prüfverfahren — Teil 2: Außenputze**

Profile, z. B. Kantenprofile, Abschlussprofile, Bewegungsfugenprofile, Randwinkel, Einfassprofile, müssen entsprechend dem Verwendungszweck verzinkt oder korrosionsresistent sein.

Profile aus textilen Geweben müssen alkalibeständig sein.

2.4 Dämmstoffe

DIN EN 13162	**Wärmedämmstoffe für Gebäude — Werkmäßig hergestellte Produkte aus Mineralwolle (MW) — Spezifikation**

DIN EN 13163	**Wärmedämmstoffe für Gebäude — Werkmäßig hergestellte Produkte aus expandiertem Polystyrol (EPS) — Spezifikation**
DIN EN 13164	**Wärmedämmstoffe für Gebäude — Werkmäßig hergestellte Produkte aus extrudiertem Polystyrolschaum (XPS) — Spezifikation**
DIN EN 13165	**Wärmedämmstoffe für Gebäude — Werkmäßig hergestellte Produkte aus Polyurethan-Hartschaum (PU) — Spezifikation**
DIN EN 13166	**Wärmedämmstoffe für Gebäude — Werkmäßig hergestellte Produkte aus Phenolharzschaum (PF) — Spezifikation**
DIN EN 13167	**Wärmedämmstoffe für Gebäude — Werkmäßig hergestellte Produkte aus Schaumglas (CG) — Spezifikation**
DIN EN 13168	**Wärmedämmstoffe für Gebäude — Werkmäßig hergestellte Produkte aus Holzwolle (WW) — Spezifikation**
DIN EN 13169	**Wärmedämmstoffe für Gebäude — Werkmäßig hergestellte Produkte aus Blähperlit (EPB) — Spezifikation**
DIN EN 13170	**Wärmedämmstoffe für Gebäude — Werkmäßig hergestellte Produkte aus expandiertem Kork (ICB) — Spezifikation**
DIN EN 13171	**Wärmedämmstoffe für Gebäude — Werkmäßig hergestellte Produkte aus Holzfasern (WF) — Spezifikation**

2.5 Unterkonstruktionen, Verbindungs- und Verankerungselemente

DIN EN 10025-1	**Warmgewalzte Erzeugnisse aus Baustählen – Teil 1: Allgemeine technische Lieferbedingungen**
DIN EN 10025-2	**Warmgewalzte Erzeugnisse aus Baustählen – Teil 2: Technische Lieferbedingungen für unlegierte Baustähle**
DIN EN 10088-2	**Nichtrostende Stähle – Teil 2: Technische Lieferbedingungen für Blech und Band aus korrosionsbeständigen Stählen für allgemeine Verwendung**
DIN EN 10088-3	**Nichtrostende Stähle – Teil 3: Technische Lieferbedingungen für Halbzeug, Stäbe, Walzdraht, gezogenen Draht, Profile und Blankstahlerzeugnisse aus korrosionsbeständigen Stählen für allgemeine Verwendung**

2.6 Profile

DIN EN 13658-1 Putzträger und Putzprofile aus Metall — Begriffe, Anforderungen und Prüfverfahren — Teil 1: Innenputze

DIN EN 13658-2 Putzträger und Putzprofile aus Metall — Begriffe, Anforderungen und Prüfverfahren — Teil 2: Außenputze

3 Ausführung

Ergänzend zur ATV DIN 18299, Abschnitt 3, gilt:

3.1 Allgemeines

3.1.1 Als Bedenken (siehe § 4 Abs. 3 VOB/B) können insbesondere in Betracht kommen:

- ungeeignete Beschaffenheit des Untergrundes, z. B. bei Ausblühungen, zu glatter ungleich saugender Flächen, verschiedenartige Stoffe des Untergrundes,
- unzureichende Bauteiltemperatur, z. B. für Putzarbeiten bei Temperaturen unter +5 °C (siehe Abschnitt 3.1.3),
- größere Unebenheiten des Untergrundes als nach DIN 18202 „Toleranzen im Hochbau – Bauwerke" zulässig,
- zu hohe Baufeuchtigkeit,
- ungeeignete klimatische Bedingungen (s. Abschnitt 3.1.3),
- ungenügende Verankerungs- und Befestigungsmöglichkeiten,
- fehlende Bezugspunkte.

3.1.2 Abweichungen von vorgeschriebenen Maßen sind in den durch DIN 18202 bestimmten Grenzen zulässig.

Bei Streiflicht sichtbar werdende Unebenheiten in den Oberflächen sind zulässig, wenn diese die Grenzwerte nach DIN 18202 nicht überschreiten.

Werden an die Ebenheit erhöhte Anforderungen nach DIN 18202:2013-04, Tabelle 3, Zeile 7 gestellt, so sind die erforderlichen Leistungen Besondere Leistungen (siehe Abschnitt 4.2.23).

3.1.3 Bei ungeeigneten Bedingungen, unzureichender Bauteiltemperatur, z. B. für Putzarbeiten Temperaturen unter +5 °C, sind in Abstimmung mit dem Auftraggeber besondere Maßnahmen zu ergreifen. Sollten hierfür Leistungen erforderlich werden, sind dies Besondere Leistungen (siehe Abschnitt 4.2.9).

3.1.4 Bewegungsfugen des Bauwerkes müssen konstruktiv mit gleicher Bewegungsmöglichkeit übernommen werden.

3.1.5 Profile

Profile, z. B. Kantenprofile, Abschlussprofile, Bewegungsfugenprofile, Randwinkel, Einfassprofile, müssen entsprechend dem Verwendungszweck verzinkt oder korrosionsresistent sein.

Profile aus textilen Geweben müssen alkalibeständig sein.

3.1.6 Putzträger

Drahtgeflechte, Rippenstreckmetall und dergleichen müssen verzinkt oder korrosionsresistent, Baustahlmatten und dergleichen frei von losem Rost sein. Textile Gewebe müssen bei der Verwendung von Kalk-, Kalkzement- oder Zementmörtel alkalibeständig sein. Nägel, Klammern und andere Befestigungselemente müssen bei Verwendung in Feuchträumen und für Arbeiten mit Gips korrosionsresistent sein.

3.2 Putze

3.2.1 Putze aus Mörtel mit mineralischen Bindemitteln mit oder ohne Zusätze sind nach DIN 18550 1 „Planung, Zubereitung und Ausführung von Innen- und Außenputzen" – Teil 1: Ergänzende Festlegungen zu DIN EN 13914-1 für Außenputze" und DIN 18550 2 „Planung, Zubereitung und Ausführung von Innen- und Außenputzen" – Teil 2: Ergänzende Festlegungen zu DIN EN 13914-2 für Innenputze" oder DIN EN 13914-1 „Planung, Zubereitung und Ausführung von Innen- und Außenputzen" – Teil 1: Außenputze" und DIN EN 13914-2 „Planung, Zubereitung und Ausführung von Innen- und Außenputzen – Teil 2: Innenputze" herzustellen.

Kunstharzputze sind nach DIN 18558 „Kunstharzputze — Begriffe, Anforderungen, Ausführung" herzustellen.

3.2.2 Innenputze sind in Qualitätsstufe Q 2 – geglättet oder Qualitätsstufe Q 2 – gefilzt nach DIN 18550-2 oder DIN EN 13914-2 herzustellen.

3.2.3 Für Putze der Qualitätsstufe Q 3 – geglättet oder gefilzt und der Qualitätsstufe Q 4 – geglättet oder gefilzt nach DIN 18550-2 sind zusätzliche Leistungen erforderlich. Diese sind Besondere Leistungen (siehe Abschnitt 4.2.25).

3.2.4 Außenputze sind zweilagig mit einem Unter- und einem Oberputz herzustellen.

Dünnlagige Oberputze sind gerieben mit mindestens 3 mm Korngröße als Strukturputze herzustellen.

Dünnlagige Oberputze mit abweichender Korngröße erfordern zusätzliche Maßnahmen. Die erforderlichen Leistungen sind Besondere Leistungen (siehe Abschnitt 4.2.26).

Dicklagige Oberputze sind als Kratzputz herzustellen.

In Außenputzen sind bei Öffnungen, Aussparungen und Nischen Diagonalbewehrungen einzubauen.

3.2.5 Altputze, die Risse, Schadstellen und dergleichen aufweisen, sind mit einem Armierungsputz mit Gewebeeinlage als zusätzliche Putzlage zu überarbeiten. Bei teilflächigen Putzausbesserungen können Übergänge sichtbar bleiben.

3.3 Herstellen und Ausbessern von Steinputzflächen

Auskragende Teilflächen sind durch den Einbau einer korrosionsgeschützten Unterkonstruktion herzustellen.

Nach dem Putzauftrag und dem Abbinden des Putzes ist die Oberfläche zu stocken oder zu scharrieren.

Beschädigte und auszubessernde Flächen sind mit gleichartigem Mörtel zu ergänzen. Die Oberfläche ist der vorhandenen Steinputzfläche oder Profilierung anzugleichen.

3.4 Sgraffito

Die gewünschte Darstellung ist auf mehreren farbigen, übereinander aufgetragenen Putzschichten aufzuzeichnen oder aufzupausen. Die vorgegebenen Konturen sind bis zu der gewünschten farbigen Putzschicht zu schneiden und auszukratzen.

3.5 Bauteile aus Drahtputz

Bauteile aus Drahtputz sind nach DIN 4121 „Hängende Drahtputzdecken – Putzdecken mit Metallputzträgern, Rabitzdecken – Anforderungen für die Ausführung“ herzustellen.

Für die Ausführung der Oberflächen gilt Abschnitt 3.2.2.

3.6 Stuck

3.6.1 Gezogener und vorgefertigter Stuck

Gezogene Profile mit einer Stuckdicke von mehr als 5 cm sind auf einer korrosionsgeschützten Unterkonstruktion herzustellen.

Vorzufertigende Stuckteile mit einer Stuckdicke von mehr als 5 cm sind mit einer korrosionsgeschützten Bewehrung herzustellen. Sie sind mit artgleichem Mörtel anzusetzen und zu befestigen, z. B. mit korrosionsgeschützten Befestigungselementen. Erforderliche Unterkonstruktionen sind Besondere Leistungen.

Geformte, vorgefertigte und gezogene Stuckteile für Außenflächen sind mit Mörtel nach Wahl des Auftragnehmers herzustellen.

Bei auskragenden Stuckteilen im Außenbereich sind die Oberseiten zu schützen. Diese Leistungen sind Besondere Leistungen.

Stuck aus gipshaltigem Mörtel im Außenbereich ist vor Feuchtigkeit zu schützen. Diese Leistungen sind Besondere Leistungen.

3.6.2 Stuckantragarbeiten

Der für Antragarbeiten verwendete Stuckmörtel ist nach Wahl des Auftragnehmers herzustellen.

Für Unterkonstruktionen, Bewehrungen und Stuckteile im Außenbereich gilt Abschnitt 3.6.1.

3.6.3 Angetragener Stuckmarmor

Der trockene und sorgfältig gereinigte Untergrund ist anzunetzen und mit einem nicht zu dünnen, mit Leimwasser vermengten Spritzbewurf aus Gipsmörtel zu versehen. Der Untergrund (Marmorgrund) ist mit rauer Oberfläche 2 cm bis 3 cm dick aus dafür geeignetem Stuckgips unter Zusatz von Leimwasser und reinem scharfem Sand herzustellen und nötigenfalls durch Abkämmen aufzurauen.

Der vollständig ausgetrocknete Marmorgrund ist mit Wasser anzunetzen. Der Stuckmarmor ist aus Stuckgips unter Beimischung licht- und kalkechter Farbpigmente herzustellen, aufzutragen, mehrmals im Wechsel zu spachteln und zu schleifen, bis die verlangte matte oder polierte geschlossene Oberfläche erzielt ist. Die Oberfläche ist nach dem Austrocknen zu polieren und muss in Struktur und Farbe dem nachzuahmenden Marmor entsprechen.

3.6.4 Geformter Stuckmarmor

Formstücke und Profile aus Stuckmarmor sind nach dem Freilegen aus der Negativform in ihren Verzierungen passend zu beschneiden, im Wechsel mehrmals zu spachteln und zu schleifen und in der vorgeschriebenen Form und Oberfläche, matt oder poliert, herzustellen. Notwendige Metalleinlagen müssen korrosionsgeschützt sein.

Formstücke und Profile sind mit artgleichem Mörtel und/oder mit korrosionsgeschützten Befestigungsmitteln zu verankern.

Die Oberfläche ist, soweit erforderlich, nachzuschleifen und nach Austrocknen zu polieren.

3.6.5 Stuccolustro

Auf vorbereitetem Untergrund ist ein mehrlagiger 2 cm bis 3 cm dicker, rauer Unterputz aus lange gelagertem, fettem Sumpfkalk und grobkörnigem, reinem Sand aufzutragen. Bei gleichmäßig saugendem Untergrund darf dem Mörtel bis zu einem Anteil von 20 % des Bindemittels Gips beigemengt werden. Zement darf nicht verarbeitet werden. Bei ungleichmäßig saugendem Untergrund ist reiner Kalkmörtel zu verwenden. Auf den vollständig trockenen Unterputz ist eine etwa 1 cm dicke Lage aus etwas feinerem Kalkmörtel aufzutragen und vollkommen glatt zu reiben.

Als dritte Lage ist eine Feinputzschicht aus fein gesiebtem Kalk, Marmormehl und Farbstoff des vorgesehenen Grundtones aufzutragen und vollkommen glatt zu reiben.

Sie ist mit einem noch etwas feineren Marmormörtel zu überreiben. Durch Glätten ist ein vollkommen geschlossener, glatter Malgrund herzustellen. Abschließend ist die Stuccolustro-Farbe aufzutragen und mit gewärmtem Stahl zu bügeln und zu wachsen.

3.7 Glättetechnik

Soll eine glatte, glänzende, dekorative Oberfläche erreicht werden, ist die Fläche mehrmals zu glätten, zu spachteln, zu verdichten und zu schleifen.

3.8 Ausbildung von Kanten und Profilen

Kanten sind mit Kantenprofilen herzustellen.

Der Einbau von anderen Profilen, z. B. Sockelprofilen, Randwinkeln, Lüftungsprofilen, Abschlussprofilen, Anputzleisten, Gewebewinkeln, Schattenprofilen, Bossenprofilen und dergleichen, ist eine Besondere Leistung (siehe Abschnitt 4.2.19).

3.9 Verputzte Innendämmungen

Dämmstoffe sind über die gesamte Fläche dicht gestoßen zu verlegen und mit dem Untergrund zu verkleben. In den Putz ist vollflächig ein Gewebe einzubetten.

3.10 Verputzte Innenwandbekleidungen

Innenwandbekleidungen, z. B. mit Calciumsilikatplatten, sind im Mörtelbett zu verlegen und zu verputzen.

3.11 Außenwandbekleidungen mit Putzträgerplatten

Hinterlüftete Außenwandbekleidungen sind nach DIN 18516-1 „Außenwandbekleidungen, hinterlüftet – Teil 1: Anforderungen, Prüfgrundsätze" herzustellen.

3.12 Wärmedämmputzsysteme

Wärmedämmputzsysteme sind mit Wärmedämmputz und Oberputz herzustellen.

Wärmedämmputz ist bis 4 cm Dicke einlagig, bei größeren Dicken mehrlagig herzustellen.

Oberputz ist zweilagig auszuführen. Die erste Lage ist als Zwischenputz, faserarmiert oder mit vollflächiger Gewebeeinlage herzustellen. An Ecken von Aussparungen, z. B. Öffnungen, Nischen, sind zusätzlich Diagonalbewehrungen einzubauen. Die zweite Putzlage ist als strukturierter, geriebener Oberputz herzustellen.

Kratzputz als Oberputz ist ohne Zwischenputz herzustellen.

4 Nebenleistungen, Besondere Leistungen

4.1 Nebenleistungen sind ergänzend zur ATV DIN 18299, Abschnitt 4.1, insbesondere:

4.1.1 Auf-, Um- und Abbauen sowie Vorhalten von Gerüsten für eigene Leistungen, sofern die zu bearbeitende oder zu bekleidende Fläche nicht höher als 3,50 m über der Standfläche des hierfür erforderlichen Gerüstes liegt.

4.1.2 Ausgleichen abgestufter oder geneigter Standflächen von Gerüsten bis zu 40 cm Höhenunterschied, z. B. über Treppen oder Rampen.

4.1.3 Reinigen des Untergrundes, ausgenommen Leistungen nach Abschnitt 4.2.12.

4.1.4 Feuchthalten der Putzflächen bis zum Abbinden sowie Belüften der Räume, ausgenommen Maßnahmen nach Abschnitt 4.2.9.

4.1.5 Zubereiten des Mörtels und Vorhalten aller hierzu erforderlichen Einrichtungen, auch wenn der Auftraggeber die Stoffe beistellt.

4.1.6 Vorlegen vorgefertigter Oberflächen- und Farbmuster.

4.1.7 An- und Beiputzarbeiten, ausgenommen Arbeiten nach Abschnitt 4.2.35.

4.1.8 Schutz von Bau- und Anlagenteilen vor Verunreinigungen und Beschädigungen während der Putzarbeiten durch loses Abdecken, Abhängen oder Umwickeln, ausgenommen Schutzmaßnahmen nach Abschnitt 4.2.10.

4.2 Besondere Leistungen sind ergänzend zur ATV DIN 18299, Abschnitt 4.2, z. B.:

4.2.1 Liefern bauphysikalischer Nachweise.

4.2.2 Erstellen von Verlege- und Montageplänen.

4.2.3 Herstellen und Anbringen von Musterflächen, Musterkonstruktionen und Modellen.

4.2.4 Vorhalten von Aufenthalts- und Lagerräumen, wenn der Auftraggeber Räume, die leicht verschließbar gemacht werden können, nicht zur Verfügung stellt.

4.2.5 Auf-, Um- und Abbauen sowie Vorhalten von Gerüsten für Leistungen anderer Unternehmer.

4.2.6 Auf-, Um- und Abbauen sowie Vorhalten von Gerüsten für eigene Leistungen, sofern die zu bearbeitende oder zu bekleidende Fläche höher als 3,50 m über der Standfläche des hierfür erforderlichen Gerüstes liegt.

4.2.7 Auf-, Um- und Abbauen sowie Vorhalten von Gerüsten mit abgestufter oder geneigter Standfläche, z. B. über Treppen oder Rampen, sofern ein Ausgleich von mehr als 40 cm erforderlich ist.

4.2.8 Schließen von Ankerlöchern für die Gerüstverankerung.

4.2.9 Maßnahmen zum Schutz vor ungeeigneten klimatischen Bedingungen nach Abschnitt 3.1.3, z. B. Einhausung, Beheizung, feinmaschiges Gerüstnetz, Leistungen zum Belüften der Räume, die über die Leistungen nach Abschnitt 4.1.4 hinausgehen, z. B. technische Belüftung, soweit die Notwendigkeit nicht vom Auftragnehmer zu vertreten ist.

4.2.10 Maßnahmen zum Schutz von Bau- und Anlagenteilen sowie Einrichtungsgegenständen, z. B. durch Abkleben von Fenstern, Türen, Böden, Belägen, Treppen, Hölzern, Dachflächen, Elektrodosen, oberflächenfertigen Teilen, staubdichtes Abkleben von empfindlichen Einrichtungen und technischen Geräten, Staubschutzwände, Notdächer, Auslegen von Hartfaserplatten oder Bautenschutzfolien ab 0,2 mm Dicke.

4.2.11 Entfernen von bauseits vorhandenen Schutzfolien und dergleichen, z. B. an Fensterbänken, Leichtmetallprofilen.

4.2.12 Reinigen des Untergrundes von grober Verschmutzung, z. B. Gipsreste, Mörtelreste, Farbreste, Öl, soweit diese nicht durch den Auftragnehmer verursacht wurde.

4.2.13 Beseitigen von Hindernissen im Putzgrund, z. B. Entfernen von Betongraten, Schaumrückständen und nicht mehr benötigten Verankerungsbügeln für Konsolgerüste, Ablängen von horizontalen Putzschienen an Rollladenkästen.

4.2.14 Vorbehandeln des Putzgrundes, z. B. durch Abschlagen, Aufpicken, Aufrauen, Hochdruckreinigen, Entfernen von Algen- und Pilzbefall, Aufbringen von Grundierungen, Verfestigern, Haftbrücken, Bioziden und dergleichen, Leistungen zum Verputzen von anbetonierten Dämmstoffplatten.

4.2.15 Einbau von Fugenüberspannungen, Streifenbewehrungen und Streifenputzträgern, Leistungen zur Bewehrung von Putzen, Diagonalbewehrungen und dergleichen.

4.2.16 Befestigen von Putzträgern, Putzträgerplatten, Dämmstoffen und dergleichen mit Dübeln.

4.2.17 Herstellen von Bewegungs- und Scheinfugen mit z. B. Profilen, Trennschnitten sowie Fugendichtungen.

4.2.18 Herstellen von Anschlüssen, Anschlussfugen und luftdichten Anschlüssen an angrenzende Bauteile, z. B. Dächer, Einbauteile, Installationen, systembedingt überstehende Schalterdosen, sowie Anpassen und Anarbeiten der Putzflächen an angrenzende Bauteile.

4.2.19 Einbau von Profilen, z. B. Sockelprofile, Randwinkel, Lüftungsprofile, Abschlussprofile, Anputzleisten, Gewebewinkel, An- und Abschlussprofile, Schattenprofile, Bossenprofile und dergleichen.

4.2.20 Ausbilden von Bossierungen, von Kanten ohne Profile und dergleichen.

4.2.21 Schließen und Verputzen von Aussparungen, z. B. Schlitzen, durch einen zusätzlichen Arbeitsgang.

4.2.22 Vorgezogenes und nachträgliches Herstellen von Teilflächen, z. B. Flächen hinter Heizkörpern, Rohrleitungen und dergleichen.

4.2.23 Ausgleichen von größeren Unebenheiten des Untergrundes als nach DIN 18202 zulässig.

4.2.24 Leistungen zum Erfüllen erhöhter Anforderungen an die Ebenheit oder Maßhaltigkeit (siehe Abschnitt 3.1.2).

4.2.25 Leistungen zum Erreichen von Oberflächenqualitäten nach Abschnitt 3.2.3.

4.2.26 Herstellen von Oberputzen mit einer Korngröße abweichend von Abschnitt 3.2.4.

4.2.27 Farbige Ausführung der Putze.

4.2.28 Maßnahmen gegen Algen- und Pilzbefall.

4.2.29 Abdichten des Putzes gegen Feuchtigkeit im erdberührten Bereich, im Spritzwasserbereich. Einbau von Abdichtungen unterhalb von Fensterbänken und dergleichen.

4.2.30 Zuschnitte von Bekleidungen zur Anpassung an Schrägen und gebogene oder andersartig geformte Bauteile.

4.2.31 Herstellen und Verputzen von Abdeckungen, Ablagen, Abschottungen, Friesen, Nuten, Schürzen, Scheinunterzügen, Ummantelungen, Unterzügen, Vertiefungen, Vorlagen, Lisenen und dergleichen.

4.2.32 Herstellen von Hilfskonstruktionen zur Befestigung von Markisen, Werbeträgern und dergleichen, z. B. Montagezylinder. Herstellen von im Bauwerk verbleibenden Verankerungen, z. B. für Gerüste.

4.2.33 Herstellen von Gurten, Kehlen und Gesimsen, Sohlbänken, Fenster- und Türrahmungen, Faschen.

4.2.34 Herstellen von Ecken, Verkröpfungen und sichtbar bleibenden Endungen an Stuckprofilen, Kehlen und Gesimsen.

4.2.35 An- und Beiputzarbeiten, soweit sie nicht im Zuge mit den übrigen Putzarbeiten, bei Innenputzarbeiten im selben Geschoss und an der Fassade pro Fassadenseite ausgeführt werden können.

5 Abrechnung

Ergänzend zur ATV DIN 18299, Abschnitt 5, gilt:

5.1 Allgemeines

5.1.1 Der Ermittlung der Leistung – gleichgültig, ob sie nach Zeichnung oder nach Aufmaß erfolgt – sind die Maße

- **der behandelten Flächen,**
- **der hergestellten Flächen,**
- **der bekleideten Flächen**

zugrunde zu legen.

Zur Leistungsermittlung sind die vereinfachenden Regeln, wie Übermessungsregeln und Einzelregelungen anzuwenden.

5.2 Ermittlung der Maße

5.2.1 Für Putz, Stuck, Dämmstoff-, Trenn- und Schutzschichten, Auffütterungen, Bekleidungen, Dampfbremsen, Dübelungen, Vorsatzschalen, Unterkonstruktionen, flächige Bewehrungen und Putzträger, Folien sowie Vorbereiten von Untergründen sind

- auf Innenflächen ohne begrenzende Bauteile die Maße der zu behandelnden, zu dämmenden, zu bekleidenden oder mit Stuck zu versehenden Flächen,
- auf Innenflächen mit begrenzenden Bauteilen die Maße der zu behandelnden Flächen bis zu den sie begrenzenden, ungeputzten, ungedämmten, nicht bekleideten Bauteilen,
- bei Fassaden die Maße der hergestellten Flächen.

5.2.2 Bei der Ermittlung der Maße wird jeweils das größte, gegebenenfalls abgewickelte Bauteilmaß zugrunde gelegt, z. B. bei Wandanschlüssen, umlaufenden Friesen, Faschen, An- und Einarbeitungen an Bauteilen, Einbauteilen und dergleichen.

5.2.3 Rückflächen von Nischen sowie Leibungen werden unabhängig von ihrer Einzelgröße mit ihren Maßen gesondert gerechnet.

5.2.4 Unmittelbar zusammenhängende, verschiedenartige Aussparungen, z. B. Öffnung mit angrenzender Nische, werden getrennt gerechnet.

5.2.5 Bindet eine Aussparung anteilig in angrenzende, getrennt zu rechnende Flächen ein, wird zur Ermittlung der Übermessungsgröße die jeweils anteilige Aussparungsfläche gerechnet.

5.2.6 Bei der Abrechnung von beliebig geformten Einzelflächen ist zur Ermittlung der Maße das kleinste umschriebene Rechteck zugrunde zu legen. Ausgenommen von dieser Regel sind Kreise, Dreiecke, Trapeze und Rauten. Dabei dürfen sich die Einzelflächen nicht überschneiden.

5.3 Übermessungsregeln

Übermessen werden:

5.3.1 Bei Abrechnung nach Flächenmaß:

- Aussparungen, z. B. Öffnungen (auch raumhoch), Nischen mit einer Einzelgröße ≤ 2,5 m².
- Bei der Ermittlung der Maße für die Übermessung sind die kleinsten Maße der Aussparung zu Grunde zu legen.

- Fugen
- Unterbrechungen in der zu bearbeitenden Fläche, z. B. durch Stützen, Unterzüge, Gesimse, Balkonplatten, Podeste, Gurte, Putzbänder mit einer Einzelbreite ≤ 30 cm.

5.3.2 Bei Abrechnung nach Längenmaß

- Unterbrechungen von Einzellängen ≤ 1 m

5.4 Einzelregelungen

5.4.1 Die Wandhöhen überwölbter Räume werden bis zum Gewölbeanschnitt, die Wandhöhe der Schildwände bis zu 2/3 des Gewölbestichs gerechnet.

5.4.2 Gewölbte Decken werden nach der Fläche der abgewickelten Untersicht gerechnet.

5.4.3 Gehrungen, Kreuzungen, Verkröpfungen und Endungen von Stuckgesimsen, Rosetten werden gesondert gerechnet.

5.4.4 Verputzen von Schornsteinköpfen und Einarbeiten von Diagonalbewehrungen werden gesondert gerechnet.

5 Kommentar zur ATV DIN 18350

VOB – Vergabe- und Vertragsordnung für Bauleistungen

Teil C: Allgemeine Technische Vertragsbedingungen für Bauleistungen (ATV)

Putz- und Stuckarbeiten – DIN 18350

Ausgabe September 2016

Inhalt

0 Hinweise für das Aufstellen der Leistungsbeschreibung

Diese Hinweise ergänzen die ATV DIN 18299 „Allgemeine Regelungen für Bauarbeiten jeder Art, Abschnitt 0". Die Beachtung dieser Hinweise ist Voraussetzung für eine ordnungsgemäße Leistungsbeschreibung gemäß §§ 7 ff., §§ 7 EU ff. beziehungsweise §§ 7 VS ff. VOB/A.

Die Hinweise werden nicht Vertragsbestandteil.

In der Leistungsbeschreibung sind nach den Erfordernissen des Einzelfalls insbesondere anzugeben:

Die Leistungsbeschreibung ist der wichtigste Teil jedes Bauwerkvertrages. Dies wird deutlich gemacht durch die in § 1 (2) VOB/B getroffene Regelung, wonach bei Widersprüchen im Vertrag nacheinander gelten:

1. die Leistungsbeschreibung,
2. die Besonderen Vertragsbedingungen,
3. etwaige Zusätzliche Vertragsbedingungen,

4. etwaige Zusätzliche Technische Vertragsbedingungen,
5. die Allgemeinen Technischen Vertragsbedingungen für Bauleistungen,
6. die Allgemeinen Vertragsbedingungen für die Ausführung von Bauleistungen.

Die Aufzählung in § 1 VOB/B und die Ausführungen in § 7 VOB/A zeigen deutlich den hohen Stellenwert einer genauen Leistungsbeschreibung auf. Eine eindeutige Bewertung einer Leistung und damit auch eine klare Kalkulation verlangt deshalb eine eindeutige Leistungsbeschreibung, die nach einzelnen Positionen gegliedert ist. Das Zusammenfassen verschiedenartiger Leistungen unter einer Ordnungszahl kann zu Missverständnissen, zu nicht kalkulierbaren Positionen und einem unangemessenen Risiko für den Auftragnehmer führen.

Die besondere Bedeutung der Leistungsbeschreibung verpflichtet beide Parteien des Bauvertrages – den Ausschreibenden und den Bieter –, der Leistungsbeschreibung die nach der Verkehrssitte übliche Sorgfalt und Gewissenhaftigkeit zu widmen. Nach dem im gesamten Bauvertragsrecht geltenden Grundsatz von Treu und Glauben ist der Ausschreibende gehalten, seine Angaben nach bestem Wissen umfassend und erschöpfend festzulegen. Er darf keine ihm bekannten oder vermuteten Umstände, die den Preis beeinflussen können, fahrlässig oder gar vorsätzlich verschweigen und muss alle Angaben und die für den Einzelfall seines Bauvorhabens geforderten Bauleistungen nach Art und Umfang so deutlich beschreiben, dass sie unmissverständlich erfasst und von allen Bietern im Wettbewerb gleichermaßen verstanden werden können.

Im Interesse der nach § 7 (1) 1 VOB/A geforderten Eindeutigkeit der Leistungsbeschreibung sowie um eine einwandfreie Preisermittlung zu ermöglichen (§ 7 (1) 2 VOB/A) ist es erforderlich, dass durch einen besonderen Hinweis deutlich gemacht wird, wenn sich die angeforderten Putz- und Stuckarbeiten auf zahlreiche Kleinflächen beziehen, damit der dadurch bedingte Mehraufwand zuverlässig in die Kalkulation aufgenommen werden kann. Entsprechend Abschnitt 0.5.3 ist das Vorbehandeln und Verputzen von Kleinflächen bis zu einer Fläche bis 2,5 m² als Anzahl (Stück) auszuschreiben. Siehe hierzu auch die Kommentierung zu Abschnitt 0.5.3.

Während der Auftraggeber in der Leistungsbeschreibung die für sein Bauvorhaben geforderten Bauleistungen nach Art und Umfang erschöpfend und unmissverständlich zu beschreiben hat, verpflichtet sich der Bieter, die Bauleistung nach den Angaben der Leistungsbeschreibung und zu den von ihm in der Leistungsbeschreibung eingesetzten Preisen auszuführen. Damit wird die Leistungsbeschreibung zum wesentlichen Vertragsbestandteil.

Die Hinweise für die Leistungsbeschreibung nach Abschnitt 0 werden, ebenso wie die Regelungen im Teil A der VOB, nicht Vertragsbestandteil. Dies bedeutet aber nicht, dass die Hinweise für die Leistungsbeschreibung rechtlich ohne Bedeutung sind. Mit dem Beginn von Vertragsverhandlungen, der in der Ausschreibung von Bauleistungen und der Abgabe von Angeboten zu sehen ist, entsteht nämlich zwischen dem Ausschreibenden und dem Bieter ein vertragsähnliches Vertrauensverhältnis, das für alle Beteiligten besondere Sorgfaltspflichten fordert.

Diese Sorgfaltspflichten beinhalten **für den Ausschreibenden**, dass er die in Abschnitt 0 gegebenen Hinweise für die Leistungsbeschreibung den Bietern mitteilt und zu auskunftsbedürftigen Fragen eindeutig und erschöpfend Auskunft erteilt.

Der Bieter und spätere Auftragnehmer darf grundsätzlich auf die Vollständigkeit der Leistungsbeschreibung mit Leistungsverzeichnis vertrauen (VOB-Stelle Niedersachsen IBR 1996, 194). Siehe hierzu § 7 (1) 7 VOB/A (*Die „Hinweise für das Aufstellen der Leistungsbeschreibung" in Abschnitt 0 der Allgemeinen Technischen Vertragsbedingungen (ATV) für Bauleistungen, DIN 18299 sind zu beachten*). Der Hinweis auf die jeweiligen Abschnitte 0 der DIN 18299 ff. ist keinesfalls nur eine bloße Verweisung der Einfachheit halber. Der Auftraggeber ist zwingend verpflichtet, dort aufgeführte Einzelpunkte zu berücksichtigen.

Für den Bieter wiederum ergibt sich aus dieser Sorgfaltspflicht, dass er den Ausschreibenden auf auffallende Unklarheiten, Widersprüche oder Missverständnisse in den Ausschreibungsunterlagen hinweist und um Klärung ersucht.

Sind Unklarheiten, z. B. aufgrund von unklar formulierten Positionen, bei **öffentlichen Ausschreibungen** vorhanden, so kann der Bieter gemäß § 21 VOB/A bei der jeweiligen benannten Nachprüfungsstelle Beschwerde gegen die Ausschreibung einlegen.

§ 21 VOB/A Nachprüfungsstellen

In der Bekanntmachung und den Vergabeunterlagen sind die Nachprüfungsstellen mit Anschrift anzugeben, an die sich der Bewerber oder Bieter zur Nachprüfung behaupteter Verstöße gegen die Vergabebestimmungen wenden kann.

Wenn in einem Bauvertrag die Ausführung von Putz- und Stuckarbeiten festgelegt ist und diesem Vertrag die VOB/B zugrunde liegt, so ist die ATV DIN 18350 Putz- und Stuckarbeiten als Allgemeine Technische Vertragsbedingung für Bauleistungen automatisch Vertragsbestandteil (§ 1 (1) Satz 2 VOB/B).

Konkret bedeutet das, dass die VOB/C (ATV) bei Bauwerkverträgen mit öffentlichen Auftraggebern immer Bestandteil des Vertrags ist.

Bei bauunkundigen gewerblichen Auftraggebern muss allerdings in konsequenter Anwendung der Rechtsprechung des BGH (Urteil vom 17.06.2004, Az.: VII ZR 75/03) davon ausgegangen werden, dass zusätzlich zum vollständigen Text der VOB/B auch der vollständige Text der Abrechnungsregeln (Abschnitt 5) der jeweiligen ATV ausgehändigt werden muss. Grund hierfür ist, dass der BGH in der genannten Entscheidung die Abschnitte 5 als Allgemeine Geschäftsbedingungen qualifiziert hat. Das soeben Beschriebene gilt jedenfalls bei bauunkundigen gewerblichen Auftraggebern, die keinen Planer mit der Ausschreibung der Leistung beauftragt haben.

Sind Unklarheiten, z. B. aufgrund von unklar formulierten Positionen, bei **nicht öffentlichen (z. B. privaten, gewerblichen) Ausschreibungen** vorhanden, so sind sämtliche nichtkalkulierbare Teile in der jeweiligen Leistungsposition eindeutig zu streichen. Das Streichen von Leistungsteilen innerhalb eines vorgegeben Leistungsverzeichnisses verändert das Angebot. Der Bieter gibt dadurch ein neues geändertes Angebot ab.

Aufgrund der Wichtigkeit der Leistungsbeschreibung in § 7 VOB/A sind hier die Anforderungen an die Leistungsbeschreibung wortgenau wiedergegeben:

§ 7

Leistungsbeschreibung

Allgemeines

(1) 1. Die Leistung ist eindeutig und so erschöpfend zu beschreiben, dass alle Unternehmer die Beschreibung im gleichen Sinne verstehen müssen und ihre Preise sicher und ohne umfangreiche Vorarbeiten berechnen können.

2. Um eine einwandfreie Preisermittlung zu ermöglichen, sind alle sie beeinflussenden Umstände festzustellen und in den Vergabeunterlagen anzugeben.

3. Dem Auftragnehmer darf kein ungewöhnliches Wagnis aufgebürdet werden für Umstände und Ereignisse, auf die er keinen Einfluss hat und deren Einwirkung auf die Preise und Fristen er nicht im Voraus schätzen kann.

4. Bedarfspositionen sind grundsätzlich nicht in die Leistungsbeschreibung aufzunehmen. Angehängte Stundenlohnarbeiten dürfen nur in dem unbedingt erforderlichen Umfang in die Leistungsbeschreibung aufgenommen werden.

5. Erforderlichenfalls sind auch der Zweck und die vorgesehene Beanspruchung der fertigen Leistung anzugeben.

6. Die für die Ausführung der Leistung wesentlichen Verhältnisse der Baustelle, z. B. Boden- und Wasserverhältnisse, sind so zu beschreiben, dass das Unternehmen ihre Auswirkungen auf die bauliche Anlage und die Bauausführung hinreichend beurteilen kann.

7. Die „Hinweise für das Aufstellen der Leistungsbeschreibung“ in Abschnitt 0 der Allgemeinen Technischen Vertragsbedingungen für Bauleistungen, DIN 18299 ff., sind zu beachten.

(2) In technischen Spezifikationen darf nicht auf eine bestimmte Produktion oder Herkunft oder eine besonderes Verfahren, das die von einem bestimmten Unternehmen bereitgestellten Produkte charakterisiert, oder auf Marken, Patente, Typen oder einen bestimmten Ursprung oder eine bestimmte Produktion verwiesen werden, es sei den

1. dies ist durch den Auftragsgegenstand gerechtfertigt oder

2. der Auftragsgegenstand kann nicht hinreichend genau und allgemein verständlich beschrieben werden; solche Verweise sind mit dem Zusatz „oder gleichwertig“ zu versehen.

(3) Bei der Beschreibung der Leistung sind die verkehrsüblichen Bezeichnungen zu beachten.

§ 7a
Technische Spezifikationen

(1) Die technischen Anforderungen (Spezifikationen – siehe Anhang TS Nummer 1) an den Auftragsgegenstand müssen allen Unternehmen gleichermaßen zugänglich sein.

(2) Die technischen Spezifikationen sind in den Vergabeunterlagen zu formulieren:

1. entweder unter Bezugnahme auf die in Anhang TS definierten technischen Spezifikationen in der Rangfolge

a) nationale Normen, mit denen europäische Normen umgesetzt werden,

b) europäische technische Zulassungen,

c) gemeinsame technische Spezifikationen,

d) internationale Normen und andere technische Bezugsysteme, die von den europäischen Normungsgremien erarbeitet wurden oder,

e) falls solche Normen und Spezifikationen fehlen, nationale Normen, nationale technische Zulassungen oder nationale technische Spezifikationen für die Planung, Berechnung und Ausführung von Bauwerken und den Einsatz von Produkten.

Jede Bezugnahme ist mit dem Zusatz „oder gleichwertig" zu versehen;

2. oder in Form von Leistungs- oder Funktionsanforderungen, die so genau zu fassen sind, dass sie den Unternehmen ein klares Bild vom Auftragsgegenstand vermitteln und dem Auftraggeber die Erteilung des Zuschlags ermöglichen;

3. oder in Kombination von Nummern 1 und 2, d. h.

a) in Form von Leistungs- oder Funktionsanforderungen unter Bezugnahme auf die Spezifikationen gemäß Nummer 1 als Mittel zur Vermutung der Konformität mit diesen Leistungs- oder Funktionsanforderungen;

b) oder mit Bezugnahme auf die Spezifikationen gemäß Nummer 1 hinsichtlich bestimmter Merkmale und mit Bezugnahme auf die Leistungs- oder Funktionsanforderungen gemäß Nummer 2 hinsichtlich anderer Merkmale.

(3) Verweist der Auftraggeber in der Leistungsbeschreibung auf die in Absatz 2 Nummer 1 genannten Spezifikationen, so darf er ein Angebot nicht mit der Begründung ablehnen, die angebotene Leistung entspräche nicht den herangezogenen Spezifikationen, sofern der Bieter in seinem Angebot dem Auftraggeber nachweist, dass die von ihm vorgeschlagenen Lösungen den Anforderungen der technischen Spezifikation, auf die Bezug genommen wurde, gleichermaßen entsprechen. Als geeignetes Mittel kann eine technische Beschreibung des Herstellers oder ein Prüfbericht einer anerkannten Stelle gelten.

(4) Legt der Auftraggeber die technischen Spezifikationen in Form von Leistungs- oder Funktionsanforderungen fest, so darf er ein Angebot, das einer nationalen Norm entspricht, mit der eine europäische Norm umgesetzt wird, oder einer europäischen technischen Zulassung, einer gemeinsamen technischen Spezifikation, einer internationalen Norm oder einem technischen Bezugssystem, das von den europäischen Normungsgremien erarbeitet wurde, entspricht, nicht zurückweisen, wenn diese Spezifikationen die geforderten Leistungs- oder Funktionsanforderungen betreffen. Der Bieter muss in seinem Angebot mit geeigneten Mitteln dem Auftraggeber nachweisen, dass die der Norm entsprechende jeweilige Leistung den Leistungs- oder Funktionsanforderungen des Auftraggebers entspricht. Als geeignetes Mittel kann eine technische Beschreibung des Herstellers oder ein Prüfbericht einer anerkannten Stelle gelten.

(5) Schreibt der Auftraggeber Umwelteigenschaften in Form von Leistungs- oder Funktionsanforderungen vor, so kann er die Spezifikationen verwenden, die in europäischen, multinationalen oder anderen Umweltzeichen definiert sind, wenn

1. sie sich zur Definition der Merkmale des Auftragsgegenstands eignen,
2. die Anforderungen des Umweltzeichens auf Grundlage von wissenschaftlich abgesicherten Informationen ausgearbeitet werden;
3. die Umweltzeichen im Rahmen eines Verfahrens erlassen werden, an dem interessierte Kreise – wie z. B. staatliche Stellen, Verbraucher, Hersteller, Händler und Umweltorganisationen – teilnehmen können, und
4. wenn das Umweltzeichen für alle Betroffenen zugänglich und verfügbar ist. Der Auftraggeber kann in den Vergabeunterlagen angeben, dass bei Leistungen, die mit einem Umweltzeichen ausgestattet sind, vermutet wird, dass sie den in der Leistungsbeschreibung festgelegten technischen Spezifikationen genügen. Der Auftraggeber muss jedoch auch jedes andere geeignete Beweismittel, wie technische Unterlagen des Herstellers oder Prüfberichte anerkannter Stellen, akzeptieren. Anerkannte Stellen sind die Prüf- und Eichlaboratorien sowie die Inspektions- und Zertifizierungsstellen, die mit den anwendbaren europäischen Normen übereinstimmen. Der Auftraggeber erkennt Bescheinigungen von in anderen Mitgliedstaaten ansässigen anerkannten Stellen an.

§ 7b
Leistungsbeschreibung mit Leistungsverzeichnis

(1) Die Leistung soll in der Regel durch eine allgemeine Darstellung der Bauaufgabe (Baubeschreibung) und ein in Teilleistungen gegliedertes Leistungsverzeichnis beschrieben werden.

(2) Erforderlichenfalls ist die Leistung auch zeichnerisch oder durch Probestücke darzustellen oder anders zu erklären, z. B. durch Hinweise auf ähnliche Leistungen, durch Mengen- oder statische Berechnungen. Zeichnungen und Proben, die für die Ausführung maßgebend sein sollen, sind eindeutig zu bezeichnen.

(3) Leistungen, die nach den Vertragsbedingungen, den Technischen Vertragsbedingungen oder der gewerblichen Verkehrssitte zu der geforderten Leistung gehören (§ 2 Absatz 1 VOB/B), brauchen nicht besonders aufgeführt zu werden.

(4) Im Leistungsverzeichnis ist die Leistung derart aufzugliedern, dass unter einer Ordnungszahl (Position) nur solche Leistungen aufgenommen werden, die nach ihrer technischen Beschaffenheit und für die Preisbildung als in sich gleichartig anzusehen sind. Ungleichartige Leistungen sollen unter einer Ordnungszahl (Sammelposition) nur zusammengefasst werden, wenn eine Teilleistung gegenüber einer anderen für die Bildung eines Durchschnittspreises ohne nennenswerten Einfluss ist.

§ 7c
Leistungsbeschreibung mit Leistungsprogramm

(1) Wenn es nach Abwägen aller Umstände zweckmäßig ist, abweichend von § 7b Absatz 1 zusammen mit der Bauausführung auch den Entwurf für die Leistung dem Wettbewerb zu unterstellen, um die technisch, wirtschaftlich und gestalterisch beste sowie funktionsgerechteste Lösung der Bauaufgabe zu ermitteln, kann die Leistung durch ein Leistungsprogramm dargestellt werden.

(2) 1. Das Leistungsprogramm umfasst eine Beschreibung der Bauaufgabe, aus der die Unternehmen alle für die Entwurfsbearbeitung und ihr Angebot maßgebenden Bedingungen und Umstände erkennen können und in der sowohl der Zweck der fertigen Leistung als auch die an sie gestellten technischen, wirtschaftlichen, gestalterischen und funktionsbedingten Anforderungen angegeben sind, sowie gegebenenfalls ein Musterleistungsverzeichnis, in dem die Mengenangaben ganz oder teilweise offen gelassen sind.

2. § 7b Absatz 2 bis 4 gelten sinngemäß.

(3) Von dem Bieter ist ein Angebot zu verlangen, das außer der Ausführung der Leistung den Entwurf nebst eingehender Erläuterung und eine Darstellung der Bauausführung sowie eine eingehende und zweckmäßig gegliederte Beschreibung der Leistung – gegebenenfalls mit Mengen- und Preisangaben für Teile der Leistung – umfasst. Bei Beschreibung der Leistung mit Mengen- und Preisangaben ist vom Bieter zu verlangen, dass er

1. die Vollständigkeit seiner Angaben, insbesondere die von ihm selbst ermittelten Mengen, entweder ohne Einschränkung oder im Rahmen einer in den Vergabeunterlagen anzugebenden Mengentoleranz vertritt, und dass er

2. etwaige Annahmen, zu denen er in besonderen Fällen gezwungen ist, weil zum Zeitpunkt der Angebotsabgabe einzelne Teilleistungen nach Art und Menge noch nicht bestimmt werden können (z. B. Aushub-, Abbruch- oder Wasserhaltungsarbeiten) – erforderlichenfalls anhand von Plänen und Mengenermittlungen – begründet.

Die „Hinweise für das Aufstellen der Leistungsbeschreibung" des Abschnittes 0 dieser ATV stehen in engem sachlichem Zusammenhang zu § 7 VOB/A. Die Beachtung dieser Hinweise ist Voraussetzung für eine ordnungsgemäße Ausschreibung.

0.1 Angaben zur Baustelle

Für eine sachgerechte, objektive, vergleichbare Kalkulation müssen dem Bieter hinreichend genaue Angaben zur Baustelle aus der Leistungsbeschreibung vorliegen. Diese sind in den Abschnitten 0.1 ff. der ATV DIN 18299 und wie folgt kommentiert.

Art, Lage, Maße und Ausbildung sowie Termine des Auf- und Abbaus von bauseitigen Gerüsten.

Besondere Hinweispflichten des Ausschreibenden (BGB § 305c = Verwender der Leistungsbeschreibung) ergeben sich für bauseitig zur Verfügung gestellte Gerüste. Erforderlich hierfür sind Angaben zur Ausbildung von Gerüsten. Bei Außengerüsten (z. B. bei Gerüsten über Dachflächen, an Dachgauben, im Bereich von Dachgesimsen) oder Innengerüsten (z. B. im Bereich von Treppenhäusern) müssen diese besonders beschrieben werden. Ferner ist die Dauer der Gebrauchsüberlassung der Gerüste anzugeben sowie ob ggf. Gerüsttreppentürme für den erleichterten Materialtransport vorhanden sind. Angaben zur Ausbildung finden sich auch in den Abschnitten 2 und 3 der ATV DIN 18451 „Gerüstarbeiten".

0.2 Angaben zur Ausführung

Für eine sachgerechte, objektive, vergleichbare Kalkulation müssen dem Bieter hinreichend genaue Angaben zur Bauausführung (Bausoll) aus der Leistungsbeschreibung vorliegen.

Diese sind in den Abschnitten 0.2 der ATV DIN 18299 und wie folgt kommentiert.

Eine Planeinsicht im Einheitspreisvertrag sollte nicht notwendig sein, da die Leistung gemäß § 7 VOB/A eindeutig und erschöpfend zu beschreiben ist.

0.2.1 Art, Lage, Beschaffenheit und Festigkeit zu bearbeitender Flächen, z. B. Beton, Mauerwerk.

Zur Kalkulation der Putz- und Stuckarbeiten ist die Art, Lage, Beschaffenheit und Festigkeit zu bearbeitender Flächen, unbedingt erforderlich. Auch die Angabe der Höhe einer Decke ist notwendig, um neben dem Kalkulationsaufwand für das Aufbringen des Mörtels an die Decke auch eventuell erforderliche Aufwendungen für Gerüste einrechnen zu können. Gemäß Abschnitt 4.2.6 sind Gerüste für Bearbeitungshöhen höher als 3,50 m besondere Leistungen. Bis 3,50 m Bearbeitungshöhe (Abschnitt 4.1.1) sind Gerüste für die eigene Leistung in die Hauptleistung einzukalkulieren.

Weiter ist anzugeben ob der Untergrund z. B. saugfähig, wasserabweisend, hoch wärmedämmend, porig, geschlossen, rau, glatt, verschmutzt ist. Vorbehandlungsmaßnahmen des Untergrundes wie z. B. Hochdruckreinigen, Aufrauen, Aufpicken, Verfestigen, Grundierungen und dergleichen (vgl. auch Abschnitt 0.2.14 bzw. Abschnitt 4.2.14 dieser ATV), sind in gesonderten Positionen auszuschreiben.

0.2.2 Art und Umfang der vom Auftragnehmer zu liefernden Verlege- oder Montagepläne.

Nach § 3 (1) VOB/B ist es Aufgabe des Auftraggebers, dem Auftragnehmer die für die Ausführung seiner Leistung nötigen Unterlagen unentgeltlich und rechtzeitig zu übergeben. Will der Auftraggeber von diesem Regelfall abweichen, bzw. soll der Auftragnehmer bestimmte Verlege- oder Montagepläne liefern, muss der Auftraggeber dies in der Leistungsbeschreibung unmissverständlich und erschöpfend, z. B. in einer besonderen Position anfordern.

0.2.3 Art, Lage, Maße und Ausbildung von Bewegungs-, Bauwerks- und Bauteilfugen.

Die Ausbildung der Fugen am Bauwerk ist aus konstruktiven, bauphysikalischen und gestalterischen Gründen besonders bedeutsam. Deshalb sind bereits bei der Planung des Bauwerks Art, Lage, Maße und Ausbildung von Fugen festzulegen. Hierzu müssen in der Leistungsbeschreibung Hinweise gegeben werden. Es ist zweckmäßig, die Art, Lage, Maße und Ausbildung der Fugen z. B. hinsichtlich der Bewegungsmöglichkeit in besonderen Positionen zu erfassen (vgl. Abschnitt 4.2.17).

0.2.4 Schutz von Bau- oder Anlagenteilen, endbehandelten Bauteilen, Einrichtungsgegenständen und dergleichen.

Besondere, vom Auftragnehmer zu erbringende Schutzmaßnahmen in Bezug auf andere Bauteile und Einrichtungsgegenstände sowie bereits endbehandelte/oberflächenfertige Bauteile müssen in der Leistungsbeschreibung in gesonderten Positionen erfasst werden.

Diese besonderen Schutzmaßnahmen sind keine Nebenleistung, sondern eine zusätzliche, mit einem besonderen Kostenaufwand verbundene und daher gesondert zu vergütende Leistung (vgl. Abschnitt 4.2.10).

0.2.5 Besondere physikalische und chemische Beanspruchungen, denen Stoffe und Bauteile nach dem Einbau ausgesetzt sind, z. B. aggressive Dämpfe, Stoßbelastungen, Feuchte.

Wenn Putz- und Stuckarbeiten einer besonderen Beanspruchung im Hinblick auf physikalische (z. B. Stoß, Hitze, Feuchte) oder chemische (z. B. aggressive Dämpfe, Abgase aus Räuchereien) Belastungen ausgesetzt werden, muss die Leistungsbeschreibung hierzu eindeutige und erschöpfende Angaben enthalten.

0.2.6 Anforderungen an den Brand-, Schall-, Wärme-, Feuchte- und Strahlenschutz sowie an die Luftdichtheit.

Werden bei Putz- und Stuckarbeiten Anforderungen an den Brand-, Schall-, Wärme-, Feuchte- und Strahlenschutz sowie an die Luftdichtheit gestellt, so sind diese in der Leistungsbeschreibung erschöpfend anzugeben. Dies bedeutet besondere Angaben, wie nachfolgend beispielhaft aufgeführt:

- Brandschutz, Feuerwiderstandsklasse in Verbindung mit dem zu verputzenden Bauteil,
- Schallschutz, schalldämmende Maßnahmen in Verbindung mit der Gesamtkonstruktion, schallabsorbierende Kennwerte, z. B. für den Akustikputz,
- Wärmeschutz, Bemessungswert der Wärmeleitfähigkeit für den Wärmedämmputz oder für einzubauende Dämmstoffe an (Keller-)Decken und Wänden,
- Feuchteschutz, wasserabweisende Maßnahmen (Feuchtraum, Sockel, erdberührte Bauteile, zweite wasserführende Ebene unter der Fensterbank),
- Strahlenschutz, zu erreichender Bleichgleichwert des Strahlenschutzputzes bzw. Dicke des Putzes
- Luftdichtheit zu Anschlüssen, Durchdringungen, Einbauten sowie Angaben zu den zu verwendenden Baustoffen, Klebeverbindungen, Manschetten und dergleichen, die zur Erfüllung der Anforderung zu verwenden sind und deren Ausführung.

0.2.7 Art der Bekleidung, Dicke, Maße der Einzelteile sowie ihre Befestigung. Art, Maße und Ausbildung von Aussparungen für hinterlüftete Konstruktionen sowie deren Abdeckung, z. B. für Lüftungsöffnungen.

Für Bekleidungen müssen in der Leistungsbeschreibung konstruktive, bauphysikalische oder gestalterische Angaben gemacht werden. Bei Außenbekleidungen ist z. B. die Art, ggf. witterungsbeständige Platten, anzugeben.

Die Angabe für die Maße und Lage der Aussparungen sowie deren Abdeckung z. B. für Lüftungsöffnungen in Bekleidungen und hinterlüfteten Konstruktionen sind darüber hinaus anzugeben

0.2.8 Art, Anzahl, Maße und Ausbildung von An- und Abschlüssen an angrenzende Bauteile, z. B. mit Profilen, Trennfugen, Trennstreifen, Trennschnitte.

Die Ausbildung der An- und Abschlüsse an angrenzende Bauteile ist aus konstruktiven, bauphysikalischen und gestalterischen Gründen besonders wichtig. Deshalb sind bereits bei der Planung des Bauwerks Art, Anzahl, Maße und Ausbildung von An- und Abschlüssen an angrenzende Bauteile festzulegen. Es ist zweckmäßig, die Art, Anzahl, Maße und Ausbildung von An- und Abschlüssen in besonderen Positionen zu erfassen. Dieser Abschnitt beschreibt die Ausbildung von Abschlüssen und Anschlüssen an angrenzenden Bauteilen mit z. B. Profilen, Trennfugen, Trennstreifen, Trennschnitten, Kellenschnitten, als Abschluss der Putzfläche am Anschluss an ein Bauteil.

> Im Regelfall muss der Bieter davon ausgehen, dass ein Anschluss geradlinig verläuft. Anschlüsse an gebogene, schräge oder runde Bauteile, sowie meandrierende Anschlüsse an Trapezbleche, Dachsparren und dergleichen sind in gesonderter Position zu beschreiben.

0.2.9 Anzahl, Art, Lage, Maße und Beschaffenheit von geneigten, gebogenen oder andersartig geformten Flächen.

Geneigte, gebogene oder andersartig geformte Flächen sind nach ihren Maßen und ihrer Beschaffenheit in Art, Anzahl und Lage im Bauwerk anzugeben, z. B. gebogene Wand- oder Deckenflächen (Gewölbe).

0.2.10 Anzahl, Art, Lage und Maße von Mustern, z. B. Oberflächen- und Farbmuster, Musterflächen.

Art, Anzahl und Maße von Mustern sowie der Lage sind im Leistungsverzeichnis anzugeben, damit der dadurch erforderliche Aufwand kalkuliert werden kann. Die Herstellung von Proben, Modellen, Musterkonstruktionen und Musterflächen (z. B. Putzoberflächen, Farbmuster) ist, aufgrund der hierfür besonderen Aufwendungen, gemäß Abschnitt 4.2.3 als besondere Leistung klassifiziert. Je nach Herstellungsaufwand (Konstruktion, Musterfläche und dergleichen) ist die Kalkulation nicht ohne Weiteres einfach ermittelbar und ist deshalb als gesondert zu vergütende Leistung festgelegt. Im Gegensatz dazu ist die Vorlage von vorgefertigten Oberflächen- und Farbmustern von Putz- und Farblieferanten gemäß Abschnitt 4.1.6 eine Nebenleistung.

0.2.11 Gestaltung und Einteilung von Flächen, Raster- und Fugenausbildung, Oberflächenstrukturen, Farben, Farbabstufungen Übergängen zwischen verschieden strukturierten Flächen, Bossierungen. Vorgaben zur Oberflächenbehandlung.

Putz- und Stuckarbeiten eignen sich besonders dafür, dass mit ihnen eine gestalterische Wirkung von Flächen erzielt werden kann, z. B. durch Struktur oder Farbgebung. Damit die Leistung des Auftragnehmers der geforderten gestalterischen Wirkung entspricht, müssen dazu in der Leistungsbeschreibung eindeutige und erschöpfende Angaben gemacht werden, z. B. Angaben beim Übergang zwischen verschieden strukturierten Flächen (Fassade/Putzfasche, Fassade/Leibung und dgl.), oder Angaben zur Oberflächenbehandlung (Farbgebung, Hydrophobierung und dgl.). Darüber hinaus ist bei besonderen Strukturierungen wie bei Kammzugputzen und dergleichen, die Zahnung anzugeben.

0.2.12 Art und Farbe von Fugenabdichtungen, Fugenabdeckungen und Fugenhinterlegungen.

Verlangt der Auftraggeber die Abdichtung, Abdeckung oder Hinterlegung von Fugen, so müssen hierfür besondere Ansätze in der Leistungsbeschreibung vorgesehen werden. Dazu gehören Angaben über das Maß, die Art und Farbe der Fugenabdeckung oder des zu verwendenden Fugendichtstoffes sowie dessen Hinterlegung.

0.2.13 Art und Umfang des Korrosionsschutzes von Unterkonstruktionen, Profilen und dergleichen.

Für Profile, Putzträger und dergleichen sind Art und Umfang des Korrosionsschutzes in der Leistungsbeschreibung anzugeben, z. B. verzinkt, verzinkt mit Beschichtung, verzinkt mit PVC-Überzug. In besonderen Fällen z. B. in gewerblichen Küchen und Feuchträumen oder häuslichen Bädern sind Profile oder Putzträger aus Edelstahl auszuschreiben, in Mineralbädern oder Räumen mit chemischen Beanspruchungen (aggressive Dämpfe) können dafür darüber hinaus zusätzliche besondere Maßnahmen erforderlich sein.

0.2.14 Vorbehandeln des Putzgrundes, z. B. Reinigen, Hochdruckreinigen, Entfernen von Algen- und Pilzbefall, Aufrauen, Aufpicken, Abschlagen von Altuntergründen, Verfestigen des Putzgrundes, Anbringen eines Spritzbewurfes, Auftragen einer Haftbrücke, Vorbehandeln stark saugender Putzgründe sowie Aufbringen von Bioziden.

Die Vorbehandlung des Putzgrundes, z. B. durch Hochdruckreinigen, Aufrauen, Aufpicken, Abschlagen von Altuntergründen, Verfestigen des Putzgrundes (z. B. Tiefgrund), Anbringen eines (Teil-) Spritzbewurfes, Auftragen einer mineralischen oder organischen Haftbrücke, Vorbehandeln stark saugender Putzgründe (z. B. Aufbrennsperre, Grundierung) sind Leistungen, die in der Leistungsbeschreibung in getrennten Positionen je nach erforderlichem Flächenanteil zu erfassen sind.

Bei vorhandenem mikrobiellem Befall, z. B. Algen und Pilzen an Fassaden oder Schimmelpilzbefall in Innenräumen ist die Art der Entfernung und ggf. die Art der diesbezüglichen Vorbehandlung der Flächen im Leistungsverzeichnis anzugeben.

Die Unsitte das mögliche Vorbehandlungsmaßnahmen wie Aufbrennsperre (Grundierung), Haftbrücken und dergleichen in Hauptpositionen, z. B. Innenputz, angefordert werden, führt zu nichtkalkulierbaren Positionen, da diese Vorbehandlungsmaßnahmen vielfach nur teilflächig und nicht vollflächig notwendig sind. Insofern führen „alles-inklusive-Positionen“ ohne genaue Massenangaben für welche Teilfläche die jeweilige Vorbehandlungsmaßnahmen auszuführen ist, zu einer scheinbaren Sicherheit für den Auftraggeber und zu Kalkulationsansätzen, die nicht der Realität entsprechen. Insofern ist es immer besser, wenn die einzelnen Leistungsanteile (z. B. Vorbehandlungsmaßnahme, Unterputz, Voranstrich, Oberputz) in einer jeweils eigenen Position auszuschrieben. Dann weiß jeder Beteiligte was die Erreichung des jeweiligen Leistungszieles kostet.

0.2.15 Einbau von Putzbewehrungen zum Überspannen der Übergänge unterschiedlicher Stoffe und Bauteile, z. B. Übergänge von gedämmten Flächen zu Beton- und Mauerwerksflächen und Zusatzbewehrungen an Öffnungen, z. B. Diagonalbewehrung.

Zur Verminderung der Gefahr von Rissbildungen im Putz ist es erforderlich an bestimmten Stellen Putzbewehrungen einzubauen. Dies betrifft insbesondere die Kerbspannungsbereiche von Öffnungen sowie Übergänge unterschiedlicher Stoffe und Bauteile.

Die Putzbewehrungen sind nach Art und Maßen in der Leistungsbeschreibung vorzugeben. Bei der Ausschreibungen ist zu beachten, dass Diagonalbewehrung in Anzahl (Stück), Putzbewehrungen bis 1 m Breite im Längenmaß (m) und flächige Putzbewehrungen (Länge und Breite jeweils > 1 m) im Flächenmaß (m^2) anzufordern sind.

Bei Teilflächenbewehrung, z. B. über Einbau- oder Vorbaurollladen ist zur Untergrundstabilisation eine Bewehrung vorzusehen und gleichfalls ist in den Putzebenen eine Teilflächenbewehrung anzufordern.

0.2.16 Angaben zur Kantenausbildung mit oder ohne Kantenprofile.

Im Regelfall werden Kanten rechtwinklig mit Profilen im Leistungsverzeichnis angefordert und ausgebildet, siehe Abschnitt 3.8.

Werden z. B. im Altbau, bei denkmalgeschützten Gebäuden, bei anthroposophischer Architektur, Kanten ohne Profile, z. B. als abgerundete, gebogene oder gefaste Kanten angefordert, so ist die Art der Kantenausbildung in die Leistungsbeschreibung aufzunehmen. Gleiches gilt, wenn Kanten z. B. mit Putzbrettern an- und umzuschlagen sind.

Kanten ohne Profile oder abgerundete, gefaste Kanten oder mittels Schablonen durch Anschlagen von Zug- und Schwunglatten z. B. an kreisförmigen Öffnungen bei Fenstern, Türen oder Freihand hergestellt werden, so ist die Ausbildung dieser Kanten eine besondere Leistung.

> Sind Kanten mit oder ohne Profile mit einem Winkel größer oder kleiner 90° auszubilden, so sind diese Leistungen in einer zusätzlichen Position zu beschreiben.

Die Ausbildung von Kanten ohne Profile ist gegenüber dem Einbau von Profilen aufwendiger und kostenintensiver. Siehe hierzu die Erläuterungen in Abschnitt 4.2.20.

Die Kantenausbildung ohne Profil (vgl. Abschnitt 0.2.16) stellt ebenfalls eine Besondere Leistung gemäß Abschnitt 4.2.20 dar

0.2.17 Art, Lage und Maße von Kantenprofilen, Putztrennschienen, Sockelprofilen, Randwinkeln, Lüftungsprofilen, Abschlussprofilen, Anputzleisten, Gewebewinkeln, Schattenprofilen, Bossenprofilen und dergleichen.

Art, Lage und Maße von einzubauenden Profilen, Putzlehren, Unterputzprofilen o. Ä. sind je nach Verwendungszweck und Verwendungsort in getrennten Positionen anzufordern und auszuschreiben.

0.2.18 Angaben bei Ausführung von erhöhten Anforderungen an die Ebenheit oder Maßhaltigkeit.

Angaben zur Ausführung erhöhter Anforderungen an die Ebenheit sind immer in gesonderten Positionen im Leistungsverzeichnis anzugeben.

Werden für Innenputze die Qualitätsstufen

- Q 3 abgezogen,
- Q 4 geglättet,
- Q 4 abgerieben oder
- Q 4 gefilzt

ausgeschrieben so sind erhöhte Ebenheitsanforderungen gemäß DIN 18202 einzuhalten.

0.2.19 Verwendungszweck des Putzes, Art, Lage, Dicke und Anforderungen von vorgesehenen Belägen, Beschichtungen oder Bekleidungen auf dem ausgeführten Putz.

Sollen auf dem Putz Beläge, Beschichtungen oder Bekleidungen aufgebracht werden, die besondere Eigenschaften des Putzes erfordern, z. B. höherer Druck- oder Zugfestigkeit, so sind diese besonderen Eigenschaften in der Leistungsbeschreibung anzugeben.

0.2.20 Vorgezogenes und nachträgliches Herstellen von Flächen hinter Installationen, z. B. Flächen hinter Heizkörpern, Rohrleitungen und dergleichen.

In der Leistungsbeschreibung sind, soweit nötig und möglich, Angaben darüber vorzusehen, inwieweit Teilflächen nicht im Zuge mit den übrigen Putzarbeiten, sondern vorweg oder nachträglich hergestellt werden sollen. Diese Angaben sind erforderlich, weil das Vorausputzen und das nachträgliche Putzen einen zusätzlichen Aufwand erfordern.

Müssen Flächen hinter bestehenden Installationen und dergleichen verputzt werden, so ist diese Leistung nur mit einem erheblich Arbeits- und Zeitaufwand durchzuführen. Dabei sind besondere Anforderungen an die Oberfläche des Putzes zurückzustellen, da der Abstand zwischen Installation und Putzoberfläche in der Regel sehr gering ist und der Putz nur mit besonderen Hilfsmitteln aufgebracht werden kann. Diese Leistungen sind gesondert auszuschreiben.

Gleiches gilt auch für die Bekleidung mit verputzten oder unverputzten Innendämmungen, z. B. bei Keller- oder Garagendecken. Auch hier bedeutet das (nachträgliche) Verlegen der Dämmstoff- oder Plattenmaterialien hinter Installationen einen erhöhten Arbeitsaufwand und zusätzliche Anpassarbeiten, die keinesfalls mit dem flächigen „ungestörten" Anbringen zu vergleichen sind und daher Mehraufwendungen bei Material und Zeit erfordern.

Wenn in der Leistungsbeschreibung über vorgezogene oder nachträgliche Arbeiten nichts gesagt ist, sie aber im Verlauf der Innendämmarbeiten oder der Putzausführung gefordert werden (z. B. Vorputzen von Heizkörpernischen, Vorputzen von Flächen hinter Rohrleitungen), ist, unter Beachtung von § 2 (5) VOB/B, die Vergütung der dadurch erforderlichen Mehrkosten vor der Ausführung der Arbeiten zu vereinbaren. Pauschale Anforderungen in den Vertragsbedingungen, dass solche Leistungen ohne Angaben von Massen in die Einheitspreise einzukalkulieren sind, halten einer Inhaltskontrolle nach den Regelungen der §§ 305 ff BGB nicht stand.

0.2.21 Anzahl, Art, Lage, Maße und Masse von Installations- und Einbau-teilen.

Gemäß diesem Abschnitt soll der Ausschreibende Anzahl, Art und Lage von Installations- und Einbauteilen, an die der Putz direkt angeschlossen werden soll, in die Leistungsbeschreibung aufnehmen. Installations- und Einbauteile, die die übliche in der Regel vorhandene Anzahl übersteigen, sind ohne Angabe ihrer Anzahl, Art und Lage nicht kalkulierbar. Sie stellen immer Hindernisse für das Verputzen von Flächen dar.

> Im Wohnungsbau sind je Wohnung ca. 18 Stück Putzanschlüsse an Sanitärinstallationen üblich. (Gäste-WC mit Handwaschbecken = 5 Stück; Bad: Waschbecken = 3 Stück, WC 2 = Stück, Badewanne = 1 Stück, Dusche = 3 Stück; Küche: Spülbecken = 3 Stück, Spülmaschine = 1 Stück).
>
> Überlange Schalterdosen sind nach Anzahl gesondert in das Leistungsverzeichnis aufzunehmen (vgl.: Urteil OLG Stuttgart vom 22.06.1990 - 2 U 296/89).

Zur Befestigung von Installations- und Einbauteilen sind z. B. Montagezylinder bei Wärmedämmputzen oder Sonderkonstruktionen bei Drahtputzdecken und -wänden einzubauen, die in Anzahl, Art, Lage, Maße in der Leistungsbeschreibung anzugeben sind. Hierzu gehört auch die Angabe der Masse (kg) des Installations- und Einbauteils. Zum Einmessen der Einbauteile siehe Abschnitt 4.1.3 ATV DIN 18299 Seite 51 f.

0.2.22 Art, Dicke und Eigenschaften der Dämmstoffe und deren Befestigung. Art, Dicke und Eigenschaften des Putzes, z. B. ein- oder mehrlagiger Putz, Wärmedämmputz, Bindemittelart, Oberflächenstruktur, Korngröße des Oberputzes.

Um dem Bieter eine einwandfreie Preiskalkulation zu ermöglichen, muss die Leistungsbeschreibung Angaben enthalten über:

- Art der Dämmstoffe, z. B. für Innendämmungen
- Dämmstoffdicke
- Bauphysikalische Eigenschaften der Dämmstoffe
- Befestigung der Dämmstoffe
- Einlagige oder mehrlagige Putze
- Innen- oder Außenputz,
- Putzdicke,
- mineralische Bindemittel (z. B. für Gips-, Kalk-, Zement-, Silikatputze),
- organische Bindemittel (z. B. für Kunstharz- oder Silikonharzputz),
- Bindemittel für Lehmputze,
- Oberflächenstruktur (z. B. geglättet, gefilzt, gerieben, gekratzt, geworfen, gespritzt), Korngröße,
- Putze für Sonderzwecke (z. B. für Raumakustik, Brandschutz, Strahlenschutz, Wärmedämmputz, Sanierputz).

Diese Putze sind z. B. beschrieben in

- DIN EN 13914 „Planung, Zubereitung und Ausführung von Innen- und Außenputzen“ und DIN 18550 Planung, Zubereitung und Ausführung von Innen- und Außenputzen – Ergänzende Festlegungen zu DIN EN 13914:2016:09 (siehe [8, 9] sowie Erläuterung zu Abschnitt 2.1)
- DIN 18558 Kunstharzputze – Begriffe, Anforderungen, Ausführung [10] und DIN EN 15824 [11],
- DIN EN 998-1 Festlegungen für Mörtel im Mauerwerksbau – Teil 1: Putzmörtel [12],
- WTA-Merkblatt 2-9-04/D Sanierputzsysteme [13] (http://www.wta.de),
- Lehmbau-Regeln [14].

Die Dämmstoffe sind z. B. in Abschnitt 2.4 beschrieben

0.2.23 Oberflächenqualität des Innenputzes z. B. nach DIN 18550-2 „Planung, Zubereitung und Ausführung von Innen- und Außenputzen — Teil 2: Ergänzende Festlegungen zu DIN EN 13914-1 für Außenputze“ oder DIN EN 13914-2 „Planung, Zubereitung und Ausführung von Innen- und Außenputzen — Teil 2: Planung und wesentliche Grundsätze für Innenputz“ für Innenputze.

Werden bei geglätteten, geriebenen, abgezogenen oder gefilzten Innenputzen besondere Anforderungen an die Putzoberflächen gestellt, sind diese in einer besonderen Position mit Angabe der jeweils gewünschten Oberflächenqualität zu beschreiben. Andernfalls gilt als Standardausführung die Qualitätsstufe 2 als vereinbart. Hinweise hierzu werden im Merkblatt „Putzoberflächen im Innenbereich – Qualitätsstufen für abgezogene, glatte und gefilzte Putze“ [15] gegeben, siehe auch Erläuterung zu Abschnitt 3.2.2 und 3.2.3 in Verbindung mit Abschnitt 4.2.25 dieser ATV. In [15] wird hierzu Folgendes ausgeführt:

Entsprechend den Qualitätsstufen sind die gewünschten Putzoberflächen (geglättet, gefilzt, abgerieben, abgezogen) und deren jeweilige Oberflächengüte und für jede Struktur (Q 1, Q 2, Q 3, Q 4), erforderlichenfalls auch die Art und Ausführung, festzulegen und vertraglich zu vereinbaren.

Die Qualitätsstufe muss – bei Q 2 bis Q 4 – immer zusammen mit der Ausführungsart der Herstellung der Putzoberfläche (geglättet oder gefilzt oder abgerieben oder abgezogen) genannt werden, zum Beispiel: „Q 2 – geglättet“.

Zusätzlich sollten die nachfolgenden Wandbekleidungen oder Anstriche/Beschichtungen explizit genannt werden, wenn diese Einfluss auf die Putz ausüben können z. B. großformatige Fliesen, besondere Beschichtungen. Eine allgemeine Benennung ist unzureichend!

Sind im Leistungsverzeichnis keine Angaben über die Oberflächenqualität enthalten, so gilt stets Qualitätsstufe 2 (Q 2) als vereinbart.

Ein Leistungsverzeichnis, das zur Beschreibung der gewünschten Putzoberfläche Begriffe wie „malerfertig, streichfertig, anstrichbereit, glatt, oberflächenfertig, tapezierfertig, streiflichtfrei“ o. Ä. enthält, ist absolut ungeeignet, um die zu erbringende Leistung zu beschreiben. Es widerspricht § 7 VOB/A, wonach die Beschreibung eindeutig und erschöpfend zu erfolgen hat.

Werden solche ungenauen bzw. undefinierten Begriffe verwendet oder keine Angaben im Leistungsverzeichnis gemacht, so gilt die Standardausführungs-Qualitätsstufe Q 2.

Fußnoten zu Tabelle 1:

1 Bei den Qualitätsstufen Q 2 bis Q 4 muss immer die Ausführungsart „abgezogen oder geglättet oder abgerieben oder gefilzt“ genannt werden, z. B. „Q 2 – geglättet“

2 Für feinere Oberputze siehe Q 3 – geglättet.

3 z. B. > 1600 cm² bei einer Druckfestigkeit von > 6 N/mm² in der Schweiz bzw. über 20 cm x 20 cm in Österreich

Tabelle 1: Übersicht der Qualitätsstufen von Innenputzoberflächen [15]

	Abgezogene Putzoberfläche		Geglättete Putzoberfläche	
Qualitätsstufe[1]	Beschaffenheit/Eignung der Oberfläche	Maßtoleranz	Beschaffenheit/Eignung der Oberfläche	Maßtoleranz
Q 1	Geschlossene Putzfläche	–	Geschlossene Putzfläche	–
Q 2 Standard	geeignet z. B. für: – Oberputze, Körnung ≥ 2,0 mm – Wandbeläge aus Keramik, Natur- und Betonwerkstein, etc.	Standardanforderungen an die Ebenheit	geeignet z. B. für: – Oberputze, Körnung > 1,0 mm – mittel- bis grobstrukturierte Wandbekleidungen, z. B. Raufasertapeten mit Körnung RM oder RG nach BFS-Info 05-01 – matte, gefüllte Anstriche/ Beschichtungen (z. B. quarzgefüllte Dispersionsbeschichtung), die mit langflorigem Farbroller oder mit Strukturrolle aufgetragen werden.	Standardanforderungen an die Ebenheit
Q 3	geeignet z. B. für: – Oberputze, Körnung[2] > 1,0 mm – Wandbeläge aus Fein-Keramik, großformatige[3] Fliesen, Glas, Naturwerkstein, etc.	erhöhte Anforderungen an die Ebenheit	geeignet z. B. für: – Oberputze, Körnung ≤ 1,0 mm – fein strukturierte Wandbekleidungen z. B. Vlies, Raufasertapeten mit Körnung RF nach BFS-Info 05-01 - matte, fein strukturierte Anstriche/ Beschichtungen.	Standardanforderungen an die Ebenheit
Q 4	–	–	geeignet für glatte Wandbekleidungen und Beschichtungen mit Glanz, z. B.: – Metall, Vinyl- oder Seidentapeten – Lasuren oder Anstriche / Beschichtungen bis zum mittleren Glanz – Spachtel- und Glättetechniken	erhöhte Anforderungen an die Ebenheit

	Abgeriebene Putzoberfläche		Gefilzte Putzoberfläche	
Qualitätsstufe[1]	Beschaffenheit/Eignung der Oberfläche	Maßtoleranz	Beschaffenheit/Eignung der Oberfläche	Maßtoleranz
Q 1	Geschlossene Putzfläche	–	Geschlossene Putzfläche	–
Q 2 Standard	Abgeriebene Putzoberflächen sind geeignet z. B. für: – matte, gefüllte Anstriche/Beschichtungen. Abgeriebene Putzoberflächen können auch geeignet sein für: – grobstrukturierte Wandbekleidungen, z. B. Raufasertapeten mit Körnung RG nach BFS-Info 05-01	Standardanforderungen an die Ebenheit	Gefilzte Putzoberflächen sind geeignet z. B. für: – matte, gefüllte Anstriche/Beschichtungen. Gefilzte Putzoberflächen können auch geeignet sein für: – grobstrukturierte Wandbekleidungen, z. B. Raufasertapeten mit Körnung RG nach BFS-Info 05-01	Standardanforderungen an die Ebenheit
Q 3	geeignet z. B. für: – matte, nicht strukturierte/nicht gefüllte Anstriche/Beschichtungen.	Standardanforderungen an die Ebenheit	geeignet z. B. für: – matte, nicht strukturierte/nicht gefüllte Anstriche/Beschichtungen.	Standardanforderungen an die Ebenheit
Q 4	geeignet z. B. für: – Lasuren oder Anstriche/Beschichtungen bis zum mittleren Glanz	erhöhte Anforderungen an die Ebenheit	geeignet z. B. für: – matte, nicht strukturierte/nicht gefüllte Anstriche/Beschichtungen.	erhöhte Anforderungen an die Ebenheit

Die im Merkblatt beschriebenen Qualitätsstufen (Q 1, Q 2, Q 3 und Q 4) dienen als Beispiele für die Beschreibung unterschiedlicher Eignungsqualitäten geglätteter, gefilzter, abgeriebener oder abgezogener Putzoberflächen für nachfolgende Putze, Beschichtungen oder Beläge.

Im Einzelfall sind bei der Planung und Ausschreibung die speziellen Eigenschaften der vorgesehenen Schlussbeschichtung und das Erscheinungsbild im Nutzungszustand zu berücksichtigen.

Gegebenenfalls sind Bedenken gegen die vorgesehene Art der Ausführung (z. B. Q 2 – geglättet für Lasuren oder Anstriche/Beschichtungen bis zum mittleren Glanz) anzumelden, da die ausgeschriebene Qualitätsstufe für die nachfolgende Beschichtung offensichtlich ungeeignet und ein Nachtrag zu vereinbaren ist!

> Unterlässt der Ausschreibende die genaue Angabe der gewünschten Oberflächenqualität, so kann er eine nach den allgemein anerkannten Regeln der Technik ordnungsgemäß erbrachte und den Standardanforderungen genügende Leistung nicht etwa mit der Begründung beanstanden, die Leistung entspreche nicht den von ihm erwarteten besonderen Anforderungen.

Es hat sich in der Praxis gezeigt, dass die Qualitätsstufe Q 4 sinnvollerweise nur von dem Ausführenden der Beschichtungsarbeiten ausgeführt werden sollte, da zwischen den einzelnen Beschichtungsgängen weitere Nachspachtelungen erforderlich sind, um die Qualitätsstufe 4 erreichen zu können. Will der Ausschreibende eine Oberfläche mit höchsten Ansprüchen erreichen, muss die zuvor genannte Zuordnung der Arbeiten in der Ausschreibung berücksichtigt werden.

Schattenbildungen lassen sich jedoch nie völlig vermeiden, da das Licht in seinen verschiedenen Farbtönen und Wellenlängen zu einer immer wechselnden Oberfläche führt. Darüber hinaus sind den handwerklichen Ausführungsmöglichkeiten Grenzen gesetzt.

Siehe auch Kommentierung zu den Abschnitten 3.1.2, 3.2.2 und 3.2.3.

Strukturierte Putzoberflächen

Bei strukturierten Oberputzen muss die Oberflächenqualität der Putzstruktur im jeweiligen Strukturbild gleichmäßig sein. Eine Anhäufung von Körnung oder strukturlosen Stellen ist nur vereinzelt zulässig. Der Gesamteindruck der Putzoberfläche darf nicht gestört sein. Egalisationsanstriche können Strukturunterschiede nicht oder nur sehr begrenzt ausgleichen (siehe Abschnitt 4.2.27). Durch kurzfristig einfallendes Sonnenlicht auftretende Schlagschatten sind zulässig. Siehe auch Merkblatt „Strukturierte Putzoberflächen – Visuelle Anforderungen“ [16].

0.2.24 Egalisationsanstrich für eingefärbte Putze.

Zum Schutz und zur Gestaltung des Oberputzes können Beschichtungen eingesetzt werden. Im Regelfall werden eingefärbte Oberputze mit Egalisationsanstrichen [17] oder nicht eingefärbte Oberputze mit einer zweimaligen Farbbeschichtung ausgeführt. Je nach Gestaltung, Farbgebung oder Schutzzweck sind Egalisationsanstriche oder zweifache Beschichtungen gesondert auszuschreiben. Dies gilt sowohl für mineralische wie organische Oberputze.

Zur Beschichtung von geglätteten oder gefilzten Putzoberflächen siehe Merkblatt „Putzoberflächen im Innenbereich – Qualitätsstufen für abgezogene, glatte und gefilzte Putze“ [15].

0.2.25 Algizide und fungizide Einstellung des Putzes und der Beschichtung.

Um einem möglichem Befall des Außenputzes mit Algen und Pilzen vorzubeugen ist es empfehlenswert, diesen mit einer algiziden und fungiziden (bzw. bioziden) Ausrüstung des Putzes oder der Beschichtung auszustatten. Erfahrungen über einen Schutz vor Algen und Pilzen auf Fassaden liegen derzeit nur zeitlich begrenzte vor. Je nach Exposition des Gebäudes ist der Grad der Befallsanfälligkeit unterschiedlich und nicht vorauszusehen ist.

Je nach verwendetem Biozid und Rezeptur der Beschichtung kann nach heutigem Wissenstand ein Algen- und Pilzbefall bis zu ca. vier Jahren (Informationsveranstaltung Fraunhofer-Institut für Bauphysik 20.10.2011) verhindert werden.

Ungeachtet dessen empfiehlt es sich, diese Leistung in einer Position gemäß Abschnitt 4.2.28 aufzunehmen.

> Ein Rechtsgutachten [18] über die rechtliche Situation im Hinblick auf Gewährleistungsfall oder Naturphänomen wurde im Frühjahr 2005 vom Bundesverband Ausbau und Fassade (http://www.stuckateur.de) beauftragt und ist dort zu beziehen.

Drei weitere Veröffentlichungen, die sich mit der Thematik auseinandersetzen, sind ebenfalls beim Bundesverband Ausbau und Fassade (siehe Anhang) zu beziehen:

- Algen, Pilze, Flechten auf Oberflächen (Information für Kunden) [19]
- Algen- und Pilzbefall an Fassaden (Information für Betriebe) [20]
- Technische Information – Algen und Pilze auf Fassaden [21]
- Algen, Pilze u. a. an Fassaden [22]

Das letztgenannte Merkblatt ist bei der Österreichischen Arbeitsgemeinschaft Putz (www.oeap.at) zu beziehen.

0.2.26 Anzahl, Art, Lage, Maße von herzustellenden oder zu schließenden Aussparungen.

Sind Aussparungen in Putzflächen herzustellen bzw. vorzusehen, so ist deren Anzahl, Art Lage und Maße in der Leistungsbeschreibung zu benennen bzw. in Plänen einzuzeichnen oder an der Baustelle eindeutig festzulegen. Gleiches gilt für Aussparungsflächen, die zu schließen sind. Die jeweiligen Arbeiten für Abgrenzungen von Aussparungsflächen können z. B. mittels Abschlussprofilen oder Putzbrettern abgegrenzt werden. Die jeweiligen Arbeitsaufwendungen zum Herstellen der Aussparungen können je nach Geometrie und Lage oftmals höchst unterschiedlich ausfallen, daher sind genaue Maße unabdingbar, damit der dadurch benötigte Aufwand ausreichend genau abgeschätzt werden kann.

Da die Architektur einem stetigen Wandel unterliegt, sind nach architektonischer „Handschrift“ eine Vielzahl von Aussparungen auch in verputzten Fassaden vorzunehmen. Hierfür sind in der Regel in handwerklich aufwendiger Weise entsprechende Aussparungen vorzunehmen, die eine präzise Kantenausbildung, hier insbesondere sehr sorgfältige Oberflächenqualität im Außenputz und im Anstrich erfordern.

Für die Ausschreibung ist es daher notwendig, diese spezielle Art von Aussparungen über deren Anzahl, Maß und idealerweise Zeichnungen zu präzisieren, so dass eine sichere Kalkulationsgrundlage hierfür geschaffen wird. Ebenso sind bei zu schließenden Aussparungen, z. B. durch Sondergerüstankerkonstruktionen, diese nach Anzahl (Stück) zu bemessen.

0.2.27 Art, Maße der Putzabdichtung gegen Feuchtigkeit, z. B. im erdberührtem Bereich, im Spritzwasserbereich, unterhalb von Fensterbänken und dergleichen.

Um Putze und verputzten Außenwärmedämmungen im Sockel- und erdberührten Bereich vor möglicher Feuchtigkeit zu schützen ist eine Putzabdichtung auf dem jeweiligen Oberputz, ggf. auf dem Armierungsputz oder Unterputz (je nach finaler Putzlage) auszuführen. Die Putzabdichtung auf der obersten Putzlage ist gesondert auszuschreiben, da Putzabdichtungen kein Bestandteil des Unter- oder Oberputzes sind. Bewährt haben sich z. B.

- mineralisch flexible Dichtungsmassen zum Schlämmen und/oder Spachteln
- bitumenfreie Dickbeschichtung

Die Putzabdichtung ist im Allgemeinen zweilagig auszuführen, vielfach wird eine Mindest-Trockenschichtdicke vorgeschrieben. Die Dicke ist nach Herstellervorgabe auszuführen. Siehe auch Sockelrichtlinie [23].

Das Abdichten unter Metall- oder Steinfensterbänken (zweite Dichtebene) bei zu verputzenden Gebäuden, insbesondere im Holzbau, ist ebenfalls gesondert anzufordern. Siehe hierzu z. B. Richtlinie Anschlüsse an Fenster und Rollläden bei Putz, Trockenbau und Wärmedämm-Verbundsystem. [24]

0.2.28 Art, Lage, Maße des Schutzes vor Feuchtigkeit von auskragendem Stuck aus gipshaltigem Mörtel im Außenbereich.

Sind auskragende Stuckteile aus gipshaltigem Mörtel im Außenbereich geplant oder vorhanden, so sind diese z. B. mit einer Metallabdeckung oder einer geeigneten Beschichtung gegen Feuchtigkeit zu schützen. Die notwendigen Schutzmaßnahmen für den Außenstuck sind auszuschreiben. Siehe Abschnitt 3.6.1 bzw. [41].

0.2.29 Herstellen von Abdeckungen, Ablagen, Abschottungen, Durchbrüchen, Friesen, Lisenen, Nuten, Schürzen, Ummantelungen, Unterzügen, Vertiefungen, Vorlagen, Ablagen, Abdeckungen und dergleichen.

Sind z. B. Unterzüge, Schürzen, Ummantelungen, Friese, Lisenen, Vorlagen, Abschottungen und dergleichen angefordert, müssen zum Erreichen des jeweiligen Leistungszieles diese häufig mit Putzträgern hergestellt werden. Daher sind diese Putzträger und dergleichen mit den eigentlichen Putzarbeiten mit auszuschreiben.

Werden verputzte Durchbrüche angefordert so sind, je nach Wandbildner, ggf. Putzbewehrungen oder Putzträger mit auszuführen und sind daher mit den dafür notwendigen Putzarbeiten auszuschreiben.

Für das Herstellen von Nuten und Vertiefungen (z. B. Kanneluren in Säulen) in zu verputzenden Flächen ist vielfach die Anfertigung von Schablonen notwendig. Daher ist in der Ausschreibung die Art und die Geometrie der anzufertigenden Vertiefungen/Nuten anzugeben, um den dadurch erforderlichen Aufwand sicher kalkulieren zu können. Werden Vertiefungen zwischen Bossen angefordert, können hierfür z. B. spezielle Bossenprofile eingesetzt werden. Derartige Leistungen sind vorzugsweise im Längenmaß auszuschreiben.

Für Abdeckungen, Ablagen und dergleichen aus Putzmaterialien sind vielfach zusätzlich Putzbewehrungen notwendig, die ebenfalls mit dieser Leistung anzufordern ist.

0.3 Einzelangaben bei Abweichung von den ATV

Die in ATV DIN 18350 über Putz- und Stuckarbeiten getroffenen Regelungen schließen nicht aus, dass in besonders gelagerten Einzelfällen eine abweichende Regelung gewünscht wird. Abweichungen von der Regelung der DIN 18350 sind aber bereits in der Leistungsbeschreibung klar und unmissverständlich, sowohl ihrer Art als auch ihrem Umfang nach, festzulegen. Im Einzelnen ist in diesem Abschnitt 0.3 auf diejenigen Abschnitte der ATV DIN 18350 verwiesen, die im Falle einer abweichenden Regelung besondere Angaben in der Leistungsbeschreibung notwendig machen.

0.3.1 Wenn andere als die in dieser ATV vorgesehenen Regelungen getroffen werden sollen, sind diese in der Leistungsbeschreibung eindeutig und im Einzelnen anzugeben.

0.3.2 Abweichende Regelungen können insbesondere in Betracht kommen bei Abschnitt 3.1.2, wenn andere als die dort aufgeführten Toleranzen gelten sollen.

Dies gilt auch bei Ausführungen von Leistungen nach dem Stand der Technik, im Gegensatz zur in der ATV geforderten Ausführung nach den allgemein anerkannten Regeln der Technik.

0.4 Einzelangaben zu Nebenleistungen und Besonderen Leistungen
Keine ergänzende Regelung zu ATV DIN 18299, Abschnitt 0.4.

0.5 Abrechnungseinheiten

Im Leistungsverzeichnis sind die Abrechnungseinheiten wie folgt vorzusehen:

0.5.1 Flächenmaß (m²), getrennt nach Bauart und Maßen, für

- ***Wand- und Deckenputz innen und außen, getrennt nach Art des Putzes, ebenen, geneigten, gebogenen oder andersartig geformten Flächen,***
- ***Stützen, Unterzüge, Ummantelungen und dergleichen mit einer Breite > 1 m je Ansichtsfläche,***
- ***Leibungen mit einer Breite > 1 m,***
- ***Glättputze, Spachtelungen und abgestuckte Flächen,***
- ***flächige Vorbehandlungen,***
- ***Ausgleich von unebenen Untergründen, Auffütterungen, Mehrputzdicken je 5 mm,***
- ***Abschlagen, Aufpicken, Aufrauen, Hochdruckreinigen, Verfestigen von Altuntergrundflächen,***
- ***Drahtputzwände und Drahtputzdecken,***
- ***flächige Bewehrungen und Putzträger,***
- ***Dämmstoffschichten an Decken und Wänden,***
- ***Wandbekleidungen,***
- ***Vorsatzschalen, zu spritzende Vormauerungen,***
- ***Unterkonstruktionen,***
- ***Folien, Dampfbremsen und dergleichen.***

0.5.2 Längenmaß (m), getrennt nach Bauart und Maßen, für

- ***Leibungen mit einer Breite ≤ 1 m,***
- ***Schürzen, Abschottungen, Ablagen, Abdeckungen und dergleichen mit einer Breite ≤ 1 m je Seite,***

- ***Pfeiler, Lisenen, Stützen, Unterzüge, Abtreppungen, Ummantelungen und dergleichen mit einer Breite ≤ 1 m je Ansichtsfläche,***
- ***Schließen von Fugen in Betonfertigteilen bis zu einer Gesamtbearbeitungsbreite von 20 cm,***
- ***Zuschnitte von Dämmstoffen, Putzträgerplatten, z. B. schräg, gebogen oder andersartig geformt,***
- ***Putz an Gurten, Gesimsen und Kehlen sowie Rundungen,***
- ***Putzanschlüsse und Putzabschlüsse,***
- ***Stuckprofile, Friese, Faschen, Putzbänder, Schattenfugen und dergleichen,***

> Bei der Beschreibung von Stuckprofilen in der Leistungsbeschreibung ist die Abwicklung des Profils in cm anzugeben. Es empfiehlt sich der Ausschreibung von Stuckarbeiten, eine Skizze der angeforderten Stuckprofilierung beizulegen.

- ***Fensterbänke, Fenster- und Türumrahmungen,***
- ***Unterkonstruktionen für Bauteile ≤ 1 m Ansichtsfläche, z. B. im Bereich von Leibungen, Pfeilern, Lisenen, Stützen und Unterzügen,***
- ***Hilfskonstruktionen im Bereich von Decken und Wänden zur Aufnahme von Installationsteilen, Beleuchtungskörpern und dergleichen,***
- ***Ausschnitte für Leitungen in Dämmstoffschichten und Putzträgerplatten,***
- ***Kantenprofile, Sockelprofile, Randwinkel, Lüftungsprofile, Abschlussprofile, Anputzleisten, Gewebewinkel, Schattenprofile, Bossenprofile und dergleichen, sowie Kantenausbildung ohne Profile, Anschlüsse an andere Bauteile, Anschluss-, Bewegungs- und Gebäudetrennfugen, Fugendichtbänder, Rissüberbrückungen,–***
- ***Streifenbewehrungen und Streifenputzträger ≤ 1 m Breite,***
- ***An- und Beiputzarbeiten an Fenstern, Türen, Treppen- und Podestwangen, Einbauteilen, Schlitzen,***
- ***Streifenputz und dergleichen ≤ 1 m Einzelbreite,***
- ***Dichtungsbänder, Dichtungsprofile, Ausspritzungen,***
- ***Folien, Dampfbremsen ≤ 1 m Breite.***
- ***Abdichtung von erdberührten Putzflächen und Sockelflächen ≤ 1 m Höhe,***
- ***Abdichtung unter Fensterbänken.***

0.5.3 Anzahl (Stück), getrennt nach Bauart und Maßen, für

- ***Vorbehandeln und Verputzen von begrenzten Flächen bis 2,5 m^2 differenziert nach Einzelgrößen, z. B.***
  - ***≤ 0,02 m^2,***
  - ***> 0,02 m^2 ≤ 0,10 m^2,***
  - ***> 0,10 m^2 ≤ 0,25 m^2,***
  - ***> 0,25 m^2 ≤ 0,50 m^2,***

- ***> 0,50 m² ≤ 1,00 m²,***
- ***> 1,00 m² ≤ 1,50 m²,***
- ***> 1,50 m² ≤ 2,50 m²,***

- ***Herstellen von Aussparungen für Einzelleuchten, Lichtbänder, Lichtkuppeln, Lüftungsgitter, Luftauslässe, Revisionsöffnungen, Stützen, Pfeilervorlagen, Schalter, Steckdosen, Rohrdurchführungen, Kabel, Installationsteile und dergleichen,***
- ***Einbauen von Hilfskonstruktionen oder Montagezylindern für Einzelleuchten, Markisen, Fensterbänke, Werbeträger, Lichtbänder, Lichtkuppeln, Luftauslässe, Revisionsöffnungen, Installationsteile und dergleichen,***
- ***Diagonalbewehrung an Ecken von Öffnungen, Aussparungen und Nischen,***
- ***Rosetten, Ornamente, Konsolen und dergleichen,***
- ***Ecken, Gehrungen, Kreuzungen, Verkröpfungen und Endungen von Stuckprofilen, Gesimsen und Kehlen,***
- ***Verputzen von Schornsteinköpfen, Konsolen und dergleichen,***
- ***Schließen von Verankerungsöffnungen, z. B. bei Gerüsten,***
- ***Schließen und Verputzen von Öffnungen und Durchbrüchen,***
- ***Anarbeiten an Installationen, Rohre, überstehende Schalterdosen.***

In der Abrechnungseinheit Stück im Abschnitt 0.5.3 wurde das Verputzen von Flächen bis 2,5 m² Einzelgröße aufgenommen, damit insbesondere im Sanierungsbereich bzw. Altbau kleinflächige Putzarbeiten einfach abgerechnet werden können, z. B. Verputzen einer zugemauerten Tür, Schließen von Steckdosen. Diese Abrechnungseinheit sollte daher für den Neubau nur dann verwendet werden, wenn es sich um An- oder Beiputzarbeiten handelt. Als Aufmaßgrößen sind auszuschreibende Abstufungen – die beispielsweise auch in den Standardleistungsbüchern GAEB LB 023 und GAEB Z 650 Putz- und Stuckarbeiten enthalten sind – zu verwenden:

Stück	bis 0,02 m² (Steckdosen)	(ca. 0,15 m x 0,15 m)
Stück	über 0,02 m² bis 0,10 m²	(ca. 0,30 m x 0,30 m)
Stück	über 0,10 m² bis 0,25 m²	(ca. 0,50 m x 0,50 m)
Stück	über 0,25 m² bis 0,50 m²	(ca. 0,70 m x 0,70 m)
Stück	über 0,50 m² bis 1,00 m²	(ca. 1,00 m x 1,00 m)
Stück	über 1,00 m² bis 1,50 m²	(ca. 1,20 m x 1,20 m)
Stück	über 1,50 m² bis 2,50 m²	(ca. 1,60 m x 1,60 m)

Um sicherzustellen, dass diese Abrechnungseinheiten im konkreten Vertrag auch zur Anwendung kommen, empfiehlt es sich, im Vertrag ausdrücklich festzulegen, dass die Abrechnungseinheiten des Abschnitts 0.5 Vertragsbestandteile sind. Dann ist für den Einzelfall eindeutig auch geregelt, in welcher Weise und nach welchen Maßeinheiten, ob nach Flächenmaß (m^2), Längenmaß (m) oder Anzahl (Stück) abzurechnen ist.

Für Rosetten, Ornamente und Konsolen sind der Ausschreibung Zeichnungen beizulegen.

Für die Kalkulation von Ecken, Gehrungen, Kreuzungen, Verkröpfungen und Endungen von Stuckprofilen, Gesimsen und Kehlen sind die Abwicklungen der einzelnen Profile in cm anzugeben. Ferner empfiehlt es sich, entsprechende Skizzen oder Zeichnungen der Ausschreibung beizulegen.

Sind Ecken, Gehrungen, Kreuzungen und dergl. nicht unter einem Winkel von 90°, sondern als stumpfe oder spitze Winkel einzubauen, so ist dies in der Leistungsbeschreibung deutlich aufzuführen.

1 Geltungsbereich

Die in Teil C der VOB der zusammengefassten Allgemeinen Technischen Vertragsbedingungen für Bauleistungen (ATV) sind in ihrer Gesamtheit Bestandteil des jeweiligen Werkvertrags, wenn dem Vertrag die Allgemeinen Vertragsbedingungen für die Ausführung von Bauleistungen VOB/B DIN 1961 zugrunde liegen. In § 1 (1) Satz 2 VOB/B ist nämlich bestimmt: *„Als Bestandteil des Vertrages gelten auch die Allgemeinen Technischen Vertragsbedingungen für Bauleistungen (VOB/C)"*.

Diese generelle Regelung, die 1952 mit VOB/B eingeführt wurde, machte es möglich, die Allgemeinen Technischen Vertragsbedingungen für die einzelnen Bauleistungen in der Weise aufzugliedern, dass in einer ATV jeweils gewerksorientierte Bauleistungen erfasst sind, die aufgrund stofflicher und technischer Zusammenhänge zueinander gehören. Um jedem Missverständnis vorzubeugen, soll hier ausdrücklich erläutert sein, dass diese Regelung der VOB einer Aufteilung in Leistungsbereiche lediglich der übergeordneten, unerlässlichen Ordnung angesichts der Vielfältigkeit im Bauwesen dient. Sie will keinesfalls den gewerbeüblichen Leistungsumfang der verschiedenen Fachzweige oder des einzelnen Gewerbebetriebes einengen.

1.1 Die ATV DIN 18350 „Putz- und Stuckarbeiten" gilt für das Herstellen von Putz, Stuck und Wärmedämmputz.

Mit dieser Regelung ist der Geltungsbereich der ATV DIN 18350 definiert. Der Geltungsbereich steht in engem Zusammenhang mit dem Abschnitt 3 dieser ATV, in dem die Ausführung von Putzen und Stuck sowie Wärmedämmputzen im Neu- und Altbau geregelt sind. Ebenso umfasst diese ATV Innendämmarbeiten (vgl. Abschnitt 3.9) oder Innenbekleidungen (vgl. Abschnitt 3.10), die im Zusammenhang mit Putzarbeiten stehen. An dieser Stelle ist auch darauf hinzuweisen, dass alle Arbeiten im Sinne des Abschnitts 3 uneingeschränkt der Abrechnungsregelung des Abschnitts 5 der vorliegenden ATV unterliegen.

1.2 Ergänzend gilt die ATV DIN 18299 „Allgemeine Regelung für Bauarbeiten jeder Art", Abschnitte 1 bis 5. Bei Widersprüchen gehen die Regelungen der ATV DIN 18350 vor.

Die in der ATV DIN 18299 aufgeführten Regelungen gelten für Bauarbeiten jeder Art. Sie werden ergänzt durch die auf die einzelnen Leistungsbereiche bezogenen Abschnitte 0 bis 5 der ATV DIN 18350. Um möglichen Widersprüchen jedoch von vornherein zu begegnen, wird gleichzeitig klargestellt, dass bei Widersprüchen die Regelungen der ATV DIN 18350 Vorrang haben.

2 Stoffe, Bauteile

Ergänzend zur ATV DIN 18299, Abschnitt 2, gilt:

Für die gebräuchlichsten Stoffe und Bauteile sind die DIN-Normen und weitere Anforderungen nachstehend aufgeführt.

2.1 Putze

Putze übernehmen je nach den Eigenschaften der verwendeten Mörtel bzw. Beschichtungsstoffe und der Dicke der Putzlage bestimmte bauphysikalische Aufgaben. Zugleich dienen sie der Oberflächengestaltung eines Bauwerkes.

DIN EN 15824 **Festlegungen für Außen- und Innenputze mit organischen Bindemitteln**

DIN EN 998-1 **Festlegungen für Mörtel im Mauerwerksbau – Teil 1: Putzmörtel**

DIN EN 13279-1 **Gipsbinder und Gips-Trockenmörtel — Teil 1: Begriffe und Anforderungen**

Grundsätzlich werden Putze nach ihrer Bindemittelart (z. B. mineralisch, organisch) eingeteilt.

Die DIN EN 998-1, die DIN 13279-1 sowie die DIN EN 15824 definieren als die gebräuchlichsten Bindemittel für Außen- und Innenputze Kalkzement- und Kalkputze, Gipsputze sowie organische Putze. In DIN E 18550-2 sind in Tabellen DE 2 und DE 3 die Vergleiche der neuen und alten Bezeichnungen (z. B. P II), die jahrzehntelange Anwendung in den Ausschreibungen fanden und immer noch finden (vgl. Tabelle 2.1)

Sanierputze sind in DIN EN 998-1 als mineralische Putzmörtel in der Benennung R (renovation mortar) erwähnt. Grundsätzlich hat es sich in Mitteleuropa bewährt, dass für die Wahl eines Sanierputzsystems Fabrikate angewendet werden, welche die Anforderungen des WTA (Wissenschaftlich-Technische-Arbeitsgemeinschaft für Bauwerkserhaltung und Denkmalpflege e. V.) Merkblattes 2-9-04 „Sanierputzsysteme“ [13] erfüllen (www.wta.de). Der Bezug auf das jeweilige CE-Kennzeichen gemäß DIN EN 998-1, das lediglich eine deklarierte Eigenschaft fordert ist für Sanierputzmörtel nicht hinreichend. Nur die Benennung einer einzigen deklarierten Eigenschaft ist für diese Produkt jedoch unzureichend, um die jeweilige technische Qualität des Sanierputzmörtels R ausreichend beurteilen zu können. Daher ist der Bezug auf „WTA-Sanierputz" für eine ausreichende technische Klassifikation des Sanierputzmörtels zwingend gefordert, um dem geforderten Auftragsgegenstand nach in § 7 (2) VOB/A bzw. das geforderte Leistungsziel zu erreichen.

Tabelle 2.1 Putzmörtel/Putzarten (mineralisch) gemäß Tabelle DE.2 DIN 18550-2 [9]

Bezeichnung	Beschreibung	Produktnorm	Druckfestigkeitsklasse	Anwendungsbeispiele	Ehemalige Putzmörtelgruppe *
Mörtel mit Kalk (CL)	Putzmörtel mit Luftkalk (Kalkhydrat) als Hauptbindemittel	DIN EN 998-1	CS I	Innenbereich, Denkmalpflege	P I
Mörtel mit hydraulischem Kalk (CL)	Putzmörtel mit Hauptbindemittel hydraulischer Kalk (NHL; HL)	DIN EN 998-1	CS I/ CS II	Innenbereich, Denkmalpflege	P I
Kalk-Zement-mörtel	Putzmörtel mit Bindemittel Baukalk (Kalkhydrat) und Zement	DIN EN 998-1	CS II/ CS III	Innenbereich, Feuchträume	P II
Zement-mörtel	Putzmörtel mit Hauptbindemittel Zement	DIN EN 998-1	CS III/ CS IV	Innenbereich, Feuchträume	P III
Gips-/ Gipskalk-mörtel	Putzmörtel dessen Haupt-bindemittel aus Calciumsulfat besteht	DIN EN 13279-1	B1 – B7	Innenbereich, einschließlich häusliche Küchen und Bäder	P IV
Lehmmörtel	Putzmörtel mit Lehm als Bindemittel	DIN 18947	S I – S II	Innenbereich, einschließlich häusliche Küchen und Bäder	

* aus DIN V 18550:2005-04

Angegeben sind Beispiele für die Verwendung der beschriebenen Putzmörtelarten. Zugehörige Anwendungsregeln müssen beachtet werden.

Silikatputz besteht maßgeblich aus dem mineralische Bindemittel Kaliwasserglas. Des Weiteren ist im Silikatputz ein geringer Dispersionszusatz (bis zu 5 %) enthalten. Der Dispersionszusatz dient der Stabilisierung, um den Silikatputz lagerbeständig zu halten und die Verarbeitbarkeit zu verbessern. Daher ist der Silikatputz eigentlich als mineralischer Putz zu klassifizieren. Unabhängig davon wird dieser Putz als organischer Putz in DIN EN 15824 [11] definiert. Für die Ausführung gilt DIN 18550 in Verbindung mit DIN EN 13914 [8, 9] sinngemäß.

Silikonharzputze sind Putze, die ebenfalls ein anorganisches Bindemittel, z. B. Silikonharz enthalten und somit den Putzen mit mineralischen Bindemitteln zugeordnet sind. Meist wird hierfür auch eine Silikonemulsion eingesetzt.

Tabelle 2.2 Putzmörtel/Putzarten (organisch) gemäß Tabelle DE.3 DIN 18550-2 [9]

Bezeichnung	Beschreibung	Produkt-norm	Anwendungs-beispiele	Ehemalige Putzmörtel-gruppe *
Dispersions-Silikatputz (Silikatputz)	Putz der als eigenschafts-bestimmendes Bindemittel Kali-Wasserglas und Poly-merdispersion enthält	DIN EN 15824	Innenbereich	
Dispersionsputz (Kunstharzputz)	Putz, dessen eigenschafts-bestimmendes Bindemittel Polymerdispersion besteht	DIN EN 15824	Innenbereich	P Org 2
Silikonharzputz	Putz, der als eigenschafts-bestimmendes Bindemittel eine Silikonharzemulsion und Polymerdispersion enthält	DIN EN 15824	Innenbereich	P Org 2

* aus DIN V 18550:2005-04

Lehmputze sind bisher in dieser Auflistung noch nicht aufgenommen. Für Lehmputze gab es langjährig nur Angaben in einzelnen Abschnitten der Lehmbauregeln [14], z. B. hinsichtlich der Verarbeitung.

Seit 08/2013 ist die DIN 18947 Lehmputzmörtel – Begriffe, Anforderungen, Prüfverfahren bzw. seit 03/2015 eine A1-Version [25] veröffentlicht, welche die Produktqualitäten erstmals beschreibt. In einer späteren Fassung der ATV sollte diese Produktnorm sinnvollerweise aufgenommen werden. Die Festigkeitseigenschaften von Lehmputzmörteln werden nach DIN 18947, Tabelle 2 klassifiziert, die ebenfalls in DIN 18550-2, Anhang E bzw., in der Entwurfsfassung der DIN 18550-2 vom März 2017 in der Tabelle DE.F1 enthalten sind:

Tabelle 2.3 Festigkeitsklassen von Lehmputzmörtel gemäß DIN 18947 bzw. Tabelle DE.F1 DIN 18550-2

	1	2	3	4
	Festigkeitsklasse	Druckfestigkeit N/mm²	Biegezugfestigkeit N/mm²	Haftfestigkeit N/mm²
1	S I	≥ 1,0	≥ 0,3	≥ 0,05
2	S II	≥ 1,5	≥ 0,7	≥ 0,10

Die DIN EN 998-1 klassifiziert verschiedene Eigenschaften des Festmörtels wie z. B. die Druckfestigkeitsbereiche, die kapillare Wasseraufnahme (W_c) und die Wärmeleitfähigkeit (siehe Tabelle 2.4)

Tabelle 2.4: Klassifizierung verschiedener Eigenschaften des Festmörtels gemäß DIN EN 998-1, Tabelle 1

Eigenschaft	Kategorie	Werte
Druckfestigkeit nach 28 Tagen	CS I	0,4 bis 2,5 N/mm^2
	CS II	2,5 bis 5 N/mm^2
	CS III	3,5 bis 7,5 N/mm^2
	CS IV	$\geq$ 6 N/mm^2
kapillare Wasseraufnahme	W_c 0	Nicht festgelegt
	W_c 1	C $\leq$ 0,40 kg/m² min^{0,5})
	W_c 2	C $\leq$ 0,20 kg/m² min^{0,5})
Wärmeleitfähigkeit	T 1	$\leq$ 0,1 W/m K)
	T 2	$\leq$ 0,2 W/m K)

CS: Compressive Strength = Druckfestigkeit

Im Gegensatz dazu werden in der DIN EN 15824 die Durchlässigkeitsrate für flüssiges Wasser (siehe Tabelle 2.5) bestimmt mit unterschiedlichen Prüfverfahren und zudem andere Einheiten, (z. B. *W 1 bis W 3)* verwendet, bei fast gleicher Indizierung.

Damit ist ein Vergleich der Eigenschaften bei diesen beiden Produkten teilweise nur sehr schwer oder gar nicht möglich. Es bleibt zu hoffen, dass die europäischen Normungsgremien im *CEN TC 125 WG 2 Mörtel* diese Unschärfe baldigst beseitigen und eine klarere Differenzierung vornehmen, z. B. W_c bei EN 998-1 und W bei EN 15824.

Tabelle 2.5: Kategorie der Durchlässigkeitsrate für flüssiges Wasser (*W*) gemäß DIN EN 15824, Tabelle 2

Kategorie		Anforderung kg/(m² h^{0,5})
W 1	Hoch	> 0,5
W 2	mittel	$\leq$ 0,5 >0,1)
W 3	niedrig	$\leq$ 0,1

Gipsputze werden nach DIN EN 13279 [26] wie folgt klassifiziert:

Tabelle 2.6: Gipsputze nach DIN EN 13279

Arten von Gips-Trockenmörteln	**Kurzzeichen**	**Gehalt an Gipsbinder**	**Versteifungsbeginn**		**Biegezugfestigkeit**	**Druckfestigkeit**	**Oberflächenhärte**	**Haftfestigkeit**
Bezeichnung	nach DIN EN 13279-1	%	min		N/mm²	N/mm²	N/mm²	N/mm²
			Gips-Handputz	Gips-Maschinenputz				
Gips-Putztrockenmörtel	B1	≥ 50						
Gipshaltiger Putztrockenmörtel	B2	< 50						
Gipskalk-Putztrockenmörtel	B3	a						
Gipsleicht-Putztrockenmörtel	B4	≥ 50			≥ 1,0	≥ 2,0	-	Der Bruch entsteht im Untergrund oder im Gipsputz. Wenn der Bruch zwischen Gipsputz und Untergrund erfolgt, muss der Wert ≥ 0,1 sein.
Gipshaltiger Leicht-Putztrockenmörtel	B5	< 50	> 20[b]	> 50				
Gipskalkleicht-Putztrockenmörtel	B6	a						
Gips-Trockenmörtel für Putz mit erhöhter Oberflächenhärte	B7	≥ 50			≥ 2,0	≥ 6,0	≥ 2,5	

a Nach Abschnitt 3.3, 3.4, 3.5 und 3.6 DIN EN 13279-1 [26].
b Für manche Handputze ist ein geringerer Wert als 20 min zulässig. In einem solchen Fall ist der Versteifungsbeginn durch den Hersteller anzugeben.

2.2 Werkmörtel

DIN EN 998-1 **Festlegungen für Mörtel im Mauerwerksbau – Teil 1: Putzmörtel;**

DIN EN 998-2 **Festlegungen für Mörtel im Mauerwerksbau – Teil 2: Mauermörtel**

Werk- oder Fertigmörtel sind werkmäßig hergestellte Trockenmörtel aus einer Mischung von Bindemitteln und Zuschlagstoffen. Diese Mörtel werden sowohl in Säcken als auch in loser Form in Containern oder Silos geliefert. Unter Zugabe von Anmachwasser entsteht der zu verarbeitende Mörtel. Die Verarbeitungsrichtlinien der Herstellerwerke sind zu beachten.

Nach DIN EN 998-1 werden die verschiedenen Mörtel wie folgt benannt und abgekürzt:

Normalputzmörtel	GP	(general purpose render)
Leichtputzmörtel	LW	(leightweight render)
Edelputzmörtel	CR	(coloured render)
Einlagenputzmörtel für außen	OC	(one coat render)
Sanierputzmörtel	R	(renovation mortar)
Wärmedämmputzmörtel	T	(thermal insulating mortar)

Putz- und Mauermörtel nach DIN EN 998-2 könnten zwar auch für wenige Putzzwecke eingesetzt werden, z. B. Glattstrich im Bereich von Öffnungen; aufgrund der Mörteleigenschaften für die Vermörtelung von Lagerfugen ist das Produkt hierfür nur begrenzt einsetzbar und nur bedingt empfehlenswert.

Gipsfertigputze, Haftputzgips und Maschinenputzgips sind in DIN EN 13279-1 [26] erfasst (siehe Tabelle 2.6).

2.3 Putzträger, Putzbewehrungen, Befestigungselemente

DIN 488-4	**Betonstahl – Betonstahlmatten**
DIN EN 13658-1	**Putzträger und Putzprofile aus Metall — Begriffe, Anforderungen und Prüfverfahren — Teil 1: Innenputze**
DIN EN 13658-2	**Putzträger und Putzprofile aus Metall — Begriffe, Anforderungen und Prüfverfahren — Teil 2: Außenputze**

Profile, z. B. Kantenprofile, Abschlussprofile, Bewegungsfugenprofile, Randwinkel, Einfassprofile, müssen entsprechend dem Verwendungszweck verzinkt oder korrosionsresistent sein.

Profile aus textilen Geweben müssen alkalibeständig sein.

In DIN EN 13914-1 [8] werden Putzträger in Abschnitt 3.31 wie folgt beschrieben:

„am Putzgrund angebrachtes Material, auf das ein Putz aufgetragen wird, damit das Putzsystem weitgehend unabhängig vom Putzgrund ist (z. B. Drahtgewebe)“

Ebenso werden in dieser Norm die Materialien für Bewehrung, Putzträger und Putzprofile tabellarisch, siehe Tabelle 2.7, dargestellt:

Tabelle 2.7: Materialien für Bewehrung, Putzträger und Putzprofile gemäß DIN EN 13914-1, Tabelle 4

Produkt	**Material**	**Produkt-bezogene Norm**	**Anmerkungen**
Bewehrung	Glasfaser-gewebe	EN 13496	Alkalibeständiges Glasfasergewebe kann für alle Putzarten verwendet werden. Nicht-Alkalibeständiges Glasfasergewebe ist für Produkte, die Zement und/oder Kalk enthalten, nicht geeignet. Die zu verwendende Mindestmaschenbreite sollte der verwendeten Putzart entsprechen (z. B. 4 mm × 4 mm). Für Putze mit einer Korngröße von weniger als 1 mm sollte die Maschenweite grösser als 2,5 mm × 2,5 mm sein. Als Anhaltspunkt sollte die quadratische Maschenweite dreimal größer als die größte Korngröße sein.
	Streckmetall (nichtrostender oder verzinkter Stahl) Eben oder profiliertes punktverschweißtes Drahtgitter (nichtrostender oder verzinkter Stahl)	EN 13658-2	Nichtrostender Stahl nach EN 10088-1 (austenitische Stähle). Verzinkter Stahl nach EN ISO 16120-2 und EN 10346. Das quadratische Drahtgitter sollte eine Maschenweite von mindestens12 mm und höchstens 50 mm aufweisen, mit Drähten, deren Durchmesser mindestens 0,9 mm beträgt. Bei einer Korngröße über 3 mm sollte der Einsatz eines Gittergewebes mit einer Maschenweite von mehr als 15 mm und höchstens 50 mm erwogen werden.
Putzträger	Profilierter Putzdraht (nichtrostender oder verzinkter Stahl)	EN 13658-2	Profilierter Putzdraht - in Längsrichtung oder gleichmäßig verteilte Vertiefungen, um Formstabilität und einfaches Auftragen auf den Putzgrund zu ermöglichen.
	Ziegeldraht (nichtrostender Stahl)		

Tabelle 2.7: Fortsetzung

Produkt	Material	Produktbezogene Norm	Anmerkungen
Putzträger	Streckmetall (nichtrostender oder verzinkter Stahl)		Nichtrostender Stahl nach EN 10088-1 (austenitische Stähle). Verzinkter Stahl nach EN ISO 16120-2 und EN 10346.
	Profiliertes punktverschweißtes Drahtgitter (nichtrostender oder verzinkter Stahl)		
Profile, z. B. Kantenprofile	nichtrostender und verzinkter Stahl	EN 13658-2	Nichtrostender Stahl nach EN 10088-1 austenitische Stähle). Verzinkter Stahl nach EN ISO 16120-2 und EN 10346.
	Kunststoff oder kunststoffbeschichtete Stahlprodukte		
Andere Produkte und/oder Techniken dürfen angewendet und in Übereinstimmung mit nationalen Anforderungen festgelegt werden.			

Alle Metallputzträger, Bewehrungen und Putzprofile müssen für den Außen- oder den Innenbereich geeignet sein. Stahl, außer Edelstahl, muss nach der Fertigstellung verzinkt werden.

Putzträger sind flächig ausgebildet, stellen ein dauerndes Haften des Putzes sicher oder ermöglichen einen von der Konstruktion weitgehend unabhängigen Putz. Sie sollten nach Norm oder nach den Vorschriften der Hersteller am tragenden Untergrund entsprechend befestigt werden. Werden einzelne Bauteile, die als Putzgrund ungeeignet sind (z. B. Stahlträger, Holzbalken, usw.), mit einem Putzträger überspannt, so sollte dieser allseitig mindestens 200 mm auf den umgebenden geeigneten Putzgrund übergreifen und in der Regel auf diesem, nicht auf dem überspannten Bauteil befestigt werden. Die Überlappung der Putzträger untereinander muss mindestens 50 mm betragen.

Als Putzträger können z. B. metallische Putzträger nach DIN EN 13658-1, Holzwolle-Leichtbauplatten nach DIN EN 13168, Ziegeldrahtgewebe oder Rohrmatten verwendet werden.

Unterkonstruktion und Befestigungspunkte sollten unter Berücksichtigung von Art und Ausführung des Putzträgers und des Gewichts des aufzutragenden Putzes ausgewählt werden, so dass ein zuverlässiger Halt der Putzträger sichergestellt ist. Streckmetall sollte mit der Längsseite der Rippen senkrecht zur Unterkonstruktion befestigt werden. Sind die Befestigungspunkte mehr als 350 mm voneinander entfernt, sollte die Steifigkeit des Putzträgers durch zusätzliche Rippen verstärkt werden. Rippenstreckmetall und einige geschweißte Drahtgitter haben eine größere Steifigkeit und die Abstände der Befestigungspunkte können bis 600 mm oder mehr bei besonderem Rippenstreckmetall betragen.

Insbesondere die Art der Befestigung, Überlappung und Verknüpfung von Seiten und Enden der Teile eines metallischen Putzträgers, sowie die Bereiche um Öffnungen herum müssen gesondert berücksichtigt werden. Befestigungsteile sollten entsprechend des zu tragenden Gewichts in ausreichender Größe und Menge vorhanden sein. Die Köpfe der Befestigungsmittel sollten von entsprechender Größe sein, um ein Durchziehen zu verhindern. Bei Befestigungen an Holzrahmenkonstruktionen können zusätzliche Unterkonstruktionen notwendig sein. Bei der Befestigung von Putzträgern auf massiven Untergründen muss ein Abstand zwischen Putzträger und Untergrund freigelassen werden. In allen Fällen müssen die Empfehlungen des Herstellers befolgt werden (siehe [8, 9]).

In geeigneten Abständen sollten Bewegungsfugen vorgesehen werden. Sie müssen mit den Bewegungsfugen im Bauwerk deckungsgleich sein und das gleiche Maß an Bewegung ermöglichen.

Wenn auf metallischen Putzträgern geputzt wird, die auf einer Rahmenkonstruktion aus Holz oder Metall befestigt sind, sollten besondere Vorkehrungen zur Rissvermeidung ins Auge gefasst werden.

Putzbewehrungen

Putzbewehrungen sind Einlagen im Putz, z. B. aus Metall, aus mineralischen Fasern oder Kunststofffasern (textile Gewerbe), die zur Verminderung der Gefahr von Rissbildungen im Putz dienen bzw. den Widerstand gegen Rissbildung verbessern. Konstruktionsbedingte Rissbildungen (z. B. Durchbiegungen von Decken und Unterzügen, Schwind-, Kriech- und Temperaturverformungen tragender Bauteile) können mit Putzbewehrungen nicht verhindert werden.

Wird eine Erhöhung des Risswiderstandes des Putzes durch eine Putzbewehrung für erforderlich gehalten, so ist diese zur Erfüllung ihrer Aufgabe in die zugbelastete Zone des Putzes straff und faltenfrei einzulegen. Putzbewehrungen sollten im Allgemeinen in der oberen Hälfte der Putzlage, möglichst oberflächennah, liegen. Die Überlappung von Putzbewehrungen muss mindestens 100 mm betragen. Auf benachbarte Bauteile muss die Überlappung mindestens 200 mm betragen.

Auf bestehenden Putzen/Unterputzen (z. B. zur Überarbeitung bereits gerissener oder rissgefährdeter Putze) sollten Armierungsputze mit Armierungsgewebe eingesetzt werden.

Bei metallischen Putzbewehrungen soll die Verbindung der Putzbewehrung mit dem Putzgrund auf das notwendige Befestigen beschränkt werden, um nicht unnötig Verformungen des Putzgrundes auf die Bewehrung zu übertragen.

Wenn bei gipshaltigen Putzen eine Gewebeeinlage eingebaut wird, muss die Putzlage in zwei Schichten (nass in nass) ausgeführt werden.

Ein Armierungsputz mit Gewebeeinlage, bestehend aus Armierungsmörtel und einem Armierungsgewebe, ist eine weitaus effektivere Maßnahme zur Verhinderung von Rissen, als das bloße Einbetten eines Armierungsgewebes in einen (Leicht-) Unterputz. Zur Erhöhung der Zugfestigkeit, der Verbesserung des Witterungsschutzes und weiterer Verminderung des Rissrisikos empfiehlt es sich daher bei Neubauten, ein Armierungsputz mit Gewebeeinlage auf den Unterputz auf der Außenseite als Zusatzmaßnahme aufzubringen, siehe hierzu auch Tabelle 7 in [27]. Die hierfür notwendigen Zusatzmaßnahmen sind gesondert zu beauftragen, vgl. Abschnitt 4.2.15.

Textile Gewebe, die mit hydraulischen Mörteln verarbeitet werden, müssen alkalibeständig sein.

Befestigungsmittel

Die gebräuchlichsten Befestigungsmittel sind Nägel, Klammern, Schrauben und Dübel.

Für die Aufnahme von Lasten dürfen Dübel nur verwendet werden, wenn dem Verwendungszweck entsprechende Prüfzeugnisse oder Zulassungen vorliegen.

Zur Verwendung in feuchten Räumen und für Arbeiten mit Gips müssen die Befestigungsmittel korrosionsgeschützt sein.

Profile

Metallische Profile z. B. Kantenprofile, Abschlussprofile, Bewegungsfugenprofile, Randwinkel, Einfassprofile müssen DIN EN 13658-1 und-2 entsprechend und entsprechend dem Verwendungszweck verzinkt oder korrosionsresistent sein.

Für Kunststoffprofile ist eine E EN 13658-3 und -4 in Vorbereitung. Zum Redaktionsschluss gab es hierzu noch kein veröffentlichtes Dokument. Unabhängig davon können auch Kunststoffprofile im Putz eingesetzt werden.

Profile aus textilen Geweben, welche häufiger außen eingesetzt werden müssen alkalibeständig sein, um diese gefahrlos in Kalkzementputzen einzusetzen.

2.4 Dämmstoffe

DIN EN 13162	**Wärmedämmstoffe für Gebäude — Werkmäßig hergestellte Produkte aus Mineralwolle (MW) — Spezifikation**
DIN EN 13163	**Wärmedämmstoffe für Gebäude — Werkmäßig hergestellte Produkte aus expandiertem Polystyrol (EPS) — Spezifikation**
DIN EN 13164	**Wärmedämmstoffe für Gebäude — Werkmäßig hergestellte Produkte aus extrudiertem Polystyrolschaum (XPS) — Spezifikation**
DIN EN 13165	**Wärmedämmstoffe für Gebäude — Werkmäßig hergestellte Produkte aus Polyurethan-Hartschaum (PU) — Spezifikation**
DIN EN 13166	**Wärmedämmstoffe für Gebäude — Werkmäßig hergestellte Produkte aus Phenolharzschaum (PF) — Spezifikation**
DIN EN 13167	**Wärmedämmstoffe für Gebäude — Werkmäßig hergestellte Produkte aus Schaumglas (CG) — Spezifikation**
DIN EN 13168	**Wärmedämmstoffe für Gebäude — Werkmäßig hergestellte Produkte aus Holzwolle (WW) — Spezifikation**
DIN EN 13169	**Wärmedämmstoffe für Gebäude — Werkmäßig hergestellte Produkte aus Blähperlit (EPB) — Spezifikation**
DIN EN 13170	**Wärmedämmstoffe für Gebäude — Werkmäßig hergestellte Produkte aus expandiertem Kork (ICB) — Spezifikation**
DIN EN 13171	**Wärmedämmstoffe für Gebäude — Werkmäßig hergestellte Produkte aus Holzfasern (WF) — Spezifikation**

In vielen Fällen werden für Innen- und Außendämmungen vielfach Wärmedämmstoffe aus expandiertem und extrudiertem Polystyrol sowie Mineralwolledämmstoffe verwendet.

Die Bemessungswerte für der Wärmeleitfähigkeit λ genormter Baustoffe sind in der DIN 4108-4 „Wärmeschutz und Energieeinsparung in Gebäuden, Wärme- und feuchteschutztechnische Bemessungswerte“ [28] enthalten.

Die Deklaration der Bemessungswerte λ wurden in DIN 4108-4 (02/2013) bei Wärmedämmstoffen in zwei Kategorien eingestuft. Bei der Deklaration der wärmetechnischen Eigenschaften war anzugeben, ob die Deklaration (Kategorie I) auf einer Einstufung nach DIN EN 1745 [29] (Nennwert λ_D) (Bemessungswert $\lambda = \lambda_D \times 1{,}2$) oder einer Prüfung (Grenzwertes λ_{grenz}) mittels Messung (Kategorie II) bei einem Prüfinstitut beruht (Bemessungswert $\lambda = \lambda_{grenz} \times 1{,}05$).

Diese Aufteilung in zwei Kategorien wird mit der Neuauflage der Norm vom März 2017 aufgehoben. In DIN 4108-4:2017-03 „Wärmeschutz und Energieeinsparung in Gebäuden – Teil 4: Wärme- und feuchteschutztechnische Bemessungswerte“ wurden aus europäischen Erfordernissen für europäisch harmonisierte Produktnormen die Bemessungswerte für Dämmstoffe auf Basis der Nennwerte neu festgelegt und das bisherige Grenzwertkonzept aufgegeben. Ebenso wurden neue Produktgruppen aufgenommen bzw. alte gestrichen. Für jeden Dämmstoff wurden die Nennwerte sowie die zugehörigen Bemessungswerte angegeben. Je nach Dämmstoff sind die Bemessungswerte mit einem Aufschlag von 3 % – 23 % beaufschlagt worden (siehe Fußnote in Tabelle 2 der DIN 4108-4).

Neben den genormten Baustoffen befinden sich auch solche auf dem Markt, deren Bemessungswert der Wärmeleitfähigkeit λ in einer Zulassung oder einem Bescheid geregelt sind und die im Bundesanzeiger veröffentlicht werden.

Anwendungsgebiete Dämmstoffeigenschaften sowie Anwendungsbeispiele für Wärmedämmstoffe sowie die Dämmstoff-Produkteigenschaften sind in DIN 4108-10 [30] bzw. den Tabellen 2.8 und 2.9 dargestellt.

> Vor dem Einbau des Dämmstoffes muss die Etikettenangabe des Dämmstoffes kontrolliert und mit der geplanten Anwendung verglichen werden. Es ist deshalb wichtig, die Kurzzeichen für die Anwendungsgebiete und Produkteigenschaften zu kennen.

Insbesondere Dämmstoffe mit dem Kurzzeichen WAP (Außendämmung der Wand unter Putz) eignen sich zum Verputzen als sogenannte verputzte Wärmedämmung innen und außen.

Tabelle 2.8 Anwendungsgebiete von Wärmedämmungen nach [30]

Anwendungsgebiet	**Kurzzeichen**	**Anwendungsbeispiele**
Decke, Dach	DAD	Außendämmung von Dach oder Decke, vor Bewitterung geschützt, Dämmung unter Deckungen
	DAA	Außendämmung von Dach oder Decke, vor Bewitterung geschützt, Dämmung unter Abdichtungen
	DUK	Außendämmung des Daches, der Bewitterung ausgesetzt (Umkehrdach)
	DZ	Zwischensparrendämmung, zweischaliges Dach, nicht begehbare, aber zugängliche oberste Geschossdecken
	DI	Innendämmung der Decke (unterseitig) oder des Daches, Dämmung unter den Sparren/Tragkonstruktion, abgehängte Decke usw.
	DEO	Innendämmung der Decke oder Bodenplatte (oberseitig) unter Estrich ohne Schallschutzanforderungen
	DES	Innendämmung der Decke oder Bodenplatte (oberseitig) unter Estrich mit Schallschutzanforderungen
Wand	WAB	Außendämmung der Wand hinter Bekleidung
	WAA	Außendämmung der Wand hinter Abdichtung
	WAP	Außendämmung der Wand unter Putz
	WZ	Dämmung von zweischaligen Wänden, Kerndämmung
	WH	Dämmung von Holzrahmen- oder Holztafelbauweise
	WI	Innendämmung der Wand
	WTH	Dämmung zwischen Haustrennwänden mit Schallschutzanforderungen
	WTR	Dämmung von Raumtrennwänden
Perimeter	PW	Außen liegende Wärmedämmung von Wänden gegen Erdreich (außerhalb der Abdichtung)[a]
	PB	Außen liegende Wärmedämmung unter der Bodenplatte gegen Erdreich (außerhalb der Abdichtung)[a]

a Es gelten die Festlegungen nach DIN 4108-2.

Tabelle 2.9 Differenzierung von bestimmten-Produkteigenschaften nach [30]

Produkt-eigenschaft	Kurz-zeichen	Beschreibung	Anwendungsbeispiel
Druck-belastbarkeit	dk	Keine Druckbelastbarkeit	Hohlraumdämmung, Zwischensparrendämmung
	dg	Geringe Druckbelastbarkeit	Wohn- und Bürobereich unter Estrich
	dm	Mittlere Druckbelastbarkeit	Nicht genutztes Dach mit Abdichtung
	dh	Hohe Druckbelastbarkeit	Genutzte Dachflächen, Terrassen
	ds	Sehr hohe Druckbelastbarkeit	Industrieböden, Parkdeck
	dx	Extrem hohe Druckbelastbarkeit	Hoch belastete Industrieböden, Parkdeck
Wasser-aufnahme	wk	Keine Anforderungen an die Wasseraufnahme	Innendämmung im Wohn- und Bürobereich
	wf	Wasseraufnahme durch flüssiges Wasser	Außendämmung von Außenwänden und Dächern
	wd	Wasseraufnahme durch flüssiges Wasser und/oder Diffusion	Perimeterdämmung, Umkehrdach
Zugfestigkeit	zk	Keine Anforderungen an Zugfestigkeit	Hohlraumdämmung, Zwischensparrendämmung
	zg	Geringe Zugfestigkeit	Außendämmung der Wand hinter Bekleidung
	zh	Hohe Zugfestigkeit	Außendämmung der Wand unter Putz, Dach mit verklebter Abdichtung
Schall-technische Eigenschaften	sk	Keine Anforderungen an schalltechnische Eigenschaften	Alle Anwendungen ohne schalltechnische Anforderungen
	sh	Trittschalldämmung, erhöhte Zusammendrückbarkeit	Schwimmender Estrich, Haustrennwände
	sm	Mittlere Zusammendrückbarkeit	
	sg	Trittschalldämmung, geringe Zusammendrückbarkeit	
Verformung	tk	Keine Anforderungen an die Verformung	Innendämmung
	tf	Dimensionsstabilität unter Feuchte und Temperatur	Außendämmung der Wand unter Putz, Dach mit verklebter Abdichtung
	tl	Verformung unter Last und Temperatur	Dach mit Abdichtung

2.5 Unterkonstruktionen, Verbindungs- und Verankerungselemente

DIN EN 10025-1 Warmgewalzte Erzeugnisse aus Baustählen – Teil 1: Allgemeine technische Lieferbedingungen

DIN EN 10025-2 Warmgewalzte Erzeugnisse aus Baustählen – Teil 2: Technische Lieferbedingungen für unlegierte Baustähle.

DIN EN 10088-2 Nichtrostende Stähle – Teil 2: Technische Lieferbedingungen für Blech und Band aus korrosionsbeständigen Stählen für allgemeine Verwendung

DIN EN 10088-3 Nichtrostende Stähle – Teil 3: Technische Lieferbedingungen für Halbzeug, Stäbe, Walzdraht gezogenen Draht und Profile und Blankstahlerzeugnisse aus korrosionsbeständigen Stählen für allgemeine Verwendung

Unterkonstruktionen können sowohl aus Holz (Lattung, Holzrahmenkonstruktion) als auch aus Metall (Metallprofilen) bestehen. Sie müssen genügend steif sein und dürfen nicht verwinden.

Unterkonstruktion für Drahtputz

Unterkonstruktionen für hängende Drahtputzdecken sind nach DIN 4121 (siehe Erläuterungen zu Abschnitt 3.5) herzustellen. Sie bestehen in der Regel aus Abhängern, Tragstäben aus Rundstahl mit mindestens 7 mm Durchmesser, Querstäben aus Rundstahl mit mindestens 5 mm Durchmesser oder jeweils anders geformten Metalltrag-/-querstäben mit mindestens gleicher Tragfähigkeit und Putzträgern sowie den entsprechenden Verbindungsmitteln. Auf die Querstäbe kann verzichtet werden, wenn der verwendete Putzträger so biegefest ist, dass die Putzdecke zwischen den Tragstäben nicht durchhängen kann.

2.6 Profile

DIN EN 13658-1 Putzträger und Putzprofile aus Metall — Begriffe, Anforderungen und Prüfverfahren — Teil 1: Innenputze

DIN EN 13658-2 Putzträger und Putzprofile aus Metall — Begriffe, Anforderungen und Prüfverfahren — Teil 2: Außenputze

Profile dienen zum Ausbilden und Verstärkung der Kanten, als Anschluss an Bauteile, Beläge und Beschichtungen, zum Abschluss von Putzflächen, zum Abgrenzen von Einbauteilen, zum Anlegen von zu verputzenden Flächen, zur Einhaltung vorgeschriebener Putzdicken und Ausbilden von Bewegungs-, Bauwerks- und Bauteilfugen.

Für Profile sind Art und Umfang des Korrosionsschutzes in der Leistungsbeschreibung anzugeben, z. B. verzinkt, verzinkt mit Beschichtung, verzinkt mit PVC-Überzug. In besonderen Fällen sind Profile aus Edelstahl auszuschreiben.

Metallische Profile müssen DIN EN 13658-1 und-2 entsprechend. Kunststoffprofile können ebenfalls verwendet werden, allerdings sollte die Stabilität und Dauerhaftigkeit vor der Verwendung dieser Materialien berücksichtigt werden. Für Kunststoffprofile ist eine E EN 13658-3 und – 4 in Vorbereitung. Zum Redaktionsschluss gab es hierzu noch kein veröffentlichtes Dokument. Unabhängig davon können auch Kunststoffprofile im Putz eingesetzt werden. Zum Einsatz von Profilen siehe auch das Merkblatt [31].

Profile aus textilen Geweben, welche häufiger außen eingesetzt werden müssen alkalibeständig sein, um diese gefahrlos in Kalkzementputzen einzusetzen.

3 Ausführung

Grundsätzlich sind nur die Leistungen in der Ausführung geschuldet, welche mit der Leistungsbeschreibung angefordert werden.

Die in Abschnitt 3 beschriebene Ausführung stellen allgemein anerkannte Regeln der Technik für Putz- und Stuckarbeiten dar, die wie beschrieben, bzw. nach erwähnter Norm, auszuführen sind, wenn sie mit einer Leistungsbeschreibung bzw. mit einem Leistungsverzeichnis angefordert werden.

Grundsätzlich sind nur die Leistungen geschuldet, welche mit der Leistungsbeschreibung angefordert werden.

> Alle nach Abschnitt 3 auszuführenden Leistungen sind jeweils nach Abschnitt 0.5.1 im Flächenmaß (m^2), nach Abschnitt 0.5.2 im Längenmaß (m) oder gemäß Abschnitt 0.5.3 nach Anzahl (Stück) auszuschreiben bzw. anzufordern und nach Abschnitt 5 abzurechnen.

Ergänzend zur ATV DIN 18299, Abschnitt 3, gilt:

3.1 Allgemeines

3.1.1 Als Bedenken nach § 4 Abs. 3 VOB/B können insbesondere in Betracht kommen:

- **ungeeignete Beschaffenheit des Untergrundes, z. B. Ausblühungen, zu glatter, ungleich saugender Flächen, verschiedenartige Stoffen des Untergrundes,**
- **unzureichende Bauteiltemperatur, z. B. für Putzarbeiten bei Temperaturen unter +5 °C (siehe Abschnitt 3.1.3),**
- **größere Unebenheiten des Untergrundes als nach DIN 18202 zulässig,**
- **zu hohe Baufeuchtigkeit,**
- **ungeeignete klimatische Bedingungen (siehe Abschnitt 3.1.3),**
- **ungenügende Verankerungs- und Befestigungsmöglichkeiten,**
- **fehlende Bezugspunkte.**

Mit dieser Bestimmung wird die dem Auftragnehmer nach § 4 (3) VOB/B auferlegte Prüfungs- und Anzeigepflicht konkretisiert. Die generelle Prüfungs- und Anzeigepflicht des Auftragnehmers ist in § 4 (3) VOB/B wie folgt geregelt:

„Hat der Auftragnehmer Bedenken gegen die vorgesehene Art der Ausführung (auch wegen der Sicherung gegen Unfallgefahren), gegen die Güte der vom Auftraggeber gelieferten Stoffe oder Bauteile oder gegen die Leistungen anderer Unternehmer, so hat er sie dem Auftraggeber unverzüglich – möglichst

schon vor Beginn der Arbeiten – schriftlich mitzuteilen; der Auftraggeber bleibt jedoch für seine Angaben, Anordnungen oder Lieferungen verantwortlich."

Der Umfang der Prüfungspflicht und die Frage, wann der Auftragnehmer schriftlich gegenüber dem Auftraggeber Bedenken geltend zu machen hat, bestimmt sich nicht danach, ob und inwieweit dem Auftragnehmer aufgrund der tatsächlichen Gegebenheiten Bedenken gekommen waren; maßgebend ist vielmehr, ob ein in der Ausführung von Putz- und Stuckarbeiten erfahrener und sachkundiger Unternehmer im Rahmen einer sorgfältigen Prüfung Bedenken haben musste.

Deshalb kann sich der Auftragnehmer regelmäßig auch nicht darauf berufen, dass ihm der Auftraggeber oder dessen bauleitender Architekt entsprechende Anordnungen erteilt habe. Die Rechtsprechung geht nämlich davon aus, dass der Auftraggeber ebenso wie sein planender oder bauleitender Architekt in aller Regel nur über allgemeine Fachkenntnisse verfügen, dass aber der Auftragnehmer mit den Spezialkenntnissen seines Gewerkes vertraut sein muss und diese Spezialkenntnisse bei der gebotenen sorgfältigen Prüfung anzuwenden hat.

Seine aufgekommenen Bedenken muss der Auftragnehmer dem Auftraggeber unverzüglich schriftlich mitteilen. Die Schriftform für die Mitteilung der Bedenken ist deshalb vorgeschrieben, weil sichergestellt sein soll, dass der Auftraggeber von den Bedenken des Auftragnehmers in zuverlässiger Weise Kenntnis erhält. Nur ausnahmsweise kann es deshalb ausreichend sein, wenn der Auftragnehmer aus besonderen Umständen des Einzelfalles heraus (weil z. B. der Fortgang der Arbeiten eine Unterbrechung zum Zwecke der vorherigen schriftlichen Mitteilung der Bedenken ohne besondere Nachteile oder Gefahren nicht zulässt) seine Bedenken dem Auftraggeber nur mündlich meldet. In diesem Falle empfiehlt es sich aber dringend, diese Meldung im Beisein von tauglichen Zeugen vorzubringen. Dabei muss Wert darauf gelegt werden, dass die Bedenken des Auftragnehmers dem Auftraggeber unmissverständlich zur Kenntnis gelangen. Deshalb ist auch zu empfehlen, dass mündlich vorgebrachte Bedenken dem Auftraggeber unverzüglich schriftlich bestätigt werden.

Ferner ist darauf zu achten, dass der Auftragnehmer gehalten ist, Bedenken gegenüber dem Auftraggeber geltend zu machen. Der Auftragnehmer genügt seiner Anzeige- und Meldepflicht grundsätzlich nicht dadurch, dass er Bedenken nur dem Architekten des Auftraggebers meldet. Insbesondere dann, wenn der Architekt des Auftraggebers die Bedenken des Auftragnehmers nicht berücksichtigt, ist es für den Auftragnehmer unumgänglich, seine Bedenken dem Auftraggeber schriftlich zu melden. Der Auftragnehmer ist nämlich im Falle eines späteren Schadenseintritts von seiner Gewährleistungsverpflichtung nach

§ 13 (3) VOB/B nur dann freigestellt, wenn er die ihm nach § 4 (3) VOB/B obliegende Mitteilung unverzüglich schriftlich an den Auftraggeber gemacht hat.

Auch Anordnungen, die der Auftraggeber oder sein von ihm beauftragter Architekt auf Bedenken des Auftragnehmers hin trifft, hat der Auftragnehmer erneut daraufhin zu überprüfen, ob dadurch die vorgebrachten Bedenken vollständig ausgeräumt sind und sich nicht möglicherweise neue Bedenken ergeben müssen.

Der Auftragnehmer ist nicht verpflichtet, in Verbindung mit seiner Bedenkenanzeigepflicht dem Auftraggeber Vorschläge zu unterbreiten oder Ratschläge zu erteilen, durch welche Maßnahmen den Bedenken Rechnung getragen werden könnte. Vielmehr ist der Auftraggeber gehalten, die vom Auftragnehmer gemeldeten Bedenken zu prüfen und dann eigenverantwortlich seine Entscheidung zu treffen. Unterbreitet der Auftragnehmer jedoch dem Auftraggeber Vorschläge, durch die seine Bedenken abgeholfen werden könnten, so bleibt er für die Richtigkeit und fachliche Eignung seines Vorschlags oder seiner Empfehlung verantwortlich.

Die in diesem Abschnitt aufgezählten Varianten für eventuelle Bedenken bei der Bauausführung sind nur exemplarisch, d. h. nicht vollständig aufgezählt. Es sind nur die typischen und häufig wiederkehrenden Fälle aufgezeigt, die, wenn Bedenken nicht vorgebracht werden und keine Abhilfe geschaffen wird, zu späteren Mängeln führen können. Abschnitt 3.1.1 trägt dem durch die Verwendung des Begriffs „insbesondere“ Rechnung. Damit wird zugleich verdeutlicht, dass die Aufzählung die wesentlichen Gründe für die Anmeldung von Bedenken umfasst und Ergänzungen lediglich in Betracht kommen können, soweit sich dies für den Einzelfall aus der gewerblichen Verkehrssitte offensichtlich ergibt.

- **ungeeignete Beschaffenheit des Untergrundes, z. B. Ausblühungen, zu glatter Flächen, ungleich saugender Flächen, verschiedenartige Stoffe des Untergrundes,**

Die Prüfung des Auftragnehmers hat sich zunächst auf die Beschaffenheit und Eignung des Untergrundes zu richten. Werden dabei grobe Verunreinigungen festgestellt, so muss dies für den Auftragnehmer Anlass zur Anzeige von Bedenken sein, ebenso, wenn Ausblühungen oder zu glatte Flächen, verölte Flächen, ungleich saugende Flächen, gefrorene Flächen oder verschiedenartige Stoffe des Untergrundes vorhanden sind.

Bei der Prüfung des Untergrundes empfiehlt es sich, nach folgendem Verfahren für eine gewerkeübliche Prüfung vorzugehen:

Prüfung durch:
- **Augenschein**, insbesondere auf anhaftende Fremdstoffe, lockere und mürbe Teile, anhaftende Kalkausscheidungen;
- **Wischprobe** mit der flachen Hand zur Feststellung von anhaftendem Staub, Schmutz oder Abkreidungen;
- **Kratzprobe** mittels eines harten Gegenstandes zur Feststellung von Abplatzungen, Abblätterungen und Absandungen;
- **Benetzungsprobe** durch Annässen mittels einer Bürste an mehreren Stellen zur Feststellung von rückständigen Schalungstrennmitteln oder unzureichendem Saugverhalten des Putzgrundes, z. B. noch feuchtem Beton oder dichter Sinterhaut.

Darüber hinausgehende Prüfungen, z. B. mittels Messgeräten, Bohrkernproben sind nicht gewerbeüblich und bedürfen ggf. der Beauftragung eines Fachingenieurs.

- **unzureichende Bauteiltemperatur, z. B. für Putzarbeiten bei Temperaturen unter +5 °C (siehe Abschnitt 3.1.3),**

Für eine schadensfreie Putzausführung ist nicht nur eine ausreichende Lufttemperatur, sondern auch eine ausreichende Bauteiltemperatur erforderlich. Nicht immer ist eine ausreichende Lufttemperatur mit einer ausreichenden Bauteiltemperatur gleichzusetzen. Insbesondere bei Betonbauteilen sollte vor Beginn der Innenputzarbeiten die Wärmedämmung aufgebracht sein. Bei obersten Decken eines Bauwerks ist die vorherige Anbringung der Wärmedämmung (sowie der Abdichtung) zwingend erforderlich (siehe auch Merkblatt „Gipsputze und gipshaltige Putze auf Beton [35]).

- **größere Unebenheiten des Untergrundes als nach DIN 18202 zulässig,**

Anlass zur Bedenkenanmeldung ist für den Auftragnehmer auch dann gegeben, wenn Vorleistungen, auf denen seine Leistung aufbaut, größere Unebenheiten, als nach DIN 18202 zulässig, aufweisen. Die nach DIN 18202 zulässigen Toleranzen und Maßabweichungen sind der Tabelle 3 der DIN 18202 zu entnehmen (siehe Tabelle 3.3 sowie Erläuterungen zu Abschnitt 3.1.2 S. 139 ff).

Bedenken gegen größere Unebenheiten des Untergrundes können Maßnahmen notwendig machen, die dann für den Auftragnehmer eine besondere, vom Auftraggeber gesondert zu vergütende Leistung darstellen (siehe Abschnitt 4.2.23). In diesem Fall ist die zusätzliche Leistung rechtzeitig, vor Beginn der Ausführung der Leistung, anzukündigen (§ 2 (6) 1 Satz 2 VOB/B).

- **zu hohe Baufeuchtigkeit,**
- **ungeeignete klimatische Bedingungen (siehe Abschnitt 3.1.3),**

  Die Erfahrung hat gezeigt, dass später auftretende Schäden häufig auf zu hohe Baufeuchtigkeit oder ungeeignete klimatische Bedingungen an der Baustelle, dem Bauteil oder bei beidem zurückzuführen sind, z. B. ungeeignete Temperaturen, zu hohe Luftfeuchte. Der Auftragnehmer muss deshalb diesem Umstand bei seiner Prüfung besondere Aufmerksamkeit widmen (siehe auch „Merkblatt Verputzen, Wärmedämmen, Spachteln und Beschichten bei hohen und niedrigen Temperaturen“ [7]).

> Im Winterbau ist ein schnelles und schockartiges Aufheizen der Räume zu vermeiden, da sonst infolge von Längenänderungen Spannungsrisse entstehen können. Direktes Anblasen der Putzflächen mit Heiß- oder Warmluft oder das Einsetzen von Entfeuchtungsgeräten ist zu vermeiden, anstelle dessen ist für eine ausreichende Be- und Entlüftung zu sorgen (vgl. Abschnitt 3.1.3 in Verbindung mit Abschnitt 4.2.9).

- **ungenügende Verankerungs- und Befestigungsmöglichkeiten,**
- **fehlende Bezugspunkte.**

  Der Auftragnehmer hat Bedenken anzumelden, wenn die vorhandenen Verankerungsmöglichkeiten unzureichend sind und die erforderlichen Bezugspunkte fehlen. Dabei genügt es aber nicht, nur einen Bezugspunkt im Gebäude festzulegen. Bezugspunkte sind je Geschoss bauseits anzulegen.

3.1.2 Abweichungen von vorgeschriebenen Maßen sind in den durch DIN 18202 bestimmten Grenzen zulässig.

Bei Streiflicht sichtbar werdende Unebenheiten in den Oberflächen sind zulässig, wenn diese die Grenzwerte nach DIN 18202 nicht überschreiten.

Werden an die Ebenheit erhöhte Anforderungen nach DIN 18202:2013-04, Tabelle 3, Zeile 7 gestellt, so sind die erforderlichen Leistungen Besondere Leistungen (siehe Abschnitt 4.2.23[1]).

Mit der Überarbeitung der DIN 18202 im Oktober 2005 wurde die DIN 18201:1997-04 zur Vereinfachung in die neuen DIN 18202 eingearbeitet. Dabei wurden auch neue Begriffe eingeführt:

---

1 Anmerkung: Der Verweis in Abschnitt 3.1.2 auf Abschnitt „4.2.23“ ist falsch, es müsste richtigerweise Abschnitt „4.2.24“ lauten.

- der Begriff „Grenzabmaß“ wurde durch „Grenzabweichung“ ersetzt,
- der Begriff „Ebenheitstoleranz“ wird durch die Begriffe „Ebenheitsabweichung“ und „Grenzwert für Ebenheitsabweichung“ beschrieben,
- der Begriff „Winkeltoleranz“ wird durch „Winkelabweichung“ und „Grenzwert für Winkelabweichung“ beschrieben.

Aufgenommen wurden die Abschnitte „Fluchtabweichungen bei Stützen“ sowie „Prüfung der Lage von Stützen in der Flucht“.

Die DIN 18202 gilt für die nachstehend beschriebenen und in den Tabellen aufgelisteten Toleranzen.

Sie gilt für Bauwerke und deren Teile. Die in dieser Norm für die Ausführung von Bauwerken festgelegten Toleranzen gelten baustoffunabhängig. Sie hat den Zweck, Grundlagen für die Toleranzen und für ihre Prüfung festzulegen. Werte für zeit- und lastabhängige Verformungen, auch aus Temperatur, sind nicht Gegenstand dieser Norm.

Putz- und Stuckarbeiten sind der Gruppe der handwerklichen Bauleistungen zuzurechnen. Diese Wertung erfährt auch dadurch keine Änderung, dass weitgehend entsprechend der technischen Entwicklung Maschinen und Geräte eingesetzt und neuzeitliche Verarbeitungstechniken angewandt werden. Es gehört zu der Eigenart einer handwerklichen Bauleistung, dass sie nicht eine absolute Geradlinigkeit oder Ebenflächigkeit im mathematischen Sinne aufweist. Diesem Umstand wird mit der vorliegenden Vorschrift Rechnung getragen, indem Abweichungen von den vorgeschriebenen Maßen in den Grenzen ausdrücklich für zulässig erklärt werden, die mit den genormten Maßtoleranzen im Hochbau abgesteckt sind. Sollen an die Maßgenauigkeit andere Anforderungen gestellt werden als in den genormten Maßtoleranzen aufgezeigt, so muss dies in der Leistungsbeschreibung eindeutig festgelegt werden.

DIN 18202 unterscheidet nach
- Grenzabweichung (Differenz zwischen Höchstmaß und Nennmaß oder Mindestmaß und Nennmaß),
- Grenzwert für Winkelabweichungen (Stichmaß als Grenzabweichung vom Winkel),
- Grenzwert für Ebenheitsabweichungen (Stichmaß als Grenzabweichung von der Ebene).

Toleranzen dienen zur Begrenzung der Abweichungen von Nennmaßen der Größe, Gestalt und der Lage von Bauteilen und Bauwerken.

Die Einhaltung von Toleranzen ist erforderlich, um trotz unvermeidlicher Ungenauigkeiten beim Messen, bei der Fertigung und bei der Montage die vorgesehene Funktion zu erfüllen und das funktionsgerechte Zusammenfügen von Bauwerken und Bauteilen des Roh- und Ausbaus ohne Anpass- und Nacharbeiten zu ermöglichen.

Die in dieser Norm angegebenen Toleranzen sind anzuwenden, soweit nicht andere Genauigkeiten vereinbart wurden. Sie stellen die im Rahmen üblicher Sorgfalt zu erreichende Genauigkeit dar. Sind jedoch für Bauteile oder Bauwerke andere Genauigkeiten erforderlich, so sollen sie nach wirtschaftlichen Maßstäben vereinbart werden. Die dazu erforderlichen Maßnahmen und die Kontrollmöglichkeiten während der Ausführung sind rechtzeitig zu vereinbaren. Solche Leistungen sind Besondere Leistungen, siehe Abschnitt 4.2.24.

Grenzabweichungen:

Die in Tabelle 3.1 festgelegten Grenzabweichungen gelten für

- Längen, Breiten, Höhen, Achs- und Rastermaße, Querschnittsmaße;
- Öffnungen, z. B. für Fenster, Türen, Einbauelemente

an den in Abschnitt 6 der DIN 18202 festgelegten Messpunkten.

Die nach DIN 18202 zulässigen Grenzabweichungen sind der Tabelle 3.1 zu entnehmen.

In den Spalten 2–7 sind die Nennmaße in m, in den Zeilen 1-6 sind die Grenzmaße in mm eingetragen.

Grenzabweichungen bewerten die jeweilige Abweichung der Platzierung z. B. einer Wand oder einer Öffnung gegenüber dem ursprünglichen Planmaß.

Tabelle 3.1: Grenzabweichungen nach DIN 18202-2013-04

Spalte	1	2	3	4	5	6	7
Zeile	Bezug	Grenzabweichungen in mm bei Nennmaßen in m					
		bis 1	über 1 bis 3	über 3 bis 6	über 6 bis 15	über 15 bis 30	über 30[a]
1	Maße im Grundriss, z. B. Längen, Breiten, Achs- und Rastermaße	± 10	± 12	± 16	± 20	± 24	± 30
2	Maße im Aufriss, z. B. Geschosshöhen, Podesthöhen, Abstände von Aufstandsflächen und Konsolen	± 10	± 16	+ 16	+ 20	+ 30	+ 30
3	Lichte Maße im Grundriss, z. B. Maße zwischen Stützen, Pfeilern usw.	± 12	± 16	± 20	± 24	± 30	–
4	Lichte Maße im Aufriss, z. B. unter Decken und Unterzügen	± 16	± 20	± 20	± 30	–	–
5	Öffnungen, z. B. für Fenster, Außentüren[b], Einbauelemente	± 10	± 12	± 16	–	–	–
6	Öffnungen wie vor, jedoch mit oberflächenfertigen Leibungen	± 8	± 10	± 12	–	–	–

a Diese Grenzabweichungen können bei Nennmaßen bis etwa 60 m angewendet werden. Bei größeren Abmessungen sind besondere Überlegungen erforderlich.
b Innentüren siehe DIN 18100.

Die Anforderungen der Tabelle 3.1 sind für jedes Nennmaß einzuhalten.

Durch Ausnutzung der Grenzabweichungen der Tabelle 3.1 dürfen die Winkelabweichungen der Tabelle 3.2 nicht überschritten werden.

Grenzwerte für Winkelabweichungen

In Tabelle 3.2 sind Stichmaße als Grenzwerte für Winkelabweichungen festgelegt; diese gelten für vertikale, horizontale und geneigte Flächen, auch für Öffnungen.

Das Stichmaß zur Ermittlung der Winkelabweichung ist in Abb. 3.1 dargestellt:

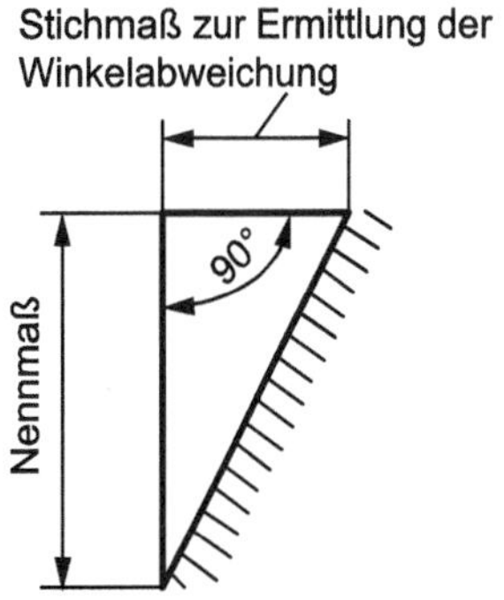

Abb. 3.1: Stichmaß (Beispiel) nach DIN 18202

Tabelle 3.2: Grenzwerte für Winkelabweichungen nach DIN 18202-2013-04

Spalte	1	2	3	4	5	6	7	8
Zeile	Bezug	Stichmaße als Grenzwerte in mm bei Nennmaßen in m						
		bis 0,5	über 0,5 bis 1	über 1 bis 3	über 3 bis 6	über 6 bis 15	über 15 bis 30	über 30[a]
1	Vertikale, horizontale und geneigte Flächen	3	6	8	12	16	20	30

[a] Diese Grenzabweichungen können bei Nennmaßen bis etwa 60 m angewendet werden. Bei größeren Abmessungen sind besondere Überlegungen erforderlich.

Durch Ausnutzung der Grenzwerte für Winkelabweichungen der Tabelle 3.2 dürfen die Grenzabweichungen der Tabelle 3.1 nicht überschritten werden.

Die Maßgenauigkeiten und zulässigen Abweichungen, die in den Tabellen 3.1 und 3.2 festgelegt werden, sind in der Regel abhängig von der Herstellung des Rohbaus. Der Nachfolgeunternehmer, also z. B. der Unternehmer der Putz- und Stuckarbeiten (Stuckateur) oder der Fliesenarbeiten oder der Hersteller des Bodenbelags, darf deshalb mit seinen Arbeiten die im Rohbau vorhandenen Abmaße der Vorleistungen nachvollziehen. Er muss jedoch erkennbare Mängel der Vorleistung im Rahmen seiner Prüfungspflicht nach Abschnitt 3.1.1 in Verbindung mit § 4 (3) VOB/B feststellen und gegenüber dem Auftraggeber rechtzeitig schriftlich vor Beginn seiner Leistung Bedenken anmelden.

Grenzwerte für Ebenheitsabweichungen

In Tabelle 3.3 sind Stichmaße als Grenzwerte für Ebenheitsabweichungen festgelegt; diese gelten für Flächen von

- Decken (Ober- und Unterseite);
- Estrichen;
- Bodenbelägen und
- Wänden,

unabhängig von ihrer Lage. Sie gelten nicht für spritzrau belassene Spritzputzoberflächen.

Werden nach Tabelle 3.3, Zeile 2, 4 oder 7 erhöhte Anforderungen gestellt, so ist dies jeweils gesondert zu vereinbaren.

Bei Mauerwerk, dessen Dicke gleich dem Steinmaß ist, gelten die Ebenheitstoleranzen nur für die bündige Seite.

Bei flächenfertigen Wänden, Decken, Estrichen und Bodenbelägen sollen Sprünge und Absätze vermieden werden. Hierunter ist aber nicht die durch Flächengestaltung bedingte Struktur zu verstehen.

Die bei Bauprodukten zulässigen Maßabweichungen sind in den Grenzwerten für Ebenheitsabweichungen nicht enthalten und daher zusätzlich zu berücksichtigen. Die nach DIN 18202 zulässigen Ebenheitsabweichungen sind der Tabelle 3.3 zu entnehmen. Die Ebenheitsabweichungen werden durch die Festlegung von Messpunkten geregelt.

Generell gilt nun, dass z. B. Messpunkte für Räume und Öffnungen im Abstand von 10 cm von den Ecken und Kanten anzulegen sind, um Ungenauigkeiten, die an diesen Stellen z. B. durch Abrundungen entstehen können, zu vermeiden. Hierdurch soll sichergestellt werden, dass singuläre Maßabweichungen am Rand eines Bauteiles, die nicht charakteristisch für die Maßhaltigkeit des gesamten Bauteils bzw. des zu prüfenden Maßes sind, das Messergebnis nicht beeinflussen.

Die Ebenheit wird durch Einzelmessungen oder durch Messen der Abstände zwischen rasterförmig angeordneten Messpunkten und einer Bezugsfläche geprüft; das Raster ist einzumessen, siehe Abb. 3.2

Tabelle 3.3: Grenzwerte für Ebenheitsabweichungen nach DIN 18202-2013-04

Spalte	1	2	3	4	5	6	7	8	9	10	11	12	13	14
Zeile	**Bauteile/Funktion**	**Ebenheitstoleranzen in mm bei Abstand der Messpunkte bis**												
		0,1 m	**0,6 m**	**1 m**	**1,5 m**	**2 m**	**2,5 m**	**3 m**	**3,5 m**	**4 m**	**6 m**	**8 m**	**10 m**	**15 m**
1	Nichtflächenfertige Oberseiten von Decken, Unterbeton und Unterböden	10	13	15	16	17	18	18	19	20	22	23	25	30
2a	Nichtflächenfertige Oberseiten von Decken oder Bodenplatten zur Aufnahme von Bodenaufbauten, z. B. Estriche im Verbund oder auf Trennlage, schwimmende Estriche, Industrieböden, Fliesen- und Plattenbeläge im Mörtelbett	5	7	8	9	9	10	11	12	12	13	14	15	20
2b	Flächenfertige Oberseiten von Decken oder Bodenplatten für untergeordnete Zwecke, z. B. in Lagerräumen, Kellern, monolithische Betonböden	5	7	8	9	9	10	11	12	12	13	14	15	20
3	Flächenfertige Böden, z. B. Estriche als Nutzestriche, Estriche zur Aufnahme von Bodenbelägen Bodenbeläge, Fliesenbeläge, gespachtelte und geklebte Beläge	2	3	4	5	6	7	8	9	10	11	11	12	15
4	Wie Zeile 3, jedoch mit erhöhten Anforderungen, z. B. selbstverlaufende Massen	1	2	3	4	5	6	7	8	9	10	11	12	15
5	Nichtflächenfertige Wände und Unterseiten von Rohdecken	5	8	10	11	12	13	13	14	15	18	22	25	30
6	Flächenfertige Wände und Unterseiten von Decken, z. B. geputzte Wände, Wandbekleidungen, untergehängte Decken	3	4	5	6	7	8	8	9	10	13	17	20	25
7	Wie Zeile 6, jedoch mit erhöhten Anforderungen	2	2	3	4	5	6	6	7	8	10	13	15	20

Die Grenzwerte der Ebenheitsabweichungen der Spalte 6 gelten auch für Messpunktabstände über 15 m.

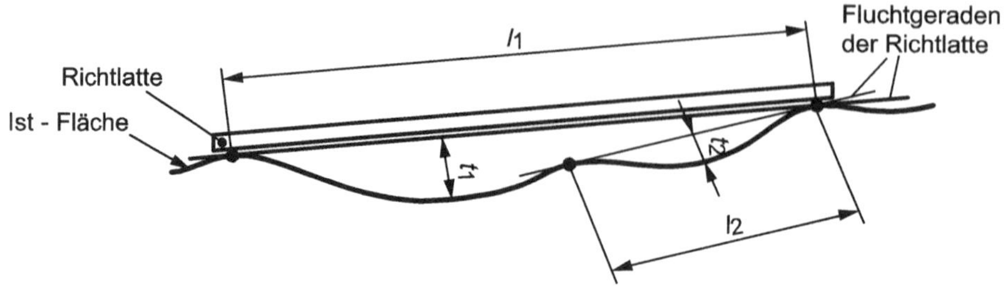

Abb. 3.2: Zuordnung der Stichmaße zum Messpunktabstand bei Überprüfung, z. B. durch Messlatte und Messkeil, nach DIN 18202-2013-04

Bei der Überprüfung der Ebenheit von Decken und Wänden werden Tief- und Höhepunkte der Flächen fixiert und die Unebenheiten durch Stichmaße festgestellt. Nunmehr ist auch durch die zeichnerische Darstellung in DIN 18202 eindeutig festgelegt, dass die Messpunktabstände, auf die Grenzwerte in Tabelle 3.3 für Stichmaße bezogen werden, die Entfernung zwischen 2 Hochpunkten ist. Zwischen diesen wird an der tiefsten Stelle das Stichmaß genommen. Die Überprüfung erfolgt in der Regel mit einer Richtlatte, die auf den Hochpunkten aufgelegt wird. Der tiefste Punkt zwischen den beiden Hochpunkten wird durch das Stichmaß festgestellt. Dabei wird der Abstand der Rasterpunkte so gewählt, wie es die Beurteilung der Fläche erfordert, also danach, ob sich die Überprüfung in der Hauptsache auf groß- oder kleinflächige Unebenheiten bezieht, siehe Abb. 3.2.

DIN 18202 lässt nach Tabelle 3.3, Zeilen 1 bis 7, je nach Art der Oberfläche unterschiedliche Ebenheitstoleranzen zu. Weicht z. B. die Ebenheit einer 4 m langen, nichtflächenfertigen Wand (Zeile 5) um das zulässige Maß von 15 mm ab, so darf die flächenfertig geputzte Wand noch eine zulässige Abweichung von 10 mm (Zeile 6) aufweisen. Eine solche Abweichung ist durch die zulässige Toleranz in der Putzdicke zwischen durchschnittlicher Putzdicke z. B. 20 mm und Mindestputzdicke (Minimum der Putzdicke) z. B. 15 mm bei Außenputzen (vgl. Abschnitt 6.18 DIN EN 13914-1 und DIN 18550-1 [8]) ausgleichbar. D. h. die im Leistungsverzeichnis ausgeschriebene bzw. angeforderte Putzdicke von z. B. 20 mm gibt die durchschnittliche geforderte Dicke bzw. Normalputzdicke an.

Untergrundunebenheiten können insoweit ausgeglichen werden, dass z. B. auf vorstehende Mauersteine und dergleichen nur 15 mm Putzdicke und auf dem restlichen Wandbildner die über das Leistungsverzeichnis angeforderten 20 mm aufgebracht wird.

Grundsätzlich wird im Allgemeinen über das Leistungsverzeichnis eine bestimmte Putzdicke z. B. 20 mm beauftragt. Sind nun aber durchschnittliche Dicken von mehr als 20 mm und bis zu 25 mm notwendig bzw. auszuführen, so ist der Bieter berechtigt entsprechend Abschnitt 0.5.1, 6. Spiegelstrich Mehrputzdicken in Schritten von jeweils 5 mm abzurechnen, da hier Leistungen über die eigentlich ausgeschriebenen Position von 20 mm auszuführen sind bzw. waren. Gleiches gilt für entsprechend höhere Putzdicken von z. B. im Mittel 28 mm oder 32 mm. Hier sind dann jeweils 2 x 5 mm Mehrdicken oder 3 x 5 mm Mehrdicken abzurechnen.

Spezielle Dünnlagenputze, die mit einer Putzdicke zwischen 3 und 5 mm aufgetragen werden, können die zulässige Ebenheitsabweichung der DIN 18202 zwischen nichtflächenfertigen Wänden und Unterseiten von Rohdecken (siehe Tabelle 3.3, Zeile 5) und flächenfertigen Wänden und Unterseiten von Decken von 5 mm aufgrund ihrer geringen Putzdicke nicht ausgleichen. Sind Dünnlagenputze ausgeschrieben, so ist darauf zu achten, dass die zu verputzenden Oberflächen bereits die Maßtoleranzen von flächenfertigen Wänden und Decken der Tabelle 3.3, Zeile 6 der DIN 18202 (siehe Tabelle 3) erreichen. Andernfalls ist ein Ausgleichsputz notwendig, der dem Auftraggeber anzukündigen und gesondert zu vergüten ist (siehe Merkblatt „Dünnlagenputz im Innenbereich" [32])

Ergibt sich bei der Prüfung der Vorleistungen, dass Toleranzüberschreitungen gegeben sind, dann ist die Geltendmachung von Bedenken gegenüber dem Auftraggeber gem. Abschnitt 3.1.1 dieser ATV in Verbindung mit § 4 (3) VOB/B unerlässlich. Die Prüfungspflicht beinhaltet, dass die Vorleistungen gewissenhaft in Augenschein genommen und gegebenenfalls nachgemessen werden.

Für Putz- und Stuckarbeiten kommen insbesondere die Toleranzwerte nach den Zeilen 6 und 7 der Tabelle 3.3 zur Anwendung. Danach gilt, dass z. B. bei einem Abstand der Messpunkte von 4 m die Ebenflächigkeit bis zu 10 mm bei normaler Anforderung abweichen darf. Werden jedoch erhöhte Anforderungen an die Ebenflächigkeit gestellt, was bereits in der Leistungsbeschreibung anzugeben ist, so beträgt die zulässige Abweichung bei einem Abstand der Messpunkte von 4 m nur noch 8 mm.

Bei einem Abstand der Messpunkte von 2,50 m (häufig anzutreffende Stockwerkshöhe) ergibt sich der zulässige Toleranzwert, wenn normale Anforderungen gestellt werden, mit 8 mm und bei erhöhten Anforderungen mit 6 mm. Dabei gilt, dass die im Rahmen der zulässigen Toleranz liegende Abweichung nicht in einer plötzlichen Vertiefung bestehen, sondern nur in einer gleichmäßig allmählich verlaufenden Abweichung vorhanden sein darf.

In DIN 18202 ist dazu gesagt, dass bei flächenfertigen Wänden, Decken, Estrichen und Bodenbelägen Sprünge und Absätze vermieden werden sollen. Hierunter ist aber nicht die durch Flächengestaltung bedingte Struktur zu verstehen.

Auch dann, wenn an die Ebenflächigkeit erhöhte Anforderungen gestellt werden, sind Abweichungen in begrenztem Maße zulässig. Hierauf wird in der Vorschrift ausdrücklich hingewiesen und festgelegt, dass auch bei Streiflicht sichtbar werdende Unebenheiten in den Oberflächen nicht zu beanstanden sind, wenn die Toleranzen von Tabelle 3.3 Zeile 7 eingehalten sind.

Weicht die zu verputzende Fläche von den in der Tabelle 3.3 Zeile 5 aufgeführten Toleranzen ab, entstehen dem Unternehmer Mehraufwendungen, damit er die ihm vorgeschriebenen Ebenheitsabweichung in Zeile 6 oder, wenn ausdrücklich ausgeschrieben, in Zeile 7 einhalten kann. Dabei ist klargelegt, dass die ermittelte Mehrputzdicke nicht um die Differenz der Maße in Zeile 5 und Zeile 6 oder 7 verringert werden kann.

Beispiel: Die Überprüfung der Ebenheit einer Wandfläche im Innenputz ergab eine durchschnittliche Putzdicke von 28 mm. Davon ist die im Leistungsverzeichnis ausgeschriebene und in der DIN EN 13914-2 bzw. DIN 18550-2 vorgegebene Putzdicke für Innenputzarbeiten von 10 mm abzuziehen. Somit ergibt sich ein Mehrputzauftrag von 18 mm. Dieser ist gemäß Abschnitt 0.5.1 in der Position „Mehrputz 5 mm/m^2“ mit 4 x L x H zu vergüten.

Werden an die Ebenflächigkeit erhöhte Anforderungen gestellt und wird hierauf in der Leistungsbeschreibung auch hingewiesen, so kann dieser Anforderung durch verschiedene Hilfsmittel gerecht werden. Es können Unterputzprofile, Putzbahnen oder Putzleisten/Putzlehren hergestellt werden. Putzbahnen sind ca. 10 cm breite Mörtelstreifen, die angeworfen und mit der Richt- oder Setzlatte planeben abgezogen werden. Als Putzleisten kann man auch industriell hergestellte Metallprofile (Unterputzprofile) verwenden, die je nach den Umständen des Einzelfalles wieder entfernt werden müssen.

Zur Herstellung von Gipsleisten (Pariser Leisten) wird zunächst die zu verputzende Fläche im Abstand der vorgeschriebenen Putzdicke abgeschnürt. Sodann werden Gipspunkte festgelegt, und zwar in der Weise, dass jeweils 2 Gipspunkte lotrecht übereinanderstehen (an Wänden) oder sich waagerecht gegenüberstehen (an Decken). Auf je zwei solcher Gipspunkte wird eine Richtlatte provisorisch, mit der Schmalkante auf den Gipspunkten stehend, befestigt. Der Zwischenraum zwischen Wand und angelegter Richtlatte wird mit Gipsmörtel herausgeworfen und beiderseits abgezogen. Nach dem Erhärten des Gipsmörtels wird die Richtlatte wieder abgenommen, und es entsteht ein schmaler Gipsstreifen (ca. 2,5 – 3 cm breit), welcher für die vorgesehene Putzdicke maßgebend ist. Zu beachten ist, dass die Gipsleisten nach Fertigstellung der Flächen wieder zu entfernen sind. Die Streifen sind mit artgleichem Putzmörtel zu schließen. Führt dies zu größeren Putzdicken als Abschnitt 6.9 DIN EN 13914-2 bzw. DIN 18550-2 [9] (siehe dazu Erläuterung zu Abschnitt 3.2.1) festgelegt, so handelt es sich bei dem Mehrputzauftrag um eine Besondere Leistung, die unter den Voraussetzungen von § 2 (6) VOB/B gesondert zu vergüten ist.

Eine erhöhte Anforderung an die Ebenflächigkeit kann der Auftragnehmer auch anders erreichen. Wie dieses Leistungsziel der Auftragnehmer der Putz- und Stuckarbeiten erreicht, ist seine Sache.

Werden Ebenheitsabweichungen von lediglich 3 mm oder weniger, bei Messpunktabständen größer/gleich 4 m gefordert, so muss dabei beachtet werden, dass derartige kleine Maßabweichungen handwerklich nahezu unerreichbar sind. Eine Forderung, die eine Unmöglichkeit zum Ziel hat (z. B. 2,5 mm Ebenheitsabweichung auf 10 m Messabstand) wird nicht Vertragsbestandteil, da diese Forderung offensichtlich darauf angelegt ist, Nichtausführbares als regelgerecht einzufordern.

Grenzwerte für Fluchtabweichungen bei Stützen

Als Flucht von Stützen wird die horizontale Verbindungslinie zwischen der Ist-Lage der Endstützen einer Stützenreihe mit drei oder mehr Stützen bezeichnet, siehe Abb. 3.3:

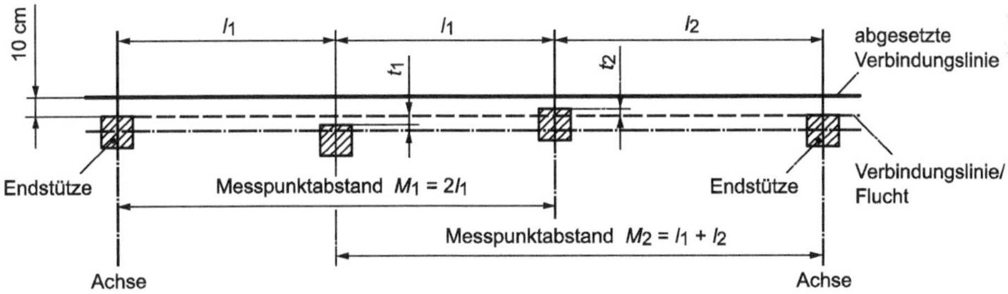

Abb. 3.3: Prüfung der Lage von Zwischenstützen in der Flucht nach DIN 18202-2013-04

Als Nennmaß für den Messpunktabstand gilt der Abstand zwischen drei Stützen, also zwei Achsabstände. Als Stichmaß gilt der Abstand einer Zwischenstütze zur Flucht (siehe Tabelle 3.4).

Tabelle 3.4: Grenzwerte für die Fluchtabweichung bei Stützen nach DIN 18202-2013-04

Spalte	1	2	3	4	5	6
Zeile	Bezug	Stichmaße als Grenzwerte in mm bei Nennmaßen in m als Messpunktabstand				
		bis 3 m	von 3 bis 6 m	über 6 bis 15 m	über 15 bis 30 m	über 30 m
1	zulässige Abweichung von der Flucht	8	12	16	20	30

Die Einhaltung von Toleranzen nach DIN 18202 ist nur zu prüfen, wenn es erforderlich ist. Das heißt, die Maßtoleranz ist nur dort zu kontrollieren, wo dies aufgrund von Anforderungen sinnvoll oder notwendig erscheint. Damit sind Bauteile, deren Maßabweichungen die technische Funktion oder die optische Gestaltung des Bauwerks nicht beeinträchtigen, nicht zwangsläufig mangelhaft und sollen kein Anlass von Auseinandersetzungen sein, nur weil die Genauigkeit nicht ganz der Norm entspricht (siehe [33]). Werden erhöhte Anforderungen an die Ebenheit von Flächen gestellt, so ist dies im Leistungsverzeichnis auszuschreiben und vertraglich besonders zu vereinbaren.

Sind keine Vereinbarungen zu den Ebenheitsabweichungen getroffen, gelten die Standardanforderungen, Zeile 6 der Tabelle 3.3.

Bei Arbeiten an denkmalgeschützten Gebäuden oder mit besonderer architektonischer Gestaltung (z. B. „Hundertwasser"-Gebäude) ist es oft nicht möglich die Maßtoleranzen anzuwenden, da die Untergründe häufig nicht eben sind bzw. nicht ebenflächig sein sollen. Daher würde die Einhaltung von Maßtoleranzen z. B. bei Ausführung von Stuckprofilen, zu optischen Auffälligkeiten führen, die den künstlerischen Gesamteindruck negativ beeinflussen können.

3.1.3 Bei ungeeigneten Bedingungen, unzureichender Bauteiltemperatur, z. B. für Putzarbeiten Temperaturen unter +5 °C, sind in Abstimmung mit dem Auftraggeber besondere Maßnahmen zu ergreifen. Sollten hierfür Leistungen erforderlich werden, sind dies Besondere Leistungen (siehe Abschnitt 4.2.9).

Bei der Ausführung von Putzen sind mögliche Witterungseinflüsse zu beachten. Außenputze dürfen nicht angebracht werden, wenn die Untergrund- und Umgebungstemperatur unter +5 °C absinkt oder Frostgefahr zu erwarten ist, es sei denn, dass in ausreichendem Maße Witterungsschutzmaßnahmen getroffen wurden. Gleiches gilt für Sanierputze.

Innenputzarbeiten erfordern eine Putzgrund- und Umgebungstemperatur von mindestens +5 °C, ebenso die Verarbeitung von Kunstharzputzen. Grundsätzlich soll der Putzgrund eine Temperatur von +5 °C bei und unmittelbar nach der Putzausführung bzw. bis zum ausreichenden Erhärten des Putzes nicht unterschreiten.

Das Abbinden des Putzes kommt bei Temperaturen unter +5 °C, bei einzelnen Silikatputzen bereits unter +8 °C zum Erliegen.

Speziell ausgerüstete, in der Regel organisch gebundene Putze, können, nach Herstellerangaben auch bei niedrigeren Temperaturen verarbeitet werden. Es ist jedoch zu beachten, dass bei diesen Putzen auch die obere Temperaturgrenze der Verarbeitbarkeit reduziert ist, was ihre Verwendbarkeit einschränkt. Die Erfahrung hat gezeigt, dass bei kalter Witterung und Sonneneinstrahlung und damit der Erwärmung der zu verputzenden Bauteiloberfläche auf über +10 °C diese Putze nur bedingt zu verarbeiten sind. Aus diesem Grund sollen diese Putze nur in begründeten Ausnahmefällen angewendet werden. Die jeweilige Herstellervorschrift ist zu beachten. Siehe auch „Merkblatt Verputzen, Wärmedämmen, Spachteln und Beschichten bei hohen und niedrigen Temperaturen“ [7]

Bei Innenputzarbeiten ist grundsätzlich auf eine ausreichende Belüftung der Räume nach dem Verputzen zu achten. Der Auftragnehmer kann die Belüftung nur im Rahmen seiner Tätigkeit am jeweiligen Bauvorhaben sicherstellen.

Nach Abschluss der Putzarbeiten bzw. nach Verlassen der Baustelle durch den Auftragnehmer hat der Auftraggeber die jeweilige andauernde Belüftung sicherzustellen. Nur der Auftraggeber kann den Zugang zur Baustelle und die jeweilige Art und Dauer der Belüftung – auch unter Sicherheitsaspekten (Öffnen der Fenster – Diebstahlschutz) – ermöglichen.

Verlangt der Auftraggeber die Ausführung von Putzarbeiten, unter Abweichung der vertraglich vereinbarten Ausführungszeit (z. B. Februar statt Oktober), bei ungeeigneten klimatischen Bedingungen, z. B. Temperaturen unter 5 °C, sind Besondere Maßnahmen zu ergreifen. Diese Maßnahmen sind Besondere Leistungen, siehe Abschnitt 4.2.9.

Durch Wärmebrücken im Bereich der Randzonen der Betondecken infolge (noch) fehlender Wärmedämmung, z. B. im Bereich der Deckenstirnseiten, entstehen bei kalter Witterung Kondensatbildung oder Frostschäden an der Putzoberfläche. Siehe dazu das Merkblatt Verputzen, Wärmedämmen, Spachteln und Beschichten bei hohen und niedrigen Temperaturen“ [7].

3.1.4 Bewegungsfugen des Bauwerkes müssen konstruktiv mit gleicher Bewegungsmöglichkeit übernommen werden.

Bewegungsfugen in Bauwerken haben aus verschiedenen Gründen eine wichtige Funktion zu erfüllen. Damit Bewegungen des Baukörpers, die sich im Bereich vorhandener Fugen auswirken, nicht zu Schäden führen, ist es unerlässlich, dass die Fugen des Bauwerkes an gleicher Stelle und mit gleicher Bewegungsmöglichkeit in die fertige Oberfläche – auch in die dazugehörige Unterkonstruktion – übernommen werden, auch wenn dadurch die gestalterische Wirkung beeinflusst wird. Grundsätzlich müssen Fugen in der fertigen Oberfläche mit dem Verlauf der Bauwerksfugen übereinstimmen.

Werden in Bezug auf Schalldämmung und Brandschutz besondere Anforderungen gestellt, müssen erforderliche Bewegungsfugen so ausgebildet werden, dass die an Schalldämmung und Brandschutz gestellten Anforderungen dadurch nicht beeinträchtigt werden.

Das Anlegen und Ausbilden von Fugen ist, wie unter Abschnitt 0.2.3 erläutert, gesondert auszuschreiben und nach Abschnitt 0.5.2 abzurechnen.

Wenn es zur vertraglichen Leistung des Auftragnehmers gehört, Fugen elastisch auszubilden, ist darauf zu achten, dass nur Verfugungsmaterial beauftragt bzw. verwendet wird, das im Hinblick auf Fugenbreite und Fugentiefe geeignet ist.

3.1.5 Profile

Profile, z. B. Kantenprofile, Abschlussprofile, Bewegungsfugenprofile, Randwinkel, Einfassprofile, müssen entsprechend dem Verwendungszweck verzinkt oder korrosionsresistent sein.

Profile aus textilen Geweben müssen alkalibeständig sein.

Profile können unterschiedlichen Zwecken dienen, z. B. als An- oder Abschluss von Putzflächen oder als Kantenschutz bzw. Verstärkung von Kanten. Ebenso können Profile verzinkt oder in Edelstahlausführung verwendet werden. Edelstahlprofile sind z. B. im Spritzwasserbereich oder im Bereich mit Tausalzeinsatz, sinnvoll.

In Bäder sind im Allgemeinen Edelstahlprofile einzusetzen. Verzinkte Unterputzprofile bzw. Unterputzleisten sind nach Ausführung der Putzarbeiten in Bädern zu entfernen und die Fehlstellen sind mit artgleichem Mörtel zu verschließen, um ein mögliches Rosten verzinkter Profile unter fortwährender Feuchtebelastung zu vermeiden.

Gewebeeckwinkel bzw. Profile mit textilen Geweben werden vorzugsweise in Armierungsputze aus z. B. Kalkzementmörteln eingesetzt. Profile mit textilen Geweben die in Kalkzementputzen eingesetzt werden müssen alkalibeständig sein.

3.1.6 Putzträger

Drahtgeflechte, Rippenstreckmetall und dergleichen müssen verzinkt oder korrosionsresistent, Baustahlmatten und dergleichen frei von losem Rost sein. Textile Gewebe müssen bei der Verwendung von Kalk-, Kalkzement- oder Zementmörtel alkalibeständig sein. Nägel, Klammern und andere Befestigungselemente müssen bei Verwendung in Feuchträumen und für Arbeiten mit Gips korrosionsresistent sein.

Putzträger sind flächig ausgebildet, stellen ein dauerndes Haften des Putzes sicher oder ermöglichen einen von der Konstruktion weitgehend unabhängigen Putz. Sie sollten z. B. nach DIN 4121 bzw. den Vorschriften der Hersteller am tragenden Untergrund entsprechend befestigt werden. Werden einzelne Bauteile, die als Putzgrund ungeeignet sind (z. B. Stahlträger, Holzbalken, usw.), mit einem Putzträger überspannt, so sollte dieser allseitig mindestens 200 mm auf den umgebenden geeigneten Putzgrund übergreifen und in der Regel auf diesem, nicht auf dem überspannten Bauteil befestigt werden. Die Überlappung der Putzträger untereinander muss mindestens 50 mm betragen.

Als Putzträger können z. B. metallische Putzträger nach DIN EN 13658-1, und DIN EN 13658-2, Holzwolle-Leichtbauplatten nach DIN EN 13168, Ziegeldrahtgewebe oder Rohrmatten verwendet werden.

Siehe auch Erläuterungen zu Abschnitt 2.3 sowie DIN EN 13658-1 und DIN EN 13658-2.

3.2 Putze

3.2.1 Putze aus Mörtel mit mineralischen Bindemitteln mit oder ohne Zusätze sind nach DIN 18550-1 „Planung, Zubereitung und Ausführung von Innen- und Außenputzen – Teil 1: Ergänzende Festlegungen zu DIN EN 13914-1 für Außenputze und DIN 18550 2 „Planung, Zubereitung und Ausführung von Innen- und Außenputzen“ – Teil 2: Ergänzende Festlegungen zu DIN EN 13914-2 für Innenputze“ oder DIN EN 13914-1 „Planung, Zubereitung und Ausführung von Innen- und Außenputzen – Teil 1: Außenputze“ und DIN EN 13914-2 „Planung, Zubereitung und Ausführung von Innen- und Außenputzen“ – Teil 2: Innenputze“ herzustellen. Kunstharzputze sind nach DIN 18558 „Kunstharzputze — Begriffe, Anforderungen, Ausführung“ herzustellen.

Seit September 2016 ist die DIN EN 13914-1 sowie die DIN EN 13914-2 erhältlich und gültig. Diese ersetzten die Vorgängerversionen vom 2005. Im Zuge der Neuherausgabe der Europäischen Verarbeitungsnorm für Außen- und Innenputz EN 13914 wird auch die DIN 18550-1 Außenputz und DIN 18550-2 Innenputz als nationales Ergänzungsdokument zu DIN EN 13914 neu herausgegeben, voraussichtlich 2017.

Historisch stellt sich die Geltungssituation der nationalen und europäischen Putznormen wie folgt dar:

DIN 18550-1 (01/1985)	Gültig für VOB-Verträge nach ATV DIN 18350 bis 09/2006
DIN 18550-2 (01/1985)	Gültig für VOB-Verträge nach ATV DIN 18350 bis 09/2006
DIN 18550-3 (03/1991)	Gültig für VOB-Verträge nach ATV DIN 18350 bis 09/2006
DIN 18550-4 (08/1993)	Gültig für VOB-Verträge nach ATV DIN 18350 bis 09/2006
DIN V 18550 (04/2005)	Gültig für VOB-Verträge nach ATV DIN 18350 von 10/2006 bis 07/2015
DIN EN 13914-1 (06/2005)	Gültig für VOB-Verträge nach ATV DIN 18350 von 08/2015 bis 08/2016
DIN 18550-1 (12/2014)	Gültig für VOB-Verträge nach ATV DIN 18350 von 08/2015 bis 08/2016

DIN EN 13914-2 (07/2005)	Gültig für VOB-Verträge nach ATV DIN 18350 von 08/2015 bis 08/2016
DIN 18550-2 (06/2015)	Gültig für VOB-Verträge nach ATV DIN 18350 von 08/2015 bis 08/2016
DIN EN 13914-1 (09/2016)	Gültig für VOB-Verträge nach ATV DIN 18350 ab 09/2016
DIN 18550-1 (?/2017)	Gültig für VOB-Verträge nach ATV DIN 18350 ab Erscheinungsdatum 2017
DIN EN 13914-2 (09/20165)	Gültig für VOB-Verträge nach ATV DIN 18350 ab 09/2016
DIN 18550-2 (?/2017)	Gültig für VOB-Verträge nach ATV DIN 18350 ab Erscheinungsdatum 2017

Für die Zubereitung von Mörtel ist die DIN EN 13914-1 „Planung, Zubereitung und Ausführung von Innen- und Außenputzen – Teil 1: Außenputz" [8] sowie DIN EN 13914-2 – Teil 2: „Innenputz" [9] heranzuziehen.

In Abschnitt 5.1.5 des Entwurfes zur DIN 18550-1 (03/2017) wird ein Überblick der Außenputzarten in Tabelle DE.1 (Tab. 3.5) und DE.2 (Tab. 3.6) gegeben.

Tabelle 3.5: Zuordnung der ehemaligen Putzmörtelgruppen (mineralische Bindemittel)

Bezeichnung	**Ehemalige Putzmörtelgruppen nach DIN V 18550:2005-04**
Mörtel mit Luftkalk	P I
Hydraulischer Kalkmörtel (NHL, HL)	P I
Kalk- und Zementmörtel	P II
Zementmörtel	P III

Tabelle 3.6: Zuordnung der ehemaligen Putzmörtelgruppen (organische Bindemittel)

Bezeichnung	**Ehemalige Putzmörtelgruppen nach DIN V 18550:2005-04**
Organisch gebundener Silikatputz (Silikatputz)	P Org 1
Dispersionsputz (Kunstharzputz)	P Org 1
Silikonharzputz	P Org 1

Für Putze mit organischen Bindemitteln gibt es keine Anforderungen an die Druckfestigkeit.

In Abschnitt 6.2 des Entwurfes zur DIN 18550-2 (03/2017) wird ein Überblick der Innenputzarten in Tabelle DE.2 (Tab. 3.7) und DE.3 (Tab. 3.8) gegeben.

Tabelle 3.7: Putzmörtel/Putzarten (mineralisch) für Innenputze nach DIN E 18550-1 (10/2016)

Bezeichnung	Beschreibung	Produktnorm	Druckfestigkeitsklasse	Anwendungsbeispiele	Ehemalige Putzmörtelgruppe *
Mörtel mit Luftkalk (CL)	Putzmörtel mit Luftkalk (Kalkhydrat) als Hauptbindemittel	DIN EN 998-1	CS I	Innenbereich Denkmalpflege	P I
Mörtel mit hydraulischem Kalk (NHL, HL)	Putzmörtel mit Hauptbindemittel hydraulischer Kalk (NHL; HL)	DIN EN 998-1	CS I/CS II	Innenbereich Denkmalpflege	P I
Kalk-Zement-mörtel	Putzmörtel mit Bindemittel Baukalk (Kalkhydrat) und Zement	DIN EN 998-1	CS II/CS III	Innenbereich Feuchträume	P II
Zement-mörtel	Putzmörtel mit Hauptbindemittel Zement	DIN EN 998-1	CS III/CS IV	Innenbereich Feuchträume	P III
Gips-/ Gipskalk-mörtel	Putzmörtel, dessen Hauptbindemittel aus Calciumsulfat besteht	DIN EN 13279-1	B1–B7	Innenbereich einschließlich häusliche Küchen und Bäder	P IV
Lehm-mörtel	Putzmörtel mit Lehm als Bindemittel	DIN 18947	S I/S II	Innenbereich einschließlich häusliche Küchen und Bäder	---

* aus DIN V 18550: 2005-04

Angegeben sind Beispiele für die Verwendung der beschriebenen Putzmörtelarten. Zugehörige Anwendungsregeln müssen beachtet werden.

Tabelle 3.8: Putzmörtel/Putzarten (organisch) für Innenputze nach DIN E 18550-2 (10/2016)

Bezeichnung	Beschreibung	Produkt dukt-norm	Anwendungs-beispiele	Ehemaliger Putztyp *
Dipersions-Silikatputz (Silikatputz)	Putz, der als eigenschaftsbestimmendes Bindemittel Kali-Wasserglas und Polymerdispersion enthält.	DIN EN 15824	Innenbereich	---
Dispersions-putz (Kunst-harzputz)	Putz, dessen eigenschaftsbestimmendes Bindemittel aus Polymerdispersion besteht.	DIN EN 15824	Innenbereich	P Org 2
Silikonharz-putz	Putz, der als eigenschaftsbestimmendes Bindemittel eine Silikonharzemulsion und Polymerdispersion enthält.	DIN EN 15824	Innenbereich	P Org 2
* aus DIN V 18550:2005-04				

Der Putzaufbau richtet sich jeweils nach den Anforderungen, die an den Putz gestellt werden und nach der Beschaffenheit des Untergrundes.

Für die Putzdicke ist in Abschnitt 6.18 DIN EN 13914-1 bzw. DIN 18550-1 [8] bzw. Abschnitt 9.2 DIN EN 13914-2 bzw. DIN 18550-2 [9] festgelegt, dass die durchschnittliche Dicke von Putzen, die allgemeinen Anforderungen genügen, muss

- außen 20 mm (zulässige Mindestdicke 15 mm),
- innen 15 mm betragen (zulässige Mindestdicke 10 mm)
- bei einlagigen Innenputzen aus Werktrockenmörtel sind 10 mm ausreichend (zulässige Mindestdicke 5 mm).

Wärmedämmputz gemäß Abschnitt 6.18.6.3 DIN EN 13914-1 muss mindestens 20 mm und darf in der Regel höchstens 100 mm dick sein. Bei größeren Dicken sind besondere Maßnahmen erforderlich.

Der Putzgrund ist vor der Putzausführung auf seine Beschaffenheit und Eignung zu überprüfen (vgl. Erläuterungen zu Abschnitt 3.1.1). Besondere Maßnahmen zur Vorbereitung des Putzgrundes, z. B. Auftragen einer Haftbrücke, sind bereits in der Leistungsbeschreibung anzufordern, weil es sich hierbei für den Auftragnehmer um eine besondere Leistung handelt, für die er eine gesonderte Vergütung zu beanspruchen hat, wenn er den Anspruch gemäß § 2 (6) VOB/B rechtzeitig vor der Ausführung dem Auftraggeber ankündigt.

Bei stark saugendem Putzgrund ist im Regelfall ein volldeckender Spritzbewurf oder eine entsprechende Vorbehandlung (z. B. Aufbrennsperre) erforderlich. Bei schwach saugendem Putzgrund ist in der Regel ein nicht volldeckender

Spritzbewurf oder eine entsprechende Vorbehandlung (z. B. Anstrich mit einem Haftmittel) für die spätere Haftung des Putzes ausreichend.

Bei Beton als Putzgrund ist zur Putzgrundvorbereitung in der Regel ein Spritzbewurf mit Mörtel der Druckfestigkeitsklasse CS III oder CS IV oder das Auftragen einer Haftbrücke erforderlich.

Holz- und Stahlteile sind als Putzgrund ungeeignet. Sie müssen mit einem Putzträger überspannt werden, wobei dies für den Auftragnehmer eine Besondere Leistung darstellt, für die er unter den Voraussetzungen des § 2(6) VOB/B Anspruch auf gesonderte Vergütung hat.

Putzträger müssen normgerecht und nach den Vorschriften der Herstellerwerke befestigt werden. Wenn einzelne Bauteile, die als Putzgrund ungeeignet sind, z. B. metallische Konsolbefestigungen von Fensterbänken (Bedenken anmelden, wenn diese vorhanden sind, aber in der Leistungsbeschreibung nicht erwähnt sind), mit einem Putzträger überspannt werden müssen, muss dieser allseitig mindestens 200 mm auf den umgebenden geeigneten Putzgrund übergreifen und auf diesem befestigt werden. Die Überlappung der Putzträger untereinander muss mindestens 50 mm betragen (siehe auch Erläuterungen zu Abschnitt 2.3 Putzträger).

Ist zur Verbesserung der Zugfestigkeit des Putzes eine Putzbewehrung einzubringen, so ist diese in die zugbelastete Zone des Putzes (äußere Hälfte der Putzdicke) einzulegen, und die Stöße des Bewehrungsgewebes sind mindestens 100 mm zu überlappen. Auf benachbarte Bauteile muss die Überlappung der Putzbewehrung mindestens 200 mm betragen. Bezüglich der Beschaffenheit von Putzbewehrungen siehe Erläuterungen zu Abschnitt 2.3.

In der Praxis wird der Wirkungsgrad einer Putzbewehrung im Normalputz gelegentlich überschätzt. Eine Putzbewehrung ist gemäß Abschnitt 3.17 DIN EN 13914-1 [8] ein Material, das in ein Putzsystem eingearbeitet wird, um den Widerstand gegen Rissbildung zu verbessern (z. B. geschweißtes Drahtgitter, Glasfasergewebe oder Fasern)
Ein Armierungsputz als polymermodifizierte mineralische oder organische Putzlage (siehe Abschnitt 3.18 DIN EN 13914-1 [8], die ein Gittergewebe enthält, welches auf einem Unterputz oder einem beschädigten Putzgrund aufgetragen wird und zur Verringerung von Rissen beiträgt ist die weitaus bessere Alternative zur Putzbewehrung in den Unterputz.

Da ein Großteil der Bewegungen in den ersten Monaten nach Bauwerkserstellung erfolgt, ließe sich durch eine ausreichende Wartezeit vor dem Verputzen das Risiko einer Rissbildung erheblich verringern. Erfahrungsgemäß sollte diese Wartezeit mindestens ½ Jahr betragen (vgl. [34] Abschnitt 5, Abs. 36).

Zur Verminderung der Rissbildung ist bei Öffnungen in Außenwänden neben der horizontalen Bewehrung über den Rollladenkästen zusätzlich eine Diagonalbewehrung von den Öffnungsecken schräg nach oben und im Brüstungsbereich schräg nach unten in den Grundputz einzulegen.

Die Abrechnung von Putzbewehrungen erfolgt nach den Regeln des Abschnitts 5 in Verbindung mit Abschnitt 0.5 dieser ATV. Die Putzbewehrung wird ggf. in ihrer vollen Länge bei einer Breite bis 1,00 m im Längenmaß (siehe Abschnitt 0.5.2) oder anderenfalls im Flächenmaß (siehe Abschnitt 0.5.1) gemessen. Diagonalbewehrungen werden nach Anzahl/Stück entsprechend Abschnitt 0.5.3 abgerechnet.

Beim Aufbringen des Mörtels ist darauf zu achten, dass die nachfolgende Putzlage erst aufgebracht werden darf, wenn die vorhergehende ausreichend trocken und so fest ist, dass die neue Putzlage an ihr haften kann. Auf einen Spritzbewurf darf die erste Putzlage frühestens nach 24 Stunden, je nach Herstellervorschrift, aufgetragen werden.

Einflüsse hinsichtlich der Witterung auf den Putz sind in Abschnitt 3.1.3 sowie in [7] beschrieben.

Für die Verarbeitung von Putzen auf unterschiedlichen Untergründen gelten u. a. folgende Merkblätter[1)] (Stand 01/2017)

- Leitlinien für das Verputzen von Mauerwerk und Beton [27]
- Außenputz auf Ziegelmauerwerk [35
- WTA-Merkblatt 2-9-04/D „Sanierputzsysteme“, [13]
- WTA-Merkblatt 2-4-14/D „Beurteilung und Instandsetzung gerissener Putze an Fassaden“, [36]
- WTA-Merkblatt 2-7-01 „Kalkputze in der Denkmalpflege“, [37]
- Merkblatt für den Einbau und das Verputzen von extrudierten Polystyrol-Hartschaumstoffplatten mit rauer oder gewaffelte Oberfläche als Wärmebrückendämmung, [34]
- Egalisationsanstriche auf Edelputzen, [17]
- Strukturierte Putzoberflächen – visuelle Anforderungen, [16]
- Algen, Pilze an Fassaden – Gewährleistungsfälle oder Naturphänomene, [18]
- Algen, Pilze, Flechten auf Oberflächen (Information für Kunden), [19]
- Algen- und Pilzbefall an Fassaden (Information für Betriebe), [20]
- Technische Information – Algen und Pilze auf Fassaden, [21]
- Algen, Pilze u. a. an Fassaden, [22]
- Gipsputze und gipshaltige Putze auf Beton, [39]
- Dünnlagenputz im Innenbereich, [32]
- Putzoberflächen im Innenbereich – Qualitätsstufen für abgezogene, geglättete, abgeriebene und gefilzte Putze, [15]

Die oben genannten Merkblätter wurden vom Bundesverband Ausbau und Fassade, im Zentralverband des Deutschen Baugewerbes Berlin, dem Industrieverband WerkMörtel e. V. Duisburg, dem Bundesverband der Gipsindustrie e. V. Berlin, der wissenschaftlich technischen Arbeitsgemeinschaft für Bauwerkserhaltung und Denkmalpflege (WTA) München sowie weiteren Verbänden verfasst. Die Adressen der diversen Verbände sind im Anhang 6.2 hinterlegt.

Zahlreiche der vorgenannten Merkblätter sind z. B. im Technischen Handbuch Putz – Stuck – Trockenbau – Wärmedämmung, 3. Auflage[1] [40] abgedruckt.

Des Weiteren wurden noch folgende Richtlinien[2], die mehrere unterschiedliche Branchenfachverbände erarbeitet haben, herausgegeben:

- Richtlinie Fassadensockelputz / Außenanlage – Richtlinie für die fachgerechte Planung und Ausführung des Fassadensockelputzes sowie des Anschlusses der Außenanlage, [23]
- Richtlinie Anschlüsse an Fenster und Rollläden bei Putz, Trockenbau und Wärmedämm-Verbundsystem, [24]
- Richtlinie Metallanschlüsse an Putz und Wärmedämm-Verbundsysteme – Richtlinie für die fachgerechte Planung und Ausführung von Anschlussdetails im Bereich von Klempner- und Stuckateurarbeiten, [41]
- Richtlinie Ausführung luftdichter Konstruktionen und Anschlüsse, [42].
- Innenwärmedämmung – Merkblatt für Planung und Anwendung im Bestand und Neubau [43].

Kunstharzputze nach DIN 18558

Laut Definition in Abschnitt 3.1 der DIN 18558 [10] sind Kunstharzputze „Beschichtungen mit putzartigem Aussehen“. Kunstharzputze sind dadurch charakterisiert, dass das Bindemittel aus Kunstharzen (in Form von Dispersionen oder Lösungen) besteht. Deshalb wäre die zutreffende Bezeichnung eigentlich „kunstharzgebundene Putze“ oder „Dispersionsputze“.

2009 ist die Produktnorm DIN EN 15824 [11] erschienen, welche Produkteigenschaften für organische Putze (z. B. Kunstharzputze) regelt. Bisher ist die DIN 18558 noch nicht zurückgezogen worden, so dass lediglich die produktspezifischen Eigenschaften dieser Norm ihre Gültigkeit verlieren. Die Ausführungsbestimmungen der DIN18558 bleiben bis auf Weiteres erhalten.

Kunstharzputze im Sinne der DIN 18558 werden auf Wand- und Deckenflächen als Oberputz auf einem Unterputz aus Mörteln mit mineralischen Bindemitteln oder auf Beton mit geschlossenem Gefüge verwendet. Für Kunstharzputze ist zu beachten, dass sie grundsätzlich einen vorherigen Grundanstrich erfordern.

2 Die Richtlinien sowie das Technische Handbuch sind beim Fachverband der Stuckateure für Ausbau und Fassade Baden-Württemberg (http://www.stuck-verband.de) zu beziehen.

Kunstharzputze werden im Werk gefertigt und in Gebinden verarbeitungsfertig geliefert. Bei der Verarbeitung dürfen ihnen Verdünnungsmittel (Wasser, Lösungsmittel) zur Regulierung der Konsistenz nur in geringer Menge zugegeben werden.

Kunstharzputze werden nach [10] Abschnitt 3.6 nach der unterschiedlichen Lage am bzw. im Bauwerk unterteilt:

„a) Außenputz
- *auf aufgehenden Flächen,*
- *für Sockel im Bereich oberhalb der Anschüttung,*
- *für Deckenuntersichten.*

b) Innenputz
- *für Wände in Räumen mit üblicher Luftfeuchte einschließlich der häuslichen Küchen und Bäder,*
- *für Wände in Feuchträumen,*
- *für Decken in Räumen mit üblicher Luftfeuchte einschließlich der häuslichen Küchen und Bäder,*
- *für Decken in Feuchträumen.“*

Kunstharzputze als oberste Putzlage an Außenflächen müssen
- witterungsbeständig,
- frostbeständig,
- wasserabweisend und
- alkalibeständig

sein. Werden an die Festigkeit von Kunstharzputzen für Außenflächen erhöhte Anforderungen gestellt, muss der Untergrund entweder aus Beton mit geschlossenem Gefüge bestehen, oder es muss ein mineralischer Unterputz vorhanden sein.

Kunstharzputze als oberste Putzlage an Innenflächen für übliche Beanspruchung sind gegeben, wenn Putzsysteme verwendet werden. In Feuchträumen dürfen nur Kunstharzputze des Typs P Org 1 verwendet werden.

Ebenso wie bei Putzen aus Mörteln mit mineralischen Bindemitteln lassen sich auch bei Kunstharzputzen verschiedenartige Oberflächenstrukturen und -effekte je nach der Art des Beschichtungsstoffes, der Korngröße, des Auftragverfahrens und der Oberflächenbehandlung erzielen. Danach werden folgende Oberflächenstrukturen unterschieden:

- Kratzputz-Struktur,
- Reibeputz-Struktur,
- Rillenputz-Struktur,
- Spritzputz-Struktur,
- Rollputz-Struktur,
- Buntsteinputz,

- Modellierputz,
- Streichputz.

3.2.2 Innenputze sind in Qualitätsstufe Q 2 – geglättet oder Qualitätsstufe Q 2 – gefilzt nach DIN 18550-2 oder DIN EN 13914-2 herzustellen. Innenputze

Innenputze werden je nach Region unterschiedlich ausgeführt, sodass als Regelausführung sowohl geglättete als auch gefilzte Innenputze hergestellt werden. Es obliegt dem Auftraggeber; die jeweils geforderte Oberfläche in der Leistungsbeschreibung anzugeben. Innenputze können ein- oder mehrlagig ausgeführt werden.

Eine Ausschreibung, die sowohl geglättete als auch gefilzte Putze in einer Position fordert; ist technisch falsch, da beide Putzstrukturen unterschiedliches Arbeiten erfordern. Ein eindeutiger Ausschreibungstext nach § 7 VOB/A lautet z. B. *„Gipsmaschinenputz auf Mauerwerk, Putzdicke 10 mm geglättet, Qualitätsstufe Q 2. Die erforderliche Vorbehandlung unterschiedlicher Untergründe ist in einer gesonderten Leistungsposition enthalten."*

Das Merkblatt [15] „Putzoberflächen im Innenbereich – Qualitätsstufen für abgezogene, geglättete, abgeriebene und gefilzte Putze" führt zu den Putzoberflächen-u. a. Folgendes aus:

„Putzoberflächen im Innenbereich werden abgezogen, geglättet, abgerieben und gefilzt ausgeschrieben und ausgeführt. Sie dienen auch als Untergrund für Anstriche/Beschichtungen oder Wandbekleidungen.

Vielfach werden leider irreführende Begriffe wie *„malerfertig, malfertig, streichfertig, anstrichbereit, oberflächenfertig, tapezierfertig, glatt, streiflichttauglich u. Ä."* in Leistungspositionen verwendet. Aus derart undefinierten Beschreibungen, die keine Qualitätsmerkmale darstellen, kann eine qualitative Beschaffenheit nicht abgeleitet werden. In der Praxis werden häufig für unterschiedliche Eigenschaften, subjektiv Maßstäbe angesetzt, die sich neben der Ebenheit vor allem an optischen Merkmalen, z. B. Streiflicht zur Putzoberfläche, orientieren.

Von Putzoberflächen, die in handwerklicher Leistung bei unterschiedlichsten Umgebungsbedingungen hergestellt werden, dürfen nicht dieselben Oberflächengüten, wie bei industriell hergestellten Gebrauchsgütern, erwartet werden; dies gilt auch für die Gleichmäßigkeit des Farbeindrucks der Oberfläche."

Dies muss bei Planung, Ausschreibung, Ausführung und Beurteilung berücksichtigt werden.

Vorbereitung und Vorbehandlung des Putzgrundes

Die Putzgrundvorbereitung und -vorbehandlung haben wesentlichen Einfluss auf die Qualität der Oberfläche. Unter anderem sind deshalb z. B. Schlitze,

Fehlstellen, größere Fugen vor dem Verputzen mit geeignetem Mörtel zu schließen. Diese vor dem Verputzen durchzuführenden Maßnahmen des Verschließens von Schlitzen, Aussparungen, Fehlstellen im Mauerwerk, Beton oder Gips-Wandbauplatten sowie Auftragen von Haftbrücken oder Aufbrennsperren (Grundierungen) als Untergrundvorbehandlung u. Ä., sind besonders anzufordernde und zu vergütende Leistungen nach Abschnitt 4.2.14 und Abschnitt 4.2.21. Eventuell notwendige Standzeiten sind zu beachten.

Geglättete Putze

Qualitätsstufe 1 (Q 1 – geglättet)

Für Oberflächen von Putzen, an die keine Anforderungen (z. B. Optik, Ebenheit, Putzdicke) gestellt werden, ist eine geschlossene Putzfläche ausreichend. Mit diesem Putz kann eine luftdichte Schicht auf dem Mauerwerk erreicht werden. Bei solchen Ausführungen sind Bearbeitungsspuren sichtbar Schwindrisse oder Fugeneinfall nicht auszuschließen.

Qualitätsstufe 2 (Q 2 – geglättet) [Standard]

Diese Oberfläche entspricht der Standardqualität z. B. entsprechend Abschnitt 3.2.2 dieser ATV und genügt den üblichen Anforderungen an Wand- und Deckenflächen.

Putzoberflächen der Qualitätsstufe Q 2 – geglättet sind geeignet für:

- Oberputze, Körnung > 1,0 mm
- mittel- bis grobstrukturierte Wandbekleidungen, z. B. Raufasertapeten (mit Körnung RM oder RG nach BFS-Info 05.01 [44],
- matte, gefüllte Anstriche/Beschichtungen (z. B. quarzgefüllte Dispersionsbeschichtung), die mit langflorigem Farbroller oder mit Strukturrolle aufgetragen werden.

Bei geglätteten Putzoberflächen ist zu beachten, dass mit mittel- bis grobstrukturierten Wandbekleidungen sowie Oberputzen > 1,0 mm einzelne Untergrundunregelmäßigkeiten optisch besser egalisiert werden können, als mit einer gefüllten Beschichtung, die mit langfloriger Farbrolle (Lammfellrolle) oder mit einer Strukturrolle aufgetragen werden.

Wird die Qualitätsstufe 2 (Q 2 – geglättet) gewählt, sind vereinzelte Abzeichnungen, wie z. B. Traufelstriche, nicht auszuschließen. Schattenfreiheit bei Streiflicht kann nicht erreicht werden.

Einlagige Ausführung (Q 2 – geglättet)

Einlagig geglättete Putze werden vorzugsweise als Gipsputze oder gipshaltige Putze ausgeführt.

Ein standardmäßig geglätteter Gipsputz wird wie folgt ausgeführt: Nach dem Putzauftrag erfolgen das Abziehen und das Ausrichten des Putzes. Zusätzlich erfolgt das Filzen des Putzes; die so aufgeschlämmte Fläche wird anschließend geglättet.

Putzlage mit Putzglätte (Q 2 – geglättet)

Auf einen rau abgezogenen, abgebundenen Unterputz aus Gips-, Gipskalk-, Kalkgips-, Kalk- oder Kalkzementputz kann, ggf. nach Vorbehandlung, zum Glätten eine geeignete Putzglätte oder Spachtelmasse aufgetragen werden.

Gefilzte Putze

Gefilzte Putze können ein- oder zweilagig auf ggf. vorbehandelten Putzgrund ausgeführt werden. Je nach Material und Bearbeitung können unterschiedliche Qualitätsstufen erreicht werden.

Qualitätsstufe 1 (Q 1 – gefilzt)

Für Oberflächen von Putzen, an die keine Anforderungen (z. B. Optik, Ebenheit, Putzdicke) gestellt werden, ist eine geschlossene Putzfläche ausreichend. Mit diesem Putz kann eine luftdichte Schicht auf dem Mauerwerk erreicht werden.

Bei solchen Ausführungen sind Bearbeitungsspuren sichtbar. Schwindrisse oder Fugeneinfall sind nicht auszuschließen.

Qualitätsstufe Q 2 (Q 2 – gefilzt) [Standard]

Diese Oberfläche entspricht der Standardqualität z. B. entsprechend Abschnitt 3.2.2 dieser ATV und genügt den üblichen Anforderungen an Wand- und Deckenflächen.

Gefilzte Putzoberflächen der Qualitätsstufe Q 2 sind geeignet z. B. für:

- matte, gefüllte Anstriche/Beschichtungen
- grobstrukturierte Wandbekleidungen, z. B. Raufasertapeten mit Körnung RG nach BFS-Info 05-01 [44]

Einlagig, gefilzter Putz (Gipskalk-, Kalkgips-, Kalkzement- oder Zementputz) wird wie folgt ausgeführt:
Nach dem Putzauftrag, dem Abziehen sowie dem Ausrichten des Putzes erfolgt das Filzen (z. B. mit Filzbrett).

Bei dieser Qualitätsstufe sind Abzeichnungen, wie z. B. strukturlose Stellen, Bearbeitungsspuren, kleinere Unebenheiten, Kornanhäufungen nicht auszuschließen.

Schattenfreiheit bei Streiflicht kann nicht erreicht werden. Unterschiedliche Putzstrukturen sind trotz Grundierungen oder Aufbrennsperren nicht zu vermeiden. Bei einlagigen Putzen sind Schwindrisse oder Fugeneinfall hinzunehmen. Ungestrichene gefilzte Putze sanden leicht ab. Dies kann durch eine Beschichtung vermieden werden.

Abgezogene Putze

Qualitätsstufe 1 (Q 1 – abgezogen)

Für Oberflächen von Putzen; an die keine Anforderungen (z. B. Optik, Ebenheit, Putzdicke) gestellt werden, ist eine geschlossene Putzfläche ausreichend. Mit diesem Putz kann eine luftdichte Schicht auf dem Mauerwerk erreicht werden.

Bei solchen Ausführungen sind Bearbeitungsspuren sichtbar. Schwindrisse oder Fugeneinfall sind nicht auszuschließen.

Qualitätsstufe 2 (Q 2 – abgezogen), [Standard]

Für Oberflächen von Putzen/Unterputzen, an die keine optischen Anforderungen aber Standardanforderungen an die Ebenheit (vgl. Tabelle 3.3, Grenzwerte für Ebenheitsabweichungen) gestellt und vertraglich vereinbart werden, ist ein abgezogener Putz ausreichend.

Diese Oberfläche ist geeignet z. B. für:

- Dekorative Oberputze $\geq$ 2,0 mm
- Wandbeläge aus Keramik, Natur- und Betonwerkstein, etc.

Eine abgezogene Putzoberfläche wird nach dem Putzauftrag durch Abziehen und Ausrichten des Putzes erreicht. Als Untergrund für Fliesen-, Natursteinbeläge u. Ä., darf die Oberfläche nicht gefilzt oder geglättet, werden.

Abgeriebene Putze

Abgeriebene Putze können ein- oder zweilagig auf ggf. vorbehandeltem Putzgrund ausgeführt werden. Je nach Material und Bearbeitung können unterschiedliche Qualitätsstufen erreicht werden.

Qualitätsstufe 1 (Q 1 – abgerieben)

Für Oberflächen von Putzen, an die keine Anforderungen (z. B. Optik, Ebenheit, Putzdicke) gestellt werden, ist eine geschlossene Putzfläche ausreichend. Mit diesem Putz kann eine luftdichte Schicht auf dem Mauerwerk erreicht werden.

Bei solchen Ausführungen sind Bearbeitungsspuren sichtbar. Schwindrisse oder Fugeneinfall sind nicht auszuschließen.

Qualitätsstufe 2 (Q 2 – abgerieben)

Diese Oberfläche entspricht der Standardqualität und genügt den üblichen Anforderungen an Wand- und Deckenflächen.

Abgeriebene Putzoberflächen der Qualitätsstufe 2 sind geeignet z. B. für:

- matte, gefüllte Anstriche/Beschichtungen.

Abgeriebene Putzoberflächen der Qualitätsstufe 2 können auch geeignet sein für:

- grobstrukturierte Wandbekleidungen, z. B. Raufasertapeten (mit Körnung RG nach BFS-Info 05-01 [44])

Einlagig abgeriebener Putz (Kalk- und Kalk-Zementputz) wird wie folgt ausgeführt:

Nach dem Putzauftrag, dem Abziehen sowie dem Ausrichten des Putzes erfolgt das Abreiben (z. B. mit Reibebrett).

Bei dieser Qualitätsstufe sind Abzeichnungen, wie z. B. strukturlose Stellen, Bearbeitungsspuren, kleinere Unebenheiten, Kornanhäufungen nicht auszuschließen. Schattenfreiheit bei Streiflicht kann nicht erreicht werden. Unterschiedliche Putzstrukturen sind trotz Grundierungen oder Aufbrennsperren nicht zu vermeiden. Bei einlagigen Putzen sind Schwindrisse oder Fugeneinfall hinzunehmen. Ungestrichene abgeriebene Putze sanden leicht ab. Dies kann durch eine Beschichtung vermieden werden.

3.2.3 Für Putze der Qualitätsstufe Q 3 – geglättet oder gefilzt und der Qualitätsstufe Q 4 – geglättet oder gefilzt nach DIN 18550-2 sind zusätzliche Leistungen erforderlich. Diese sind Besondere Leistungen (siehe Abschnitt 4.2.25).

Die in diesem Abschnitt beschriebenen Leistungen zur Erzielung einer höheren Oberflächenqualität als die Standardausführung Q 2, sind immer gesondert zu vereinbaren.

Geglättete Putze

Qualitätsstufe 3 (Q 3 – geglättet)

Die Qualitätsstufe 3 beinhaltet alle Ausführungen der Qualitätsstufe 2. Zusätzlich wird in einem weiteren Arbeitsgang die Putzoberfläche entweder mit einem Glättgang oder mit einem Glättputzauftrag überarbeitet.

Putzoberflächen der Qualitätsstufe Q 3 – geglättet sind geeignet für:

- Oberputze Körnung ≤ 1,0 mm
- fein strukturierte Wandbekleidungen, z. B. Vlies, Raufasertapeten mit Körnung RF nach BFS-Info 05-01 [44]

- matte, fein strukturierte Anstriche/Beschichtungen

Bearbeitungsspuren, wie z. B. Traufelstriche, werden weitgehend vermieden. Auch bei der Qualitätsstufe 3 sind bei Streiflicht sichtbar werdende Abzeichnungen und Schattenbildungen nicht auszuschließen. Grad und Umfang solcher Abzeichnungen sind gegenüber dem Standard (Q 2 – geglättet) geringer.

Qualitätsstufe 4 (Q 4 – geglättet)

Die Qualitätsstufe 4 beinhaltet alle Ausführungen der Qualitätsstufe 3 sowie zusätzlich ein vollflächiges Überarbeiten der Oberfläche mit einem geeigneten Spachtel- oder Glättputzmaterial.

Der Putz muss erhöhten Anforderungen an die Ebenheit entsprechen.

Wenn ein abgezogener Unterputz der Qualitätsstufe Q 3 vorhanden ist, sind die Unterputzprofile nach dem Auftrag des Unterputzes zu entfernen und die Fehlstellen zu schließen. Alternativ kann auf den Flächen mit verbleibenden Unterputzprofilen auch eine vollflächige Spachtel- oder Glättputzlage mit z. B. Vlies aufgebracht werden.

Putzoberflächen der Qualitätsstufe Q 4 – geglättet, sind geeignet für glatte Wandbekleidungen und Beschichtungen mit Glanz, z. B.:

- Metall, Vinyl- oder Seidentapeten
- Lasuren oder Beschichtungen bis zum mittleren Glanz
- Spachtel- und Glättetechniken.

Eine Oberflächenbehandlung der Qualitätsstufe 4, die sehr hohe Anforderungen erfüllt, minimiert die Möglichkeit von Abzeichnungen.

Grundsätzlich wird eine Putzoberfläche von der Belichtung (Tageslicht, künstliche Beleuchtung, Leuchtmittel) beeinflusst. Absolute Schattenfreiheit bei Streiflicht kann nicht erreicht werden.

Die Belichtungs- und Beleuchtungsverhältnisse, wie sie bei der späteren Nutzung vorgesehen sind, müssen bekannt sein. Zweckmäßigerweise sollen sie bereits zum Verputzzeitpunkt imitiert werden.

In Einzelfällen kann es erforderlich sein, dass in Verbindung mit Beschichtungs- und Klebearbeiten weitere Maßnahmen (z. B. mehrmaliges Spachteln und Schleifen) zur Vorbereitung der Oberfläche für die Schlussbeschichtung notwendig sind, z. B. für:

- glänzende Beschichtungen
- Lackierungen
- Lacktapeten.

In diesen Einzelfällen wird empfohlen, die über Q 3 hinausgehende Schlusslage von dem Fachunternehmer aufbringen zu lassen, der die Endbeschichtung aufbringt.

Gefilzte Putze

Qualitätsstufe 3 (Q 3 – gefilzt)

Diese Oberfläche entspricht einer höheren Anforderung als die Standardqualität Q 2 – gefilzt.

Filzputz (Gipskalkputz, Kalkgipsputz, Kalkputz, Kalk-Zementputz oder Zementputz) wird wie folgt ausgeführt:
Nach dem Putzauftrag erfolgt das Ausrichten des Putzes. Die Oberflächenstrukturierung erfolgt üblicherweise durch Vor- und Nachfilzen. Dabei sind Kalkputze, Kalk-Zementputze oder Zementputze zweilagig auszuführen.

Wird die Qualitätsstufe 3 gewählt, muss die Filzstruktur im jeweiligen Strukturbild gleichmäßig sein. Kornanhäufungen oder strukturlose Stellen sind nur vereinzelt zulässig. Der Gesamteindruck des Strukturbildes darf nicht gestört sein. Schattenbildungen bei Streiflicht sind bei dieser Ausführung hinzunehmen.

Putzoberflächen der Qualitätsstufe Q 3 sind geeignet z. B. für;

- matte, nicht strukturierte/nicht gefüllte Anstriche/Beschichtungen.

Qualitätsstufe 4 (Q 4 – gefilzt)

Filzputze der Qualitätsstufe 4 können sowohl auf geglätteten (mit Haftvermittler) als auch eben abgezogenen Unterputzen der Qualitätsstufe 3 ausgeführt werden.

Der vorhandene Unterputz muss erhöhte Anforderung an die Ebenheit erfüllen. Das Strukturbild entspricht der Anforderung der Qualitätsstufe Q 3 – gefilzt.

Grundsätzlich wird eine Putzoberfläche von der Belichtung (Tageslicht, künstliche Beleuchtung, Leuchtmittel) beeinflusst. Absolute Schattenfreiheit bei Streiflicht kann nicht erreicht werden.

Die Belichtungs- und Beleuchtungsverhältnisse, wie sie bei der späteren Nutzung vorgesehen sind, müssen bekannt sein. Zweckmäßigerweise sollen sie bereits zum Verputzzeitpunkt imitiert werden.

Abgeriebene Putze

Qualitätsstufe 3 (Q 3 – abgerieben)

Diese Oberfläche entspricht einer höheren Anforderung als die Standardqualität Q 2 – abgerieben.

Abgeriebener Putz (Kalk- und Kalkzementputz) wird wie folgt ausgeführt:

Auf dem vorhandenen abgezogenen Unterputz wird der abzureibende Putz aufgetragen.

Die Oberflächenstrukturierung erfolgt üblicherweise durch Vor- und Nachreiben.

Wird die Qualitätsstufe 3 gewählt, muss die Abriebstruktur im jeweiligen Strukturbild gleichmäßig sein. Kornanhäufungen oder strukturlose Stellen sind nur vereinzelt zulässig. Der Gesamteindruck des Strukturbildes darf nicht gestört sein. Schattenbildung bei Streiflicht ist bei dieser Ausführung hinzunehmen.

Putzoberflächen der Qualitätsstufe Q 3 sind geeignet z. B. für:

– matte, nicht strukturierte/nicht gefüllte Anstriche/Beschichtungen.

Qualitätsstufe 4 (Q 4 – abgerieben)

Abgeriebene Putze der Qualitätsstufe 4 können sowohl auf geglättetem (mit Haftvermittler) als auch eben abgezogenen Unterputzen der Qualitätsstufe 3 Q 3 ausgeführt werden. Die Qualitätsstufe Q 4 entspricht höchsten Anforderungen an die geriebene Putzoberfläche und ist nur durch zusätzliche, über Q 3 hinausgehende, Maßnahmen zu erreichen.

Qualitätsstufe 4 – abgerieben wird wie folgt erreicht:

Auftragen, eben verziehen und antrocknen lassen einer Oberputzschicht in Kornstärke auf den vorhandenen abgezogenen oder geglätteten Unterputz Q 3. Anschließend zweite Oberputzschicht auftragen und das angezogene Material abreiben. Hierbei können Oberputze mit Körnung $\leq$ 1,0 mm verwendet werden. Der vorhandene Unterputz muss erhöhten Anforderungen an die Ebenheit erfüllen. Wird Qualitätsstufe 4 gewählt, muss das geriebene Strukturbild gleichmäßig sein.

Grundsätzlich wird eine Putzoberfläche von der Belichtung (Tageslicht, künstliche Beleuchtung, Leuchtmittel) beeinflusst. Absolute Schattenfreiheit bei Streiflicht kann nicht erreicht werden.

Die Belichtungs- und Beleuchtungsverhältnisse, wie sie bei der späteren Nutzung vorgesehen sind, müssen bekannt sein. Zweckmäßigerweise sollen sie bereits zum Verputzzeitpunkt imitiert werden.

Fußnoten zu Tabelle 3.9:

1 Bei den Qualitätsstufen Q 2 bis Q 4 muss immer die Ausführungsart „abgezogen oder geglättet oder abgerieben oder gefilzt" genannt werden, z. B. „Q 2 – geglättet"

2 Für feinere Oberputze siehe Q 3 – geglättet.

3 z. B. > 1600 cm² bei einer Druckfestigkeit von > 6 N/mm² in der Schweiz bzw. über 20 cm x 20 cm in Österreich

Tabelle 3.9: Übersicht der Qualitätsstufen von Innenputzoberflächen [15]

	Abgezogene Putzoberfläche		Geglättete Putzoberfläche	
Qualitätsstufe[1]	Beschaffenheit/Eignung der Oberfläche	Maßtoleranz	Beschaffenheit/Eignung der Oberfläche	Maßtoleranz
Q 1	Geschlossene Putzfläche	–	Geschlossene Putzfläche	–
Q 2 Standard	geeignet z. B. für: – Oberputze, Körnung ≥ 2,0 mm – Wandbeläge aus Keramik, Natur- und Betonwerkstein, etc.	Standardanforderungen an die Ebenheit	geeignet z. B. für: – Oberputze, Körnung > 1,0 mm – mittel- bis grobstrukturierte Wandbekleidungen, z. B. Raufasertapeten mit Körnung RM oder RG nach BFS-Info 05-01 – matte, gefüllte Anstriche/ Beschichtungen (z. B. quarzgefüllte Dispersionsbeschichtung), die mit langflorigem Farbroller oder mit Strukturrolle aufgetragen werden.	Standardanforderungen an die Ebenheit
Q 3	geeignet z. B. für: – Oberputze, Körnung[2] > 1,0 mm – Wandbeläge aus Fein-Keramik, großformatige[3] Fliesen, Glas, Naturwerkstein, etc.	erhöhte Anforderungen an die Ebenheit	geeignet z. B. für: – Oberputze, Körnung ≤ 1,0 mm – fein strukturierte Wandbekleidungen z. B. Vlies, Raufasertapeten mit Körnung RF nach BFS-Info 05-01 - matte, fein strukturierte Anstriche/ Beschichtungen.	Standardanforderungen an die Ebenheit
Q 4	–	–	geeignet für glatte Wandbekleidungen und Beschichtungen mit Glanz, z. B.: – Metall, Vinyl- oder Seidentapeten – Lasuren oder Anstriche / Beschichtungen bis zum mittleren Glanz – Spachtel- und Glättetechniken	erhöhte Anforderungen an die Ebenheit

	Abgeriebene Putzoberfläche		Gefilzte Putzoberfläche	
Qualitätsstufe[1]	Beschaffenheit/Eignung der Oberfläche	Maßtoleranz	Beschaffenheit/Eignung der Oberfläche	Maßtoleranz
Q 1	Geschlossene Putzfläche	–	Geschlossene Putzfläche	–
Q 2 Standard	Abgeriebene Putzoberflächen sind geeignet z. B. für: – matte, gefüllte Anstriche/Beschichtungen. Abgeriebene Putzoberflächen können auch geeignet sein für: – grobstrukturierte Wandbekleidungen, z. B. Raufasertapeten mit Körnung RG nach BFS-Info 05-01	Standardanforderungen an die Ebenheit	Gefilzte Putzoberflächen sind geeignet z. B. für: – matte, gefüllte Anstriche/Beschichtungen. Gefilzte Putzoberflächen können auch geeignet sein für: – grobstrukturierte Wandbekleidungen, z. B. Raufasertapeten mit Körnung RG nach BFS-Info 05-01	Standardanforderungen an die Ebenheit
Q 3	geeignet z. B. für: – matte, nicht strukturierte/nicht gefüllte Anstriche/Beschichtungen.	Standardanforderungen an die Ebenheit	geeignet z. B. für: – matte, nicht strukturierte/nicht gefüllte Anstriche/Beschichtungen.	Standardanforderungen an die Ebenheit
Q 4	geeignet z. B. für: – Lasuren oder Anstriche/Beschichtungen bis zum mittleren Glanz	erhöhte Anforderungen an die Ebenheit	geeignet z. B. für: – matte, nicht strukturierte/nicht gefüllte Anstriche/Beschichtungen.	erhöhte Anforderungen an die Ebenheit

Abgezogene Putze

Qualitätsstufe 3 (Q 3 – abgezogen)

Für Oberflächen von Putzen/Unterputzen, an die keine optischen, aber erhöhte Anforderungen an die Ebenheit gestellt und vertraglich vereinbart werden, ist ein eben abgezogener Putz notwendig.

Zur Erzielung erhöhter Anforderungen an die Ebenheit sind Unterputzprofile oder Putzleisten einzusetzen. Das Anbringen von Unterputzprofilen oder Putzleisten ist eine gesondert anzufordernde Leistung (vgl. Abschnitt 4.2.19).

Putzoberflächen der Qualitätsstufe 3 – abgezogen sind z. B. geeignet für

- Oberputze, Körnung > 1,0 mm
- Wandbeläge aus Feinkeramik, großformatige Fliesen, Glas. Naturwerkstein etc.

Als Untergrund für Fliesen-, Natursteinbeläge u. Ä. darf die Oberfläche nicht gefilzt oder geglättet sein.

3.2.4 Außenputze sind zweilagig mit einem Unter- und einem Oberputz herzustellen.

Dünnlagige Oberputze sind gerieben mit 3 mm Korngröße als Strukturputze herzustellen.

Dünnlagige Oberputze mit abweichender Korngröße erfordern zusätzliche Maßnahmen. Die erforderlichen Leistungen sind Besondere Leistungen (siehe Abschnitt 4.2.26).

Dicklagige Oberputze sind als Kratzputz herzustellen.

In Außenputzen sind bei Öffnungen, Aussparungen und Nischen Diagonalbewehrungen einzubauen.

Zweilagige Außenputze

Außenputze werden im Allgemeinen zweilagig ausgeführt. Sie bestehen aus Unter- und Oberputz.

Hinsichtlich des Regenschutzes müssen Außenputze, je nach geforderter regionaler Beanspruchungsgruppe gemäß DIN 4108-3 [45], wasserhemmend oder wasserabweisend eingestellt sein. Im Allgemeinen werden überwiegend wasserabweisende Putze angewendet.

Dünnlagige Oberputze

Dünnlagige Oberputze sind, als Standardausführung, gerieben mit 3 mm Korngröße als Strukturputze herzustellen.

Abweichende Korngrößen dünnlagiger Oberputze erfordern zusätzliche Maßnahmen. Die erforderlichen Leistungen sind Besondere Leistungen (siehe Abschnitt 4.2.26

Im Falle kleinerer Korngrößen der Oberputze erfordert die Ausführung des Unterputzes zusätzliche Maßnahmen, wie z. B. eine zusätzliche Putzlage aus geeignetem Material mit Haftzusätzen und Faserarmierung oder ein Armierungsputz mit Gewebeeinlage, die als Besondere Leistungen gesondert zu vergüten sind (siehe Abschnitt 4.2.26).

Sollen werkseitig eingefärbte Oberputze angetragen werden, so ist ein Egalisationsanstrich aufzubringen, sofern dies vereinbart ist (siehe [17]).

Nicht eingefärbte Oberputze erhalten, sofern dies vereinbart ist, aus optischen oder witterungsbedingten Gründen eine zweimalige Beschichtung.

Unter einem „Naturputz" ist ein Putz zu verstehen, der seine Farbe allein durch die gewählten Bindemittel und Zuschlagstoffe erhält.

Werden Altputze, die keine Risse aufweisen, überarbeitet, so erfordert dies zusätzliche Maßnahmen, wie z. B. eine zusätzliche Putzlage aus geeignetem Material mit Haftzusätzen. Sind Risse in den Altputzen vorhanden, so ist vor dem Oberputzauftrag ein Armierungsputz mit Gewebeeinlage aufzubringen.

Dicklagige Oberputze

Werden vom Auftraggeber dicklagige Oberputze gewünscht, so sind diese, wenn nichts anderes vereinbart ist, als Kratzputz auszuführen.

Strukturierte Putzoberflächen

Unabhängig ob es sich um dünn- oder dicklagige strukturierte (Ober-) Putze handelt, muss die Putzstruktur im jeweiligen Strukturbild gleichmäßig sein. Eine Anhäufung von Körnung oder strukturlosen Stellen ist nur vereinzelt zulässig. Der Gesamteindruck der Putzoberfläche darf nicht gestört sein. Egalisationsanstriche können Strukturunterschiede nicht oder nur sehr begrenzt ausgleichen (siehe Abschnitt 4.2.27). Durch kurzfristig einfallendes Sonnenlicht auftretende Schlagschatten sind zulässig (siehe auch [16]).

3.2.5 Altputze, die Risse, Schadstellen und dergleichen aufweisen, sind mit einem Armierungsputz mit Gewebeeinlage als zusätzliche Putzlage zu überarbeiten. Bei teilflächigen Putzausbesserungen können Übergänge sichtbar bleiben.

Zur Überarbeitung von gerissenen Altputzfassaden hat sich der Armierungsputz mit Gewebeeinlage bewährt. Diese Ausführung ist im Regelfall flächig anzuwenden. Auf den Armierungsputz wird entsprechend der Wahl des Auftraggebers ein Oberputz aufgebracht. Bei kleinflächigen Teilausbesserungen ist artgleicher Mörtel zu verwenden. Vorzugsweise ist die gesamte betroffene Fassadenfläche zu streichen.

Das Risiko von Rissbildungen in Putzen hängt in entscheidendem Maße vom Zustand des Putzgrundes, dem gewählten Putzsystem und der Ausführung ab. Das bloße Vorhandensein von Rissen stellt nicht zwangsläufig einen Mangel dar.

Es ist zu unterscheiden zwischen Rissen, die ausschließlich im Putz auftreten (putzbedingte Risse) und Rissen, die primär im verputzten Bauteil entstehen und erst sekundär durch die Putzschale brechen (konstruktionsbedingte Risse). Es gibt aber auch Rissarten, die sowohl putzbedingte als auch konstruktionsbedingte Ursachen haben können.

Putzbedingte Risse

Zu den putzbedingten Rissen gehören insbesondere:

a) Sackrisse (10 cm bis 20 cm lange nach unten durchhängende Horizontalrisse; innerhalb der ersten 2 h nach Putzauftrag);
b) Schrumpfrisse (netzförmig; innerhalb von 1 h bis 5 h nach Putzauftrag);
c) Schwindrisse (netzförmig oder als Y-Risse; bis zu 6 Monaten nach Putzauftrag);
d) Fettrisse bei mineralischen Edelputzen (sehr kurze, nur an der Oberfläche vorhandene Risse; während der Erhärtungsphase/des Abbindeprozesses).

Putzgrund-/Konstruktionsbedingte Risse

Hierzu gehören insbesondere:

a) Einzelrisse mit auffällig geradlinigem Verlauf (z. B. Stein-Putzrisse);
b) Risse mit weitgehender vertikaler oder waagerechter Ausrichtung (z. B. Deckenauflager);
c) Risse, die den Fugenverlauf nachzeichnen;
d) Vertikal verlaufende Risse im Eckbereich von Mauerwerken im Abstand der Wanddicke;
e) Risse, die Mauerwerksöffnungen miteinander verbinden;
f) Schubrisse;
g) Kerbrisse (relativ geradlinig verlaufende Einzelrisse, z. B. diagonal verlaufende Risse im Eckbereich von Öffnungen).

Putzgrund-/Konstruktionsbedingte Risse treten innerhalb eines Zeitraumes von 0,5 Jahren bis 5 Jahren nach Putzauftrag auf (Spätrisse) und unterscheiden sich auch dadurch grundlegend von putzbedingten Rissen.

Bewertung von Rissen

Risse in begrenztem Umfang sind nicht zu bemängeln, wenn sie den technischen und optischen Wert des Putzes nicht beeinträchtigen.

Ein technischer Mangel liegt z. B. vor, wenn durch Risse der Schlagregenschutz des Mauerwerks und/oder die Witterungsbeständigkeit von Putz und Anstrich nicht mehr gewährleistet sind. Eine generelle Höchstrissbreite kann nicht angegeben werden, da diese je nach verwendetem Putz, Putzsystem und Putzgrund im jeweiligen Einzelfall separat zu bewerten ist.

Ein optischer Mangel liegt vor, wenn sich Risse bei Betrachtung unter gebrauchsüblichen Bedingungen (z. B. Blickposition, Abstand) störend abzeichnen und die Putzfläche eine besondere gestalterische oder repräsentative Bedeutung hat [9].

Risse sind Schadstellen, die teils mit einfachen Mitteln (punktuellen Ausbesserungen), teils mit zusätzlichen Maßnahmen, z. B. mit Armierungsputz mit Gewebeeinlage als zusätzliche Putzlage zu überarbeiten sind. Bei den verschiedenen Einzelriss- oder flächigen Instandsetzungsverfahren sollte [36] beachtet werden.

> Die Überarbeitung von Putzen führt, soweit teilflächige Ausbesserungen vorgenommen werden, zwangsläufig zu Übergängen, die sichtbar bleiben; Gleiches gilt für das Anarbeiten an Altputzflächen. Handwerklich können derartige Ausbesserungen oder Anarbeitungen nicht ohne sichtbare Unterschiede hergestellt werden. Solche sichtbaren Unterschiede stellen daher keinen optischen Mangel dar, da der Auftraggeber die allgemeingültige Aussage mit Vereinbarung der VOB/C akzeptiert.

Auf bestehenden Putzen/Unterputzen (z. B. zur Überarbeitung bereits gerissener oder rissgefährdeter Putze) sollten Armierungsputze mit Armierungsgewebe eingesetzt werden.

Als Armierungsputz bezeichnet man eine Putzlage, die aus einem polymervergüteten Armierungsmörtel mit einem vollflächig eingebetteten Armierungsgewebe besteht. Ein Armierungsputz mit Gewebeeinlage ist eine weitaus effektivere Maßnahme zur Verhinderung von Rissen als das Einbetten eines Armierungsgewebes in einen (Leicht-)Unterputz. Mit einem Armierungsputz mit Gewebeeinlage auf einem Leichtputz wird eine weitgehende Entkopplung der oberen Putzschichten vom Untergrund erreicht. Dadurch können auftretende Spannungen im Putzsystem aufgefangen und verteilt werden.

Mit der Einbettung eines alkaliresistenten Armierungsgewebes (aus Glasfasern) wird die Zugfestigkeit des Putzsystems deutlich erhöht, wenn die auf den Putz einwirkenden Zugspannungen möglichst vollständig auf das Armierungsgewebe übertragen werden können. Dazu ist ein guter Verbund zwischen Putz und Armierungsgewebe notwendig. Dieser Verbund kann einerseits dadurch erreicht werden, dass das Gewebe in einer dichten Mörtelmatrix eingebettet ist, und andererseits dadurch, dass in dem Putz Polymeranteile enthalten sind, die eine sehr gute Haftung zum Gewebe gewährleisten.

Übliche Leichtputze (Typ I und Typ II) lassen aufgrund ihres Porengefüges einen ausreichenden Verbund zwischen Gewebe und Putz nicht erwarten. Ungeeignete, zu feine Gewebe können sogar zu einer Trennung der Putzschicht unter und über dem Gewebe führen. Für das kraftschlüssige Einbetten eines Gewebes ist daher ein entsprechend polymervergüteter Armierungsmörtel deutlich besser geeignet.

Zur Erhöhung der Zugfestigkeit, der Verbesserung des Witterungsschutzes und weiterer Verminderung des Rissrisikos empfiehlt es sich daher bei Neubauten ein Armierungsputz mit Gewebeeinlage auf den Unterputz auf der Außenseite als Zusatzmaßnahme aufzubringen, siehe hierzu auch Tabelle 7 in [27]. Die hierfür notwendigen Zusatzmaßnahmen sind gesondert zu beauftragen.

Teilflächenarmierung

In Fällen, in denen eine Armierung des Putzsystems nicht über eine gesamte Fassadenfläche, sondern lediglich in kleinen Teilflächen erfolgen soll, z. B. bei Rollladenkästen, Fensterecken, Deckenrändern und dergleichen, kommen in der Praxis zwei Varianten zur Anwendung.[3] Beide Varianten eignen sich nur, wenn es sich – bezogen auf die gesamte Fassadenfläche – nach Anzahl und Größe um wenige bzw. geringe Flächenanteile handelt. Der Auftraggeber sollte vor Ausführung der Arbeiten auf die möglichen Auswirkungen einer Teilflächenarmierung (s. u.) aufmerksam gemacht werden und sein Einverständnis für eine derartige Ausführung erteilen. Ein vollflächiger Armierungsputz ist der Teilflächenarmierung immer vorzuziehen.

Teilflächenarmierung bei **dicklagigen Oberputzen** (z. B. Kratzputz) und Putzen mit einer Korngröße über 3 mm

Zunächst wird der Unterputz über die gesamte Fläche aufgetragen. Nach ausreichender Standzeit wird in den Bereichen, in denen eine Teilflächenarmierung erfolgen soll, der Armierungsputz mit Gewebeeinlage auf den Unterputz aufgebracht. Bei Fensterecken und Öffnungen ist die Bewehrung diagonal einzule-

---

3 Grundsätzlich ist es auch möglich, die Putzbewehrung/-armierung in die obere Hälfte des Unterputzes einzulegen. Diese Ausführungsvariante wird jedoch nur für Normalmörtel empfohlen und insbesondere nicht empfohlen bei Verwendung von Leichtputzen.

gen, ggf. zusätzlich zu dem Gewebe, welches z. B. den Rollladenkasten überdeckt.

Darauf folgt der Oberputz. Bei dieser Variante kann trotz sorgfältigster Ausführung nicht sicher vermieden werden, dass sich die mit der Teilflächenarmierung versehenen Flächen im Oberputz abzeichnen (z. B. Fleckenbildung infolge unterschiedlichen Saugverhaltens des Untergrundes, Unebenheit infolge unterschiedlicher Dicken, unerwartete Rissbildung).

Teilflächenarmierung bei **dünnlagigen Oberputzen** mit einer Korngröße von 3 mm und kleiner

Bei dünnlagigen Oberputzen mit einer Korngröße von 3 mm und darunter ist eine Teilflächenarmierung am ehesten möglich, wenn der Armierungsputz mit Gewebeeinlage vor Aufbringen des Unterputzes direkt auf den Untergrund aufgebracht wird. Bei Fensterecken und Öffnungen ist die Bewehrung diagonal einzulegen, ggf. zusätzlich zu dem Gewebe, welches z. B. den Rollladenkasten überdeckt. Der Armierungsputz ist abschließend aufzukämmen und sollte mindestens eine Dicke von 5 mm aufweisen. Darauf folgen Unterputz und Oberputz.

Mit dieser Anordnung (Armierungsputz direkt auf dem Untergrund) werden aus unterschiedlichen Untergrundeigenschaften herrührende Spannungen auf eine größere Teilfläche verteilt und so das Risiko einzelner Risse vermindert. Spannungen, die aus äußeren Einflüssen herrühren, z. B. aus der hygrothermischen Belastung des Putzsystems, lassen sich mit dieser Anordnung nichtverteilen.

3.3 Herstellen und Ausbessern von Steinputzflächen

Auskragende Teilflächen sind durch den Einbau einer korrosionsgeschützten Unterkonstruktion herzustellen.

Nach dem Putzauftrag und dem Abbinden des Putzes ist die Oberfläche zu stocken oder zu scharrieren.

Beschädigte und auszubessernde Flächen sind mit gleichartigem Mörtel zu ergänzen. Die Oberfläche ist der vorhandenen Steinputzfläche bzw. Profilierung anzugleichen.

Beim Steinputz wird nur Zement als Bindemittel, im Mischungsverhältnis 1:3 (Zement/Zuschlagstoff) verwendet. Als Zuschlagstoff sind nur harte und dichte Gesteine wie z. B. Marmor, Kalk-, Granit-, Porphyr-, Serpentinsteine u. Ä. geeignet.

Bei farbigen Ausführungen sind nur lichtechte Zementfarben zu verwenden. Bei der Zementauswahl ist darauf zu achten, dass dieser nicht schwindet oder treibt.

Der Unterputz besteht aus Zementmörtel und wird waagrecht aufgekämmt. Der Oberputz bzw. dessen Oberfläche ist glatt zu ziehen und oder zu stampfen, um das Korn zu verdichten. Die Oberfläche ist mit der Traufel abzuglätten, bis alle Poren gefüllt sind und nach 3–4 Wochen zu stocken und/oder zu scharrieren.

Steinputz kann auch nach 3–4 Wochen mehrmals geschliffen (Schleifmittel von grob zu fein), poliert (z. B. mit Blut- oder Schlangenstein) und anschließend geölt oder gewachst werden.

3.4 Sgraffito

Die gewünschte Darstellung ist auf mehreren farbigen, übereinander aufgetragenen Putzschichten aufzuzeichnen oder aufzupausen. Die vorgegebenen Konturen sind bis zu der gewünschten farbigen Putzschicht zu schneiden und auszukratzen.

Sgraffito ist eine künstlerische Wandgestaltung in Kratz- und Ritztechnik. Das Wort kommt vom italienischen „sgrafiare“ und bedeutet kratzen. Diese Art der künstlerischen Wandgestaltung findet man in nahezu allen bedeutenden Kulturepochen der Baugeschichte. Ihren Höhepunkt fand die Technik in der Renaissance in Italien. Durch die Beauftragung italienischer Baumeister durch Fürsten- und Königshäuser nördlich der Alpen findet man die Sgraffitotechnik in Süddeutschland, Hessen, Schlesien, Böhmen und insbesondere in Tirol und der Schweiz.

Als Unterputz ist ein Kalkzementmörtel, für die nachfolgenden einzelnen Putzschichten Kalkmörtel sowie Kalk- und lichtechte Pigmente zu verwenden. Beim Auftragen der Putzschichten ist nass in nass zu arbeiten, damit eine gute Haftung der Putzschichten untereinander ermöglicht wird. Dadurch lassen sich auch die Konturen leichter auskratzen. Die im Maßstab 1:1 gezeichneten geometrischen, ornamentalen oder figürlichen Wanddekorationen erfolgen durch Aufpausen. Die Körnung des Mörtels ist so einzustellen, dass es der Feinheit des Entwurfs entspricht.

Die Schnittränder bzw. Konturen sind leicht schräg (ca. 30–45°) bis zur gewünschten Putzfarbschicht zu schneiden, damit sich kein Niederschlag ansammeln kann.

Die flächige Bearbeitung erfolgt mit speziellen Sgraffito-Werkzeugen wie Kratzeisen oder verschiedenen Sgraffitoschlingen.

Grundsätzlich ist zu beachten, dass bei mehrfarbiger und somit mehrschichtiger Sgraffitotechnik der Unterputz im Bereich der Bildfläche dünner angelegt wird, um eine planebene Fläche mit der anschließenden Fassade durch den Oberputz zu erzielen.

3.5 Bauteile aus Drahtputz

Bauteile aus Drahtputz sind nach DIN 4121 „Hängende Drahtputzdecken – Putzdecken mit Metallputzträgern, Rabitzdecken – Anforderungen für die Ausführung" herzustellen.
Für die Ausführung der Oberflächen gilt Abschnitt 3.2.2.

Bauteile aus Drahtputz an Decken sind nach DIN 4121 wie folgt herzustellen:

Die Unterkonstruktionen für hängende Drahtputzdecken besteht in der Regel aus Abhängern, Tragstäben aus Rundstahl mit mindestens 7 mm Durchmesser, Querstäben aus Rundstahl mit mindestens 5 mm Durchmesser oder jeweils anders geformte Metalltrag-/-querstäbe mit mindestens gleicher Tragfähigkeit. Die Quer- und Tragstäbe sind an den Kreuzungspunkten durch einen Drahtbund aus doppeltem, mindestens 0,7 mm dickem Draht oder einer gleichwertigen Verbindung zu befestigen. (Auf Querstäbe kann verzichtet werden, wenn der verwendete Putzträger so biegefest ist, dass die Putzdecke zwischen den Tragstäben nicht durchhängen kann.)

Nach dem Anbringen bzw. Befestigen des Putzträgers, z. B. Rabitzgewebe, Rippenstreckmetall, Ziegeldrahtgewebe, Drahtgewebe, Holzstabgewebe wird die so vorbereitete Putzträgerfläche mit Mörtel ausgedrückt.

Als Mörtel kann sowohl Gips-, Kalk- oder Zementmörtel unter Beimengung von Haaren oder Fasern verwendet werden. Dieser erste Auftrag ist kräftig aufzurauen, damit eine griffige Fläche für eine gute Haftung der nachfolgenden Putzlage entsteht. Bei Ausführung in Kalk- oder Zementmörtel muss die aufgetragene Fläche gut abgetrocknet und aufgeraut sein, ehe die nächste Putzlage aufgetragen wird.

Bei Verwendung von Kalk- und Zementmörtel sind bei Flächen über 25 m^2 Dehnungsfugen unerlässlich. Bei gewölbten Flächen sind genaue Zeichnungen mit Details erforderlich, die bereits bei der Ausschreibung der Leistungsbeschreibung zugrunde zu legen sind. Der für solche Arbeiten erforderliche Nachweis für die Tragfähigkeit der Baukonstruktion, an der Rabitzdecken (auch Gewölbe) aufzuhängen sind, ist Sache des Auftraggebers. Muss der Auftragnehmer jedoch im Rahmen seiner Prüfungspflicht Bedenken hinsichtlich der Tragfähigkeit haben, ist er verpflichtet, diese Bedenken vor Beginn der Arbeiten dem Auftraggeber schriftlich mitzuteilen.

Für das Verputzen von Rabitz- und Anwurfwänden sind in der Leistungsbeschreibung Hinweise zu geben, ob die Wände einseitig oder beidseitig zu verputzen sind, wobei im letzteren Falle auch die Dicke der Rabitzwände anzugeben ist.

Rabitzdecken und Rabitzwände können auch eingeschalt werden. Hierbei sind die Wände gegen die Schalung zu verputzen. Decken können gegen die Schalung gegossen werden. Die Gesamtdicke sollte 50 mm nicht übersteigen.

3.6 Stuck

Stuck ist die plastische Gestaltung von Mörtel auf, an und in Bauwerken, z. B. an Fassaden, Decken, Wänden, Gewölben, Säulen. Unter den Begriff Stuck fallen alle Arbeiten, die in zweckentsprechender Mischung, z. B. im Profil gezogen, in Formen gegossen oder an Ort und Stelle nach Vorlage oder Zeichnung angetragen werden.

Stuck kann, in Abhängigkeit der geforderten Bauverhältnisse, in Gips-, Gipssand-, Gipskalk-, Kalkgipsmörtel, Kalk-, Kalkzement- oder Zementmörtel ausgeführt werden. Stuck kann nach Befund originalgetreu nachgestaltet oder nach Entwurf, Modellen, Zeichnungen und Karton gestaltet werden. Gleichfalls kann Stuck in Formen gegossen, gestampft, vor Ort gezogen, auf den Tisch vorgefertigt und angesetzt, angetragen oder frei modelliert werden.

Bei Stuck handelt es sich vornehmlich um Schmuckformen, z. B. zur repräsentativen Gestaltung von Räumen oder Fassaden, sowie um Zweckformen, für indirekte Beleuchtungen, Gestaltung und Kaschierung von notwendigen (Teil-) Innendämmungen (z. B. im Bereich von Balkonplatten, die als Wärmebrücke wirken), Verdecken von Heizungs- und Lüftungsanlagen und dergleichen, die zur besonderen Ausgestaltung von Räumen und Bauwerken ausgeführt werden.

In jedem Fall ist darauf zu achten, dass gewichtsmäßig schwere Stuckteile sowohl bei Antragarbeiten als auch bei gezogenen oder gegossenen Stuckarbeiten durch korrosionsgeschützte Schrauben, Dübel, Bügel, Knüppel oder Trageeisen ausreichend armiert und kraftschlüssig, unter Berücksichtigung der Lastaufnahme des Untergrundes befestigt, d. h. gesichert werden, damit sie weder im Ganzen noch in Teilen abfallen können.

3.6.1 Gezogener und vorgefertigter Stuck

Gezogene Profile mit einer Stuckdicke von mehr als 5 cm sind auf einer korrosionsgeschützten Unterkonstruktion herzustellen.

Vorzufertigende Stuckteile mit einer Stuckdicke von mehr als 5 cm sind mit einer korrosionsgeschützten Bewehrung herzustellen. Sie sind mit artgleichem Mörtel anzusetzen und zu befestigen, z. B. korrosionsgeschützten Befestigungselementen. Erforderliche Unterkonstruktionen sind Besondere Leistungen.

Geformte, vorgefertigte und gezogene Stuckteile für Außenflächen sind mit Mörtel nach Wahl des Auftragnehmers herzustellen.

Bei auskragenden Stuckteilen im Außenbereich sind die Oberseiten zu schützen. Diese Leistungen sind Besondere Leistungen.

Stuck aus gipshaltigem Mörtel im Außenbereich ist vor Feuchtigkeit zu schützen. Diese Leistungen sind Besondere Leistungen.

Für die Ausführung gezogener Profile gilt: Nach einer gegebenen Zeichnung wird eine Blechschablone in negativer Form hergestellt, wobei darauf zu achten ist, dass die Schablone nach dem Maßstab 1:1 sorgfältig ausgeschnitten, ausgefeilt und die Kanten sauber geschliffen werden. Die Blechschablone wird zur Verstärkung auf ein ebenfalls nach dieser Zeichnung ausgesägtem/ausgeschnittenem Brett, mit ca. 60° konischem Profil (Schlepp- und Scharfzug), so aufgenagelt, dass das Blech ca. 3 mm vorsteht.

Dieses auf dem Brett befestigte Schablonenblech wird mit einem Schlitten verbunden, der, je nach Schablonenart, mit Läufern und einer Keilvorrichtung versehen und mit einer oder zwei Streben, die zugleich als Handgriffe für die Schablone dienen, versteift ist. Mit dieser Schablone können Profile sowohl auf dem Zugtisch als auch unmittelbar an Wand und Decke gezogen werden. Derart gezogener Stuck zeichnet sich dadurch aus, dass die Profilierung, insbesondere die Kanten, scharf und genau erscheinen. Stuckteile können sowohl in gerader als auch in gebogener Form gezogen werden.

Bei Stuckprofilen mit vielen Wiederkehren, Ecken und Verkröpfungen empfiehlt es sich, das Stuckprofil auf dem Zugtisch zu ziehen, die Gehrungen zu schneiden und einzusetzen, sodass sich das Einputzen auf ein Mindestmaß beschränkt. Um Kosten zu sparen, können Stuckteile auch durch Formen und Gießen vervielfältigt werden. Die Negativformen werden teils in Gips-, teils in Leim- oder Kunststoffformen hergestellt. Solche gegossenen Stuckteile unterscheiden sich von den gezogenen dadurch, dass sie nicht die gleiche scharfe Linienführung und Profilierung aufweisen und nicht im Ganzen gezogen, sondern in Längen angesetzt werden.

Gezogene Profile mit einer Stuckdicke von mehr als 5 cm sind auf einer korrosionsgeschützten Unterkonstruktion herzustellen.
Vorzufertigende Stuckteile mit einer Stuckdicke von mehr als 5 cm sind mit einer korrosionsgeschützten Bewehrung herzustellen. Sie sind mit artgleichem Mörtel anzusetzen und zu befestigen, z. B. korrosionsgeschützten Befestigungselementen. Erforderliche Unterkonstruktionen sind Besondere Leistungen.

Der in diesem Abschnitt mehrfach benannte Korrosionsschutz bezieht sich auf die metallischen Unterkonstruktionen, Armierungen und Befestigungen, welche verzinkt oder in Edelstahl ausgeführt, sowie gegebenenfalls mit Rostschutzfarbe o. Ä. vorbehandelt werden sollten, um eine spätere Korrosion zu vermeiden. Die zugehörige Metallrichtlinie [41] wird voraussichtlich im Herbst 2017 erscheinen.

Korrosionsgeschützte Unterkonstruktionen können z. B. mit einer Drahtputzunterkonstruktion ausgeführt werden. Für die Herstellung derartiger Drahtputzunterkonstruktionen gilt Abschnitt 3.5.

Geformte, vorgefertigte und gezogene Stuckteile für Außenflächen sind mit Mörtel nach Wahl des Auftragnehmers herzustellen.

Mörtel für geformte, vorgefertigte und gezogene Stuckteile an Außenflächen können je nach Wahl des Auftragnehmers bzw. den geforderten Bauverhältnissen z. B. Mörtel aus Gips, Gipssand, Gipskalk, Kalkgips, Kalk, Kalkzement oder Zement sein. Die Auswahl sollte nach den örtlichen Verhältnissen erfolgen.

An zahlreichen Gebäuden wird Außenstuck vielfach mit Gipsmörtel, Gipssandmörtel oder Gipskalkmörtel ausgeführt, um einen genauen Profilierungsgrad zu erreichen. Die Städte Leipzig, Berlin, Dresden, Chemnitz, Wien, Paris sind hierfür nur einige Beispiele.

Bei auskragenden Stuckteilen im Außenbereich sind die Oberseiten zu schützen. Diese Leistungen sind Besondere Leistungen.

Stuck aus gipshaltigem Mörtel im Außenbereich ist vor Feuchtigkeit zu schützen. Diese Leistungen sind Besondere Leistungen.

Bei auskragenden Stuckteilen im Außenbereich ist die Oberseite z. B. mit einer Metallabdeckung oder einer geeigneten Beschichtung zu schützen. Dies gilt auch für Stuck aus gipshaltigem Mörtel im Außenbereich. Die notwendigen Schutzmaßnahmen für den Außenstuck sind Besondere Leistungen.

Vorgefertigte Stuckteile werden auf dem Markt in vielfältiger Auswahl angeboten. Sie sind, entsprechend ihrer Form und ihrem Gewicht, entweder mit artgleichem Mörtel oder mit artgleichem Mörtel und Schrauben oder mit Schrauben und Dübeln zu befestigen.

3.6.2 Stuckantragarbeiten

Der für Antragarbeiten verwendete Stuckmörtel ist nach Wahl des Auftragnehmers herzustellen.

Für Unterkonstruktionen, Bewehrungen und Stuckteile im Außenbereich gilt Abschnitt 3.6.1.

Stuckantragarbeiten unterscheiden sich ganz wesentlich von Gussarbeiten, weil das freie Antragen ein besonderes Formempfinden und eine sichere Hand verlangt. Derartige künstlerische Arbeiten kamen in vergangenen Jahrhunderten in vollendeter Form zur Ausführung. Stuckantragarbeiten werden auch in heutiger Zeit nach Entwurf zur repräsentativen Ausgestaltung von Räumen und zur Gestaltung von Fassaden ausgeführt. Die Korngröße des Zuschlagstoffes wie auch das Mischungsverhältnis Sand, Kalk und Gips muss vom Auftragnehmer entsprechend dem Zweck der auszuführenden Antragarbeit gewählt werden.

Im Bereich der Denkmalpflege werden Stuckantragarbeiten im Allgemeinen erst nach der Befundung vorhandener Teile durchgeführt.

Stuckbildhauerische künstlerische Freihand-Modellierungen sind meist Unikate.

3.6.3 Angetragener Stuckmarmor

Der trockene und sorgfältig gereinigte Untergrund ist anzunetzen und mit einem nicht zu dünnen, mit Leimwasser vermengten Spritzbewurf aus Gipsmörtel

zu versehen. Der Untergrund (Marmorgrund) ist mit rauer Oberfläche 2 cm bis 3 cm dick aus dafür geeignetem Stuckgips unter Zusatz von Leimwasser und reinem scharfem Sand herzustellen und nötigenfalls durch Abkämmen aufzurauen.

Der vollständig ausgetrocknete Marmorgrund ist mit Wasser anzunetzen. Der Stuckmarmor ist aus Stuckgips unter Beimischung licht- und kalkechter Farbpigmente herzustellen, aufzutragen, mehrmals im Wechsel zu spachteln und zu schleifen, bis die verlangte matte oder polierte geschlossene Oberfläche erzielt ist. Die Oberfläche ist nach dem Austrocknen zu polieren und muss in Struktur und Farbe dem nachzuahmenden Marmor entsprechen.

Zu beachten ist, dass nach dem Austrocknen die Stuckmarmoroberfläche mit Schleifmittel von grob zu fein mehrmals schleifen und nachfolgend mit Halbedelsteinen, z. B. Blutstein zu polieren ist.

Aufgrund der Tatsache, dass es sich um eine handwerklich und materialtechnisch sehr anspruchsvolle Arbeit handelt, kann die Maserung des Stuckmarmors unterschiedlich sein, sodass es möglich ist, dass die Struktur und Farbe zwar im Allgemeinen dem nachzuahmenden Marmor, nicht aber in allen Bereichen diesem entspricht.

Die Beschreibung des Stuckmarmors rechtfertigt sich u. a. daraus, dass diese früher häufig angewendete Stucktechnik auch heute noch bei der Wiederherstellung historischer Bauten unentbehrlich ist. Stuckmarmorarbeiten gelten als Spezialarbeiten und erfordern besondere Fachkenntnisse.

3.6.4 Geformter Stuckmarmor

Formstücke und Profile aus Stuckmarmor sind nach dem Freilegen aus der Negativform in ihren Verzierungen passend zu beschneiden, im Wechsel mehrmals zu spachteln und zu schleifen und in der vorgeschriebenen Form und Oberfläche, matt oder poliert, herzustellen. Notwendige Metalleinlagen müssen korrosionsgeschützt sein.

Formstücke und Profile sind mit artgleichem Mörtel und/oder mit korrosionsgeschützten Befestigungsmitteln zu verankern.

Die Oberfläche ist, soweit erforderlich, nachzuschleifen und nach dem Austrocknen zu polieren.

Als Mörtel für die Befestigung von Formstücken und Profilen eignet sich z. B. Stuckgips und ein Zusatz von Leimwasser.

Zu beachten ist auch, dass die Stuckmarmoroberfläche nach dem Austrocknen mit Schleifmittel von grob zu fein mehrmals zu schleifen und nachfolgend mit Halbedelsteinen, z. B. Blutstein zu polieren ist.

Die Beschreibung des geformten Stuckmarmors rechtfertigt sich u. a. daraus, dass diese früher häufig angewendete Stucktechnik auch heute noch bei der

Wiederherstellung historischer Bauten unentbehrlich ist. Stuckmarmorarbeiten gelten als Spezialarbeiten und erfordern besondere Fachkenntnisse.

3.6.5 Stuccolustro

Auf vorbereitetem Untergrund ist ein mehrlagiger 2 cm bis 3 cm dicker, rauer Unterputz aus lange gelagertem, fettem Sumpfkalk und grobkörnigem, reinem Sand aufzutragen. Bei gleichmäßig saugendem Untergrund darf dem Mörtel bis zu einem Anteil von 20 % des Bindemittels Gips beigemengt werden. Zement darf nicht verarbeitet werden. Bei ungleichmäßig saugendem Untergrund ist reiner Kalkmörtel zu verwenden. Auf den vollständig trockenen Unterputz ist eine etwa 1 cm dicke Lage aus etwas feinerem Kalkmörtel aufzutragen und vollkommen glatt zu reiben.

Als dritte Lage ist eine Feinputzschicht aus fein gesiebtem Kalk, Marmormehl und Farbstoff des vorgesehenen Grundtones aufzutragen und vollkommen glatt zu reiben.

Sie ist mit einem noch etwas feineren Marmormörtel zu überreiben. Durch Glätten ist ein vollkommen geschlossener, glatter Malgrund herzustellen. Abschließend ist die Stuccolustro-Farbe aufzutragen und mit gewärmtem Stahl zu bügeln und zu wachsen.

„Stuccolustro" deutet an, dass mit diesem Material etwas Besonderes erreicht werden will. Die Wörter würden übersetzt etwa „polierter/glänzender Stuck" heißen, denn italienisch „lustrare" bedeutet „putzen, polieren". Mit diesem Material und dieser Technik wird eine besondere Wirkung erzielt. Mit Stuccolustro kann aber gleichwohl nicht dieselbe Ähnlichkeit mit der Natur erreicht werden wie mit Stuckmarmor.

Bei der Ausführung ist zusätzlich zu beachten, dass die Feinputzschicht als dritte Lage einen Tag (über Nacht) stehen bleibt, bevor sie mit dem noch etwas feineren Marmormörtel überrieben bzw. geglättet wird, um einen vollkommen geschlossenen, glatten Malgrund herzustellen. Abschließend ist die Stuccolustro-Farbe aufzutragen. Hierbei muss gewährleistet sein, dass die Farbe kalk- und lichtecht ist und Kalk, Kernseife, Harz und Wachs enthält. Nach dem Bügeln mit gewärmtem Stahl ist die Fläche zum Trocknen 8–14 Tage stehen zu lassen. Nach dem Austrocknen ist die Fläche mit einer starken Seifenlauge einzureiben und mit einem trockenen Lappen nachzureiben und zu wachsen.

3.7 Glättetechnik

Soll eine glatte, glänzende, dekorative Oberfläche erreicht werden, ist die Fläche mehrmals zu glätten, zu spachteln, zu verdichten und zu schleifen.

Soll eine glatte, glänzende dekorative Oberfläche erreicht werden, ist reiner Gipsmörtel mit einem geringen Zusatz von Weißkalk, auf geeignetem Untergrund mit einem Aufziehbrett über Kreuz, in einer Dicke von 2–3 mm, mehrmals aufzuziehen. Im Anschluss ist die Fläche mit einer Richtlatte ca. 1,50 m lang über Kreuz abzuziehen, um eine flächige Ebenheit herzustellen und danach mit gerührtem Sumpfgips mittels Traufel über Kreuz zu glätten. Danach ist die Fläche mit der Traufel über Kreuz und in langen Zügen abzutraufeln und so lange zu glätten, bis eine dichte matt glänzende Oberfläche entstanden ist.

Bei Verwendung von industriell hergestellter Glätt- oder Spachtelmasse ist nach Werksvorschrift des Herstellers auszuführen.

3.8 Ausbildung von Kanten und Profilen

Kanten sind mit Kantenprofilen herzustellen. Der Einbau von anderen Profilen, z. B. Sockelprofilen, Randwinkeln, Lüftungsprofilen, Abschlussprofilen, Anputzleisten, Gewebewinkeln, Schattenprofilen, Bossenprofilen und dergleichen, ist eine Besondere Leistung (siehe Abschnitt 4.2.19).

Bei Ausführung von Putzarbeiten sind an Kanten Profile, in der Regel im Winkel von 90° einzubauen. Diese Profile dienen nicht ausschließlich dem Schutz von Kanten, sondern auch zur Herstellung exakter Kantenverläufe und ihrer Bewehrung (siehe Abschnitt 0.2.17 und Abschnitt 0.5.2). Als Abrechnungseinheit ist Längenmaß (m) vorzusehen.

Die Auflistung als Standardleistung im Abschnitt 3 hat nicht zur Folge, dass diese Leistung eine Nebenleistung ist, sondern bringt zum Ausdruck, dass im Allgemeinen Putzprofile standardmäßig zu beauftragen bzw. in einer gesonderten Position auszuschreiben sind.

Werden Kanten mit einem Winkel größer oder kleiner 90° ausgeführt, so handelt es sich hierbei um eine Leistung mit höherem Aufwand, der in einer getrennten Zusatzposition zu beschreiben und gesondert zu vergüten ist. Dabei ist zu beachten, dass nur für bestimmte Winkelmaße größer oder kleiner 90° Profile zu erhalten sind.

Andere Profile oder Leisten wie z. B. Unterputzprofile, Pariser Leisten, Putzlehren, Putzbretter, Putzleisten, Profile für Bewegungsfugen, Sockelprofile, Randwinkel, Lüftungsprofile, Abschlussprofile, Anputzleisten, Gewebewinkel, Vorhangschienen, Schatten(fugen)profile, Bossen(fugen)profile und dergleichen sind in jeweils gesondert Positionen anzufordern bzw. auszuschreiben.

Die Kantenausbildung ohne Profil (vgl. Abschnitt 0.2.16) stellt ebenfalls eine Besondere Leistung gemäß Abschnitt 4.2.20 dar, da diese entweder durch mehrmaliges An- bzw. Umschlagen von Putzbrettern, mittels Schablone durch Anschlagen von Zug- und Schwunglatten, z. B. an kreisförmigen Öffnungen (z. B. Halbkreis-, Korbbogen, bogenartige Wand- oder Deckennischen)bei Fenster, Türen oder Freihand auszuführen ist. Derartige Ausführungen sind in historischen bzw. denkmalgeschützten Gebäuden häufiger anzuwenden.

3.9 Verputzte Innendämmungen

Dämmstoffe sind über die gesamte Fläche dicht gestoßen zu verlegen und mit dem Untergrund zu verkleben. In den Putz ist vollflächig ein Gewebe einzubetten.

Werden im Innenbereich Wärmedämmmaßnahmen an Wänden und/oder Decken ausgeführt, so ist ihre Dicke nach den Anforderungen der DIN 4108-2 [46] zu ermitteln. Die Dämmstoffe müssen dicht gestoßen verlegt, mit dem Untergrund verklebt, ggf. mechanisch befestigt und vollflächig mit Gewebeeinlage verputzt werden. Die Dämmstoffe und ggf. geeignete Dampfbremsen sind so zu wählen, dass sie die Dampfdiffusion nicht negativ beeinflussen.

Bei verputzten oder unverputzten Innendämmungen, z. B. bei Keller- oder Garagendecken, die hinter bestehenden Installationen und dergleichen angebracht bzw. verputzt werden sollen, sind Anforderungen an die Oberfläche des Putzes oder auch der Plattenoberfläche zurückzustellen, da der Abstand zwischen Installation und Putz- / Plattenoberfläche in der Regel sehr gering ist und der Putz bzw. die Platten nur mit besonderen Hilfsmitteln bzw. mit besonderen Aufwendungen angebracht werden können. Derartige schwierige Umstände bei der Ausführung solcher Leistungen sind je nach Einbausituation – Leitungs- bzw. Installationsführung, Anschlüsse und Anzahl der Installationen (siehe Abschnitt 4.2.22) – genau im Leistungsverzeichnis zu beschreiben, siehe Abschnitte 0.2.20, 0.2.21.

3.10 Verputzte Innenwandbekleidungen

Innenwandbekleidungen, z. B. mit Calciumsilikatplatten, sind im Mörtelbett zu verlegen und zu verputzen.

Werden im Innenbereich Wandbekleidungen ausgeführt, so sind diese nach den Herstellerrichtlinien anzukleben. Die Oberfläche ist je nach Art der Platte zu verputzen bzw. zu verspachteln. Die Bekleidungen finden insbesondere zur Erhöhung der Oberflächentemperatur – um Schimmelbildung zu vermeiden –, zur nachträglichen Innendämmung sowie zur Verbesserung des Raumklimas Verwendung. Die Dampfdiffusion darf nicht negativ beeinflusst werden.

Bei Innenwandbekleidungen, die hinter vorhandenen Installationen an Wänden und Decken z. B. in Innenräumen, Kellern, Garagen anzubringen sind, sind Anforderungen an das plane Verlegen dieser Platten, und an die Oberfläche des Putzes zurückzustellen, da der Abstand zwischen Installation und Putz bzw. Plattenoberfläche im Allgemeinen sehr gering ist und der Putz bzw. die Platten nur mit besonderen Hilfsmitteln bzw. mit besonderen Aufwendungen angebracht werden können. Derartige schwierige Umstände bei der Ausführung solcher Leistungen sind je nach Einbausituation – Leitungs- bzw. Installationsführung, Anschlüsse und Anzahl der Installationen (siehe Abschnitte 0.2.21 und

4.2.18) – genau in die Leistungsbeschreibung aufzunehmen, siehe Abschnitte 0.2.20 und 4.2.22.

3.11 Außenwandbekleidungen mit Putzträgerplatten

Hinterlüftete Außenwandbekleidungen sind nach DIN 18516-1 „Außenwandbekleidungen, hinterlüftet – Teil 1: Anforderungen, Prüfgrundsätze" herzustellen.

Bekleidungen sind vorgefertigte Platten in unterschiedlicher Größe und Dicke. Sie werden aus unterschiedlichen Baustoffen (Glasrecycling-Materialien, Mehrschicht-Leichtbauplatten und dergleichen) je nach dem vorgesehenen Zweck und der gestalterischen Wirkung hergestellt, verlegt und verputzt. Je nach Fassadensystem ist ein Armierungsputz mit Gewebeeinlage anzubringen. Zur Ausführung von Oberputzen siehe Abschnitt 3.2.4.

Außenwandbekleidungen mit Putzträgerplatten sind systemkonform einzubauen. Verankerung, Unterkonstruktion und Beplankung sowie das Auftragen des Putzes erfolgt nach den Herstellerangaben. Für das System ist im Einzelfall ein statischer Nachweis erforderlich. Dieser wird von der Herstellerfirma mitgeliefert.

Der statische Nachweis der Verankerung mit dem Gebäude ist vom Auftraggeber zu erbringen. Soll diese Leistung vom Auftragnehmer erbracht werden, so ist dies eine Besondere Leistung (vgl. Abschnitte 4.2.1 und 4.2.2).

Bei der Verarbeitung von Holzwolle-Leichtbauplatten sind die Verarbeitungsrichtlinien der Herstellerwerke zu beachten. Holzwolle-Leichtbauplatten sind mit einem volldeckenden Spritzbewurf aus Zementmörtel der Druckfestigkeitsklasse CS III oder CS IV oder einer anderen geeigneten Vorbehandlung, z. B. mineralische Putzhaftbrücke zu versehen. Holzwolle-Leichtbauplatten dürfen erst verputzt werden, wenn die Platten vollkommen trocken sind. Eine vollflächige Überspannung mit Putzgewebe (verzinktes Drahtnetz, Drahtdicke 1 mm, Maschenweite 20 x 20 mm bis 25 x 25 mm) ist erforderlich.

3.12 Wärmedämmputzsysteme

Wärmedämmputzsysteme sind mit Wärmedämmputz und Oberputz herzustellen.

Wärmedämmputz ist bis 4 cm Dicke einlagig, bei größeren Dicken mehrlagig herzustellen.

Oberputz ist zweilagig auszuführen. Die erste Lage ist als Zwischenputz, faserarmiert oder mit vollflächiger Gewebeeinlage herzustellen. An Ecken von Aussparungen, z. B. Öffnungen, Nischen, sind zusätzlich Diagonalbewehrungen einzubauen. Die zweite Putzlage ist als strukturierter geriebener Oberputz herzustellen.

Kratzputz als Oberputz ist ohne Zwischenputz herzustellen.

Der wärmedämmende Unterputz sollte eine Mindestdicke von 20 mm und nicht mehr als 100 mm aufweisen und in einer oder mehreren Lagen aufgetragen werden. Die durchschnittliche Dicke des Oberputzes, der aus einer oder zwei Lagen besteht, sollte 10 mm (min. 8 mm, max. 15 mm) betragen, außer wenn vom Hersteller eine geringere Dicke empfohlen wird. Bei Oberputzen, die aus mehreren Lagen bestehen, sollte die Ausgleichsputzlage eine Mindestdicke von 6 mm haben, außer es wird vom Hersteller anders empfohlen. [8]

Die Zeitspanne zwischen Fertigstellung des Unterputzes und Aufbringen des Oberputzes sollte mindestens 7 Tage betragen, bei größeren Dicken des Unterputzes jedoch mindestens 1 Tag je 10 mm Dicke. Bei ungünstigen Witterungsbedingungen (hohe Luftfeuchte und niedrige Temperaturen) sind diese Zeiten zu verlängern.

Bei nicht tragfähigen und bei nicht oder mangelhaft saugenden Altputzen oder bei solchen Putzgründen, die mit Anstrichen versehen sind, sind für Wärmedämmputzsysteme wellenförmige oder ebene Putzträger aus geschweißtem Drahtnetz mit jeweils besonderen Befestigungselementen erforderlich.

Die jeweiligen Zulassungen von Wärmedämmputzsystemen sind zu beachten.

4 Nebenleistungen, Besondere Leistungen

In Abschnitt 4 wird eine Abgrenzung getroffen zwischen

a) Leistungen, die vom Auftragnehmer als Nebenleistung zu erbringen und in die Hauptleistung einzukalkulieren sind und
b) Besonderen Leistungen, die keine Nebenleistung sind.

Die in Abschnitt 4.1 aufgeführten Nebenleistungen können entsprechend ATV DIN 18299 Abschnitt 4.1 in den einzelnen ATV nicht abschließend aufgezählt werden, weil der Umfang der gewerblichen Verkehrssitte nicht für alle Einzelfälle umfassend und verbindlich bestimmt werden kann. In der Regel kann jedoch davon ausgegangen werden, dass die in Abschnitt 4.1 aufgelisteten Nebenleistungen nur in Ausnahmefällen erweitert werden.

Nebenleistungen (4.1) gehören zu den Leistungen, die auch ohne Erwähnung im Vertrag zu den vertraglichen Leistungen gehören. Sie müssen in den Vertragsunterlagen oder im Leistungsverzeichnis auch nicht besonders erwähnt werden.

Überschreitet jedoch eine Nebenleistung innerhalb einer auszuführenden Leistung das übliche Maß der Kosten dieser Leistung (vgl. Abschnitt 0.4.1 ATV DIN 18299), so kann aus einer nicht zu vergütenden Nebenleistung auch eine zu vergütende eigenständige Leistung werden.

Besonderen Leistungen im Abschnitt 4.2 sind nicht abschließend und erschöpfend aufgelistet, aufgezählt sind nur häufig wiederkehrende Sachverhalte. Sie können z. B. durch neue technische Entwicklungen erweitert werden.

§ 2 (1) VOB/B beschreibt den Umfang der Leistungen, die durch den vereinbarten Preis abgegolten sind. Es sind dies diejenigen Leistungen, die nach der Leistungsbeschreibung, den Besonderen Vertragsbedingungen, den etwaigen Zusätzlichen Vertragsbedingungen, den etwaigen Zusätzlichen Technischen Vertragsbedingungen, den Allgemeinen Technischen Vertragsbedingungen für Bauleistungen und den Allgemeinen Vertragsbedingungen für die Ausführung von Bauleistungen zur vertraglichen Leistung gehören.

Welche Leistungen nach der gewerblichen Verkehrssitte zur vertraglichen Leistung gehören, bestimmt sich nach der Auffassung der einschlägigen Fachleute am Leistungsort.

Für die Preiskalkulation und die Preisvereinbarung, gegebenenfalls auch für die Bestimmung der üblichen Vergütung im Sinne des § 632 Abs. 2 BGB, ist die Frage von Bedeutung, ob und in welchem Umfang der Auftragnehmer im Zusammenhang mit der Hauptleistung auch Nebenleistungen ohne gesonderte Vergütung zu erbringen hat. Aus diesem Grunde ist es von Wichtigkeit, dass

Art und Umfang der vom Auftragnehmer zu erbringenden Nebenleistungen bereits bei der Preiskalkulation und der Preisvereinbarung bekannt sind und entsprechend berücksichtigt werden können. Dies entspricht auch dem allgemeinen Grundsatz gemäß § 7 (1) Nr. 1 und 3 VOB/A, der wie folgt lautet:

- *die Leistung ist eindeutig und so erschöpfend zu beschreiben, dass alle Bewerber die Beschreibung im gleichen Sinne verstehen müssen und ihre Preise sicher und ohne umfangreiche Vorarbeiten berechnen können.*
- *dem Auftragnehmer darf kein ungewöhnliches Wagnis aufgebürdet werden für Umstände und Ereignisse, auf die er keinen Einfluss hat und deren Einwirkung auf die Preise und Fristen er nicht im Voraus schätzen kann.*

Von Bedeutung sind in diesem Zusammenhang besonders die im Abschnitt 0 genannten Hinweise für das Aufstellen der Leistungsbeschreibung, die der Auftraggeber nach Lage des Einzelfalls zu beachten und in die Leistungsbeschreibung aufzunehmen hat.

VOB/A § 7 (1) 7 fordert den Auftraggeber auf den Abschnitt 0 der jeweiligen ATV zu beachten. Damit ist der Auftraggeber gefordert die dort gegebenen Ausschreibungshinweise in das jeweilige Leistungsverzeichnis aufzunehmen und auf dieser Grundlage Leistungspositionen zu erstellen.

Wenn der Auftraggeber dieser aus § 7 (1) 2 VOB/A und dem Abschnitt 0 der ATV DIN 18299 sowie der vorliegenden ATV folgenden Hinweispflicht nicht in dem sachlich gebotenen Maße nachkommt, können sich daraus je nach Lage des Einzelfalles Schadensersatzansprüche gegen ihn ergeben. Andererseits kann aber auch den Auftragnehmer eine Aufklärungspflicht dahin gehend treffen, dass er den Auftraggeber auf erkennbare Unklarheiten in der Leistungsbeschreibung, insbesondere aber auch auf mögliche Unklarheiten über Art und Umfang von Nebenleistungen, hinzuweisen hat mit dem Ziel, im Rahmen von Vertragsverhandlungen und beim Vertragsabschluss die notwendige Klarheit herbeizuführen (siehe auch Erläuterungen zu Abschnitt 0 dieser ATV).

Wird in Vertragsbedingungen, die als Allgemeine Geschäftsbedingungen zu werten sind, beispielsweise vorgesehen, dass Gerüstvorhaltung, der Gerüstumbau für andere Gewerke, Abdeckarbeiten, Untergrundvorbehandlungen, vorgezogene Teilleistungen, nachträgliche Beiputzarbeiten und dergleichen als zur Hauptleistung gehörend, d. h. als Nebenleistung behandelt werden sollen, so sind derartige Klauseln unwirksam.

Derartige Klauseln sind in vorformulierten Vertragsbedingungen des Auftraggebers wegen Verstoßes gegen §§ 305 ff. BGB unwirksam; sie verstoßen gegen das Prinzip der Berechenbarkeit von Leistung und Gegenleistung (Äquivalenzprinzip), wie es in den §§ 320 ff BGB verankert ist (OLG München, Urteil vom 15.01.1987 in NJW-RR 1987, S. 661). Der Auftragnehmer wird dadurch zu einem inhaltlich völlig unbestimmten Leistungsumfang verpflichtet, ohne dafür eine Gegenleistung zu erhalten.

4.1 Nebenleistungen sind ergänzend zur ATV DIN 18299, Abschnitt 4.1, insbesondere:

Nebenleistungen umfassen vielfach Maßnahmen zur Vorbereitung des Putzgrundes (siehe z. B. Abschnitt 4.1.3). Im Gegensatz dazu umfassen Besondere Leistungen im Allgemeinen Maßnahmen zur Vorbehandlung des Putzgrundes.

Vorbehandlungen sind aus den verschiedensten Gründen notwendig und werden je nach Erfordernis mit den verschiedensten Baustoffen, Geräten und Maschinen ausgeführt. Auch der Zeitfaktor für die Ausführung der einen oder anderen Vorbehandlung ist verschieden, sodass solche Maßnahmen in eigenständigen Positionen in der Leistungsbeschreibung eindeutig zu beschreiben sind.

4.1.1 Auf-, Um- und Abbauen sowie Vorhalten von Gerüsten für eigene Leistungen, sofern die zu bearbeitende oder zu bekleidende Fläche nicht höher als 3,50 m über der Standfläche des hierfür erforderlichen Gerüstes liegt.

Zu den nicht gesondert vergütungspflichtigen Nebenleistungen des Auftragnehmers gehört es, Gerüste für die eigene Leistung bis zu einer Bearbeitungshöhe von 3,50 m über der Standfläche aufzubauen und vorzuhalten. Dies gilt nur für Gerüste, die unabdingbar für die eigene Leistung benötigt werden.

Der Abschnitt 4.1.1 ist in zahlreichen ATV erhalten, da zahlreiche Auftragnehmer verschiedener Gewerke (z. B. Elektroinstallateur, Maler, Tischler) Gerüste für die eigene Leistung aufbauen und vorhalten und zu gegebener Zeit wieder abbauen und versetzen.

Exemplarisch sei hier der Deckenputz erwähnt, welchen z. B. der Stuckateur-Fachunternehmer im Rahmen der Innenputzarbeiten ausführt. Für das Verputzen der Decken ist der Einbau von Flächengerüsten in Räume unerlässlich, um flächig über Kopf arbeiten zu können. Nach der Fertigstellung des Deckenputzes wird das Gerüst entfernt und in den nächsten Raum verbracht.

Somit wird ein solches Gerüst ausschließlich vom Stuckateur-/ Putzfachunternehmer verwendet, Es steht ausschließlich zu seiner freien Disposition. Die hierfür notwendige Nebenleistung, Flächengerüst, wird gemeinhin in den Preis des Deckenputzes einkalkuliert, soweit die Bearbeitungshöhe nicht höher als 3,50 m über der Standfläche des Gerüstes liegt.

Muss das Gerüst aber für weitere bzw. andersartige Arbeiten z. B. Elektro-, Lüftungs-, Raumausstatter- Rollladenbauarbeiten und dergleichen im Raum verbleiben, so ist das Gerüst der freien Disposition des Stuckateur-/ Putzfachunternehmers entzogen und er kann dadurch diese Leistung bzw. den Leistungsumfang nicht mehr in die Hauptposition Deckenputz einkalkulieren, da der zeitliche Ablauf der jeweiligen Baustelle nur durch den Auftraggeber zu beeinflussen ist, bzw. nur dieser die jeweilige Abfolge der Handwerker beeinflussen kann.

Alternativ müsste jeder Handwerker sein eigenes Gerüst mitbringen und für den, für seine Leistung, erforderlichen Zeitraum vorhalten.

Zum Aufbau von Gerüsten ist die „Handlungsanleitung für den Umgang mit Arbeits- und Schutzgerüsten“ [47] zu beachten.

4.1.2 Ausgleichen abgestufter oder geneigter Standflächen von Gerüsten bis zu 40 cm Höhenunterschied, z. B. über Treppen oder Rampen.

In die Hauptleistung einer anderen Position ist das erforderliche Gerüst auch einzukalkulieren, wenn Höhenunterschiede der Standfläche bis 40 cm (s. Abb. 4.1), z. B. über Treppen und Rampen, auszugleichen sind. Unabhängig davon darf, bei einer Nebenleistung die Gesamthöhe der zu bearbeitenden Fläche 3,50 m nicht überschritten werden.

Müssen mit dem Gerüst Höhenunterschiede über 40 cm überbrückt werden, z. B. zwischen 2,80 m und 3,40 m (60 cm Höhenunterschied, s. Abb. 4.2) so ist das Gerüst in dem betreffenden Bereich keine Nebenleistung und es ist gesondert abzurechnen. Bei dem im vorgenannten Beispiel erwähnten Fall beträgt die Gesamthöhe weniger als 3,50 m (siehe Abschnitt 4.1.1). Ungeachtet dessen ist dieses Teilgerüst gesondert zu vergüten, da Mehraufwendungen gegenüber einem in der Standfläche ebenen bzw. bis zu 40 cm unebenen Gerüst notwendig werden. Siehe auch Erläuterungen zu Abschnitt 4.2.7.

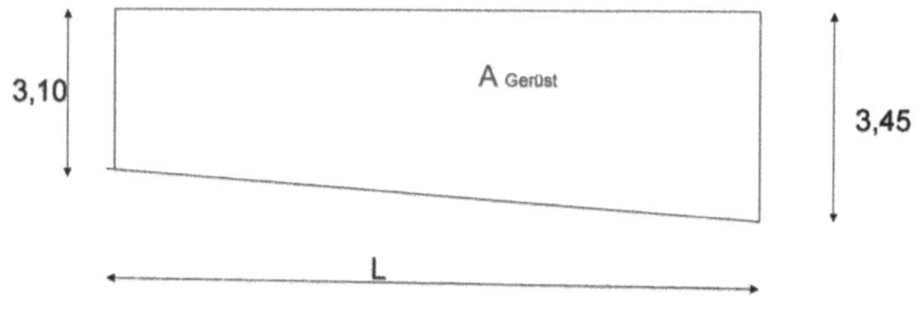

345 cm – 310 cm = 35 cm Höhendifferenz ≤ 0,40 m

Abb. 4.1: Gerüst als Nebenleistung

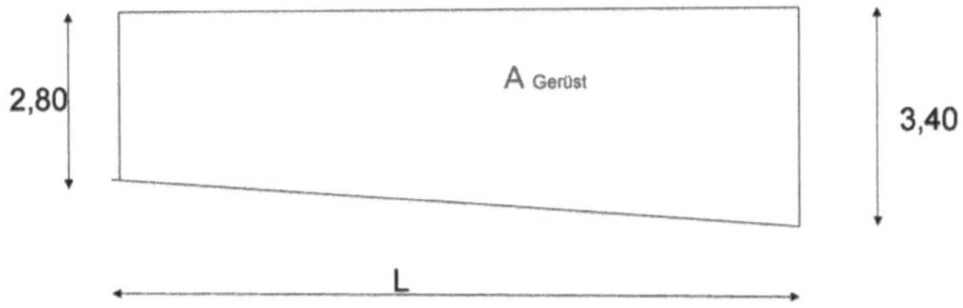

$A_{Gerüst}$ = Lx (2,80 +3,40)/2
340 cm – 280 cm = 60 cm Höhendifferenz > 0,40 m

Abb. 4.2: Gerüst als Besondere Leistung gemäß Abschnitt 4.2.7

Zum Aufbau von Gerüsten ist die „Handlungsanleitung für den Umgang mit Arbeits- und Schutzgerüsten" [47] zu beachten.

4.1.3 Reinigen des Untergrundes, ausgenommen Leistungen nach Abschnitt 4.2.12.

Als Nebenleistung hat der Auftragnehmer Putzgrundvorbereitungsmaßnahmen wie z. B. den Putzuntergrund von Staub und losen Teilen zu säubern. Dies geschieht in der Regel dadurch, dass er den Putzuntergrund vor dem Annässen mit einem Besen abkehrt. Diese Nebenleistung der Putzgrundvorbereitung umfasst nur die Säuberung des Putzuntergrundes von Staub und üblicherweise vorhandenen losen Teilen.

Das Abschlagen von Fliesen, Altputzen und dergl. zur Vorbehandlung des Putzuntergrundes geht daher über die Nebenleistung hinaus und stellt eine gesondert zu vergütende Leistung entsprechend Abschnitt 4.2.13 oder 4.2.14 dieser ATV dar. Ebenso ist es keine Nebenleistung im Sinne dieser Vorschrift mehr, wenn z. B.

- Ausblühungen,
- lose Scherben von Mauersteinen entfernt,
- ausgefrorene Mauerfugen gesäubert oder
- lösen von festhaftenden Verunreinigungen, z. B. alter Putzmörtel, Fugenmörtel, Schaumrückstände
- abgemehlte Oberflächen von z. B. XPS-Platten gereinigt werden müssen;
- Rückstände von Schalöl beseitigt werden müssen,
- der dabei freigewordene Putzuntergrund teilweise aufgeraut werden muss,
- Hochdruckwasserstrahlen zum Reinigen von Flächen notwendig ist,

Insoweit handelt es sich dann um eine Besondere Leistung, die gesondert zu vergüten ist.

4.1.4 Feuchthalten der Putzflächen bis zum Abbinden sowie Belüften der Räume, ausgenommen Maßnahmen nach Abschnitt 4.2.9.

Kalk-, Kalkzement- und Zement-Putzflächen sind bis zum Abbinden feucht zu halten.

Um einen zu schnellen Wasserentzug aus dem frischen Putz durch starken Sonnenschein, Wind oder dauernde Zugluft zu verhindern, sind – vorzugsweise für Außenputze – besondere Schutzmaßnahmen nach 4.2.9 erforderlich.

Zu beachten ist, dass gipshaltigem Putz nach der Verarbeitung keine Feuchtigkeit mehr zugeführt werden darf. Das Annässen von gipshaltigen Putzen kann zur vorübergehenden Erweichung und Quellung des Putzes führen und die Austrocknung behindern.

Für das Belüften der Räume ist während Ausführung der Putzarbeiten der Stuckateur-Fachunternehmer verantwortlich. Nach Abschluss der Putzarbeiten liegt dies nicht mehr in seinem Verfügungsrahmen, da er ggf. kein Zutrittsrecht mehr zur Baustelle erlangen kann und dieses Recht ausschließlich in der Sphäre des Auftraggebers liegt. Insofern ist, nach Fertigstellung der Putzarbeiten, der Auftraggeber für das ausreichende Lüften wesentlich mitverantwortlich, damit am Putz keine Schäden wegen unzureichender Lüftung entstehen, beispielsweise Schimmelbildung, Sinterschichten bei Gipsputzen.

Zudem muss beachtet werden, dass es bei einigen Gewerken (z. B. Estrichlegern) ein Lüftungsverbot gibt, welches Folgen für den Putz haben kann. Daher kann hier nur der Auftraggeber regulierend eingreifend, um eine bedarfsgerechte Lüftung zu ermöglichen. Siehe auch [7].

4.1.5 Zubereiten des Mörtels und Vorhalten aller hierzu erforderlichen Einrichtungen, auch wenn der Auftraggeber die Stoffe beistellt.

Die Mörtelzubereitung z. B. von Hand oder maschinell ist eine Nebenleistung des Auftragnehmers. Die zur Mörtelzubereitung erforderlichen Einrichtungen hat der Auftragnehmer ebenfalls als Nebenleistung vorzuhalten. Dies ändert sich auch dann nicht, wenn der Auftraggeber die Stoffe bauseits stellt.

Sollen beispielsweise in der Denkmalpflege spezielle dosierte Putzmischungen (z. B. nach Befund des Auftraggebers) zubereitet und aufgetragen werden, so sind diese eindeutig vom Auftraggeber zu benennen, damit der dadurch bedingte Mehraufwand eindeutig kalkuliert werden kann. Andernfalls entstehen zusätzliche Mehrkosten, die in diesem Fall keine Nebenleistungen sind. Sind hierfür Ansätze in der Leistungsbeschreibung nicht vorgesehen, so muss der Auftragnehmer nach § 2 (6) VOB/B seinen Anspruch auf besondere Vergütung dem Auftraggeber ankündigen, bevor er mit der Ausführung der Leistung beginnt.

4.1.6 Vorlegen vorgefertigter Oberflächen- und Farbmuster.

Soweit vorgefertigte Oberflächen- und Farbmuster verfügbar sind, z. B. vom Putz- oder Farbenlieferanten hat sie der Auftragnehmer als Nebenleistung dem Auftraggeber, auf dessen Verlangen, vorzulegen. Der Auftraggeber soll dadurch in die Lage versetzt werden, anhand solcher vorgefertigter Oberflächen- oder Farbmuster eine genauere Vorstellung über die mögliche, von ihm gewünschte Ausführung zu erhalten und auf dieser Grundlage zu entscheiden. Dies kann aber nur gelten, sofern es sich um vorgefertigte Oberflächen- und Farbmuster handelt, die von den einschlägigen Herstellerwerken zur Verfügung gestellt werden.

Im Gegensatz dazu ist das Herstellen von Musterflächen, Musterkonstruktionen und Modellen nach Abschnitt 4.2.3 eine gesondert zu vergütende Leistung, anhand derer man ein exakteres und detailgenaues Bild der handwerklich herstellbaren Oberfläche, als mit vorgefertigten Farb- oder Oberflächenmustern erhält.

4.1.7 An- und Beiputzarbeiten, ausgenommen Arbeiten nach Abschnitt 4.2.35.

Zu den An- und Beiputzarbeiten zählen z. B. folgende Arbeiten:

- Einputzen von Fenstern und Türen, bzw. deren jeweiligen Leibungen,
- Beiputzen von Fliesen- oder anderen Wandbelägen,
- Beiputzen von anderen Bauteilen, z. B. Kachelöfen, Rollladenkästen, Rabitzschürzen, Fenstersimse. Briefkästen, Sonderkonstruktionen

Durch Beiputzarbeiten wird nochmals eine erhebliche Menge Feuchtigkeit in den Bau gebracht. Auch die Kosten der gesamten Putzarbeit erhöhen sich durch An- und Beiputzarbeiten. Es liegt deshalb im Interesse sowohl des Auftraggebers als auch des Auftragnehmers, durch entsprechende Planung und zweckmäßige technische Ausführung, die Beiputzarbeiten auf das nach Möglichkeit geringste Maß zu beschränken. Derartige An- und Beiputzarbeiten fallen an, wenn Bau- und Einbauteile verspätet, bzw. nach Fertigstellung der Putzarbeiten, in einem Raum eingebaut werden. Befindet sich zu diesem Zeitpunkt die Putzkolonne, bei Innenputzarbeiten, noch im selben Geschoss oder bei Außenputzarbeiten auf derselben Fassadenseite, so sind diese An- und Beiputzarbeiten als Nebenleistung auszuführen, ansonsten sind es Besondere Leistungen nach Abschnitt 4.2.35.

In Verbindung mit Abschnitt 4.2.35 ist damit klargestellt, dass als Nebenleistungen nur solche An- und Beiputzarbeiten gelten, die in einem Zuge mit der Hauptarbeit im selben Geschoss ausgeführt werden können. Muss der Auftragnehmer nachträglich in anderen Geschossen An- und Beiputzarbeiten ausführen, so handelt es sich jeweils um zusätzliche, nach Abschnitt 4.2.35 gesondert vergütungspflichtige Leistungen. Durch diese Regelung soll insbesondere auch der planende und bauleitende Architekt angehalten werden, den

Bauablauf so zu rationalisieren und zu koordinieren, dass der Auftragnehmer die anstehenden An- und Beiputzarbeiten in einem Zuge mit der Hauptarbeit ausführen kann, und zwar jeweils gleichzeitig im selben Geschoss bzw. an einer Fassadenseite.

Von den An- und Beiputzarbeiten, soweit sie nach diesem Abschnitt als Nebenleistung gelten, ist das Herstellen von Putzanschlüssen und das Herstellen von Anschlüssen an angrenzende Bauteile zu unterscheiden. Das Herstellen dieser Anschlüsse ist eine besondere Leistung (siehe Abschnitte 4.2.17 und 4.2.18).

An- und Beiputzarbeiten für Außenputzarbeiten sind im Zuge mit den Unterputzarbeiten auszuführen, da gemäß Abschnitt 3.2.5 teilflächige Ausbesserungen bei An- und Beiputzarbeiten im Oberputz im Regelfall sichtbar bleiben können.

4.1.8 Schutz von Bau- und Anlageteilen vor Verunreinigungen und Beschädigungen während der Putzarbeiten durch loses Abdecken, Abhängen oder Umwickeln, ausgenommen Schutzmaßnahmen nach Abschnitt 4.2.10.

Als Nebenleistung bei der Ausführung von Putz- und Stuckarbeiten zum Schutz von Bau- und Anlageteilen vor Verunreinigungen und Beschädigungen gilt lediglich das lose Abdecken, Abhängen oder Umwickeln.

Ebenso ist es eine Nebenleistung, die vom Elektroinstallateur gesetzten Schutzabdeckungen (z. B. Dosendeckel mit Fadenmarkierung) von Installationsdosen nach dem Verputzen freizulegen.

Müssen im Bauwerk bereits gesetzte, ungeschützte Installationsdosen (z. B. ohne Schutzabdeckung) geschützt werden, ist dies für den Auftragnehmer der Putz- und Stuckarbeiten eine besonders zu vergütende Leistung, da der Auftragnehmer, welcher die Installationsdosen setzt, gemäß § 4 (5) VOB/B für den Schutz seiner eigenen Leistung verantwortlich ist (s. auch [48]).

Das Schützen durch Abkleben z. B. mit Klebebändern, Folien sind besondere Leistungen gemäß Abschnitt 4.2.10.

4.2 Besondere Leistungen sind ergänzend zur ATV DIN 18299, Abschnitt 4.2, z. B.:

Im Folgenden sind Leistungen erfasst, die nach den Vertragsbedingungen, den Allgemeinen Technischen Vertragsbedingungen für Bauleistungen und den allgemeinen Vertragsbedingungen für die Ausführung von Bauleistungen sowie der gewerblichen Verkehrssitte nicht ohne Weiteres zu der vertraglichen Leistung gehören, sondern eine Besondere Leistung darstellen. Sie müssen, soweit nötig, vom Auftraggeber mit der Leistungsbeschreibung besonders angefordert und in einem besonderen Ansatz genau festgelegt oder zusätzlich (ggf. nachträglich) vereinbart und grundsätzlich gesondert vergütet werden.

Stellt sich erst während der Ausführung der Arbeiten heraus, dass eine der unter Abschnitt 4.2 aufgeführten Leistungen oder eine andere als „Besondere Leistung" zu bewertende Leistung notwendig wird, so ist diese Leistung dem Auftragnehmer gesondert zu vergüten. Nach § 2 (6) VOB/B ist der Auftragnehmer jedoch verpflichtet, seinen Anspruch auf die besondere Vergütung dem Auftraggeber anzukündigen, bevor er mit der Ausführung der Leistung beginnt.

Die Vergütung bestimmt sich dabei nach den Grundlagen der Preisermittlung für die im Hauptangebot vereinbarte vertragliche Leistung und den besonderen Kosten der geforderten Leistung. In § 2 (6) Abs. 2 VOB/B heißt es dazu noch, dass die Vergütung für die besondere Leistung *„möglichst vor Beginn der Ausführung zu vereinbaren"* ist. Es empfiehlt sich, Besondere Leistungen, die erst nach Abgabe des Hauptangebotes erkennbar werden und ausgeführt werden müssen, in einem Zusatzangebot festzulegen und dieses Zusatzangebot dem Auftraggeber unverzüglich einzureichen. Ein Vergütungsanspruch für den Auftragnehmer entsteht erst dann, wenn dieser vom Auftraggeber zur Ausführung der angebotenen Leistung beauftragt wird.

Eine vorherige Vereinbarung ist unter den Voraussetzungen von § 2 (8) Abs. 2 VOB/B entbehrlich, wenn

a) die Besonderen Leistungen
   - notwendig sind
   - dem mutmaßlichen Willen des Auftraggebers entsprechen und
   - angezeigt werden (Zusatzangebot), oder
b) die Besonderen Leistungen erforderlich werden, um z. B. eine drohende Gefahr abzuwenden.

Häufig ist es so, dass die zusätzlich erforderlichen Leistungen, die zur Erfüllung des Vertrages notwendig sind (z. B. zur Sicherstellung der technischen Funktionsfähigkeit) und die dem mutmaßlichen Willen des Auftraggebers entsprechen, zwar vor Ausführungsbeginn mit dem Auftraggeber bzw. dem Architekten besprochen wurden – einschließlich der Information, dass dies zusätzliche Kosten auslösen wird – dass es aber an der „nachweislichen, beweisbaren Anzeige" (= schriftlicher Nachtrag/Zusatzangebot) fehlt.

Wird diese Anzeige unterlassen, so schließt das – entgegen einer weitverbreiteten Ansicht auf Auftraggeberseite – einen Vergütungsanspruch des Auftragnehmers nicht grundsätzlich aus. Dem Auftragnehmer steht in einem solchen Fall über die Regelung des § 2 (8) Abs. 3 VOB/B i. V. m. § 683 BGB ein „Anspruch auf Aufwendungsersatz" zu. Nach den Regelungen über die sog. „Geschäftsführung ohne Auftrag" (§§ 677 ff. BGB), auf die in § 2 (8) Abs. 3 VOB/B ausdrücklich verwiesen wird, wird gerade keine unverzügliche Anzeige, sowie auch keine notwendige, sondern nur eine interessengemäße Leistung vorausgesetzt, was eine weitere Abschwächung der Anforderungen an das Entstehen eines Vergütungsanspruchs darstellt.

Weiter steht dem Auftragnehmer auch dann ein Vergütungsanspruch zu, wenn der Auftraggeber die Leistung nachträglich anerkennt. Dieses Anerkenntnis kann auch „stillschweigend" erfolgen. Hierüber besteht Einigkeit in der Rechtsprechung. Nimmt ein Auftraggeber bewusst zur Kenntnis, dass der Auftragnehmer Leistungen ausführt, die nicht vom ursprünglich beauftragten Leistungsumfang („Bausoll") umfasst sind, und ist er mit der Ausführung dieser Leistungen einverstanden, so kann er später nicht die Bezahlung dieser Leistungen verweigern.

Daran ändert sich auch nichts, wenn der Auftraggeber irrtümlich davon ausging, dass die Leistungen im Bausoll enthalten waren. Dadurch, dass er den Auftragnehmer die Leistungen bewusst hat ausführen lassen, hat der Auftraggeber diese anerkannt (OLG Schleswig, Urteil vom 29.06.2010, Az.: 3 U 92/09). Ausreichend für das Anerkenntnis einer nicht vereinbarten Leistung ist jedes tatsächliche Verhalten des Auftraggebers, durch das er eindeutig erkennen lässt, dass er mit der Ausführung der Leistung einverstanden ist. Das Bewusstsein einer Vergütungspflicht ist nicht erforderlich. Ein Irrtum über das Bausoll ist unerheblich. Ausreichend ist, dass der Auftraggeber die zusätzliche Leistung tatsächlich bemerkt und dass er dadurch, dass er den Auftragnehmer gewähren lässt, klar zum Ausdruck bringt, dass er diese Leistung erhalten und behalten will. Jede zusätzliche Leistung, die der Auftraggeber also nicht wieder beseitigt haben möchte, ist somit grundsätzlich auch zu vergüten.

4.2.1 Liefern bauphysikalischer Nachweise.

Nach § 3 (1) VOB/B hat der Auftraggeber dem Auftragnehmer die für die Ausführung nötigen Unterlagen unentgeltlich und rechtzeitig zu übergeben.

Diese Verpflichtung des Auftraggebers umfasst die Vorlage der erforderlichen bauphysikalischen Nachweise, z. B. Wärmeschutz, Schallschutz, Brandschutz, Zulassung der Konstruktion; im Zusammenhang mit vorgehängten **Fassaden auch statische** Nachweise.

Verlangt der Auftraggeber die Vorlage dieser Nachweise vom Auftragnehmer, hat sie im Einzelfall also der Auftragnehmer zu liefern, so stellt dies für den Auftragnehmer eine Besondere Leistung dar. Hinsichtlich der Voraussetzungen auf einen zusätzlichen Vergütungsanspruch siehe Kommentierung zu Abschnitt 4.2.

4.2.2 Erstellen von Verlege- und Montageplänen.

Verlege- und Montagepläne, z. B. für Putz- und Stuckarbeiten, hat der Auftraggeber dem Auftragnehmer nach § 3 (1) VOB/B unentgeltlich und rechtzeitig zu übergeben. Wird diese Planungsleistung dem Auftragnehmer übertragen, so handelt es sich dabei um eine Besondere Leistung. Hinsichtlich der Voraussetzungen auf einen zusätzlichen Vergütungsanspruch siehe Kommentierung zu Abschnitt 4.2.

> Die notwendigen Planunterlagen werden dem Auftragnehmer immer häufiger auf Datenträgern übergeben. Dadurch entstehen dem Auftragnehmer für das Herstellen von Kopien erhebliche Kosten. Die Kosten für die gewerbeübliche Anzahl Plansätze (in der Regel 3 Stück) sind dem Auftragnehmer zu erstatten.

Auch das Erstellen von angeforderten Aufmaßplänen, das Einzeichnen zusätzlicher Aufmaßketten in die Pläne oder Zeichnungen für das Aufmaß stellen Besondere Leistungen dar. Im Regelfall muss davon ausgegangen werden, dass aus einem vom Auftraggeber zur Verfügung gestellten Plan ein Aufmaß eindeutig ablesbar und erstellbar sein muss, ohne dass Zusatzaufwendungen notwendig sind.

Vielfach sind zusätzlich Fotos vor Ort zu fertigen, um die Aufmaßkonditionen zu erläutern. Auch der hierfür zusätzliche Zeitaufwand ist dem Auftragnehmer zu vergüten, da gemeinhin angenommen werden muss, dass aus den zur Verfügung gestellten Plänen ein erläuterungsfreies Aufmaß erstellbar ist.

Gleiches gilt, wenn beispielsweise Aufmaßzeichnungen bzw. -skizzen anzufertigen sind, die regelmäßig nicht notwendig sein dürften, da das notwendige Aufmaß sich eindeutig aus den Planunterlagen ergeben müsste. Ist dies nicht der Fall und muss der Auftragnehmer oder ein Dritter zur Aufmaßerläuterung Zeichnungen anfertigen, so ist dies ebenfalls eine Leistung, die als Besondere Leistung zu charakterisieren ist. Derartige Zusatzleistungen gemäß VOB/B § 2 (9) 1 hat der Auftragnehmer bei Putz- und Stuckarbeiten nach allgemeiner gewerblicher Verkehrssitte nicht zu beschaffen und sind, wenn sie notwendig werden, zu vergüten.

4.2.3 Herstellen und Anbringen von Musterflächen, Musterkonstruktionen und Modellen.

Verlangt der Auftraggeber für seine Entscheidungsfindung, dass der Auftragnehmer eigens eine oder mehrere Proben zur Auswahl der Putzstruktur oder des Farbtones, Musterkonstruktionen oder Modelle herstellt, so handelt es sich hierbei um eine Besondere Leistung.

Hinsichtlich der Voraussetzungen auf einen zusätzlichen Vergütungsanspruch siehe Kommentierung zu Abschnitt 4.2.

Das Vorlegen vorgefertigter Oberflächen- oder Farbmuster ist gemäß Abschnitt 4.1.6 eine einzukalkulierende Nebenleistung.

4.2.4 Vorhalten von Aufenthalts- und Lagerräumen, wenn der Auftraggeber Räume, die leicht verschließbar gemacht werden können, nicht zur Verfügung stellt.

Aus der Vorschrift in § 4 (4) 1VOB/B ergibt sich für den Auftraggeber, wenn nichts anderes vereinbart ist, die Verpflichtung, dem Auftragnehmer unentgeltlich die notwendigen Lager- und Arbeitsplätze auf der Baustelle zur Benutzung oder Mitbenutzung zu überlassen.

Dazu gehören auch Aufenthalts- und Lagerräume, die leicht verschließbar sein müssen. In diesem Abschnitt ist deshalb festgelegt, dass der Auftragnehmer Anspruch auf gesonderte Vergütung für das Vorhalten von Aufenthalts- und Lagerräumen hat, wenn der Auftraggeber solche Räume, die leicht verschließbar gemacht werden können, nicht zur Verfügung stellt.

4.2.5 Auf-, Um- und Abbauen sowie Vorhalten von Gerüsten für Leistungen anderer Unternehmer.

Ebenso wie der Auf- und Abbau sowie das Vorhalten von Gerüsten für andere Unternehmer stellt auch der Umbau von Gerüsten für Leistungen anderer Unternehmer eine gesondert zu vergütende Leistung dar. Dasselbe gilt auch, wenn der Auftraggeber im Rahmen seines Anordnungsrechts nach § 1 (3) VOB/B verlangt, dass der Auftragnehmer Änderungen an einem vertragsgemäß erstellten oder bauseits zur Verfügung gestellten Gerüst vornimmt. In diesem Fall hat der Auftragnehmer den Auftraggeber darauf hinzuweisen, dass die entsprechenden Auf-, Um- und Abbauarbeiten ausschließlich vom Ersteller der Gerüste auszuführen sind (siehe auch [47]).

Auch die Mitbenutzung von Gerüsten durch andere Unternehmer (z. B. Dachdecker, Klempner, Zimmerer, Maler) auf Anweisung des Auftraggebers ist eine besondere Leistung. Die Kosten hierfür können nur über den Auftraggeber abgerechnet werden, da zwischen den einzelnen Unternehmern keine Vertragsbindung besteht.

Gegebenenfalls ändern sich durch die Mitbenutzung des Gerüstes durch andere Unternehmer auch die ursprünglichen Abrechnungsmaße des Gerüstes, da die „eingerüstete bzw. bearbeitete Fläche" (vgl. Abschnitt 5.1.4 DIN 18451 Gerüstarbeiten) geändert wurde. Bei der Ausführung von z. B. Außenputzarbeiten entspricht die Fassadenlänge im Regelfall der bearbeiteten (Gerüst-)Fläche, während bei der Bearbeitung des Dachgesimses oder der Dachrinne deren Länge das Maß für die Gerüstlänge bestimmt.

Sind für andere Unternehmer im Auftrag des Auftraggebers Gerüste zu erstellen, an welchem sich beispielsweise der oberste Gerüstbelag ca. 80 cm bis 1 m unter dem auskragenden Dach bzw. der Dachrinne befindet so ist die Bearbeitung der Außenputzfläche in diesem Bereich nur eingeschränkt möglich.

Die Bearbeitung der beginnenden Dachfläche bzw. der Dachrinne in diesem Bereich kann z. B. vom Klempner aufrecht auf dem obersten Gerüstbelag stehend, ausgeführt werden.

Die Bearbeitung der verbleibenden Putzflächen zwischen oberstem Gerüstbelag und Dachrinne/Dachuntersicht kann auf der obersten Gerüstlage dann nur noch gebückt, kniend oder liegend bearbeitet werden. Eine derartige Arbeitshaltung ist unüblich und führt zu erheblichen Mehraufwendungen (z. B. durch längere und angestrengtere Bearbeitung bzw. Arbeitshaltung).

Wenn aufgrund der jeweiligen beengten bzw. eingeschränkten Arbeitsmöglichkeit in gebückter, kniender oder liegender Haltung unter z. B. einer Dachuntersicht und dergleichen Putzarbeiten auszuführen sind, führt dies zu Mehraufwendungen bei der Bearbeitung, die zum Zeitpunkt der Kalkulation der Leistung nicht berücksichtigt werden konnten. Insofern ist der Auftragnehmer der Putzarbeiten berechtigt, Nachforderungen für Mehraufwendungen beim Auftraggeber bzw. Besondere Leistungen geltend zu machen, da der Auftraggeber es unterlassen hat alle kalkulationsbeeinflussenden Merkmale für die Ausführung der jeweiligen Leistung (vgl. VOB/A § 7 (1) Nr. 1 bis 3) zu benennen und diese anteiligen Kalkulationsansätze daher nicht in die Preisfindung eingehen konnten.

Zudem muss berücksichtigt werden, dass unter ergonomisch schwierigen Arbeitsbedingungen die Qualität der Ausführung begrenzt und somit das gewünscht Leistungsziel z. B. einer fachgerecht geriebenen Putzoberfläche, nicht erreichbar ist. Insofern haben derartige Arbeitsbedingungen auch Einfluss auf das erreichbare bzw. gewünschte und geschuldete Leistungsziel des Auftragnehmers.

Eine Möglichkeit das gewünschte Leistungsziel zu erreichen, besteht für den Auftraggeber natürlich auch darin, das Gerüst im Hinblick auf eine ergonomisch sinnvolle Arbeitsweise umbauen zu lassen und den Kalkulationsansatz für Putzarbeiten zu belassen. Sowohl für den Umbau des Gerüstes, als auch für die erschwerten Ausführungsbedingungen entstehen zusätzliche Kosten.

Insofern empfiehlt es sich für den Auftragnehmer der Putzarbeiten Bedenken hinsichtlich der Art der Ausführung (vgl. VOB/B § 4 (3)) bzw. Behinderung hinsichtlich einer ordnungsgemäßen Ausführung der Leistung (vgl. VOB/B § 6 (1)) gegenüber dem Auftraggeber anzumelden.

Der Gerüstbauunternehmer wiederum kann gemäß ATV DIN 18451 Nr. 4.2.14 das Ändern vertragsgemäß erstellter Gerüste – nach Auftragserteilung durch den Auftraggeber – als Besondere Leistung gesondert abrechnen ebenso wie dies nach diesem Abschnitt möglich ist.

Es besteht z. B. die Möglichkeit vom obersten Gerüstbelag einen Teilbelag zu entfernen, in der darunter befindlichen Gerüstebene eine kleine Konsole auf Höhe von ca. 1 m zu montieren, einen Belag einzulegen sowie den dafür notwendigen Seitenschutz zu vervollständigen. Die dafür notwendigen Umbauleistungen sind als Kalkulationsansatz zu vergüten.

Generell darf eine Veränderung von Gerüsten nur durch den Gerüstersteller erfolgen. Die „Handlungsanleitung für den Umgang mit Arbeits- und Schutzgerüsten – BGI/GUV-I 663“ [47] ist hierbei besonders zu beachten.

4.2.6 Auf-, Um- und Abbauen sowie Vorhalten von Gerüsten für eigene Leistungen, sofern die zu bearbeitende oder zu bekleidende Fläche höher als 3,50 m über der Standfläche des hierfür erforderlichen Gerüstes liegt.

Der Neufassung dieser und weiterer 2015 und 2016 neu herausgegebenen ATV der VOB/C lag eine umfassende Diskussion des Themas Gerüstbau zugrunde. Die Präzisierung mehrerer seit über 40 Jahren unveränderter Passagen zum Thema Gerüstbau bei zahlreichen ATV hat nun genauer festgelegt, welcher Umfang als Besondere Leistung zu titulieren ist.

Als Besondere und damit vergütungspflichtige Leistung des Auftragnehmers zählt nunmehr das Auf-, Um- und Abbauen sowie Vorhalten der Gerüste für die eigene Leistung, sofern die zu bearbeitende oder zu bekleidende Fläche über 3,50 m über der Standfläche der Gerüste liegt.

Die Abrechnung von Gerüstarbeiten erfolgt nach der eingerüsteten bzw. bearbeiteten Fläche gemäß ATV DIN 18451 „Gerüstarbeiten“, Abschnitt 5.

Hinsichtlich der Voraussetzungen auf einen Vergütungsanspruch siehe Kommentierung zu Abschnitt 4.2. Zweckmäßigerweise reicht der Auftragnehmer vor Beginn dieser Besonderen Leistung dem Auftraggeber ein schriftliches Zusatzangebot ein.

Die Vorhaltung (Grundeinsatzzeit) für Gerüste beträgt im Allgemeinen 4 Wochen (siehe Abschnitt 3.11 ATV DIN 18451). Gemäß Abschnitt 5.11 ATV DIN 18451 wird die Gebrauchsüberlassung vom ersten Tag der Nutzung (z. B. auch durch andere Handwerker) gerechnet.

Die vergütungspflichtige Vorhaltung kann bereits vor Beginn der eigenen Leistungen des Auftragnehmers eintreten und/oder nach Beendigung der Gerüstbenutzung für die eigenen Leistungen des Auftragnehmers. In jedem Fall ist dem Auftragnehmer zu empfehlen, Beginn und Dauer der Gerüstvorhaltung/Grundeinsatzzeit, Höhe, Art des erforderlichen Gerüstes (z. B. Standgerüst oder Rollgerüst) sowie für erschwerte Gerüstaufbauten wie Gerüste zur Bearbeitung von Treppenläufen, zur Überbauung von Treppen, zur Bearbeitung von Decken in Treppenhäusern und dergleichen, für die er eine gesonderte Vergütung beansprucht, dies dem Auftraggeber rechtzeitig – und aus Beweissicherungsgründen schriftlich – anzuzeigen.

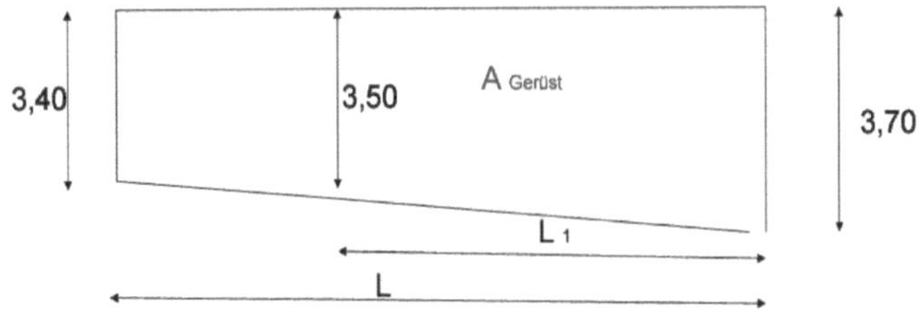

$A_{Gerüst}$ = L_1x (3,50 +3,70)/2
Gerüst ist erst ab 3,50 m Bearbeitungshöhe für die eigene Leistung abrechenbar Die Fläche (3,40 + 3,50)/2 x (L – L_1) bleibt unberücksichtigt. Ausnahme siehe Abschnitt 4.2.7

Abb. 4.3: Gerüst als Besondere Leistung

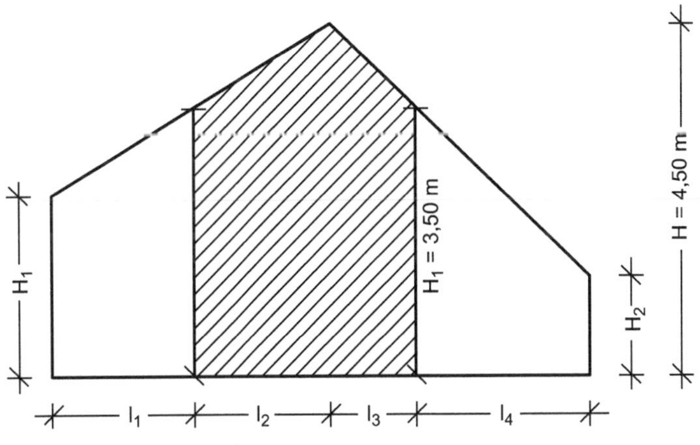

Abrechnung Gerüst für die eigene Leistung:
$A_{Gerüst}$ = l_2 x (3,50 m + 4,50 m)/2 + l_3 (3,50 m + 4,50 m)/2
Restflächen [l_1 x (H_1 + 3,50 m)/2 + l_4 (3,50 m + H_2)/2] bleiben für die Gerüstabrechnung für die eigene Leistung unberücksichtigt, wenn nur der Fachunternehmer der Putz- und Stuckarbeiten darauf arbeitet. Andernfalls gilt Abschnitt 4.2.5.

Abb. 4.4: Gerüstabrechnung an einem Giebel als Besondere Leistung ab 3,5 m Bearbeitungshöhe

Ein Zusammenfassen von z. B. Außenputz- und Gerüstarbeiten in einer Position widerspricht § 7b (4) VOB/A, da das Aufmaß für Putze nach der ATV DIN 18350 und das für Gerüstarbeiten nach der ATV DIN 18451 erfolgt. Die darin festgelegten Aufmaßregeln unterscheiden sich grundlegend.

Zum Aufbau von Gerüsten ist die „Handlungsanleitung für den Umgang mit Arbeits- und Schutzgerüsten“ [47] zu beachten.

Zur Berechnung der Sicherheitsleistung gemäß § 9c VOB/A sind die Kosten für Gerüstarbeiten grundsätzlich **nicht** einzubeziehen, da diese nicht in das Bauwerk eingehen. Gerüste stellen lediglich eine Hilfskonstruktion dar. Vergleiche ATV DIN 18451 Nr. 1.1.

4.2.7 Auf-, Um- und Abbauen sowie Vorhalten von Gerüsten mit abgestufter oder geneigter Standfläche, z. B. über Treppen oder Rampen, sofern ein Ausgleich von mehr als 40 cm erforderlich ist.

Als Besondere Leistung ist das Auf-, Um- und Abbauen sowie Vorhalten von Gerüsten mit abgestufter oder geneigter Standfläche zu bewerten, wenn ein Ausgleich der abgestuften oder geneigten Standfläche von mehr als 40 cm erforderlich ist.

Müssen mit dem Gerüst Höhenunterschiede über 40 cm überbrückt werden, z. B. zwischen 2,80 m und 3,40 m (60 cm Höhenunterschied), zwischen 3,40 m und 3,85 m (45 cm Höhenunterschied Abb. 4.5), so stellt das erforderliche Gerüst eine Besondere Leistung dar.

Das bedeutet, dass ab drei oder mehr Treppenstufen im Regelfall der einzubauende Ausgleich in der Standfläche eine Besondere Leistung darstellt, die gesondert zu vergüten ist, da ebene Gerüstarbeiten nicht mehr ausführbar sind und Mehraufwendungen durch z. B. durch zusätzlichen Rahmeneinbau entstehen. Siehe auch Erläuterungen zu Abschnitt 4.1.2.

Sonderausführungen, die unter erschwerten Bedingungen, z. B. über Treppenläufe, Rampen errichtet werden müssen, sind unabhängig von der Höhe ihrer Arbeitsbühne eine Besondere Leistung, die im Leistungsverzeichnis eindeutig zu beschreiben ist.

Zum Aufbau von Gerüsten ist die „Handlungsanleitung für den Umgang mit Arbeits- und Schutzgerüsten“ [47] zu beachten.

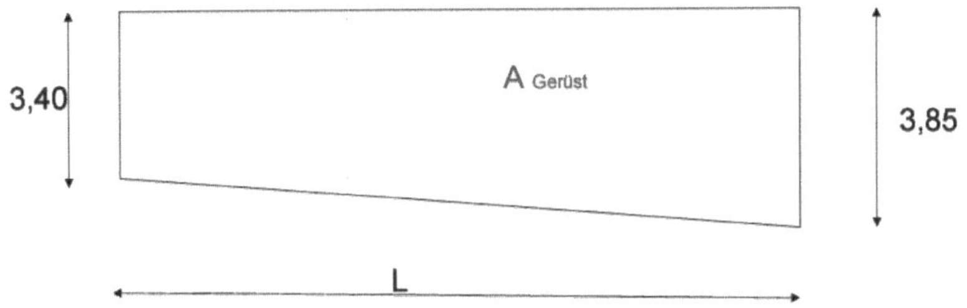

A $_{Gerüst}$ *= L x (3,85 +3,40)/2*

Abb. 4.5: Gerüstabrechnung mit abgestufter oder geneigter Standfläche von mehr als 40 cm, z. B. über Treppen oder Rampen

4.2.8 Schließen von Ankerlöchern für die Gerüstverankerung.

Das Schließen von Ankerlöchern für die Gerüstverankerung ist generell eine Besondere Leistung, die gesondert zu vergüten ist, wie dies in gleicher Weise z. B. auch in Abschnitt 4.2.22 der ATV DIN 18451 Gerüstarbeiten geregelt ist.

Der Verschluss der Verankerungsöffnungen sollte vom Auftragnehmer der Fassaden-/Innenarbeiten fachgerecht vorgenommen und mit dem Auftraggeber abgestimmt werden (z. B. Kunststoffstopfen mit Dichtstoff, Putzüberzug ohne Gewebe, jedoch mit struktureller und farbiger Angleichung). Zu diesem Zweck muss während des Gerüstabbaus Fachpersonal vor Ort sein. Die dafür notwendige Ausführungs- und Wartezeit sowie die notwendigen Materialien sind zu vergüten. Kalkulierbar ist nur der Zeit- und Materialaufwand für die eigentliche Verschlusstätigkeit, nicht aber die jeweilige Wartezeit. Wird das Gerüst aber durch Dritte, z. B. durch ein Gerüstbauunternehmen abgebaut, fallen Wartezeiten an, die nicht in der Disposition des Auftragnehmers der Putz- und Stuckarbeiten stehen. Diese Wartezeiten sind zu vergüten. Sinnvollerweise ist dieses in der Ausschreibung in einer gesonderten Position festzulegen und näher zu beschreiben.

Grundsätzlich kann ein mit Putz und Farbe verschlossenes Gerüstankerloch nicht den gleichen optischen Eindruck wie die angrenzenden Putzoberflächen hinterlassen. Ein mit Putz und Farbe verschlossenes Gerüstankerloch wird immer leicht sichtbar sein, was hinzunehmen ist (vgl. Abschnitt 3.2.5 Satz 2 [16]) und keinen Mangel darstellt. Ein Verschluss mit Kunststoffstopfen zeichnet sich auch mit einem nachfolgenden Anstrich optisch ab und ist in der Regel auffälliger.

4.2.9 Maßnahmen zum Schutz vor ungeeigneten klimatischen Bedingungen nach Abschnitt 3.1.3, z. B. Einhausung, Beheizung, feinmaschiges Gerüstnetz, Leistungen zum Belüften der Räume, die über die Leistungen nach Abschnitt

4.1.4 hinausgehen, z. B. technische Belüftung, soweit die Notwendigkeit nicht vom Auftragnehmer zu vertreten ist.

Ungeeignete klimatische Bedingungen bei der Ausführung von Putz- und Stuckarbeiten sind Temperaturen unter +5 °C (bei einzelnen Putzen unter +8 °C) oder über +30 °C sowie dauernde Sonneneinstrahlung, Windbelastung, Schlagregen, Sturm, Hagel und dergleichen.

Verlangt der Auftraggeber bei derartigen ungeeigneten klimatischen Bedingungen bzw. unter Abweichung der vertraglich vereinbarten Ausführungszeit (z. B. Februar statt Oktober), die Arbeiten durchzuführen, so sind die erforderlichen Maßnahmen Besondere Leistungen. Besondere Maßnahmen können hierfür z. B. sein: Abhängen des Gerüstes mit einem feinmaschigen Gerüstnetz, Sackleinen oder Gerüstplanen, Beheizung eingehauster Gebäude oder Bauteile sowie von abgeschlossenen Innenräumen.

Bei Innenputzarbeiten ist grundsätzlich auf eine ausreichende Belüftung der Räume nach dem unmittelbaren Verputzen zu achten. Der Auftragnehmer kann die Belüftung nur im Rahmen seiner Tätigkeit am jeweiligen Bauvorhaben sicherstellen.

Nach Abschluss der Putzarbeiten bzw. nach Verlassen der Baustelle durch den Auftragnehmer hat der Auftraggeber die jeweilige andauernde Belüftung sicherzustellen. Nur der Auftraggeber kann den Zugang zur Baustelle und die jeweilige Art und Dauer der Belüftung – auch unter Sicherheitsaspekten (Öffnen der Fenster – Diebstahlschutz) – ermöglichen.

Sind darüber hinaus technische Lüftungsmaßnahmen, die für den jeweiligen Baufortschritt notwendig erscheinen, erforderlich, so sind dies Besondere Leistungen.

Siehe auch „Merkblatt Verputzen, Wärmedämmen, Spachteln und Beschichten bei hohen und niedrigen Temperaturen" Abschnitt 3.2 [7] sowie Erläuterungen zu Abschnitt 3.1.3 dieser ATV.

Hinsichtlich der Voraussetzungen auf einen zusätzlichen Vergütungsanspruch siehe Kommentierung zu Abschnitt 4.2.

4.2.10 Maßnahmen zum Schutz von Bau- und Anlagenteilen sowie Einrichtungsgegenständen, z. B. durch Abkleben von Fenstern, Türen, Böden, Belägen, Treppen, Hölzern, Dachflächen, Elektrodosen, oberflächenfertigen Teilen, staubdichtes Abkleben von empfindlichen Einrichtungen und technischen Geräten, Staubschutzwände, Notdächer, Auslegen von Hartfaserplatten oder Bautenschutzfolien ab 0,2 mm Dicke.

Der Abschnitt bezieht sich auf den Schutz von Anlagenteilen, oberflächenfertigen Bauteilen und Einrichtungsgegenständen, die durch Schutzabdeckungen, z. B. auch Folien jeglicher Art geschützt werden sollen. Die Aufzählung möglicher Schutzmaßnahmen ist nicht abschließend, wie dies durch die beispielhafte Auflistung dokumentiert wird.

Fehlt in der Leistungsbeschreibung eine solche Position für Maßnahmen zum Schutz von Bau- und Anlagenteilen sowie Einrichtungsgegenständen, oder werden erst bei Beginn der Arbeiten solche als notwendig erachtet, so muss der Auftragnehmer Bedenken gemäß § 4 (3) VOB/B anmelden und vor Ausführung dieser Maßnahmen gemäß § 2 (6) VOB/B diese Leistung anmelden.

Müssen im Bauwerk bereits gesetzte, ungeschützte Installationsdosen (z. B. ohne Schutzabdeckung) geschützt werden, ist dies für den Auftragnehmer der Putz- und Stuckarbeiten (z. B. Stuckateurfachbetrieb) gleichfalls eine besonders zu vergütende Leistung, da der Auftragnehmer, welcher die Installationsdosen setzt, gemäß § 4 (5) VOB/B für den Schutz seiner eigenen Leistung verantwortlich ist (s. auch [48]).

Insbesondere bei Außenputzarbeiten wird es in der Regel notwendig, die Schutzmaßnahmen wiederholt an derselben Stelle anzubringen, da zwischen den einzelnen Arbeitsgängen (z. B. Unterputz/Oberputz/Anstrich) größere Zeiträume liegen.
Um eine Belüftung der Innenräume zu ermöglichen, können z. B. Folien im Bereich von Fenster- und Türöffnungen entfernt werden. Das erneute Schützen bei Weiterführung der Arbeiten ist ebenfalls besonders zu vergüten, bzw. diese Flächen sind mit ihrer jeweiligen Fläche zusätzlich aufzumessen. Werden nach den Putzarbeiten durch den Fachunternehmer der Putz- und Stuckarbeiten auch die Beschichtungsarbeiten ausgeführt, so ist ggf. ein weiteres Schützen von Bau und Anlagenteilen sowie Einrichtungsgegenständen vorzunehmen und zu vergüten.

Nicht oberflächenfertige Hölzer, die nachträglich lasiert oder farblos behandelt werden sollen, sind wie oberflächenfertige Bauteile zu bewerten.

Werden Gerüste auf Belägen im Außenbereich oder Fußböden im Innenbereich aufgestellt, so muss die Stand- oder Rollfläche z. B. durch Auslegen von Hartfaserplatten oder Bautenschutzfolien geschützt werden.

Mit dieser zu vergütenden Besonderen Leistung sind auch die Entsorgungskosten für die verwendeten Schutzmaßnahmen abgegolten.

Die Abrechnung von Schutzmaßnahmen erfolgt sowohl nach Flächenmaß (z. B. Öffnungen, Böden, Beläge), Längenmaß (z. B. Ortgang, Dachgesims bis 100 cm Breite, Fensterbänke, Handlauf) oder Anzahl (z. B. Briefkästen, Klingelplatte, Markisen, Kaminverwahrung, Öffnungen).

Bei ungeeigneten Witterungsverhältnissen können zur Ausführung der Putzarbeiten zusätzliche Maßnahmen erforderlich werden. Derartige Maßnahmen sind z. B. das Einhausen des Gerüstes mit Gitterfolien oder eine Gerüsterweiterung als oberer Abschluss zwischen Gerüst und Dachfläche.

Besondere Schutzmaßnahmen von z. B. Einrichtungsgegenständen oder empfindlichen technischen Geräten, die kalkulatorisch nicht abgeschätzt werden können, sollten im Stundenlohn vergütet werden.

Hat der Auftraggeber entgegen der Regelung in Abschnitt 0.2.4 in der Leistungsbeschreibung für besondere Schutzmaßnahmen Ansätze nicht vorgesehen, bleibt er gleichwohl für besondere Schutzmaßnahmen, die notwendig sind und die der Auftragnehmer erbringt, vergütungspflichtig. Hinsichtlich der Voraussetzungen auf einen zusätzlichen Vergütungsanspruch siehe Kommentierung zu Abschnitt 4.2.

4.2.11 Entfernen von bauseits vorhandenen Schutzfolien und dergleichen, z. B. an Fensterbänken, Leichtmetallprofilen.

Zu den gesondert vergütungspflichtigen, besonderen Maßnahmen, die dem Schutz von Bauteilen und Einrichtungsgegenständen dienen, gehört auch das nachträgliche Entfernen von bauseits vorhandenen Schutzmaßnahmen, z. B. Schutzfolien an Leichtmetallsimsen und dergleichen, wenn deren Schutzzweck erfüllt ist. Sinnvollerweise sollten die Schutzfolien von dem Auftragnehmer entfernt werden, der derartige Schutzfolien eingebaut hat. Vereinzelt hat das unsachgemäße Entfernen von bauseits vorhandenen Schutzfolien zu Kratzspuren geführt, die den Austausch beispielsweise der kompletten Fensterbank zur Folge hatte.

Das Entfernen von Putz- bzw. Mörtelresten auf Schutzdeckeln von z. B. Elektrodosen ist hingegen eine Nebenleistung, da dieser Putzmörtel nicht in das Eigentum des Auftraggebers übergeht, sondern ein Verschmutzen der bauseits vorhanden Schutzdeckels) und dergleichen darstellt, die in diesem Fall dem jeweils einbauenden Handwerker und nicht dem Auftraggeber gehört.

4.2.12 Reinigen des Untergrundes von grober Verschmutzung, z. B. Gipsreste, Mörtelreste, Farbreste, Öl, soweit diese nicht durch den Auftragnehmer verursacht wurde.

Nach Abschnitt 4.1.11 der ATV DIN 18299 ist das Beseitigen aller Verunreinigungen und Abfälle (Bauschutt und dergleichen), die von den eigenen Arbeiten des Auftragnehmers herrühren, eine Nebenleistung, die mit den vertraglichen Preisen abgegolten ist. Ebenso ist nach Abschnitt 4.1.3 eine Nebenleistung das Säubern des Untergrundes von Staub und losen Teilen, deren Beseitigung regelmäßig ohne nennenswerten Kostenaufwand erfolgen kann.

Im Unterschied dazu ist jedoch Reinigen des Untergrundes von grober Verschmutzung, die von Arbeiten anderer Unternehmer herrührt, eine besondere und deshalb gesondert zu vergütende Leistung des Auftragnehmers. Die Verschmutzungen können beispielsweise aus zurückgelassenem Bauschutt, Mörtelresten, Farbresten u. Ä. bestehen die der jeweilige Unternehmer, obwohl von seinen Arbeiten herrührend, nicht entfernt und damit den Untergrund, auf dem die Leistung des Auftragnehmers der Putz- und Stuckarbeiten aufbaut, nicht gereinigt hat. Hinsichtlich der Voraussetzungen auf einen zusätzlichen Vergütungsanspruch siehe Kommentierung zu Abschnitt 4.2.

4.2.13 Beseitigen von Hindernissen im Putzgrund, z. B. Entfernen von Betongraten, Schaumrückständen und nicht mehr benötigten Verankerungsbügeln für Konsolgerüste, Ablängen von horizontalen Putzschienen an Rollladenkästen.

Um eine fachgerechte Ausführung der Putzarbeiten zu ermöglichen, sind vor Beginn der Arbeiten häufig Hindernisse im Putzgrund zu beseitigen. Dies können z. B. sein:

- Entfernen von Betongraten,
- Abschneiden von Schaumrückständen,
- Entfernen von Verankerungsbügeln.

Des Weiteren ist das Ablängen von Putzschienen an Rollladenkästen ebenfalls eine besondere Leistung. Insbesondere ist hierbei zu beachten, dass das Ablängen von Anschlagschienen von Einbaurollläden nur durch den Fachunternehmer der Putz- und Stuckarbeiten (Stuckateur) erfolgen kann. Dies begründet sich dadurch, dass erst mit dem Setzen der Kantenprofile das genaue Ablängmaß der Anschlagschiene bekannt ist. Es empfiehlt sich deshalb, diese Besondere Leistung generell in das Leistungsverzeichnis als gesonderte Position aufzunehmen. Als Abrechnungseinheit je Schnitt empfiehlt sich Anzahl (Stück).

> Gleichfalls ist das Entfernen und Wiederanmontieren von Fallrohren, z. B. durch den Stuckateurfachbetrieb, eine Besondere Leistung, da diese Leistung von anderen Unternehmern (Klempner) auszuführen ist. Gemäß Nr. 4.1.4 ATV DIN 18339 Klempnerarbeiten ist das Anbringen, Vorhalten und Beseitigen von Wasserabweisern für die Abführung von Regenwasser während der Bauzeit eine Nebenleistung. Dabei ist zu beachten, dass die Wasserabweiser mindestens 50 cm über das Gerüst hinausreichen müssen.

Werden an Altbauten Putzarbeiten ausgeführt und müssen deswegen Hindernisse, wie z. B. Fallrohre, beseitigt werden, so sind dies Besondere Leistungen. Die Abrechnung wird hierfür pro Fallrohr stückweise, nach Anzahl der Fallrohre empfohlen. Werden demontierte Teile (z. B. Vordächer, Windfang) auf dem Betriebsgelände des Unternehmers zwischengelagert, so kann auch für diese Leistung, ebenso wie für den Transport zum/vom Betriebsgelände, eine Vergütung berechnet werden.

4.2.14 Vorbehandeln des Putzgrundes, z. B. durch Abschlagen, Aufpicken, Aufrauen, Hochdruckreinigen, Entfernen von Algen- und Pilzbefall, Aufbringen von Grundierungen, Verfestigern, Haftbrücken, Bioziden und dergleichen, Leistungen zum Verputzten von anbetonierten Dämmstoffplatten.

Maßnahmen zur Vorbehandlung des Putzgrundes sind generell in gesonderten Positionen im Leistungsverzeichnis zu erfassen und zu vergüten. Ist dies nicht gegeben, so sind diese Leistungen nach Vorankündigung und Beauftragung durch den Auftraggeber gesondert zu vergüten. Erfolgen keine Maßnahmen zur Vorbehandlung des Untergrundes, so kann im Allgemeinen der Erfolg der Leistung nicht sichergestellt werden.

Entsprechend DIN EN 13914-1 [8] und DIN EN 13914-2 [9] ist die Beschaffenheit des Putzgrundes für eine gute Haftung und gesicherte Ausführung des Putzes von elementarer Bedeutung. Hierzu bedarf es einerseits bestimmter Vorbereitungsmaßnahmen (siehe z. B. Abschnitt 4.1.3) und auch bestimmter Putzgrundvorbehandlungen.

Die immer wieder anzutreffende Praxis, dass versucht wird, in Leistungspositionen umfassende Ausschreibungstexte zu verfassen mit der Maßgabe, dass alle Vor- und Nachbehandlungen in eine Hauptposition einzukalkulieren seien, widerspricht dem Gebot, dass eine Leistung eindeutig und erschöpfend zu beschreiben ist und das dem Bieter kein ungewöhnliches Wagnis (vgl.§ 7 (1) VOB/A) aufgebürdet wird. Im Regelfall kann ein Bieter beispielsweise nicht abschätzen – und damit auch nicht kalkulieren – auf welcher Wand- oder Deckenfläche beispielsweise eine Haftbrücke benötigt wird und auf welcher eine Aufbrennsperre aufzutragen ist. Aufgrund des unterschiedlichen Material- und Arbeitsaufwandes kann hierfür keine sichere Kalkulation angegeben werden. Daher muss eine Mengenangabe in der Leistungsposition angegeben werden, besser sind Einzelpositionen für die verschiedenen Vorbehandlungsmaßnahmen, damit der notwendige Aufwand sicher vom Auftragnehmer kalkuliert werden kann.

Vorbehandlungen sind aus den verschiedensten Gründen notwendig und werden je nach Erfordernis mit den verschiedensten Baustoffen, Geräten und Maschinen ausgeführt. Auch der Zeitfaktor für die Ausführung der einen oder anderen Vorbehandlung ist verschieden, sodass solche Maßnahmen in eigenständigen Positionen in der Leistungsbeschreibung eindeutig zu beschreiben sind.

Ein idealer Putzgrund darf weder schwach saugende noch stark saugende Eigenschaften haben. Nachstehend aufgeführte Putzgründe, wie z. B.

- Betonflächen
- Kalksandsteine
- Leichtziegel
- Betonsteine
- Mauersteine mit hoher Wärmedämmung

- einbetonierte Dämmplatten
- Mischmauerwerk, Mauerwerkswechsel und dergleichen

erfordern zusätzliche Maßnahmen der Putzgrundvorbehandlung. Zu diesen Maßnahmen, die als Einzelpositionen entsprechend § 7 VOB/A auszuschreiben und zu vergüten sind, zählen im Allgemeinen:

- Abfräsen mit Putzfräse
- Aufbringen von organischen Haftbrücken
- Auftragen einer mineralischen Haftbrücke z. B. auf Beton oder Dämmplatten
- Maßnahmen zur Minderung stark saugender Untergründe, Auftragen einer Aufbrennsperre/Grundierung
- Auswerfen starker Unebenheiten im Putzgrund
- Egalisieren z. B. mittels Ausgleichputz
- Applizieren eines Putzfestigers/Tiefengrunds zur Verfestigung von Altputzen oder mürben Untergründen
- Hochdruckreinigung
- Spritzbewurf
- Voranstrich vor dem Auftragen von Oberputzen (siehe auch Abschnitt 4.2.26)
- Einlegen von Putzbewehrungen bei Mischmauerwerk, labilen Untergründen, Dämmplatten o. Ä.
- Abschlagen, von Altputzen, Fliesen, Bauteilen und dgl. zur Vorbereitung des Putzuntergrundes,
- Entfernen loser Scherben von Mauersteinen,
- Aufpicken oder Aufrauen von zu überarbeitenden Putzflächen
- Entfernen von Tapeten
- Entfernen und Behandeln von Ausblühungen
- Beseitigen von Schalöl oder sonstigen Trennmitteln
- Säubern gefrorener Mauerfugen
- Entfernen überstehender Abschlussprofile an Rollladenkästen
- Entfernen von überquellenden Ausschäumungen
- Entfernen von Farbanstrichen oder nichttragfähigen Altputzen
- Biozides Vorbehandeln von mit Algen und Pilze befallenen Außenflächen
- Entfernen von mikrobiellem Befall, z. B. Algen und Pilze an Außenflächen
- Entfernen von Schimmelpilzen in Innenräumen
- Eisstrahlen, Strahlen mit festem Strahlmittel
- etc.

Zwischen Unter- und Oberputz empfiehlt es sich als Vorbehandlung, zum Ausgleich unterschiedlich saugender Flächen eine Grundierung aufzubringen. Diese Leistungen sind gesondert zu vereinbaren.

Anbetonierte Dämmstoffplatten z. B. extrudierte Polystyrol-Hartschaumstoffplatten (XPS) müssen eine raue oder gewaffelte Oberfläche aufweisen. Mit dem Aufbringen des Putzes auf diese Dämmstoffplatten sind zusätzliche Leistungen erforderlich wie

- Aufbringen einer kunststoffvergüteten Putzhaftbrücke auf die Dämmstoffplatten,
- Auftragen eines 5–8 mm dicken Armierungsputzes mit Armierungsgewebe auf den ausgeschriebenen Leichtunterputz.
- ein Egalisationsanstrich oder Anstrichsystem falls erforderlich.

> Anbetonierte Dämmstoffplatten mit glatter Schäumhaut, z. B. extrudierten Polystyrol-Hartschaumstoffplatten, müssen zusätzlich gedübelt werden und die Schäumhaut ist mechanisch völlig zu entfernen.
> Grundsätzlich sollte der Auftragnehmer in diesem Fall aber Bedenken nach § 4 (3) VOB/B anmelden, da auch die beschriebene Verfahrensweise keine Gewähr dafür bietet, dass ein dauerhafter flächiger Verbund der Platten mit dem Untergrund besteht.

Weitere Hinweise sind [38] zu entnehmen.

4.2.15 Einbau von Fugenüberspannungen, Streifenbewehrungen und Streifenputzträgern, Leistungen zur Bewehrung von Putzen, Diagonalbewehrungen und dergleichen.

Das Überspannen von Fugen erfolgt in der Regel mit Streifenbewehrungen. Gedämmte Bauteile, z. B. Deckenstirnseiten sind ebenfalls mit Streifenbewehrungen zu versehen. Streifenputzträger werden vorzugsweise zum Schließen von Aussparungen für Leitungen verwendet.

> Diese Maßnahmen dienen dazu, Spannungen innerhalb des Putzes aufnehmen, um dadurch die mögliche Rissbildung zu vermindern – nicht zu verhindern!

Diese Leistungen sind gesondert zu vergüten. Bis zu einer Breite von 1 m der Putzbewehrungen oder Putzträger erfolgt die Abrechnung gemäß Abschnitt 0.5.2 im Längenmaß (m).

Diagonalbewehrungen (z. B. Gewebepfeile) werden an Ecken von Öffnungen, Aussparungen und Nischen eingesetzt.

Diagonalbewehrungen werden gemäß Abschnitt 0.5.3 in Anzahl (Stück) je Ecke abgerechnet.

Gemäß DIN EN 13914-1 [8] und DIN EN 13914-2 [9] sowie den Leitlinien für das Verputzen [27] ist die beste Art der Überarbeitung ein vollflächiger Armierungsputz.

Übliche Leichtputze (Typ I und Typ II) lassen aufgrund ihres Porengefüges einen ausreichenden Verbund zwischen Gewebe und Putz nicht erwarten. Ungeeignete, zu feine Gewebe können sogar zu einer Trennung der Putzschicht unter und über dem Gewebe führen. Für das kraftschlüssige Einbetten eines Gewebes ist daher ein entsprechend polymervergüteter Armierungsmörtel deutlich besser geeignet (siehe [27]).

Teilflächenarmierung

In Fällen, in denen eine Armierung des Putzsystems nicht über eine gesamte Fassadenfläche, sondern lediglich in kleinen Teilflächen erfolgen soll, z. B. bei Rollladenkästen, Fensterecken, Deckenrändern und dergleichen, kommen in der Praxis zwei Varianten zur Anwendung (Grundsätzlich ist es auch möglich, die Putzbewehrung/-armierung in die obere Hälfte des Unterputzes einzulegen. Diese Ausführungsvariante wird jedoch nur für Normalmörtel empfohlen und insbesondere nicht empfohlen bei Verwendung von Leichtputzen).

Beide Varianten eignen sich nur, wenn es sich – bezogen auf die gesamte Fassadenfläche – nach Anzahl und Größe um wenige bzw. geringe Flächenanteile handelt. Der Auftraggeber sollte vor Ausführung der Arbeiten auf die möglichen Auswirkungen einer Teilflächenarmierung (s. u.) aufmerksam gemacht werden und sein Einverständnis für eine derartige Ausführung erteilen. Ein vollflächiger Armierungsputz ist der Teilflächenarmierung immer vorzuziehen.

Teilflächenarmierung bei dicklagigen Oberputzen (z. B. Kratzputz) und Putzen mit einer Korngröße über 3 mm

Zunächst wird der Unterputz über die gesamte Fläche aufgetragen. Nach ausreichender Standzeit wird in den Bereichen, in denen eine Teilflächenarmierung erfolgen soll, der Armierungsputz mit Gewebeeinlage auf den Unterputz aufgebracht. Bei Fensterecken und Öffnungen ist die Bewehrung diagonal einzulegen, ggf. zusätzlich zu dem Gewebe, welches z. B. den Rollladenkasten überdeckt.

Darauf folgt der Oberputz. Bei dieser Variante kann trotz sorgfältigster Ausführung nicht sicher vermieden werden, dass sich die mit der Teilflächenarmierung versehenen Flächen im Oberputz abzeichnen (z. B. Fleckenbildung infolge unterschiedlichen Saugverhaltens des Untergrundes, Unebenheit infolge unterschiedlicher Dicken, unerwartete Rissbildung).

Teilflächenarmierung bei dünnlagigen Oberputzen mit einer Korngröße von 3 mm und kleiner

Bei dünnlagigen Oberputzen mit einer Korngröße von 3 mm und darunter ist eine Teilflächenarmierung am ehesten möglich, wenn der Armierungsputz mit Gewebeeinlage vor Aufbringen des Unterputzes direkt auf den Untergrund aufgebracht wird. Bei Fensterecken und Öffnungen ist die Bewehrung diagonal einzulegen, ggf. zusätzlich zu dem Gewebe, welches z. B. den Rollladenkasten überdeckt. Der Armierungsputz ist abschließend aufzukämmen und sollte mindestens eine Dicke von 5 mm aufweisen. Darauf folgen Unterputz und Oberputz.

Mit dieser Anordnung (Armierungsputz direkt auf dem Untergrund) werden aus unterschiedlichen Untergrundeigenschaften herrührende Spannungen auf eine größere Teilfläche verteilt und so das Risiko einzelner Risse vermindert. Spannungen, die aus äußeren Einflüssen herrühren, z. B. aus der hygrothermischen Belastung des Putzsystems, lassen sich mit dieser Anordnung nicht verteilen.

Ein vollflächiger Armierungsputz ist im Flächenmaß (m²) nach Abschnitt 0.5.1 abzurechnen.

4.2.16 Befestigen von Putzträgern, Putzträgerplatten, Dämmstoffen und dergleichen mit Dübeln.

Putzträger und Putzträgerplatten werden zur Herstellung abgehängter Drahtputzdecken, einer ebenen Putzuntersicht unter Rippendecken, eines Putzgrundes auf Holzgesimsen, eines Putzgrundes auf nicht tragfähigen Untergründen oder bei Wärmedämmputzen ab einer Dicke von ca. 60 mm eingesetzt.

Auch Dämmstoffe, Innenwandbekleidungen und dergleichen sind je nach Einbausituation mechanisch zu befestigen. Diese Putzträger, Putzträgerplatten, Dämmstoffe, Innenwandbekleidungen und dgl. werden je nach Untergrund geschraubt, gedübelt oder genagelt. Zusätzlich sind je nach Anforderung solche Baustoffe auch mit dem Untergrund zu verkleben. Solche Leistungen sind gesondert zu vergüten.

Wird die Ausführung solcher Leistungen durch Installationen beeinträchtigt, z. B. an Garagen-, Kellerdecken, so ist dies in die Leistungsbeschreibung aufzunehmen, damit ggf. Überbrückungen für die jeweils notwendigen Befestigungen einzubauen sind. Die Bekleidung von Deckenuntersichten im Innen- und Außenbereich mit Dämmstoffen kann je nach Anforderung geklebt oder gedübelt erfolgen.

Garagendecken dürfen nach derzeitigem Kenntnisstand in zahlreichen Bundesländern nicht mit brennbaren oder schwerentflammbaren Dämmstoffen über 80 mm Dicke belegt werden. Ebenfalls dürfen diese Dämmstoffe auch nicht verputzt werden. Bei Verwendung von nichtbrennbaren Dämmstoffen können diese verputzt werden. Auf die jeweils notwendige ggf. zusätzliche Befestigung (Dübelung) der Dämmstoffplatten ist zu achten.

4.2.17 Herstellen von Bewegungs- und Scheinfugen mit z. B. Profilen, Trennschnitten sowie Fugendichtungen.

Das Herstellen von z. B. Gebäudetrennfugen und Scheinfugen sowie Fugendichtungen erfordert regelmäßige Konstruktionsangaben des Auftraggebers, aus denen Art der Fuge, etwa mögliche Bewegungen sowie besondere Belastungen hervorgehen müssen. Erst damit kann der Auftragnehmer in die Lage versetzt werden, die notwendigen Baustoffe fachgerecht auszuwählen. Zur Herstellung von Bewegungs- und Scheinfugen gehören auch der Einbau von Hinterfüllprofilen sowie das Ausspritzen von Fugen mit geeigneten Dichtstoffen.

Bei Gebäudetrennfugen müssen vom Auftraggeber insbesondere Angaben über die zu erwartenden Bewegungen gemacht werden, damit die notwendige Fugenausbildung (Breite) kalkuliert bzw. ein geeigneter Dichtstoff bzw. ein geeignetes Dichtprofil ausgewählt werden kann.

Unabhängig von der gewählten Anschlussart, z. B. mit Trennschnitt, mit Kellenschnitt, mit Profilen o. Ä. stellt dies eine anzufordernde vergütungspflichtige Besondere Leistung dar.

Die landläufige Meinung, dass Fugenausbildungen auch mit einem Kellenschnitt wirksam ausgeführt werden können, entspricht nicht den Anforderungen an eine technisch und optisch hinreichende Fugenausbildung. Die Fugenausbildung erfolgt fachgerecht mit Profilen (siehe auch [31]).

Hinsichtlich der Voraussetzungen auf einen zusätzlichen Vergütungsanspruch siehe Kommentierung zu Abschnitt 4.2.

Die Abrechnung von Fugen erfolgt nach Abschnitt 0.5.2 im Längenmaß (m).

4.2.18 Herstellen von Anschlüssen, Anschlussfugen und luftdichten Anschlüssen an angrenzende Bauteile, z. B. Dächer, Einbauteile, Installationen, systembedingt überstehende Schalterdosen sowie Anpassen und Anarbeiten der Putzflächen an angrenzende Bauteile.

Das Herstellen von Anschlüssen, Anschlussfugen und luftdichten Anschlüssen an angrenzende Bauteile stellt grundsätzlich eine besondere Leistung dar, die gesondert anzufordern und zu vergüten ist. Als weitere Beispiele für das Herstellen von Anschlüssen und Anschlussfugen zu den oben genannten Bauteilen zählen z. B. Einzelleuchten, Lichtkuppeln, Dachflächenfenster, Lüftungsgitter, Luftauslässe, Revisionsöffnungen, Stützen, Pfeilervorlagen, Unterzüge, Rohrdurchführungen, Kabel, Installationsteile, Geländer. Die Abrechnung erfolgt gemäß Abschnitt 0.5.3 in Anzahl (Stück) oder gemäß Abschnitt 0.5.2 im Längenmaß (m). Zur Ausführung luftdichter Anschlüsse siehe auch Richtlinie Luftdichtheit [42]

Soweit bei Fenstern ein luftdichter Anschluss ausnahmsweise nicht vom Fensterbauer/Tischler (siehe Abschnitt 3.5.3.3 ATV DIN 18555 Tischlerarbeiten) sondern vom Auftragnehmer der Putz- und Stuckarbeiten gefordert wird, ist dies eine zusätzliche Leistung, die besonders zu vergüten ist. Das Herstellen von luftdichten Anschlüssen ist auch deshalb wichtig, damit nicht durch in die Konstruktion eindringende Feuchtigkeit Schäden, beispielsweise Schimmelbefall, hervorgerufen werden.

Ebenso stellt der Verguss von (Stahl-)Zargen oder der Fensterbankeinbau z. B. Einbau von Metall- und Steinfensterbänken, sowie das Herstellen von Anschlüssen an Fensterbänke eine Besondere Leistung dar.

Systembedingte überlange Schalterdosen sind Installationen, die beim Verputzen von Flächen immer ein Hindernis darstellen, da sie ein zügiges Abziehen, Glätten oder Filzen der Putzoberfläche verhindern. Das An- und Beiputzen solcher Installationen ist immer eine Besondere Leistung. Bereits das Urteil des Oberlandesgerichtes Stuttgart vom 22.06.1990 - 2 U 296/89 legt fest, dass der Einbau von überlangen Schalterdosen bereits in der Leistungsbeschreibung so kenntlich zu machen ist, dass der Mehraufwand entsprechend § 7 VOB/A kalkuliert werden kann. Dies ist nur durch Angabe der Anzahl, Art und Lage solcher Installationen in getrennter Leistungsposition möglich. Siehe hierzu auch [47].

Anarbeiten der Putzfläche bedeutet das Heranführen des Putzes an begrenzende Bauteile ohne Anpassen oder Anschließen.

Anpassen der Putzfläche bedeutet das Heranführen des Putzes an begrenzende Bauteile durch Bearbeiten des Putzes, so dass dieser der Geometrie des begrenzenden Bauteils folgt.

Anschließen der Putzfläche bedeutet das Heranführen an begrenzende Bauteile und Sicherstellen einer definierten technischen Funktion, z. B. Luftdichtigkeit, Wasserdichtigkeit, Kraftschluss.

4.2.19 Einbau von Profilen, z. B. Sockelprofilen, Randwinkel, Lüftungsprofile, Abschlussprofile, Anputzleisten, Gewebewinkel, An- und Abschlussprofile, Schattenprofile, Bossenprofile und dergleichen.

Der Einbau von Profilen, Richtwinkeln an Kanten, Leisten, Gewebeeckwinkeln u. Ä. ist je nach dem vorgesehenen Verwendungszweck des Bauteils notwendig. Die Art des Profils, z. B. Putzprofile, Putzleisten, Gewebeeckwinkel, ihre Abmessung und ihr Winkel z. B. 45°, 135° sind vom Auftraggeber anzugeben und als Besondere Leistung gesondert zu vergüten. Als Abrechnungseinheit ist nach Abschnitt 0.5.2 Längenmaß (m) vorzusehen.

Dasselbe gilt auch, wenn eine Kante oder Ecke ohne Profil ausgebildet, d. h. die Kante oder Ecke angeschlagen werden muss oder als runde/abgerundete Kante auszubilden ist.

Putzleisten sind sowohl bei Einhaltung erhöhter Anforderungen an die Ebenheit wie auch bei stark unebenen Putzgründen (Putzdicke mehr als 20 mm) erforderlich. Ggf. sind diese nach dem Auftrag des Unterputzes zu entfernen und materialgleich zu ersetzen. Das Anbringen von Unterputzprofilen oder Putzleisten ist eine besonders zu vergütende Leistung. Zur Verwendung von Profilen siehe auch [31] sowie Erläuterungen zu Abschnitt 3.8.

Das Herstellen von Bossierungen mittels speziellen Bossenprofilen ist ebenfalls eine gesondert zu vergütende Leistung. Hierbei sind die Bossenfugen nach Abschnitt 0.5.2 im Längenmaß (m) in der Leistungsbeschreibung vorzugeben und gesondert zu rechnen. Alternativ können Bossierungen auch im Flächenmaß (m^2) nach Abschnitt 0.5.1 abgerechnet werden, wobei in der jeweiligen Position des Leistungsverzeichnisses die Anzahl der Bossen pro m^2 anzugeben ist. In jedem Fall ist die Ausgestaltung der Bossen, wie Abmessungen der Bossen, Fugenbreite, Struktur und dergleichen in der Leistungsbeschreibung anzugeben. Zur Entscheidungsfindung des Auftraggebers können Musterflächen von Bossierungen nach Abschnitt 4.2.3 angelegt werden.

4.2.20 Ausbilden von Bossierungen, von Kanten ohne Profile und dergleichen.

Müssen Kanten ohne Profile als kantige, abgerundete, gebogene oder gefaste Kanten hergestellt werden, z. B. durch mehrmaliges An- bzw. Umschlagen von Putzbrettern, mittels Schablonen durch Anschlagen von Zug- und Schwunglatten, z. B. an kreisförmigen Öffnungen (z. B. Halbkreis-, Korbbogen, bogenartige Wand- oder Deckennischen) oder Freihand (z. B. bei zu restaurierenden Gebäuden) erstellt werden, so ist die Ausbildung dieser Kanten eine besondere Leistung. Freihand ausgebildete Kanten sind nicht vollständig geradlinig. Die Ausbildung von Kanten ohne Profile ist gegenüber dem Einbau von Putzprofilen aufwendiger und kostenintensiver.

Als Abrechnungseinheit ist nach Abschnitt 0.5.2 Längenmaß (m) vorzusehen.

4.2.21 Schließen und Verputzen von Aussparungen, z. B. Schlitzen durch einen zusätzlichen Arbeitsgang.

Das Schließen und Verputzen von Schlitzen ist ebenso wie das Schließen und Verputzen von Aussparungen jeweils eine Besondere Leistung. Es kommt nicht auf die Art der Aussparung an. Die Abrechnung für das Schließen und Verputzen von Schlitzen erfolgt nach Abschnitt 0.5.2 im Längenmaß (m). Für das Schließen und Verputzen von kleinflächigen Aussparungen erfolgt die Abrechnung nach Abschnitt 0.5.3 in Anzahl (Stück). Hierbei sollte darauf geachtet werden, dass die vorhandenen Aussparungseinzelgrößen jeweils gesondert ausgeschrieben werden (siehe Kommentierung zu Abschnitt 0.5.3).

Gleiches gilt für das Schließen von Fehlstellen (z. B. Mauertaschen) im Mauerwerk, in Gips-Wandbauplatten und dergleichen. Bei mit Dünnlagenputzen zu verputzende Putzgründe, die Leitungsschlitze aufweisen, müssen diese mit geeignetem Mörtel vor dem eigentlichen Verputzen geschlossen werden, da das Material des Dünnlagenputzes im Allgemeinen nicht dazu geeignet ist, die dort vorhandenen Putzdicken von über 10 mm Tiefe an Einzelstellen (Leitungsschlitze u. Ä.) mangelfrei zu verfüllen.

4.2.22 Vorgezogenes und nachträgliches Herstellen von Teilflächen, z. B. Flächen hinter Heizkörpern, Rohrleitungen und dergleichen.

Müssen Flächen hinter bestehenden Installationen und dergleichen verputzt werden, so ist diese Leistung nur mit einem erheblich Arbeits- und Zeitaufwand durchzuführen. Dabei sind besondere Anforderungen an die Oberfläche des Putzes zurückzustellen, da der Abstand zwischen Installation und Putzoberfläche in der Regel sehr gering ist und der Putz nur mit besonderen Hilfsmitteln aufgebracht werden kann. Diese Leistungen sind gesondert auszuschreiben.

Gleiches gilt auch für die Bekleidung mit verputzten oder unverputzten Innendämmungen, z. B. bei Keller- oder Garagendecken. Auch hier bedeutet das (nachträgliche) Verlegen der Dämmstoff- oder Plattenmaterialien hinter Installationen einen erhöhten Arbeitsaufwand und zusätzliche Anpassungsarbeiten, die keinesfalls mit dem flächigen „ungestörten" Anbringen zu vergleichen sind und daher Mehraufwendungen bei Material und Zeit erfordern.

Wenn in der Leistungsbeschreibung über vorgezogene oder nachträgliche Arbeiten nichts gesagt ist, sie aber im Verlauf der Innendämmarbeiten oder der Putzausführung gefordert werden (z. B. Vorputzen von Heizkörpernischen, Vorputzen von Flächen hinter Rohrleitungen), sind dies Besondere Leistungen die gesondert anzufordern und zu vergüten sind.

Pauschale Anforderungen in den Vertragsbedingungen, dass solche Leistungen ohne Angaben von Massen in die Einheitspreise einzukalkulieren sind, halten einer Inhaltskontrolle nach den Regelungen der §§ 305 ff BGB nicht stand.

Siehe auch Erläuterungen zu den Abschnitten 0.2.20 und 0.2.21.

4.2.23 Ausgleichen von größeren Unebenheiten des Untergrundes als nach DIN 18202 zulässig.

Maßnahmen zum Ausgleich von größeren Unebenheiten des Untergrundes, als nach DIN 18202 zulässig sind, z. B. Mehrputzdicken, teilflächige Auffütterungen mit unterschiedlichen Materialien, Ausgleichsputze.

> Entsprechend Abschnitt 0.5.1 wird das Ausgleichen von unebenen Untergründen, Auffütterungen sowie die zusätzlichen Mehrputzdicken je 5 mm im Flächenmaß (m²) abgerechnet. Hierbei ist zu beachten, dass das Verputzen von Flächen bis 2,5 m² Einzelgröße gemäß Abschnitt 0.5.3 in Anzahl (Stück) abgerechnet wird. Hinsichtlich der Maße der Abrechnungseinheiten in Anzahl ist Abschnitt 0.5.3 zu beachten.

Siehe auch Erläuterungen zu Abschnitt 3.1.2

4.2.24 Leistungen zum Erfüllen erhöhter Anforderungen an die Ebenheit oder Maßhaltigkeit (siehe Abschnitt 3.1.2).

Werden erhöhte Anforderungen an die Ebenheit von Flächen nach DIN 18202 Tabelle 3 Zeile 7 gestellt (vgl. Abschnitt 3.1.2, Tab. 3.3), so ist dies im Leistungsverzeichnis anzugeben und vertraglich zu vereinbaren. Maßnahmen sind z. B. das Ausfluchten von Wand- und Deckenflächen, Setzen von Putzleisten, von Pariser Leisten und von Putzbrettern, Aufbringen eines Ausgleichsputzes. Dadurch entstehen häufig Mehrputzdicken. Diese Mehrputzdicken sind in der Leistungsbeschreibung mit je 5 mm zusätzlicher Putzdicke nach Flächenmaß (m²) gemäß Abschnitt 0.5.1 vorzugeben.

Das Herstellen von Putzen mit erhöhten Anforderungen an die Ebenheit (siehe Erläuterungen zu Abschnitt 3.1.2, Tabelle 3.3 bzw. DIN 18202, Tabelle 3 Zeile 7) ist gemäß Abschnitt 0.5.1 ebenfalls im Flächenmaß (m²) und die für die Ausführung erforderlichen Putzleisten, Pariser Leisten, Putzbrettern und dergleichen sind gemäß Abschnitt 0.5.2 im Längenmaß (m) vorzugeben.

> Die Bezeichnung in Leistungspositionen wie z. B. „der Putz ist lot- und fluchtrecht herzustellen“ beinhaltet eine Standardausführung nach Tabelle 3 Zeile 6 DIN 18202 (siehe Tab. 3.3 in Abschnitt 3.1.2).

Siehe auch Erläuterungen zu Abschnitt 3.1.2.

Wird im Leistungsverzeichnis die Formulierung „lot- und fluchtrecht“ verwendet, so ist damit die nach Abschnitt 3.1.2 geltende Standardtoleranz bzw. Standardausführung anzuwenden (siehe Zeile 6 von Tabelle 3 nach DIN 18202 bzw. Erläuterungen zu Abschnitt 3.1.2, dort Tabelle 3.3 Ebenheitstoleranzen).

4.2.25 Leistungen zum Erreichen von Oberflächenqualitäten gemäß Abschnitt 3.2.3.

Das Erreichen einer Oberflächenqualität nach Abschnitt 3.2.3 für geglättete Innenputze erfordert zusätzliche Arbeitsgänge in Glätttechnik – (Qualitätsstufen Q 3 oder Q 4 aus [11])

Sollen gefilzte Innenputze eine höhere Oberflächenqualität (Qualitätsstufen Q 3 oder Q 4) als in Abschnitt 3.2.2 (Qualitätsstufen Q 2) vorgesehen erhalten, sind ebenfalls zusätzliche Arbeitsgänge oder zusätzliche Putzlagen erforderlich.

Diese Leistungen sind gesondert zu vergüten.

Mit der Vereinbarung der Qualitätsstufe Q 4 für geglättete oder gefilzte Innenputze sind Ebenheitstoleranzen mit erhöhten Anforderungen vertraglich vereinbart.

> Grundsätzlich ist anzumerken, dass erhöhte Anforderungen nur dann einzuhalten sind, wenn diese explizit vertraglich vereinbart sind.

4.2.26 Herstellen von Oberputzen mit einer Korngröße abweichend von Abschnitt 3.2.4.

Wenn hinsichtlich der Korngröße des Oberputzes im Leistungsverzeichnis nichts anderes vereinbart ist, muss gemäß Abschnitt 3.2.4 mindestens ein Oberputz mit einer Korngröße von 3 mm aufgetragen werden. Bei kleineren Korngrößen der Oberputze erfordert die Ausführung des Unterputzes zusätzliche Maßnahmen, wie z. B. eine zusätzliche Putzlage oder einen Armierungsputz, die als Besondere Leistungen gesondert zu vergüten sind.

Auch bei Korngrößen über 3 mm fallen Mehraufwendungen z. B. durch höheren Materialbedarf und zusätzliche Lohnkosten an.

> Wird eine bestimmte Körnung für den Oberputz vereinbart und soll von dieser nach Vertragsabschluss abgewichen werden, so ist dies eine Besondere Leistung. Ist die genaue Korngröße bereits im Leistungsverzeichnis benannt bzw. angefordert , so können keine zusätzlichen Leistungen abgerechnet werden, da zuvor die gewünschte Ausführungsart und die dazu notwendigen zusätzlichen Aufwendungen, z. B. weitere Putzlage, bekannt war, die in den angebotenen Einheitspreis einzukalkulieren war.

Zur Herstellung von Oberputzen siehe [8], [9], [10].

4.2.27 Farbige Ausführung der Putze.

Grundsätzlich können farbig behandelte Putze (keine weißen Putze) auf folgende Arten ausgeführt werden:

- Eingefärbter mineralischer Oberputz ohne oder mit Egalisationsanstrich,
- Nichteingefärbter Oberputz mit mehrfacher (z. B. zweimaliger) Farbbeschichtung,
- Eingefärbter organisch gebundener Oberputz ohne Beschichtung.

Ist ein farbiger Oberputz angefordert, so sind hiermit lediglich die Mehrkosten der gewünschten Einfärbung des Oberputzmaterials abgegolten.

Das Auftragen eines Egalisationsanstrichs ist eine zusätzliche Leistung, die gesondert anzufordern ist. Die Ausführung eines Egalisationsanstrichs kann – im Einvernehmen mit dem Bauherren – davon abhängig gemacht werden, ob der gewünschte Eindruck einen solchen Anstrich aus optischen oder witterungsbedingten Gründen erfordert (siehe auch [17]). Wird dies vom Auftraggeber gewünscht, so ist diese Leistung besonders zu vereinbaren.

Ist die farbige Ausführung eines nicht eingefärbten Oberputzes gewünscht, so ist der Putz zu beschichten. Diese Leistung ist gesondert zu vergüten und ist nach ATV DIN 18363 Maler- und Lackierarbeiten abzurechnen, welche sich bei der Abrechnung von Beschichtungen an Fassaden nicht von der ATV DIN 18350 Putz- und Stuckarbeiten unterscheidet. Insofern kann das Aufmaß von Außenbeschichtungen an Flächen nach Abschnitt 0.5.1 in m² und an Leibungen und dergleichen im Längenmaß (m) nach Abschnitt 0.5.2 abgerechnet werden – ganz so wie dies auch in ATV DIN 18363 Maler- und Lackierarbeiten - Beschichtungen gefordert wird.

Zwischen Unter- und Oberputz empfiehlt es sich, zum Ausgleich unterschiedlich saugender Flächen eine Grundierung aufzubringen. Diese Leistungen sind gesondert zu vereinbaren (siehe Erläuterungen zu Abschnitt 4.2.10).

Kratzputze werden im Regelfall nicht beschichtet.

4.2.28 Maßnahmen gegen Algen- und Pilzbefall.

Allgemein anerkannte Regel der Technik ist es, dass keine Maßnahmen gegen Algen- und Pilzbefall bei Putzen getroffen werden. Sollen abweichend von den allgemein anerkannten Regeln der Technik besondere Maßnahmen gegen Algen- und Pilzbefall vorgenommen werden, so sind die damit verbundenen Maßnahmen gesondert zu beauftragen und zu vergüten. Derartige Maßnahmen sind z. B.

- algizid und fungizid ausgerüstete Putze oder
- algizid und fungizid ausgerüstete Beschichtungen.

Unabhängig davon sollte der Auftraggeber darauf hingewiesen werden, dass Maßnahmen gegen Algen und Pilzbefall im Einzelfall empfehlenswert sein können – z. B. bei gedämmten Fassaden, Fassaden mit hochwärmedämmendem Mauerwerk.

Gewerbliche Auftraggeber (z. B. Bauträger, Hausbaufirmen) bzw. öffentliche Auftraggeber ebenso wie private Auftraggeber, die sich zur Durchführung der Baumaßnahme eines Architekten bedienen, müssen darauf nicht gesondert hingewiesen werden, da in diesen Fällen ein entsprechendes Fachwissen auf Auftraggeberseite vorauszusetzen ist.

Es kann auch mit Maßnahmen gegen Algen- und Pilzbefall keine Gewährleistung dafür übernommen werden, dass Algen und Pilze nicht doch auftreten können.

Insbesondere kann eine Gewährleistung innerhalb des Gewährleistungszeitraumes nicht zugesichert werden, da jedes Gebäude aufgrund seiner Lage einer unterschiedlichen Exposition, Bewitterung, Feuchtigkeit (z. B. Flussniederung, See- oder Meernähe) oder anderer Wachstumseinflüsse (z. B. Vegetation) unterschiedlichen Befallsrisiken ausgesetzt ist. Das mögliche Befallsrisikio kann der Auftragnehmer nicht sicher abschätzen. Ein verzögerter Befall kann auch bei Einsatz von algiziden und fungiziden Maßnahmen nicht ausgeschlossen werden.

Je nach verwendetem Biozid und Rezeptur der Beschichtung kann nach langjährigem Wissensstand ein Algen- und Pilzbefall bis zu ca. drei bis vier Jahren (Informationsveranstaltung Fraunhofer-Institut für Bauphysik 20.10.2011) verhindert bzw. verzögert werden. Die Dauer der tatsächlichen Schutzwirkung ist aber in jedem Einzelfall ganz erheblich vom Gebäudestandort, den klimatischen Bedingungen, den konstruktiven Voraussetzungen etc. abhängig und kann erheblich variieren. Daher kann die tatsächliche Schutzwirkung von niemandem verlässlich im Voraus abgeschätzt werden. Bis zur Veröffentlichung dieses Kommentars wurden –, hinsichtlich der Verhinderung einer Besiedelung mit Algen und Pilzen auf Fassaden – keine neuen Erkenntnisse veröffentlicht. Es empfiehlt sich, diese Leistung in einer Position gemäß Abschnitt 4.2.28 in das Leistungsverzeichnis aufzunehmen.

Siehe auch Veröffentlichungen [14], [15], [16], [17], [18].

Das größte Algen- und Pilzvermeidungspotenzial steckt in der Gestaltung der Fassade bzw. dem ausreichenden Schutz der Fassade, z. B. durch ausreichend groß geplante Dachüberstände als sogenannter konstruktiver Feuchteschutz, gemäß dem Motto „was trocken bleibt, bleibt algenfrei“.[1]

DIN EN 13914-1 [8] fordert in Abschnitt 6.16 einen Überstand von Abdeckungen von der zu schützenden Putzfassade von mindestens 40 mm (s. auch [41]).

---

[1] SV M. Hladik, Natters anlässlich SV-Tagung in Innsbruck 2006

4.2.29 Abdichten des Putzes gegen Feuchtigkeit im erdberührten Bereich, im Spritzwasserbereich. Einbau von Abdichtungen unterhalb von Fensterbänken und dergleichen.

Soll der Außenputz unter die Geländekannte geführt werden, so muss der Putz in diesem Bereich sowie im Spritzwasserbereich mit einer Putzabdichtung zusätzlich geschützt werden. Im Leistungsumfang des Außenputzes ist diese Putzabdichtung nicht enthalten und daher immer separat anzufordern bzw. zu beauftragen.

Die Putzabdichtung ist nicht Bestandteil des Putzes oder des Putzsystems und stellt immer eine Besondere Leistung dar, die gesondert auszuschreiben, zu beauftragen und zu vergüten ist. Zur Ausführung der Putzabdichtung im Sockel/erdberührten Bereich wird auf die Richtlinie für die fachgerechte Planung und Ausführung des Fassadensockelputzes sowie des Anschlusses der Außenanlage [23] verwiesen.

Einen bauunkundigen Auftraggeber (privater Bauherr ohne Architekt) hat der Auftragnehmer des Außenputzes auf diesen Umstand hinzuweisen, einen baukundigen Auftraggeber (Bauträger, Hausbaufirma, öffentlicher Auftraggeber) dagegen nicht. Aber auch im letztgenannten Fall wäre ein Hinweis besser.

Das Abdichten unter Fensterbänken (zweite Dichtebene), insbesondere im Holzbau, ist ebenfalls gesondert anzufordern. Siehe hierzu z. B. Richtlinie Anschlüsse an Fenster und Rollläden bei Putz, Trockenbau und Wärmedämm-Verbundsystem 2. Auflage [24].

4.2.30 Zuschnitte von Bekleidungen zur Anpassung an Schrägen und gebogene oder andersartig geformte Bauteile.

Das Zuschneiden und Anpassen von Bekleidungen an Decken, Wänden und Böden, soweit sie nicht im Winkel von 90 Grad verlaufen, stellt eine Besondere Leistung dar, die gesondert zu vergüten ist. Das Besondere an dieser Leistung liegt darin, dass die Bekleidungen z. B. an Schrägen anzubringen sind und die Anschlüsse einen zusätzlichen Aufwand erfordern.

Als Abrechnungseinheiten sind gemäß Abschnitt 0.5.2 Längenmaß (m) oder gemäß Abschnitt 0.5.3 Anzahl (Stück) vorzusehen.

4.2.31 Herstellen und Verputzen von Abdeckungen, Ablagen, Abschottungen, Friesen, Nuten, Schürzen, Scheinunterzügen, Ummantelungen, Unterzügen, Vertiefungen, Vorlagen, Lisenen und dergleichen.

Beim Herstellen von Abschottungen, Schürzen und Scheinunterzügen, Ablagen, Abdeckungen, Lisenen handelt es sich im Regelfall um Kleinflächen. Die einzelnen Maßnahmen, z. B. Befestigungen, Unterkonstruktionen, notwendige Bekleidungen, kleinflächiges Verputzen und dergleichen stellen Besondere Leistungen dar, die gesondert zu vergüten sind. Gleiches gilt für das Ummanteln von Stützen und Unterzügen z. B. mit speziellen Brandschutzbekleidungen und Ähnlichem.

Als Abrechnung ist gemäß Abschnitt 0.5.2 Längenmaß (m) oder gemäß Abschnitt 0.5.3 Anzahl (Stück) vorzusehen.

4.2.32 Herstellen von Hilfskonstruktionen zur Befestigung von Markisen, Werbeträgern und dergleichen, z. B. Montagezylinder. Herstellen von im Bauwerk verbleibenden Verankerungen, z. B. für Gerüste.

Das Herstellen von Hilfskonstruktionen zur Befestigung von Markisen, Werbeträgern, Installationsteilen, Beleuchtungen, Lüftungsgittern, Luftauslässen, Lautsprechern, Revisionsöffnungen und dergleichen im Bereich von Decken und Wänden sind Besondere und deshalb zusätzlich zu vergütende Leistungen. Die herzustellende Hilfskonstruktion bzw. Befestigungselemente (z. B. für französische Balkone) in Wärmedämmputzen und dergleichen sind im Einzelfall auf die Decken- und/oder Wandkonstruktion abzustimmen.

Als Abrechnungseinheit ist gemäß Abschnitt 0.5.2 Längenmaß (m) oder gemäß Abschnitt 0.5.3 Anzahl (Stück) vorzusehen. Bei Angabe in Stück sind die jeweiligen Abmessungen zu benennen um eine genaue Kalkulation zu ermöglichen.

Gerüste sind Hilfskonstruktionen für die Ausführung von Bauarbeiten, die nicht in das Bauwerk eingehen, sondern nach Abschluss der Arbeiten wieder entfernt werden. Die technische Entwicklung hat dazu geführt, dass Verankerungsmöglichkeiten für Gerüste in das Bauwerk eingelassen werden. Diese Verankerungsmöglichkeiten sind dazu bestimmt, bei einer späteren Gerüsterstellung die Verankerung und damit die Standsicherheit des Gerüstes zu gewährleisten.

Ebenso dienen Verankerungen für die Befestigung verschiedener Gegenstände an Fassaden, wie Leuchtschriften, Reklametafeln und dergleichen, die dort dauerhaft verbleiben sollen.

Die Herstellung solcher auch später verwendbarer Verankerungsmöglichkeiten ist keine Nebenleistung. Hinsichtlich der Voraussetzungen auf einen zusätzlichen Vergütungsanspruch siehe Kommentierung zu Abschnitt 4.2.

4.2.33 Herstellen von Gurten, Kehlen und Gesimsen, Sohlbänken, Fenster- und Türumrahmungen, Faschen.

Kehlen und Gesimse sind nach den Vorgaben des Auftraggebers herzustellen. Als Abrechnungseinheit ist nach Abschnitt 0.5.2 Abrechnung nach Längenmaß (m) vorzusehen.

Sohl- bzw. Fensterbänke, Fenster- und Türumrahmungen und Faschen sind nach den Angaben des Auftraggebers auszubilden und als Besondere Leistung gesondert zu vergüten. Als Abrechnungseinheit ist nach Abschnitt 0.5.2

Längenmaß (m) in der größten gegebenenfalls abgewickelten Bauteillänge (vgl. Abschnitt 5.1.2) vorzusehen. Dieselbe Regelung gilt auch für Putzbänder.

Das Herstellen von Fenster- und Türumrahmungen, Faschen, Putzbändern, Schattenfugen, und dergleichen stellt ebenfalls eine Besondere Leistung dar. Hierfür benötigt der Auftragnehmer genaue Angaben vom Auftraggeber über Maße, Struktur und ggf. Fugenausbildung, damit die gewünschte optische Gestaltung erzielt werden kann. Gleiches gilt für den Einbau von Stuckprofilen, Kehlen, Gurten und (Stuck-)Gesimsen.

Die Länge von Faschen um Öffnungen ist im Längenmaß anzufordern. Faschen und Leibungen die über die Kante verbunden sind weisen unterschiedliche Maße auf, so dass der jeweilige Herstellungsaufwand allein schon von den auszuführenden Maßen unterschiedlich ist und damit Faschen und Leibungen in unterschiedlichen Positionen anzufordern sind.

4.2.34 Herstellen von Ecken, Verkröpfungen und sichtbar bleibenden Endungen an Stuckprofilen, Kehlen und Gesimsen.

Ecken, Endungen und Verkröpfungen an Stuckprofilen, Kehlen und Gesimsen sind entsprechend der örtlichen Gegebenheit im rechten Winkel oder nach den Vorgaben des Auftraggebers herzustellen und gesondert zu vergüten.

Ecken, Gehrungen, Verkröpfungen, sichtbar bleibende Endungen an Kehlen und Gesimsen ergeben sich bei jedem Richtungswechsel einer Kehle oder eines Gesimses. Die Herstellung solcher Gehrungen gehört nicht zur eigentlichen Herstellung von Kehlen oder Gesimsen und stellt damit immer eine Besondere Leistung dar, für die eine eigenständige Leistungsposition aufzunehmen ist. Dasselbe gilt auch für Endungen, d. h. beim Anschluss von Kehlen und Gesimsen an angrenzende Bauteile.

Als Abrechnungseinheit ist nach Abschnitt 0.5.3 Anzahl (Stück) vorzusehen.

4.2.35 An- und Beiputzarbeiten, soweit sie nicht im Zuge mit den übrigen Putzarbeiten, bei Innenputzarbeiten im selben Geschoss und an der Fassade pro Fassadenseite ausgeführt werden können.

Fallen An- und Beiputzarbeiten an, die nicht mit der Hauptleistung des Putzes

- bei Innenputzarbeiten nicht in derselben Etage,
- bei Fassaden an jeweils einer Fassadenseite

ausgeführt werden können, so sind diese Leistungen gesondert zu vergüten.

Derartige Arbeiten fallen z. B. in Treppenhäusern an, da im Allgemeinen Treppenstufen oder Sockelplatten erst nach Beendigung der Putz- und Stuckarbeiten eingebaut werden.

Weitere An- und Beiputzarbeiten gibt es z. B. beim Verputzen von Durchbrüchen, beim nachträglichen Einbau von Haustüren, Fenstern, Fensterbänken, Schließen und Verputzen von nachträglich verlegten Leitungen und derglechen. Sind nach Beendigung der Unterputzarbeiten an der Fassade An- und Beiputzarbeiten notwendig, da nachträglich verlegte Leitungen, Briefkästen und dergleichen eingebaut worden sind, so sind diese gesondert zu vergüten.

Ebenso erfolgt ein Beiputzen z. B. an Fliesen- oder andere Wandbeläge, Briefkästen, Geländer, Halterungen für Markisen und Werbeträger sowie sonstige Sonderkonstruktionen.

Als An- und Beiputzarbeiten verstehen sich nur Arbeiten, die in der Ebene zum anzuputzenden Bauteil liegen. Sind Flächen über eine Kante hinweg zu verputzen, so sind die Beiputzarbeiten, z. B. in der Leibung und in der Wandfläche jeweils im Längenmaß (m) nach Abschnitt 0.5.2 getrennt zu rechnen.

Zweckmäßigerweise sollten – auch zur Vermeidung von Stundenlohnarbeiten – für die An- und Beiputzarbeiten bereits in der Leistungsbeschreibung besondere Positionen vorgesehen werden, die nach Längenmaß (m) für das Einputzen von Treppenwangen, Fliesen, Türen, Fensteröffnungen, Leitungen und dgl. oder nach Anzahl (Stück) z. B. für das Einputzen von Einbauteilen abzurechnen sind.

Dies ist auch im Interesse des Auftragnehmers, der durch nachträglich anfallende An- und Beiputzarbeiten häufig in seinen betrieblichen Dispositionen, u. a. in der zügigen Ausführung zwischenzeitlich begonnener anderer Arbeiten, beeinträchtigt wird (siehe auch Erläuterungen zu Abschnitt 4.1.6) und nachfolgend durch diese Arbeiten unvorhergesehene und nicht kalkulierbare Mehrkosten entstehen.

5 Abrechnung

Ergänzend zu ATV DIN 18299, Abschnitt 5, gilt:

Aus § 1 (1) VOB/B folgt, dass die VOB/C (ATV) Bestandteil des Vertrags ist, wenn die VOB/B wirksam als Vertragsgrundlage vereinbart worden ist.

Konkret bedeutet das, dass die VOB/C (ATV) bei Bauverträgen mit öffentlichen Auftraggebern immer Bestandteil des Vertrages ist.

Mit gewerblichen Auftraggebern kann die VOB/B – und in der Folge auch die VOB/C (ATV) – wirksam vereinbart werden. Dies muss aber jedenfalls ausdrücklich (z. B. im Leistungsverzeichnis bzw. Bauvertrag) vereinbart werden und es muss – jedenfalls beim bauunkundigen gewerblichen Auftraggeber – der gesamte Text der VOB/B sowie des jeweiligen Abschnittes 5 der jeweils einschlägigen ATV (Abrechnungsregeln) nachweislich ausgehändigt werden.

Bei privaten Auftraggebern ist einem Handwerksbetrieb (Auftragnehmer) nicht mehr zu empfehlen, die VOB/B „von sich aus" zur Vertragsgrundlage zu machen (anders verhält es sich, wenn der private Auftraggeber selbst die VOB/B zur Vertragsgrundlage macht – indem er z. B. ein Bauvertragsmuster vorgibt, das das so beinhaltet). Der Auftragnehmer sollte allenfalls, sofern er das Angebot selbst schriftlich ausarbeitet, auf seinem Angebot vermerken, dass dieses auf Basis der gewerkeüblichen Aufmaßregeln der ATV DIN 18350 (bzw. der jeweils einschlägigen ATV, z. B. DIN 18340 Trockenbauarbeiten, DIN 18345 Wärmedämm-Verbundsysteme, DIN 18363 Maler- und Lackierarbeiten – Beschichtungen oder DIN 18451 Gerüstarbeiten) kalkuliert ist. So hat der Auftragnehmer im Streitfall eine gute Argumentationsmöglichkeit. Hat der Auftragnehmer bereits in dem Angebot den Hinweis gegeben, dass der Angebotskalkulation die Abrechnungsregelungen der jeweils einschlägigen ATV Berücksichtigung gefunden haben, so besteht selbst im BGB-Bauvertrag kein Grund, von den Abrechnungsregeln der VOB/C abzuweichen.

Als mögliche Schlusssätze im Angebot könnte ggf. folgendes auf dem Angebot an den privaten Auftraggeber vermerkt werden:

- Aufmaß und Abrechnung erfolgen nach den gewerkeüblichen Aufmaßregeln der VOB/C ATV DIN 18350 Putz- und Stuckarbeiten.
- Aussparungen, Öffnungen und Nischen kleiner oder gleich (≤) 2,5 m² werden übermessen (und nicht abgezogen).
- Leibungen werden gesondert nach Längenmaß in m berechnet.
- Die aufgeführten Massen sind überschlägig ermittelt. Die Abrechnung der erbrachten Leistung erfolgt nach genauem Aufmaß.
- Unvorhergesehene Arbeiten und Arbeiten, die augenscheinlich nicht zu erkennen waren, sind in den Preisen nicht enthalten.

Zu diesem Themenbereich wird ausdrücklich auf das Kapitel „Einführung“ ganz am Anfang dieses Kommentars verwiesen.

Nach bisheriger Rechtsprechung (siehe OLG Saarbrücken, Urteil vom 27.6. 2000, Az.: 7 U 326/99) und herrschender Meinung waren die Abrechnungsregeln der ATV auch dann maßgeblich, wenn die Parteien eines Bauvertrags die VOB/B nicht vereinbart hatten. Die Abrechnungsregeln entsprechen der gewerblichen Verkehrssitte und der Üblichkeit.

Die Abrechnungseinheiten, die für die Abrechnung der Leistungen von Putz- und Stuckarbeiten vorzusehen und zu vereinbaren sind, sind in Abschnitt 0.5 aufgezeigt. Die Abschnitte 0.5 und 5 konkretisieren somit den § 14 VOB/B (Abrechnung).

Die Abrechnungsbestimmungen der Allgemeinen Technischen Vertragsbedingungen (ATV) dienen der einheitlichen Festlegung einer einfachen und nachvollziehbaren Ermittlung der jeweiligen erbrachten Leistung. Besondere Bedeutung kommt in diesem Zusammenhang der Bestimmung in § 14 (2) Satz 2 VOB/B zu, die für die Abrechnung Folgendes vorschreibt:

„Die Abrechnungsbestimmungen in den Technischen Vertragsbedingungen und den anderen Vertragsunterlagen sind zu beachten.“

Dem Auftragnehmer ist in § 14 (1) Satz 1 VOB/B die Verpflichtung auferlegt, *„seine Leistungen prüfbar abzurechnen“*. Dem Kriterium der Prüfbarkeit der Abrechnung kommt eine wesentliche Bedeutung zu. Wie diese Prüfbarkeit erreicht wird, ist in § 14 (1) Satz 2 VOB/B aufgezeigt. Dort heißt es, dass der Auftragnehmer *„die Rechnungen übersichtlich aufzustellen und dabei die Reihenfolge der Posten einzuhalten und die in den Vertragsbestandteilen enthaltenen Bezeichnungen zu verwenden“* hat. Einhaltung der Reihenfolge der Positionen und Verwendung der in der Leistungsbeschreibung enthaltenen Bezeichnungen sind also unerlässliche Voraussetzung dafür, dass die Abrechnung ohne erhöhten Arbeits- und Kostenaufwand geprüft werden kann. Die Übersichtlichkeit und leichtere Prüfbarkeit der Abrechnung erfordert aber weiter, dass *„die zum Nachweis von Art und Umfang der Leistung erforderlichen Mengenberechnungen, Zeichnungen und anderer Belege beizufügen sind“*.

Oftmals kann eine vom Auftragnehmer gefertigte, der Abrechnung beigegebene Skizze dazu beitragen, Unklarheiten zu beseitigen oder zeitraubende Rückfragen zu vermeiden.

Insbesondere das Anfertigen von Abrechnungszeichnungen stellt aber keine Nebenleistung dar. Sofern die Anfertigung von Abrechnungszeichnungen gewünscht wird, die nicht absolut erforderlich zum Nachweis der Leistung im Rahmen der Rechnungsprüfung sind (d. h. der Nachweis nicht anderweitig durch den Architekten bzw. Auftraggeber unter Hinzuziehung von Plänen bzw.

Besichtigung vor Ort gelingen kann), ist diese Leistung zu vergüten (vgl. z. B. Erläuterungen zu Abschnitt 4.2.2).

Die Übersichtlichkeit und zügige Prüfung der Abrechnung wird weiter dadurch gefördert, dass der Auftragnehmer Änderungen und Ergänzungen des Vertrages in der Rechnung besonders kenntlich macht, wie ihm dies in § 14 (1) Satz 4 VOB/B aufgegeben ist. Die Abrechnung von Putz- und Stuckarbeiten erfolgt weitgehend nach Flächen- oder Längenmaßen, die bis auf zwei Stellen nach dem Komma beziffert werden. Die dritte Stelle nach dem Komma soll zweckmäßigerweise gerundet, d. h. ab 5 aufgerundet und unter 5 abgerundet werden, z. B. bei einem Maß von 2,735 aufgerundet auf 2,74 und bei einem Maß von 2,734 abgerundet auf 2,73.

Die für die Abrechnung nötigen Aufmaßfeststellungen mit Meterstab, Maßband, Lasermessgerät oder Ähnlichem sind dem Fortschritt der Leistung entsprechend nach § 14 (2) Satz 1 VOB/B *„möglichst gemeinsam vorzunehmen“*, insbesondere um spätere Streitigkeiten zu vermeiden. Das bedeutet, dass diese Feststellungen gemeinsam zwischen Auftraggeber und Auftragnehmer bzw. deren bevollmächtigten Vertretern zu treffen sind. Wer bevollmächtigter Vertreter ist, bedarf im Einzelfall aber der sorgfältigen Prüfung und Klarstellung; es ist z. B. nicht regelmäßig oder gar „automatisch“ der bauleitende Architekt des Auftraggebers. Es ist Sache des Auftragnehmers, sich ggf. Gewissheit über Umfang der Vollmacht und Vertretungsbefugnis der vonseiten des Auftraggebers mitwirkenden Personen zu verschaffen.

Für die Leistungen, deren spätere Feststellung bei Weiterführung der Arbeit erschwert oder überhaupt nicht mehr möglich ist, hat der Auftragnehmer rechtzeitig, also vor Ausführung der weiteren Arbeiten, beim Auftraggeber zu beantragen, dass gemeinsame Feststellungen über diese Leistungen getroffen werden. Dies ist z. B. dann geboten, wenn Untergründe vorzubehandeln sind, nichttragfähige Untergründe für den weiteren Putzauftrag in Teilbereichen entfernt/abgeschlagen und ergänzt werden. Dasselbe gilt, wenn größere Unebenheiten des Untergrundes z. B. mit einem vermehrten Mörtelauftrag ausgeglichen oder mit separatem Ausgleichsputz egalisiert werden müssen. Denn auch diese zusätzliche Leistung ist später nur noch unter erschwerten, kostenaufwendigen Bedingungen feststellbar. Anspruch auf Vergütung für derartige zusätzliche Leistungen besteht jedenfalls dann, wenn der Auftragnehmer den Anspruch gemäß § 2 (6) VOB/B dem Auftraggeber angekündigt hat, bevor er mit der Leistung beginnt.

Erscheint der Auftraggeber oder dessen Bevollmächtigter trotz rechtzeitiger Mitteilung nicht, dann ist der Auftragnehmer berechtigt, das Aufmaß allein aufzustellen und dem Auftraggeber durch Übersendung einer Abschrift vom Ergebnis in Kenntnis zu setzen. Fotos der Teilleistung sind hier sehr sinnvoll. Übrigens: Diese Ankündigung muss gegenüber dem Auftraggeber selbst erfolgen; meist genügt es nicht, wenn der Anspruch auf besondere Vergütung dem Vertreter des Auftraggebers, z. B. dem Architekten oder Bauleiter, angekündigt wird, es sei denn, der Architekt wäre mit einer entsprechenden rechtsgeschäftlichen Vollmacht des Auftraggebers ausgestattet.

Vergütungsanspruch:

Ein Vergütungsanspruch besteht dann, wenn der Auftragnehmer seinen Anspruch vor Ausführung einer (Besonderen) Leistung dem Auftraggeber angekündigt hat, siehe § 2 (6) VOB/B.

Es reicht nicht aus, die Ankündigung lediglich gegenüber dem bauleitenden Architekten vorzutragen bzw. schriftlich mitzuteilen, da der Architekt in aller Regel nicht die rechtsgeschäftliche Vollmacht des Auftraggebers besitzt.

Der Auftraggeber muss in die Lage versetzt sein, zu wissen, welcher finanzielle Aufwand beispielsweise eine zusätzliche Leistung für ihn bedeutet, damit er sein Budget entsprechend darauf ausrichten bzw. ggf. eine entsprechende Finanzierung vornehmen kann.

Grundsätzlich gilt: Wer beauftragt, zahlt!
Und: Wer zahlen muss, muss informiert werden!

Im Zusammenhang mit der Abrechnung ist noch die Bestimmung in § 14 (4) VOB/B besonders zu beachten:

„Reicht der Auftragnehmer eine prüfbare Rechnung nicht ein, obwohl ihm der Auftraggeber dafür eine angemessene Frist gesetzt hat, so kann sie der Auftraggeber selbst auf Kosten des Auftragnehmers aufstellen.“

Wünscht jedoch der Auftraggeber, obwohl der Auftragnehmer abrechnungsbereit ist, dass die der Abrechnung zugrunde zu legenden Feststellungen von einem Dritten, der nicht Partner des Bauwerkvertrags ist (z. B. einem Vermessungsingenieur), getroffen werden, so ist es üblich und gerechtfertigt, dass die dadurch entstehenden Kosten vom Auftraggeber getragen werden, wenn im Vertrag nichts anderes vereinbart ist.

§ 2 (8) VOB/B bestimmt zur Vergütung außerdem Folgendes:

„(1) Leistungen, die der Auftragnehmer ohne Auftrag oder unter eigenmächtiger Abweichung vom Vertrag ausführt, werden nicht vergütet. Der Auftragnehmer hat sie auf Verlangen innerhalb einer angemessenen Frist zu beseitigen; sonst kann es auf seine Kosten geschehen. Er haftet außerdem für andere Schäden, die dem Auftraggeber hieraus entstehen.

(2) Eine Vergütung steht dem Auftragnehmer jedoch zu, wenn der Auftraggeber solche Leistungen nachträglich anerkennt. Eine Vergütung steht ihm auch zu, wenn die Leistungen für die Erfüllung des Vertrages notwendig waren, dem mutmaßlichen Willen des Auftraggebers entsprachen und ihm unverzüglich angezeigt wurden. Soweit dem Auftragnehmer eine Vergütung zusteht, gelten die Berechnungsgrundlagen für geänderte oder zusätzliche Leistungen der Nummern 5 und 6 entsprechend.

(3) Die Vorschriften des BGB über die Geschäftsführung ohne Auftrag (§§ 677ff. BGB) bleiben unberührt."

Für Leistungen, die der Auftragnehmer erbracht hat, obwohl sie in der Leistungsbeschreibung nicht angefordert waren, die er also ohne Auftrag bzw. unter eigenmächtiger Abweichung vom Vertrag (siehe § 2 (8) 1 VOB/B) ausgeführt hat, steht ihm keine Vergütung zu.

Nach § 2 (8) 2 VOB/B steht dem Auftragnehmer für derartige Leistungen aber dann eine Vergütung zu, wenn der Auftraggeber solche Leistungen nachträglich anerkennt.

Werden zusätzliche Leistungen, die über den ursprünglich geforderten Inhalt des Leistungsverzeichnisses hinausgehen, für die Erfüllung des Vertrages notwendig, so steht dem Auftragnehmer eine Vergütung nach § 2 (8) 3 VOB/B in Verbindung mit §§ 677 ff. BGB („Geschäftsführung ohne Auftrag") ebenfalls zu. Grundlage ist in diesen Fällen aber immer, dass diese Leistungen dem Auftraggeber unverzüglich angezeigt wurden.

Ein typischer Vorgang, der unter diesen rechtlichen Gesichtspunkt zu stellen ist, kann dann gegeben sein, wenn z. B. eine Vorbehandlung glatter Betonflächen notwendig ist, um eine einwandfreie Putzhaftung zu erreichen. Überhaupt sind Maßnahmen, die aufgrund von Bedenken des Auftragnehmers gem. Abschnitt 3.1.1 dieser Norm notwendig werden, in der Regel Anlass für solche Leistungen, die für die Erfüllung des Vertrages notwendig sind.

Um den Auftraggeber jedoch vor unerwarteten Kosten zu schützen, müssen ihm derartige zusätzliche Leistungen nach § 2 (8) 2 VOB/B im Regelfall unverzüglich, d. h. ohne schuldhaftes Zögern, angezeigt werden. Auch hier gilt, dass der richtige Adressat für eine derartige Ankündigung der Auftraggeber selbst ist und nicht etwa lediglich sein bauleitender Architekt. Die Schriftform sollte zur Absicherung des Auftragnehmers auch hier selbstverständlich sein.

Fehlt es – wie häufig in der Praxis – an einer solchen Anzeige, so hat der Auftragnehmer dennoch einen Vergütungsanspruch. Es wird auf die Ausführungen in Abschnitt 4.2 verwiesen.

Schließlich ist im Rahmen der Abrechnungsregelung des Abschnitts 5 auch die Bestimmung in § 2 (9) VOB/B zu nennen. Danach hat der Auftraggeber an den Auftragnehmer die angemessene und übliche Vergütung zu entrichten, wenn er Zeichnungen, Berechnungen oder andere Unterlagen verlangt, die der Auftragnehmer nach dem Vertrag, besonders nach den technischen Vorschriften oder der gewerblichen Verkehrssitte, nicht zu beschaffen hat.

Der Abschnitt 5 umfasst die Abrechnung, die mit Putz- und Stuckarbeiten und den damit verbundenen Leistungen zusammenhängt.

Aus Gründen der Einheitlichkeit der Abrechnung der einem Gewerk zuzuordnenden Leistungen gelten die nachfolgenden Abrechnungsbestimmungen daher auch für Leistungen zur Vorbehandlung des Putzgrundes, z. B. Hochdruckreinigen des Putzgrundes, Auftragen einer Haftbrücke, Aufbringen einer Aufbrennsperre, Grundierung, Tiefgrund und dergleichen, Abschlagen oder Aufpicken von Altputz, Entfernen von Bauteilen, ebenso für besondere Maßnahmen zur Verfestigung des Putzes, Aufbringen eines Ausgleichsputzes und bei der Ermittlung der Massen bei Mehrputzstärken sowie für alle weiteren in dieser ATV genannten Arbeiten.

5.1 Allgemeines

Der Ermittlung der Leistung – gleichgültig, ob sie nach Zeichnung oder nach Aufmaß erfolgt – sind die Maße

- **der behandelten Flächen,**
- **der hergestellten Flächen,**
- **der bekleideten Flächen**

zugrunde zu legen.

Zur Leistungsermittlung sind die vereinfachenden Regeln, wie Übermessungsregeln und Einzelregelungen anzuwenden.

5.2 Ermittlung der Maße

5.2.1 Für Putz, Stuck, Dämmstoff-, Trenn- und Schutzschichten, Auffütterungen, Bekleidungen, Dampfbremsen, Dübelungen, Vorsatzschalen, Unterkonstruktionen, flächige Bewehrungen und Putzträger, Folien sowie Vorbereiten von Untergründen sind

- **auf Innenflächen ohne begrenzende Bauteile die Maße der zu behandelnden, zu dämmenden, zu bekleidenden oder mit Stuck zu versehenden Flächen,**
- **auf Innenflächen mit begrenzenden Bauteilen die Maße der zu behandelnden Flächen bis zu den sie begrenzenden, ungeputzten, ungedämmten, nicht bekleideten Bauteilen,**
- **bei Fassaden die Maße der hergestellten Flächen.**

zugrunde zu legen. Bei Innenflächen gelten Rohwände, Stützen, Rohdecken, Unterzüge, tragende Hölzer und Stahlträger als begrenzende Bauteile.

Die Abrechnungsregeln für Putz, Stuck, Dämmungen, Trenn- und Schutzschichten, z. B. mineralische Abdichtung, des Putzes, Noppenbahn, Dränplatten, Vliese, Auffütterungen, Bekleidungen, Dampfbremsen, Dübelungen, Vorsatzschalen, Unterkonstruktionen, flächige Bewehrungen und Putzträger, Folien, sowie Vorbereiten von Untergründen, wie Abschlagen, Aufpicken, Aufbringen von Aufbrennsperren, Haftbrücken, Tiefgrundierungen und dergleichen, unterscheiden zwischen

- Innenarbeiten und
- Arbeiten an Fassaden.

> In beiden Fällen gilt, dass die Leistung getrennt nach den einzelnen Wandflächen oder einzelnen Deckenflächen gemessen und abgerechnet wird.

Für Innenarbeiten bestimmen sich die Abrechnungsmaße

- auf Innenflächen ohne begrenzende Bauteile nach den Maßen der zu behandelnden, zu dämmenden, zu bekleidenden oder mit Stuck zu versehenden Flächen (Abb. 5.1 und 5.2).

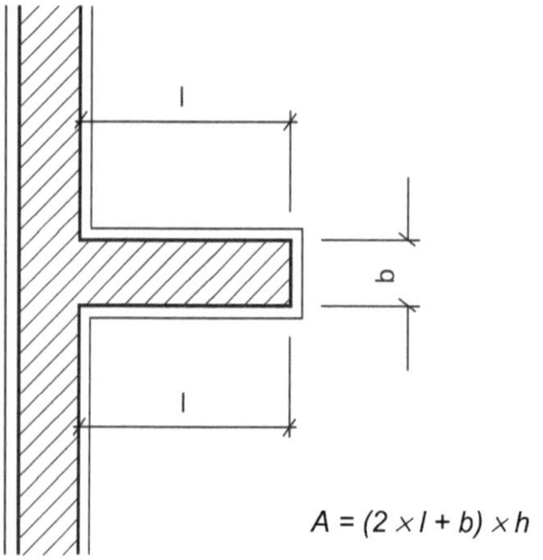

Abb. 5.1: *Innenwand ohne begrenzendes Bauteil*

L = 4 × h
(Aufmaß bis 1 m Breite je Ansichtsfläche)
A = 2 × (a + b) × h
(Aufmaß über 1 m Breite je Ansichtsfläche)

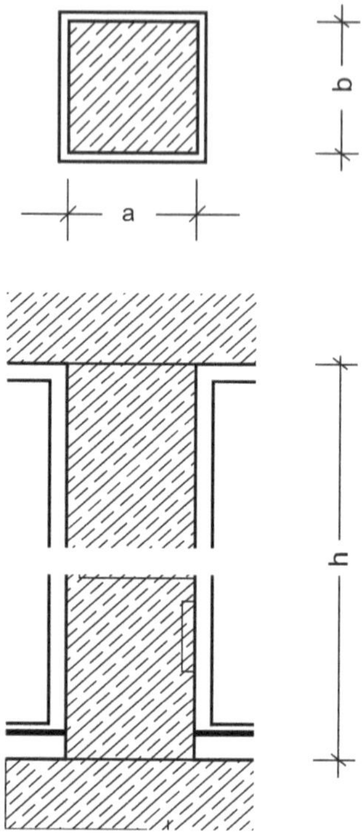

Abb. 5.2: Innenstütze

Stützen mit einer Breite bis 1 m je Ansichtsfläche (z. B. Abb. 5.2) sind gemäß Abschnitt 0.5.2 im Längenmaß, Stützen mit einer Breite über 1 m je Ansichtsfläche sind im Flächenmaß m², gemäß Abschnitt 0.5.1, in der Leistungsbeschreibung vorzugeben.

Des Weiteren bestimmen sich für Innenarbeiten die Abrechnungsmaße

– auf Innenflächen mit begrenzenden Bauteilen nach den Maßen der zu behandelnden Flächen bis zu den sie begrenzenden ungeputzten, ungedämmten, nicht bekleideten Bauteilen, d. h. seitlich, oben und unten an ihrem Zusammenstoß mit anderen Bauteilen, z. B. Rohdecke und Rohwände (Abb. 5.3 bis 5.5).

Grundriss

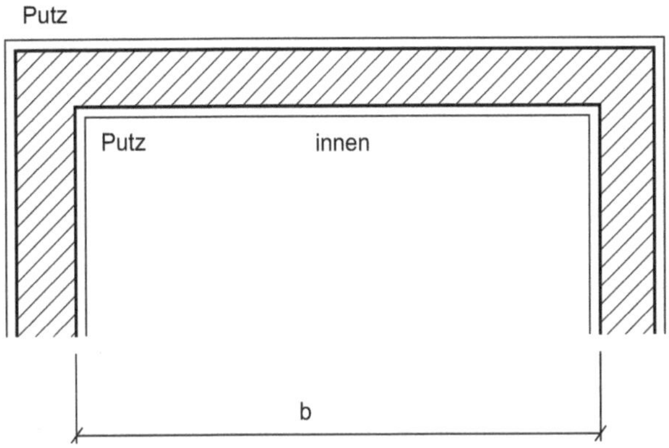

Abb. 5.3: Breite einer Innenwand mit begrenzenden Bauteilen

Schnitt

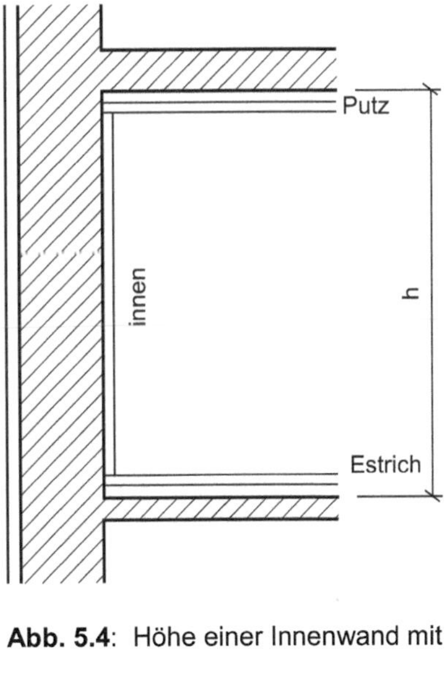

Abb. 5.4: Höhe einer Innenwand mit begrenzenden Bauteilen

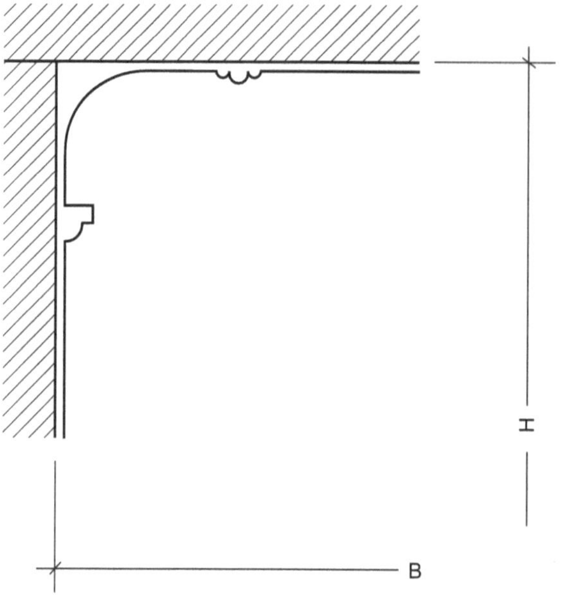

Abb. 5.5: Höhe H einer Innenwand mit Stuckgesims und Breite B einer Deckenputzfläche ebenfalls mit Stuckgesims

Das Stuckgesims in Abb. 5.5 ist zu übermessen und gemäß Abschnitt 4.2.33 als Besondere Leistung zusätzlich entsprechend Abschnitt 5.2.2 zu rechnen.

Erstmals wurde die langjährig von den Kommentatoren eindeutig bewertete Begriffsbestimmung von begrenzenden Bauteilen in den Text der ATV im August 2015 (Ergänzungsband zur VOB 2012) aufgenommen.

Begrenzende Bauteile sind bei Innenflächen gemäß ATV DIN 18350 **Rohwände, Stützen, Rohdecken, Unterzüge, tragende Hölzer, Stahlträger**. Diese Aufzählung ist in Abschnitt 5.2.1 letzter Satz abschließend. Schlussfolgernd sind dann z. B. abgehängte Decken, aufgeständerte Fußbodenkonstruktionen, Estriche, Beläge, Verkofferungen, Stahlzargen, Lüftungskanäle, Schränke, Fensterbänke und dgl. **keine begrenzenden Bauteile**, da diese (Ein-)Bauteile in der ATV unbenannt sind

Als Ober- und Unterseite der Rohdecke gelten:

- bei Betondecken die vom Auftragnehmer der Betonarbeiten horizontal abgeglichene Ober- bzw. Unterseite der Betondecke (Abb. 5.6),
- bei Betonrippen- (Steg-) decken (mit einbetonierten Planlatten/Steglatten) die Oberseite der Rohdecke bzw. die Unterseite der Planlatten (Abb. 5.7),
- bei Holzgebälk die Ober- bzw. Unterseite der Balken, bzw. die Unterseite der Sparren im Dachgeschoss (Abb. 5.8),
- bei Stahlträgerdecken die Ober- bzw. Unterseite der Stahlträger (Abb. 5.9),
- bei aufgeständerten Fußbodenkonstruktionen die Oberseite der Rohdecke, bei abgehängten Decken die Unterseite der Rohdecke (Abb. 5.10)

Entsprechend Abb. 5.3 und 5.4 sind zu behandelnde Rohwände von der begrenzenden Rohwand zur begrenzenden Rohwand (Abb. 5.3) sowie von Oberseite der Rohdecke bis zur Unterseite der Rohdecke (Abb. 5.4) aufzumessen.

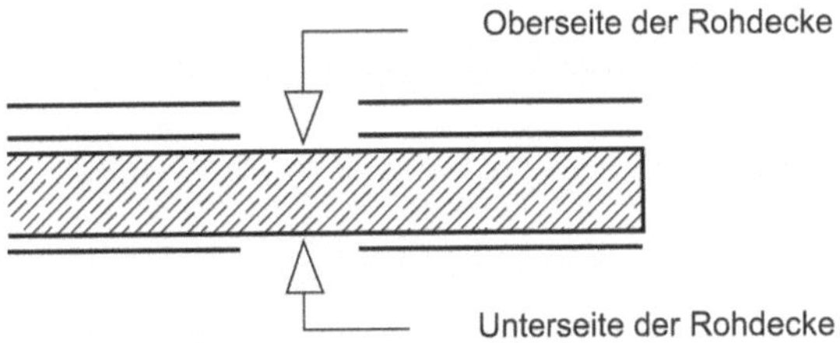

Abb. 5.6: Betondecke

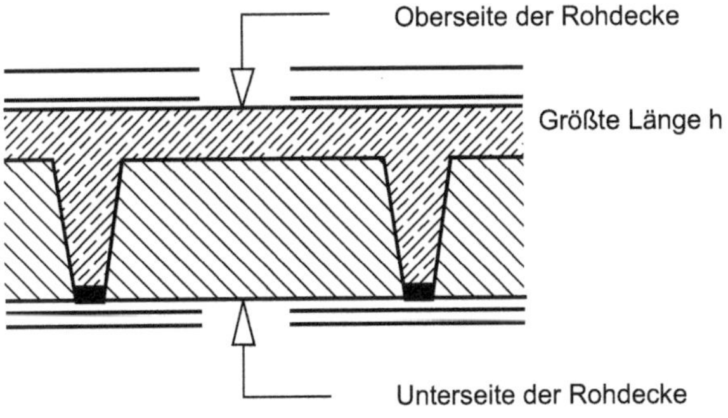

Die ggf. zu verputzende Fläche zwischen den Betonrippenstegen sowie zwischen der Unterseite der Betonrippen und der Unterseite der Betonplatte (Schraffur) ist in einer eigenständigen Position als Leistung anzufordern und zu vergüten, wenn sie z. B. im Zuge mit der Hauptleistung ausgeführt werden soll.

Abb. 5.7: Betonrippen-(Steg-)Decke

Kommentar DIN 18350

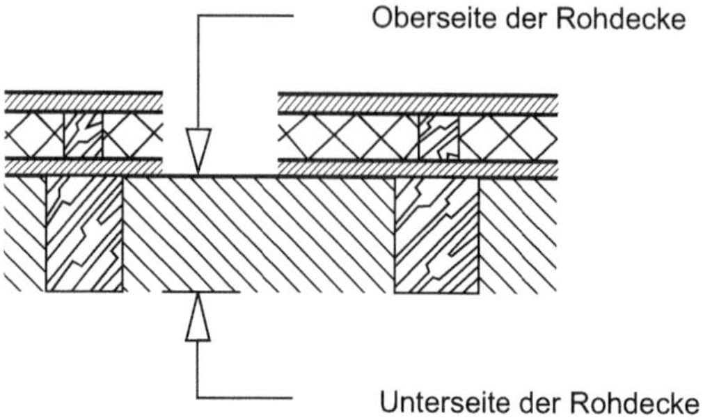

Die ggf. zu verputzende Fläche zwischen den Holzbalken sowie zwischen der Unterseite der Rohdecke und der Oberseite der Rohdecke ist in einer eigenständigen Position als Leistung anzufordern und zu vergüten, wenn sie z. B. im Zuge mit der Hauptleistung ausgeführt werden soll.

Abb. 5.8: Holzbalkendecke

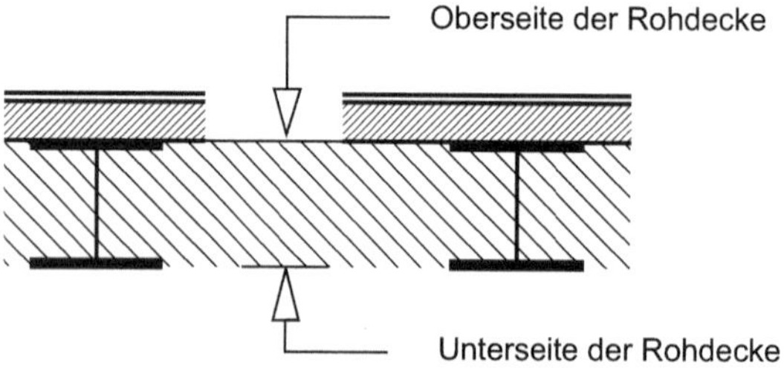

Die ggf. zu verputzende Fläche zwischen den Stahlträgern sowie zwischen der Unterseite der Rohdecke und der Oberseite der Rohdecke ist in einer eigenständigen Position als Leistung anzufordern und zu vergüten, wenn sie z. B. im Zuge mit der Hauptleistung ausgeführt werden soll.

Abb. 5.9: Stahlträgerdecke

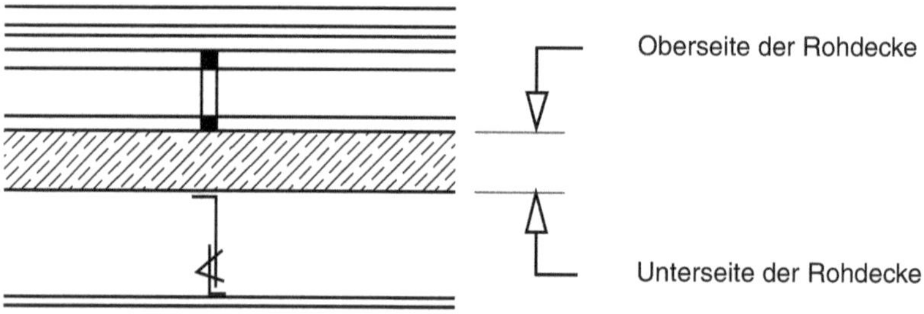

Abb. 5.10: Aufgeständerte Fußbodenkonstruktion/abgehängte Decke

In allen Fällen, in denen es zweifelhaft erscheinen könnte, welche Teile der Decke zur Rohdecke gerechnet werden, sollten bereits in der Leistungsbeschreibung hierzu eindeutige Angaben gemacht werden, um spätere Meinungsverschiedenheiten auszuschließen. Bei sichtbaren Holzbalkendecken, Stahlträgern und dgl., z. B. Abb. 5.7, Abb. 5.8 und 5.9, stellt sich die Frage, wie bei Abrechnung der Wandfläche die zwischen den Holzbalken, Stahlträgern, Betonrippen zu behandelnden Flächen abgerechnet werden. Im Interesse einer ordnungsgemäßen Kalkulation und Abrechnung sollten solche Flächen in der Leistungsbeschreibung gesondert ausgeschrieben werden. Sinnvollerweise sollte hierfür die jeweilige Leistung mit einer gesonderten Position angefordert werden. Ansonsten ist das Verputzen zwischen den Holzbalken- oder Stahlträgern keine beauftragte bzw. keine auszuführende Leistung.

Sind im Leistungsverzeichnis z. B. Angaben zu der jeweiligen Etagenhöhe enthalten, z. B. 3,00 m und werden in der konkreten Innenputzposition jedoch nur zu verputzende Höhen je Etage von 2,80 m angefordert, so ist diese Höhe dann auch nur zu vergüten. Dies muss aber eindeutig im jeweiligen Positionstext angefordert bzw. bestellt sein. Andernfalls erfolgt die Abrechnung bis 3,00 m Höhe und es wird überprüft bis zu welcher Wandlänge die ggf. vorhandene Aussparung (teilflächig nicht verputzte Fläche) zu übermessen ist. Im vorliegenden Fall erreicht ab einer Wandlänge von 12,525 m x 0,20 m Höhe die Aussparungsgröße 2,505 m² (gerundet = 2,51 m² – siehe Erläuterungen zu Abschnitt 5) und überschreitet somit das Übermessungsmaß von 2,5 m². Die Aussparungsfläche ist dann abzuziehen.

Für **Außenarbeiten** bestimmen sich die Abrechnungsmaße nach der hergestellten bzw. geputzten Fläche (Abb. 5.11–5.14).

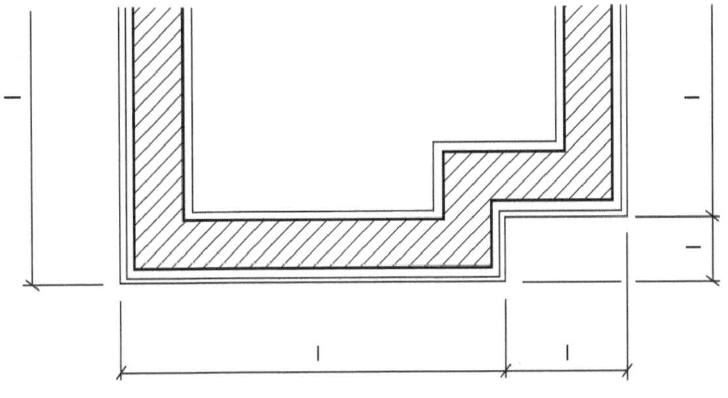

Abb. 5.11:Außenfläche in der Länge und Breite

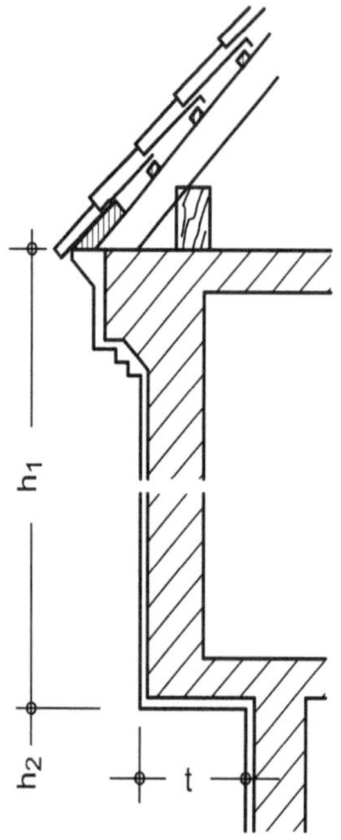

Abb. 5.12: Geputzte Außenfläche

$(h_1 + h_2) \times l + t \times l$
wenn $t > 1\,m$

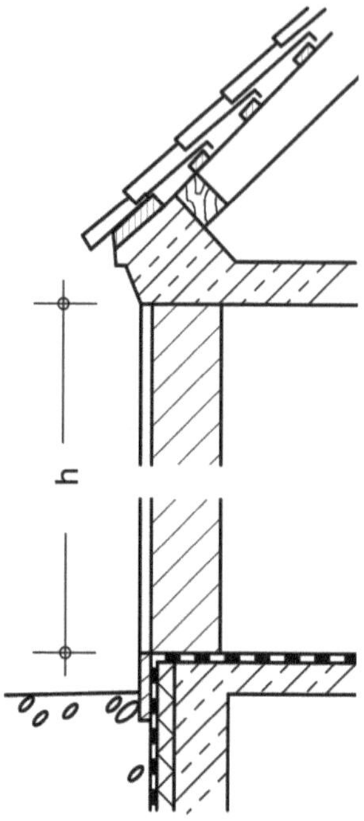

Abb. 5.13: Geputzte Außenfläche

$h \times l$

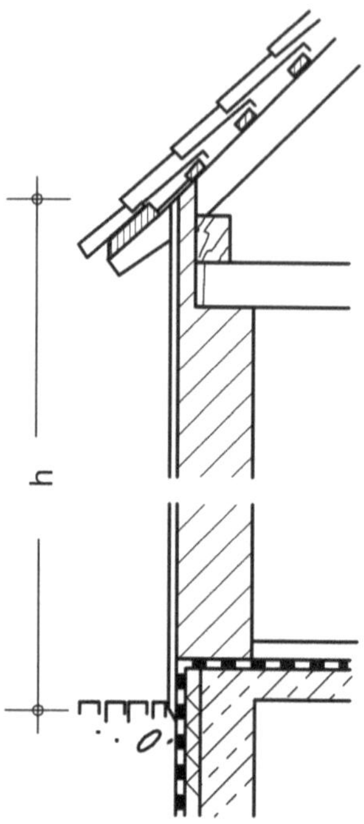

Abb. 5.14: Geputzte Außenfläche

$h \times l$

> Bei Putzen, Dämmputzen, hinterlüfteten Fassaden und dergleichen wird, selbst wenn die Gesamtleistung in mehrere Positionen (Hochdruckreinigen, Haftbrücken, Grundierungen, Ausgleichsputz, flächige Bewehrungen, mineralische Abdichtungen, Auffütterungen, Bekleidungen und dergleichen) aufgeteilt sind, das Maß der geputzten Fläche – fertige Oberfläche – zugrunde gelegt.

Das Putzgesims in Abb. 5.12 ist zu übermessen und gemäß Abschnitt 4.2.33 als Besondere Leistung entsprechend Abschnitt 5.2.2 zusätzlich zu rechnen.

Das unbehandelte Gesims in Abb. 5.13 zählt nicht zur geputzten Fläche.

In Abb. 5.14 gelten die Maße der geputzten Flächen.

Die Abb. 5.15 und 5.16 zeigen die Abrechnung der geputzten Außenfläche, jeweils bis zum Natursteinsockel bzw. mit Sockelputz.

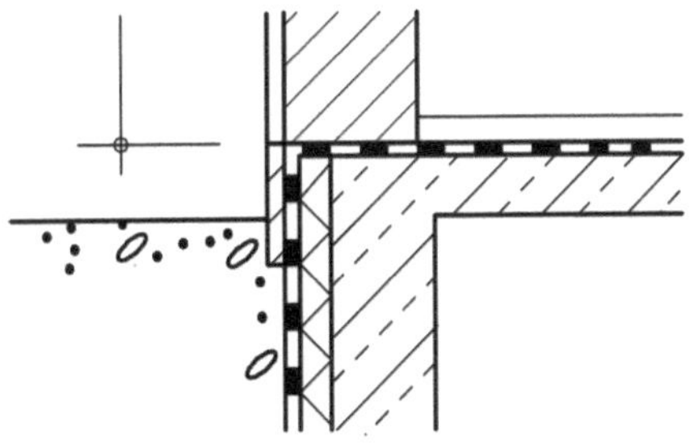

Abb. 5.15: Geputzte Außenfläche bis Natursteinsockel

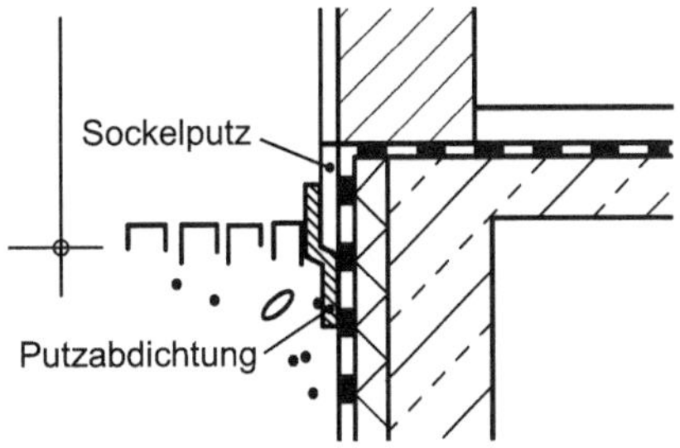

Abb. 5.16: Geputzte Außenfläche mit Sockelputz

Die Abrechnung der Putzabdichtung (Feuchteschutz des Putzes, siehe Abschnitt 4.2.29), im erdberührten Bereich und in der Spritzwasserzone des Sockelputzes erfolgt vorzugsweise im Längenmaß [m], da die Höhe der Putzabdichtung (etwas unterhalb der unteren Sockellinie im Erdreich, siehe [23]) bis ca. 5 cm über spätere Geländeoberkante hinaus, häufig unter 1 m Höhe, beträgt.

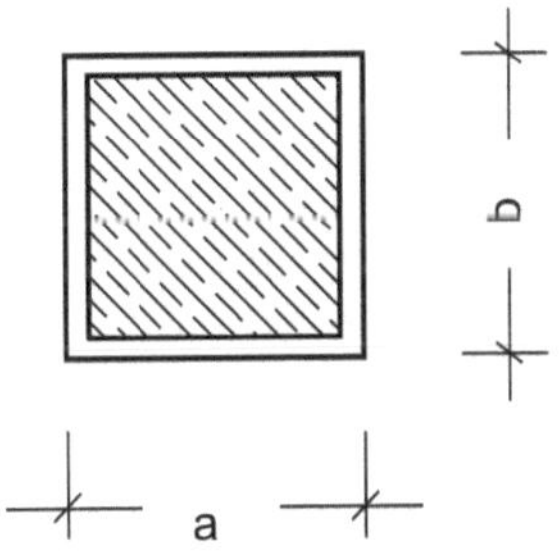

Stützen mit einer Breite bis 1 m je Ansichtsfläche sind gemäß Abschnitt 0.5.2 im Längenmaß und mit einer Breite über 1 m je Ansichtsfläche gemäß Abschnitt 0.5.1 im Flächenmaß in der Leistungsbeschreibung vorzugeben.

Abb. 5.17: Außenstütze

5.2.2 Bei der Ermittlung der Maße wird jeweils das größte, gegebenenfalls abgewickelte Bauteilmaß zugrunde gelegt, z. B. bei Wandanschlüssen, umlaufenden Friesen, Faschen, An- und Einarbeitungen an Bauteilen, Einbauteilen und dergleichen.

Leistungen, wie Herstellen von

- Wandanschlüssen, (Abb. 5.18, 5.19)
- umlaufenden Friesen, (Abb. 5.20)
- Faschen, (Abb. 5.21, 5.22)
- An- und Einarbeitungen von vorhandenen Bauteilen, Einbauteilen und dergleichen (Abb. 5.23, 5.24)

werden nach dem jeweils größten, gegebenenfalls abgewickelten Bauteilmaß gerechnet. Fugen werden dabei übermessen (Abb. 5.18 bis 5.24).

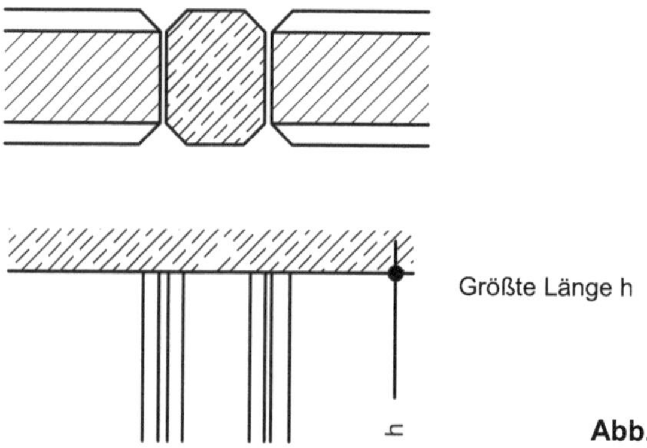

Abb. 5.18: Wand und Deckenanschluss

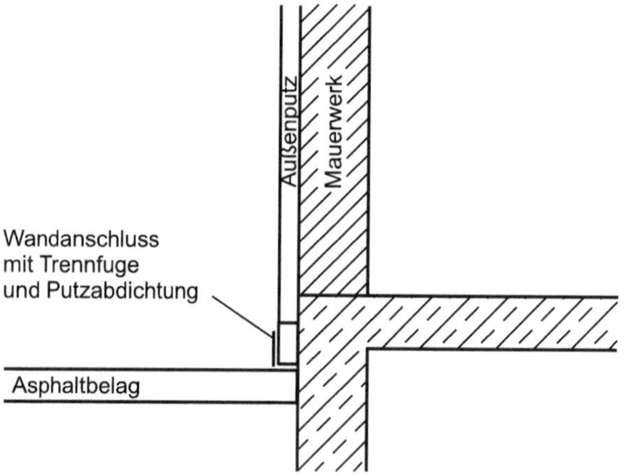

Abb. 5.19: Wandanschluss bzw. Anpassarbeiten an Asphaltbelag, z. B. mit kapillarbrechender Trennfuge, Putzabdichtung und dergleichen (s. z. B. Detail 3.3 in [23])

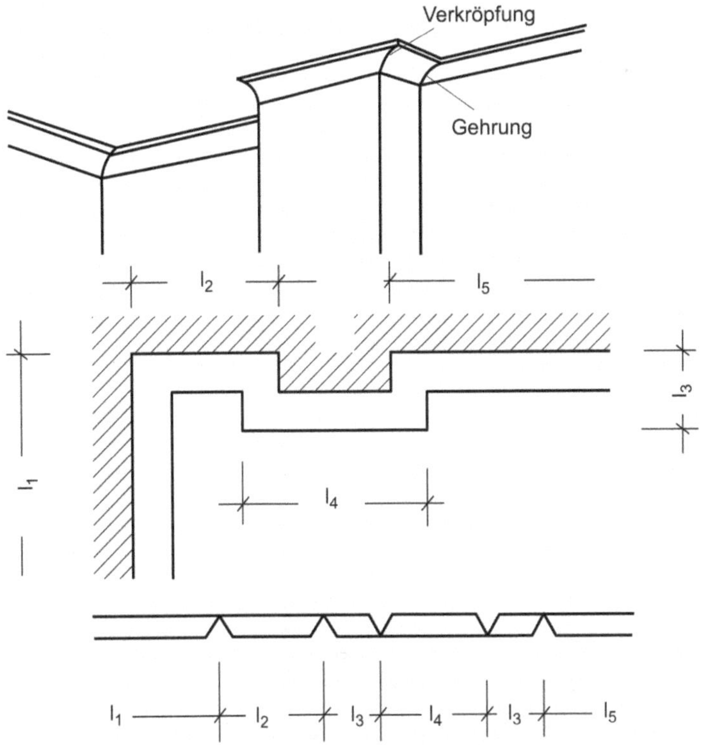

Größte Länge in der Abwicklung = $l_1 + l_2 + 2 \times l_3 + l_4 + l_5$

Abb. 5.20: Umlaufender/s Fries/Stuckgesims

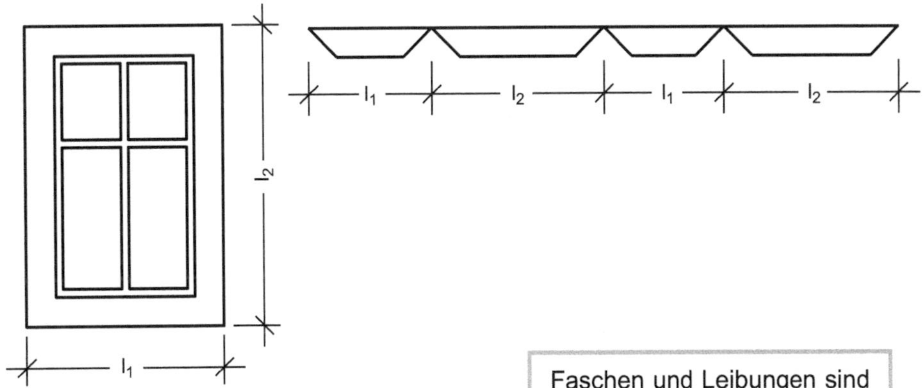

Abb. 5.21 Putzfasche

Faschen und Leibungen sind getrennt zu rechnen.

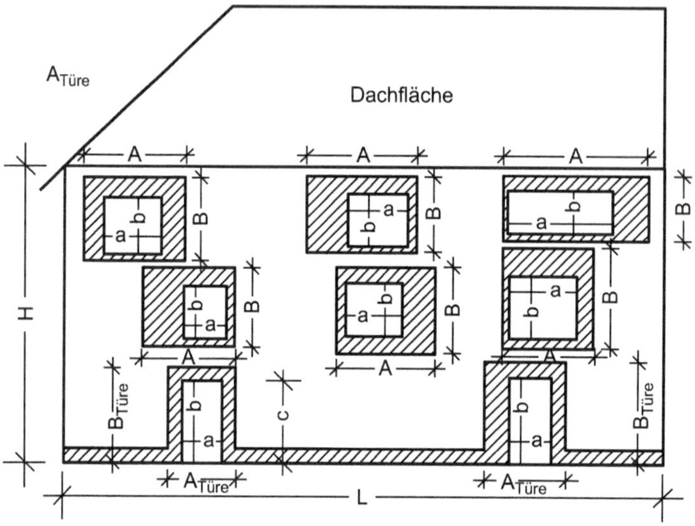

Aufmaß

Fassade:	*A_{Fa} = L x H; die Fassadenfläche $A_{Fassade}$ ist im Ganzen zu messen.*
Öffnungen:	*prüfen ob die jeweiligen Öffnungsmaße von Fenster bzw. Türen (a x b) > 2,5 m², wenn ja, dann werden sie von der Fassadenfläche abgezogen*
Fensterfaschen:	*2 x (A +B) je Fensterfaschen im Längenmaß [m]*
Tür- und Sockelfasche:	*L + 2 x $A_{Türe}$ + 4 x $B_{Türe}$ [-2 x $a_{Türe}$] im Längenmaß [m] Abzug von [2 x $a_{Türe}$] wenn $a_{Türe}$ > 1 m (vgl. Abschnitt 5.3.2)*

Abb. 5.22 Putzfaschen in unterschiedlichen Breiten und Längen

> Putzfaschen sind Putzbänder innerhalb einer Putzfläche, jedoch mit einer anderen Struktur, z. B. Putzfaschen um Aussparungen, Öffnungen, Nischen.
>
> Leibungen werden durch die Fläche innerhalb der Dicke einer Mauer zuzüglich der Dicke des Innen- oder Außenputzes gebildet, siehe auch Abb. 5.38 ff.

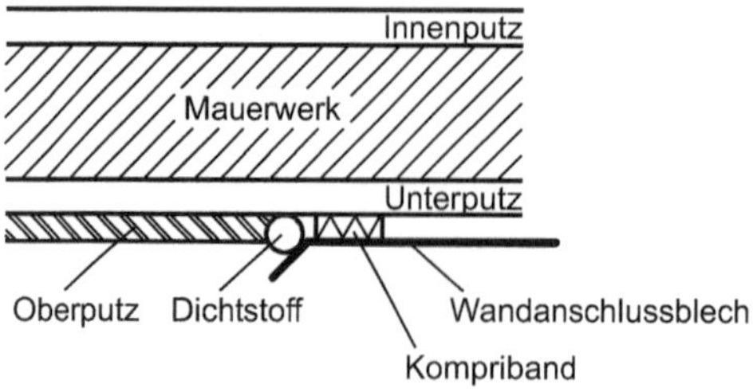

Abb. 5.23: Anarbeitung Oberputz an vorhandenes Wandanschlussblech

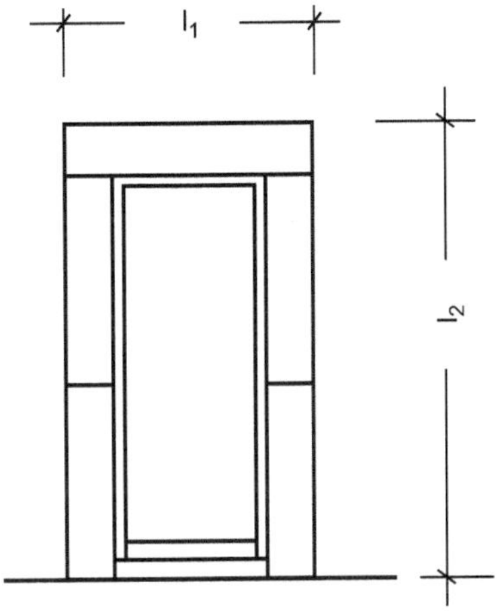

Abb. 5.24: An- und Einarbeitungen von vorhandenen Bauteilen, Einbauteilen und dergleichen

5.2.3 Rückflächen von Nischen, sowie Leibungen werden unabhängig von ihrer Einzelgröße mit ihren Maßen gesondert gerechnet.

Gemäß Abschnitt 5.3.1 werden Nischen bis ≤ 2,5 m^2 Einzelgröße übermessen. Davon unabhängig wird die Rückfläche, falls sie behandelt ist, zusätzlich gerechnet (Abb. 5.25 und 5.26).

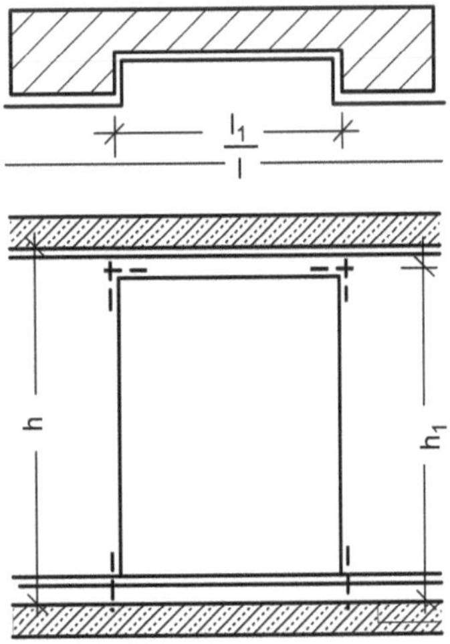

A_{Wand} $= l \times h$

A_{Nische} $= l_1 \times h_1 > 2{,}5\ m^2$;
sie ist abzuziehen, die Rückfläche der Nische und die Leibungen sind gesondert zu rechnen.

Abb. 5.25: Nischenrückfläche innen

In Abb. 5.26 sind die unterschiedlichen Nischen- und Leibungsmaße für innen und für außen in einer Abb. dargestellt. Nischenflächen werden innen bis zu den sie begrenzenden, ungeputzten, ungedämmten, nicht bekleideten Bauteilen (z. B. Rohbaumauerwerk, Maße l_1, h_1) gemessen. Im Außenbereich werden die Nischenmaße der hergestellten bzw. der geputzten Fläche (Maße l_2, h_2) gerechnet.

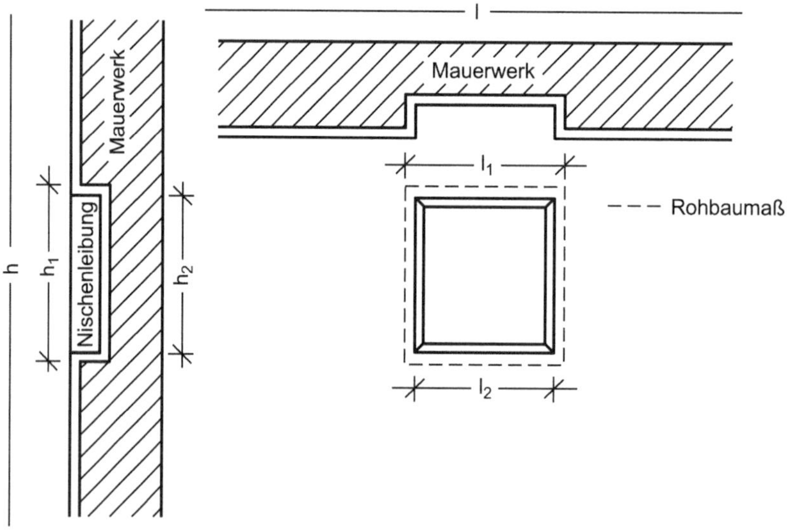

Aufmaß Nischen im Innenputz

A *Wand*	= *l x h*
A *Nische, innen*	= l_1 x h_1 < 2,5 m^2; *sie ist innen zu übermessen, Rückfläche der Nische ist gesondert zu rechnen.*
Leibungen *Nische innen*	= 2 x h_1 + ggf. 2 x l_1 *(2 x l_1, wenn Sturz- + Brüstungsleibungen behandelt sind). [Aufmaß bis auf Rohmauerwerk]*

Aufmaß Nischen im Außenputz

A *Wand*	= *l x h*
A *Nische, außen*	= l_2 x h_2 < 2,5 m^2; *sie ist außen zu übermessen, Rückfläche der Nische ist gesondert zu rechnen.*
Leibungen *Nische außen*	= 2 x h_2 + ggf. 2 x l_2 *(2 x l_2, wenn Sturz- + Brüstungsleibungen behandelt sind). [Aufmaß bis auf fertige Oberfläche]*

Abb. 5.26: Nischenrückfläche, Aufmaß innen oder außen, jeweils mit unterschiedlichen Maßen

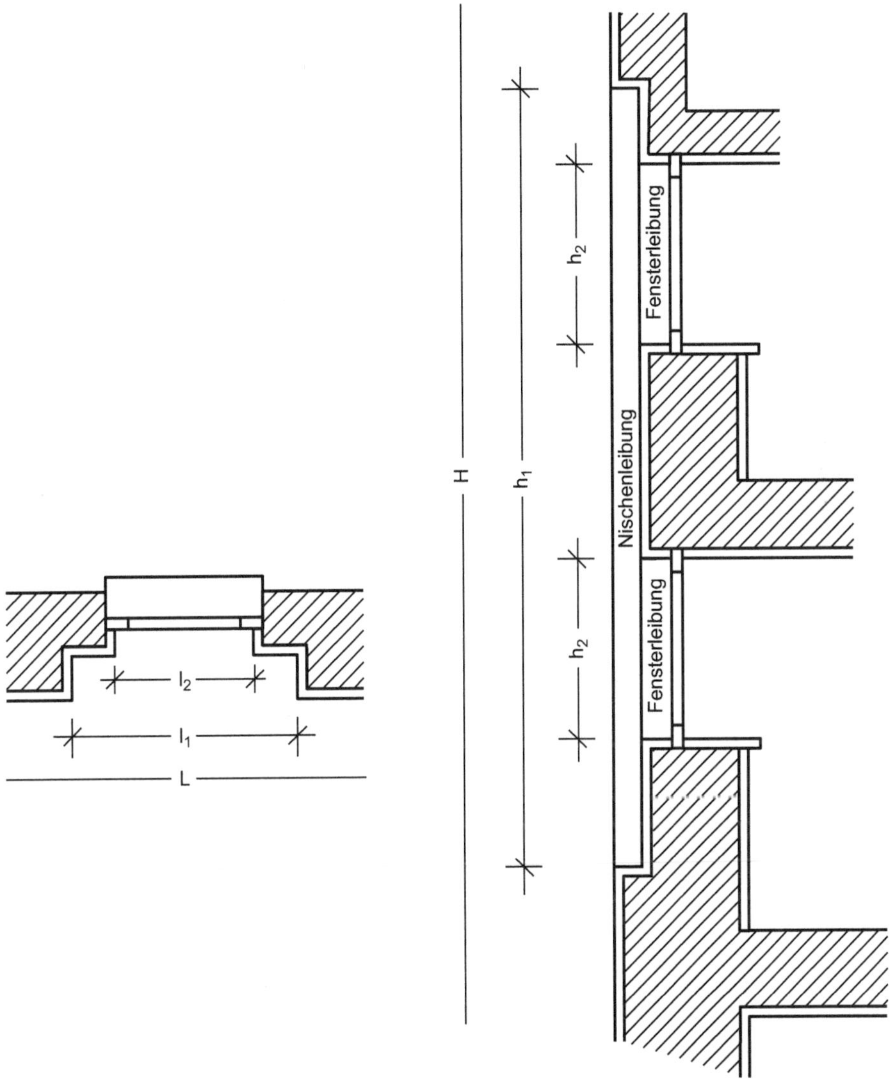

A Wand = *L x H*

A Nische = $l_1 \times h_1 > 2{,}5\ m^2$; *die Nische ist von der Fläche* A_{Wand} *abzuziehen. Die Rückfläche der Nische* ($l_1 \times h_1$) *ist gesondert zu rechnen.*

A Öffnung = $l_2 \times h_2 \leq 2{,}5\ m^2$; *die Öffnungen sind in der Nischenrückfläche zu übermessen.*

Leibungen Nische = $2 \times h_1 + 2 \times l_1$ ($2 \times l_1$, *wenn Sturz- und Brüstungsleibungen behandelt sind*).

Leibungen Öffnung = $4 \times h_2 + 2 \times l_2$ ($2 \times l_2$, *wenn nur Sturzleibungen behandelt sind*).

Abb. 5.27: Nische mit mehreren darin befindlichen Öffnungen in der Nischenrückfläche

Fassade mit Nische, in der sich eine weitere Nische mit Öffnung befindet

Als Gestaltungselement werden in Putzfassaden oder in Innenräumen immer wieder Nischen mit integrierten Öffnungen eingebaut, welche sich wiederum in einer weiteren Nische befinden. Die Nischen können entweder konstruktiv schon ausgebildet sein oder durch unterschiedlich dicke Materialien ausgebildet werden.

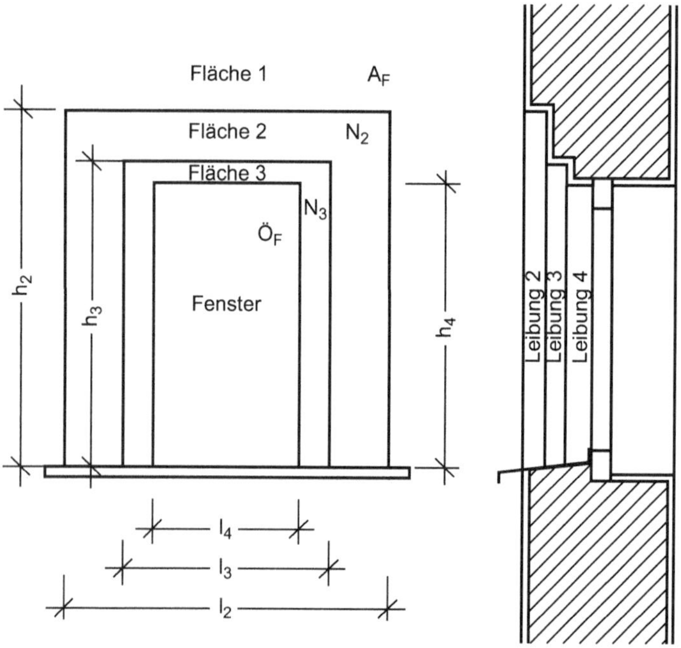

Abb. 5.28: Außenwandfläche mit einer Fensteröffnung in einer Nische, welche wiederum in einer Nische der verputzten Außenwandfläche liegt

In Abb. 5.28 ist die Fassadenfläche durch verschiedene Mauerwerksdicken so gestaltet, dass in ihrer (Fassaden-)Fläche 1 eine Nische mit der Fläche 2 und den zugehörigen behandelten Leibungen 2 (h_2 und l_2) entsteht.

In der Nischenfläche 2 ist nochmals eine Nische mit der Fläche 3 und den zugehörigen behandelten Leibungen 3 (h_3 und l_3) enthalten.

In der Nischenfläche 3 gibt es noch ein Fenster (Öffnung) mit den Leibungen 4 (h_4 und l_4).

Es entsteht eine Fassadenfläche mit einer Nische und in dieser nochmals eine Nische mit Fenster.

Die Leibungen 2, 3 und 4 sind jeweils die Leibungen der zwei Nischen und des Fensters. Die Leibungen sind im Längenmaß abzurechnen.

Zu Abb. 5.28 können hier vier Fallvarianten unterschieden werden:

Fall I: Fassade mit Nischen und einer Öffnung, deren Flächen ≤ 2,5 m² sind:

Fassadenfläche 1	$A_F = L \times H$	*Die Fassadenfläche 1 $A_{Fassade}$ ist im Ganzen zu messen. Da die Nischenfläche 2 ≤ 2,5 m² ist, ist diese zu übermessen*
Nischenfläche 2	$N_2 = l_2 \times h_2 \leq 2{,}5\ m^2$ (+)	*Da die Nischenrückfläche 2 bearbeitet ist, ist sie mit ihrem Maß gesondert zur rechnen.*
Nischenfläche 3	$N_3 = l_3 \times h_3 \leq 2{,}5\ m^2$ (+)	*Da die Nischenrückfläche 3 ebenfalls bearbeitet ist, ist sie mit ihrem Maß gesondert zur rechnen.*
Öffnungsfläche	$Ö_F = l_4 \times h_4 \leq 2{,}5\ m^2$ (+)	*Die Öffnungs-/Fensterfläche $Ö_F$ ist ≤ 2,5 m² und ist daher beim Aufmaß der Nischenfläche 3 zu übermessen bzw. nicht abzuziehen (siehe Abschnitt 5.3 bzw. 5.3.1).*
Leibung 2	$= 2 \times h_2 + l_2$	*Die zwei seitlichen Leibungen und die Sturzleibung der Nische 2 werden, da sie behandelt sind, gesondert im Längenmaß aufgemessen.*
Leibung 3	$= 2 \times h_3 + l_3$	*Die zwei seitlichen Leibungen und die Sturzleibung der Nische 3 werden, da sie behandelt sind, gesondert im Längenmaß aufgemessen.*
Leibung 4	$= 2 \times h_4 + l_4$	*Die zwei seitlichen Leibungen und die Sturzleibung (Nr. 4) der Öffnung (des Fensters) werden, da sie behandelt sind, gesondert im Längenmaß aufgemessen.*

Fall II: Fassade mit Nischen und einer Öffnung, deren Nischenfläche 2 > 2,5 m² und Nischenfläche 3 sowie Öffnungsfläche jeweils ≤ 2,5 m² sind.

Fassadenfläche 1	$A_F = L \times H$	*Die Fassadenfläche 1 $A_{Fassade}$ ist im Ganzen zu messen.*
Nischenfläche 2	$N_2 = l_2 \times h_2 > 2{,}5\ m^2$ (-)	*Die Nischenfläche 2 ist > 2,5 m² und wird daher von der Fassadenfläche 1 $A_{Fassade}$ abgezogen.*
Nischenfläche 2	$N_2 = l_2 \times h_2$ (+)	*Da jedoch die Nischenrückfläche 2 bearbeitet ist, ist sie mit ihrem Maß gesondert zu rechnen.*
Nischenfläche 3	$N_3 = l_3 \times h_3 \leq 2{,}5\ m^2$ (+)	*Da die Nischenrückfläche 3 ebenfalls bearbeitet ist, ist sie mit ihrem Maß gesondert zur rechnen.*
Öffnungsfläche	$Ö_F = l_4 \times h_4 \leq 2{,}5\ m^2$ (+)	*Die Öffnungs-/Fensterfläche $Ö_F$ ist ≤ 2,5 m² und ist daher beim Aufmaß der Nischenfläche 3 zu übermessen bzw. nicht abzuziehen (siehe Abschnitt 5.3 bzw. 5.3.1).*
Leibung 2	$= 2 \times h_2 + l_2$	*Die zwei seitlichen Leibungen und die Sturzleibung der Nische 2 werden, da sie behandelt sind, gesondert im Längenmaß aufgemessen.*

Leibung 3	$= 2 x h_3 + l_3$	*Die zwei seitlichen Leibungen und die Sturzleibung der Nische 3 werden, da sie behandelt sind, gesondert im Längenmaß aufgemessen.*
Leibung 4	$= 2 x h_4 + l_4$	*Die zwei seitlichen Leibungen und die Sturzleibung (Nr. 4) der Öffnung (des Fensters) werden, da sie behandelt sind, gesondert im Längenmaß aufgemessen.*

Fall III: Fassade mit Nischen und einer Öffnung, deren Nischenflächen 2 und 3 jeweils > 2,5 m² sind und die Öffnungsfläche ≤ 2,5 m² ist.

Fassadenfläche 1	$A_F = L x H$	*Die Fassadenfläche 1 $A_{Fassade}$ ist im Ganzen zu messen.*
Nischenfläche 2	$N_2 = l_2 x h_2 > 2{,}5 m^2$ (-)	*Die Nischenfläche 2 ist > 2,5 m² und wird daher von der Fassadenfläche 1 $A_{Fassade}$ abgezogen.*
Nischenfläche 2	$N_2 = l_2 x h_2$ (+)	*Da jedoch die Nischenrückfläche 2 bearbeitet ist, ist sie mit ihrem Maß gesondert zu rechnen.*
Nischenfläche 3	$N_3 = l_3 x h_3 > 2{,}5 m^2$ (-)	*Die Nischenfläche 3 ist ebenfalls > 2,5 m² und wird daher von der Nischenrückfläche 2 abgezogen.*
Nischenfläche 3	$N_3 = l_3 x h_3$ (+)	*Da jedoch die Nischenrückfläche 3 bearbeitet ist, ist sie mit ihrem Maß gesondert zu rechnen.*
Öffnungsfläche	$Ö_F = l_4 x h_4 \leq 2{,}5 m^2$	*Die Öffnungs-/Fensterfläche $Ö_F$ ist ≤ 2,5 m² und ist daher beim Aufmaß der Nischenfläche 3 zu übermessen.*
Leibung 2	$= 2 x h_2 + l_2$	*Die zwei seitlichen Leibungen und die Sturzleibung der Nische 2 werden, da sie behandelt sind, gesondert im Längenmaß aufgemessen.*
Leibung 3	$= 2 x h_3 + l_3$	*Die zwei seitlichen Leibungen und die Sturzleibung der Nische 3 werden, da sie behandelt sind, gesondert im Längenmaß aufgemessen.*
Leibung 4	$= 2 x h_4 + l_4$	*Die zwei seitlichen Leibungen und die Sturzleibung der Öffnung (des Fensters) werden, da sie behandelt sind, gesondert im Längenmaß aufgemessen.*

Fall IV: Fassade mit Nischen und einer Öffnung, deren Nischenfläche 2 und 3 sowie die Öffnungsfläche jeweils > 2,5 m² sind.

Fassadenfläche 1	$A_F = L x H$	*Die Fassadenfläche 1 $A_{Fassade}$ ist im Ganzen zu messen.*
Nischenfläche 2	$N_2 = l_2 x h_2 > 2{,}5 m^2$ (-)	*Die Nischenfläche 2 ist > 2,5 m² und wird daher von der Fassadenfläche 1 $A_{Fassade}$ abgezogen.*
Nischenfläche 2	$N_2 = l_2 x h_2$ (+)	*Da jedoch die Nischenrückfläche 2 bearbeitet ist, ist sie mit ihrem Maß gesondert zu rechnen.*
Nischenfläche 3	$N_3 = l_3 x h_3 > 2{,}5 m^2$ (-)	*Die Nischenfläche 3 ist ebenfalls > 2,5 m² und wird daher von der Nischenrückfläche 2 abgezogen.*
Nischenfläche 3	$N_3 = l_3 x h_3$ (+)	*Da jedoch die Nischenrückfläche 3 bearbeitet ist, ist sie mit ihrem Maß gesondert zu rechnen.*

Öffnungsfläche	$Ö_F = l_4 \times h_4 > 2{,}5\ m^2$ (-)	*Die Öffnungs-/Fensterfläche $Ö_F$ ist > 2,5 m² und ist daher beim Aufmaß der Nischenrückfläche 3 abzuziehen*
Leibung 2	$= 2 \times h_2 + l_2$	*Die zwei seitlichen Leibungen und die Sturzleibung der Nische 2 werden, da sie behandelt sind, gesondert im Längenmaß aufgemessen.*
Leibung 3	$= 2 \times h_3 + l_3$	*Die zwei seitlichen Leibungen und die Sturzleibung der Nische 3 werden, da sie behandelt sind, gesondert im Längenmaß aufgemessen.*
Leibung 4	$= 2 \times h_4 + l_4$	*Die zwei seitlichen Leibungen und die Sturzleibung (Nr. 4) der Öffnung (des Fensters) werden, da sie behandelt sind, gesondert im Längenmaß aufgemessen.*

Grundsätzlich gilt: Behandelte Leibungen von Öffnungen, Nischen, Aussparungen und dergleichen sind unabhängig der jeweiligen Einzelgröße in gesonderter Position nach Abschnitt 0.5.2 im Längenmaß (m) zu rechnen.

Leibungen, die bei bündig versetzten Fenstern, Türen und dergleichen nachträglich durch aufgebrachte Putzlagen, z. B. Wärmedämmputz entstehen, werden ebenfalls gesondert gerechnet (Abb. 5.29).

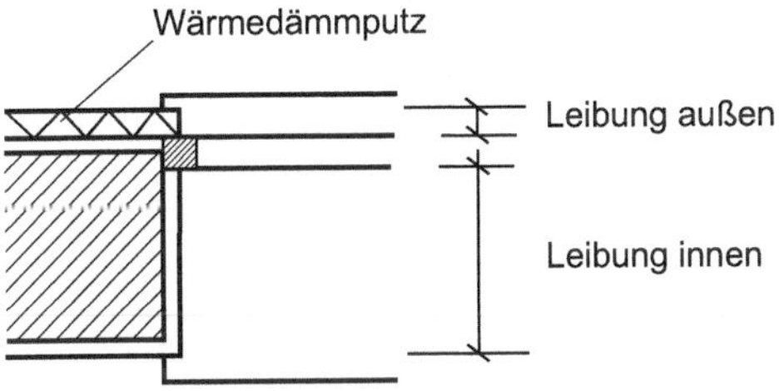

Abb. 5.29: Wärmedämmputzleibung außen und Innenputzleibung

Definition der Leibung
Leibungen werden durch die Fläche innerhalb der Dicke einer Mauer zuzüglich der Dicke des Innen- oder Außenputzes gebildet.

Bei schrägen Leibungen, Leibungen mit Schielung, Kirchenfenstern und dergleichen (Abb. 5.30) kann es möglich sein, dass die Leibungstiefen größer sind als die Mauerwerksdicke. Unabhängig davon werden die Leibungen bis bzw. ≤ 1 m Breite gemäß Abschnitt 0.5.2 im Längenmaß gerechnet. Lediglich Leibung die > 1 m breit sind, werden gemäß Abschnitt 0.5.1 im Flächenmaß gerechnet.

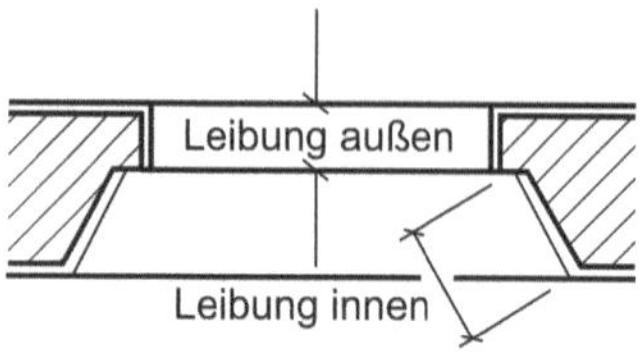

Abb. 5.30: Schräge Leibung

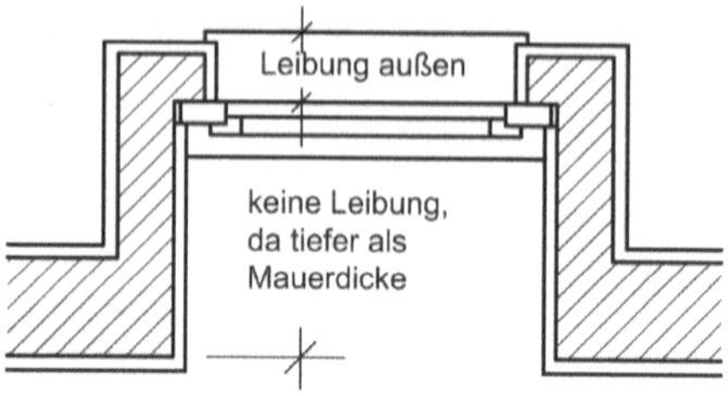

Abb. 5.31: Erker

Ragt die Fläche über die Mauerdicke hinaus – liegt also nicht nur die Putzdicke außerhalb der Mauerdicke (Abb. 5.31) – sind sie als Teil der Wand zu behandeln und nicht als Leibung.

Bei den Seitenflächen von Dachgauben (Abb. 5.32) handelt es sich nicht um Leibungen, sie sind den Wandflächen zuzuordnen und gemäß Abschnitt 5.2.1 zu messen.

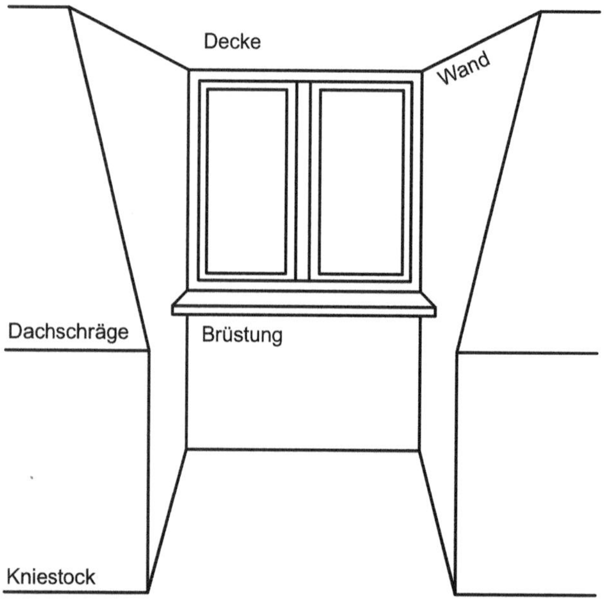

Abb. 5.32: Dachschräge mit integriertem Dachausbau

Die waagerechte Decke in Abb. 5.32 im Gaubenbereich ist der Deckenfläche zuzuordnen. Die Brüstung mit der Fensteröffnung ist als Wandfläche abzurechnen, wobei die Fensteröffnung gemäß Abschnitt 5.3.1 bis 2,5 m^2 zu übermessen ist.

Leibungen bei Durchgängen und Ähnlichem

Grundsätzlich sind Leibungen an Öffnungen mit Fenstern oder Türen, wie dies Abb. 5.33 zeigt, in Außenwänden bei Putz- und Stuckarbeiten sowohl beim Innenputz (Innenleibungen) als auch beim Außenputz (Außenleibungen) anzutreffen. Diese mehrheitlich als Regelfall entstehende Situation ist daher im Rahmen der Vereinheitlichung des Aufmaßes als Grundprinzip anzuwenden.

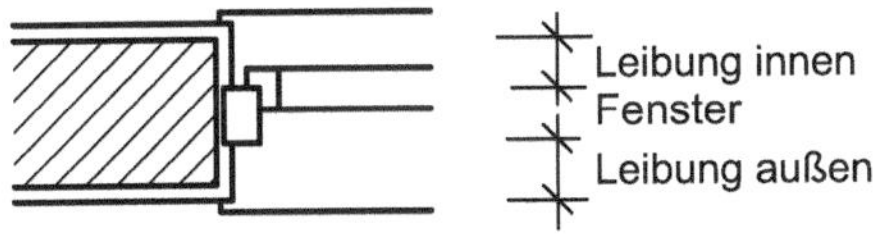

Abb. 5.33: Innen- und Außenleibung mit dazwischen befindlichem Fenster

Diesem Grundprinzip folgend sind verputzte Leibungen regelmäßig in eine „Innenleibung“ und eine „Außenleibung“ aufzuteilen. Insofern ist die Grundlage des Aufmaßes bei der Leibungsbetrachtung diese, dass es bei einer Öffnung gemeinhin zwei Leibungen gibt, die einmal dem Innenraum (Raum A) und einmal dem „Außenraum“ (Raum B) zugeordnet werden. Dieses Prinzip ist daher auch auf Durchgänge, Garagen und dergleichen anzuwenden.

Bei verputzten Durchgängen zwischen zwei Räumen müssen daher Teilflächen der „Innenleibung“ und Teilflächen der „Außenleibung“ oder Teilflächen dem Raum A und Teilflächen dem Raum B zugeordnet werden, wie dies in Abb. 5.34 dargestellt ist. Damit wird das vorherrschende Grundprinzip der Innenleibung/Außenleibung aufgenommen und auf alle weiteren Leibungsanwendungen übertragen.

Bei Leibungen in Garagenöffnungen ist dieses Prinzip in gleicher Weise anzuwenden. Regelmäßig werden Garagen innen und außen verputzt. Insofern ist auch hier beim Aufmaß der durchgängig verputzten Leibungen ein Teil dem Innenbereich (Lb_I) und ein Teil dem Außenbereich (Lb_A) zuzurechnen.

Wenn der Auftraggeber von dieser allgemein gültigen und einem Grundprinzip folgenden Aufmaßregelung abweichen will, kann dies nur dadurch geschehen, dass der Ausschreibende den allgemein gültigen Abrechnungstatbestand von Innenleibung und Außenleibung dadurch auflöst, dass in der Position Leibungen für Durchgänge, Garagen und dergleichen eindeutig darauf hingewiesen wird, dass die verputzte Durchgangsleibung bzw. Garagenleibung nur einmal abgerechnet wird. Daraufhin kann der Bieter seine Kalkulation für derartige

Sonderabrechnungen verändert gestalten. Ist dieser Hinweis nicht gegeben, so ist die Durchgangsleibung oder Garagenleibung in Teilbereichen dem Raum A (bzw. Innenputz) und in Teilbereichen dem Raum B (bzw. Außenputz) aufmaßtechnisch zuzuschlagen.

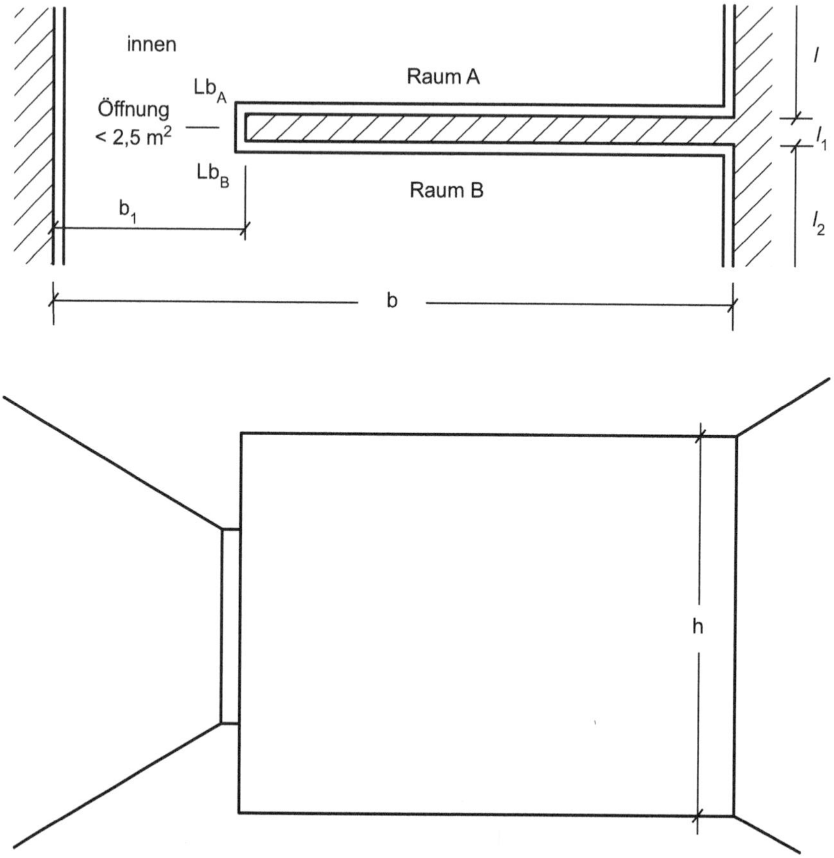

Raum A:
$A_{Wände} = 2 x (b + l) x h + l_1 x h x ½;$
$A_{Decke} = l x b + ½ x l_1 x b_1;$
$Lb_A = 1 x h;$

Raum B
$A_{Wände} = 2 x (b + l_2) x h + l_1 x h x ½;$
$A_{Decke} = l_2 x b + ½ x l_1 x b_1$
$Lb_B = 1 x h$

$A_{Öffnung} = b_1 x h < 2{,}5 m^2$ ist zu übermessen, Die Teilflächen der Leibungen l_1 x h und l_1 x b_1 sind jeweils zur Hälfte den Wand- bzw. den Deckenflächen zuzuordnen. Einfacherweise kann die Gesamtfläche der flächenbündigen Wand- bzw. Deckenleibungen jeweils als Ganzes einem Raum zugeordnet werden.

Abb. 5.34: Räume mit raumhohem Durchgang

Öffnungen werden bei Ermittlung je Raum gemessen und bis 2,5 m² Einzelgröße übermessen. Dasselbe gilt für die Abrechnung der Leibung, siehe Abb. 5.34. Die Leibungsflächen, die zwischen Raum A und B flächenbündig in der Ebene der Wand- oder Deckenflächen liegen, sind mit der jeweiligen Leistung zur Hälfte beiden Räumen oder nur einem Raum im Flächenmaß m² zuzurechnen.

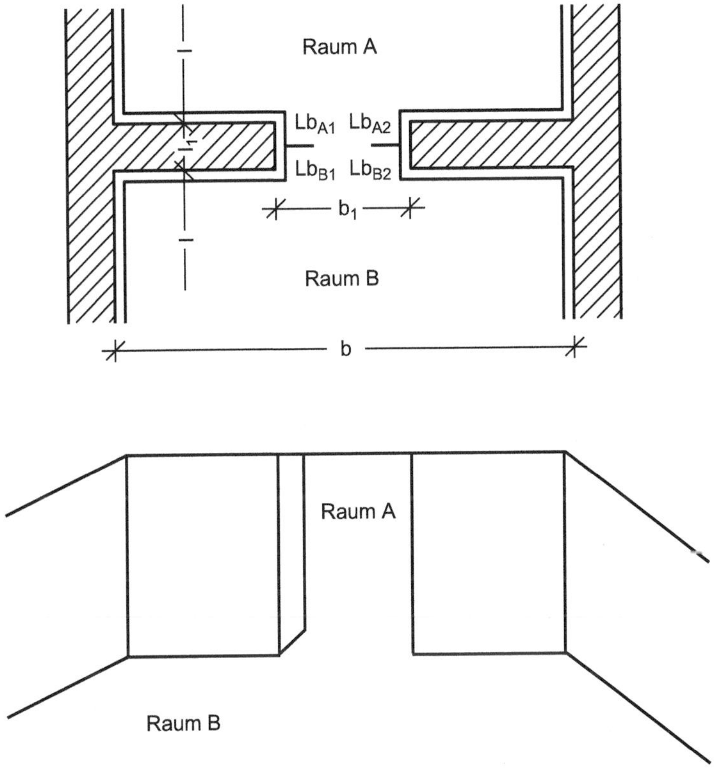

Raum A:

$A_{Wände} = 2 \times (b + l) \times h$

$A_{Decke} = b \times l + \frac{1}{2} \times l_1 \times b_1;$

$Lb_A = 2 \times h;$

Raum B

$A_{Wände} = 2 \times (b + l) \times h$

$A_{Decke} = b \times l + \frac{1}{2} \times l_1 \times b_1$

$Lb_B = 2 \times h$

$A_{Öffnung} = b_1 \times h < 2{,}5\ m^2$ ist zu übermessen, Die Teilflächen der Leibungen $l_1 \times b_1$ sind jeweils zur Hälfte den Wand- bzw. den Deckenflächen zuzuordnen. Einfacherweise kann die Gesamtfläche der flächenbündigen Wand- bzw. Deckenleibungen jeweils als Ganzes einem Raum zugeordnet werden.

Abb. 5.35: Räume mit raumhohem Durchgang

Die Leibung der Öffnung an der Wandscheibe in Raum A (Lb_A) und B (Lb_B) werden jeweils gesondert gerechnet. Für diese ist als Abrechnungseinheit Längenmaß (m) gemäß Abschnitt 0.5.2 in Verbindung mit Abschnitt 5.2.3 der ATV DIN 18350 Putz- und Stuckarbeiten vorzusehen.

Die Öffnung zwischen Raum A und B wird je Raum getrennt gemessen und bis 2,5 m² Einzelgröße übermessen.

Garagen werden teilweise nur außen und in den Garagentorleibungen verputzt und bleiben innen teilweise gänzlich unverputzt. Die in ganzer Breite verputzte Leibung der Außenwand muss analog dem zuvor erwähnten Grundprinzip zur Vereinfachung der Abrechnung ebenfalls wieder aufgeteilt werden in einen Teilbereich der dem (Garagen--)Innenraum zu gerechnet wird und einem Leibungsteilbereich, der der Außenfassade zugeordnet wird. Zusätzlich ist zu beachten, dass die anteiligen Leibungen für den Fassadenputz sowie den Sockelputz in ggf. gesonderter Position anzufordern und abzurechnen sind. Gleichfalls sind dann auch die anteiligen Übermessungsflächen der Garagentoröffnung für den Sockelputz und den Fassadenputz ebenfalls getrennt zu betrachten (vgl. Abschnitt 5.2.5).

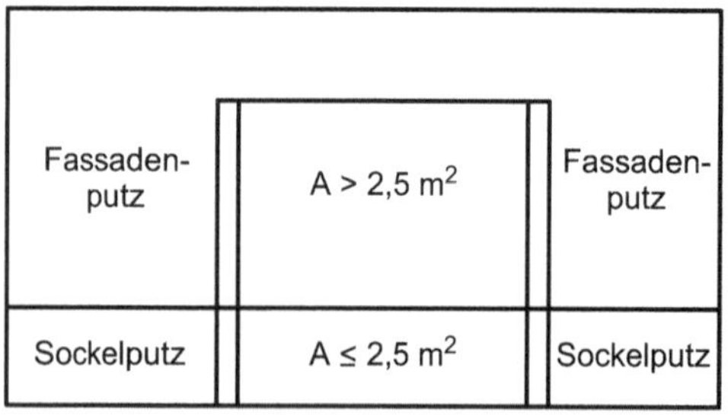

Abb. 5.36: Garage, die außen sowie an den Garagentorleibungen verputzt ist.

Öffnungen

Öffnungen setzen das Vorhandensein von Stürzen (z. B. Abb. 5.34, 5.35) oder gar Brüstungen nicht voraus. Begrenzende Bauteile sind für Innenflächen – auch bei raumhohen Öffnungen – die seitlichen Rohwände und die Unter- bzw. die Oberseite der Rohdecke (z. B. Abb. 5.6 bis 5.10, 5.34 bis 5.37).

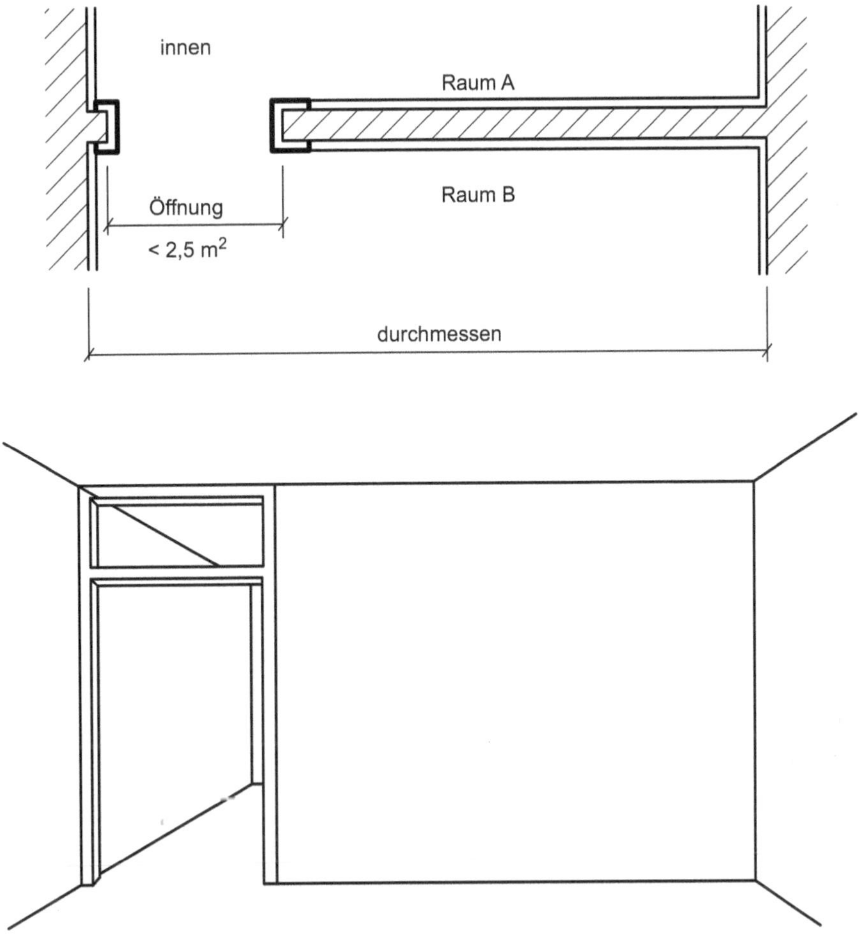

Abb. 5.37: Wand mit eingebauter raumhoher Zarge

Leibungen
Leibungen von Öffnungen (Abb. 5.38), Nischen und Aussparungen sind nach Abschnitt 5.2.3 getrennt zu rechnen. Aus Gründen einer zuverlässigen Preiskalkulation sind sie gemäß Abschnitt 0.5.2 nach Längenmaß, getrennt nach Leibungstiefe, in der Leistungsbeschreibung gesondert anzufordern.

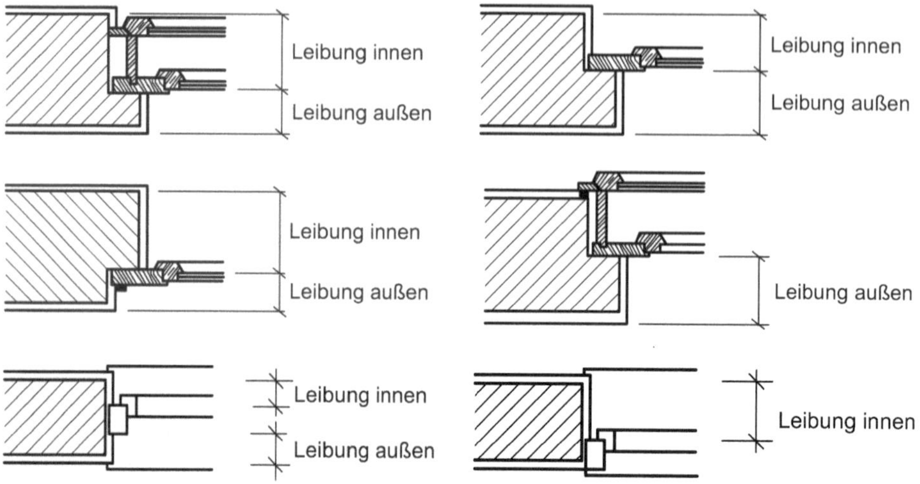

Abb. 5.38: Fensterleibungen mit und ohne Anschlag

Nur wenn Leibungen in der Leistungs- bzw. Positionsbeschreibung angefordert werden, erfolgt auch eine Beauftragung der Ausführung; andernfalls will der Auftraggeber Leibungen ggf. mit anderen Materialien belegen, z. B. Naturstein, Holz, Metall.

Das folgende Beispiel (Abb. 5.39) verdeutlicht die Abrechnung von Leibungen bei innen und außen mauerwerksbündigen Fenstern (s. auch Abb. 5.29).

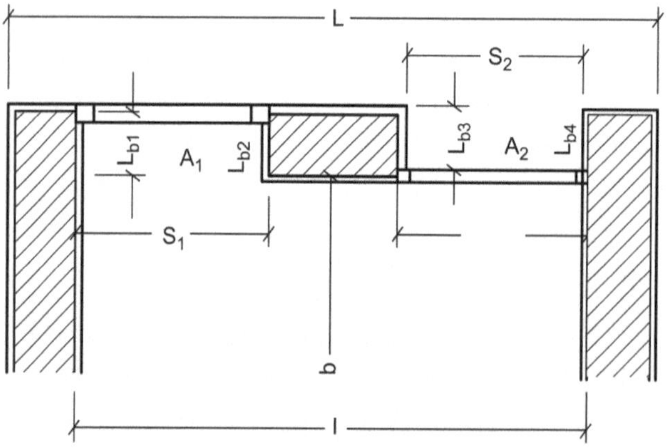

Abb. 5.39: Aufmaß von Leibungen bei raumhohen Öffnungen

A Wandfläche innen = 2 (b + l) x h

Öffnungen übermessen: wenn A_1 und A_2 jeweils ≤ 2,5 m^2

Öffnungen abziehen: wenn A_1 und A_2 jeweils > 2,5 m^2

zuzüglich: Leibungsfläche A_1 links (Lb_1): Höhe x Breite der Leibung im Flächenmaß (m^2), da Leibung flächenbündig mit der Wand (siehe auch Erläuterung zu Abb.5.34).

Leibung A_1 rechts (Lb_2): Höhe der Leibung im Längenmaß (m) aufmessen

Die gesonderte Berechnung der Leibungen in A_2 entfällt, wenn davon ausgegangen wird, dass ein Putzabschlussprofil bei Lb_3 innen verwendet wird.

A Deckenfläche innen = l x b

zuzüglich: Sturzfläche A_1 = Lb_2 x S_1; im Flächenmaß (m^2), da Sturz flächenbündig mit Decke.

A Fassadenfläche außen = L x H

Öffnungen übermessen: wenn A_1 und A_2 jeweils ≤ 2,5 m^2

Öffnungen abzuziehen: wenn A_1 und A_2 jeweils > 2,5 m^2

Leibung Lb_3 links und Lb_4 rechts = 2 x Höhe der Leibung; im Längenmaß (m) aufmessen

Die gesonderte Berechnung der Leibungen in A_1 entfällt, wenn davon ausgegangen wird, dass jeweils Putzabschlussprofile bei Lb_1 außen und Lb_2 außen verwendet werden.

zuzüglich: Sturz S_2 = Länge des Sturzes in Längenmaß (m)

Die verwendeten Putzabschlussprofile an den Leibungen und am Sturz von A1 werden jeweils im Längenmaß gerechnet. Die Abrechnung der Kantenprofile in der Leibung Lb_2 innen und Lb_3, Lb_4, S_2 außen werden ebenfalls im Längenmaß vorgenommen.

5.2.4 Unmittelbar zusammenhängende, verschiedenartige Aussparungen, z. B. Öffnung mit angrenzender Nische, werden getrennt gerechnet.

Grenzen verschiedenartige Aussparungen, wie Öffnung und Nische, Öffnung und Aussparung, Nische und Aussparung oder alle drei Aussparungsarten unmittelbar aneinander, so werden Öffnung, Nische und Aussparung zur Beurteilung der Übermessung jeweils gesondert gerechnet.

Innenbereich

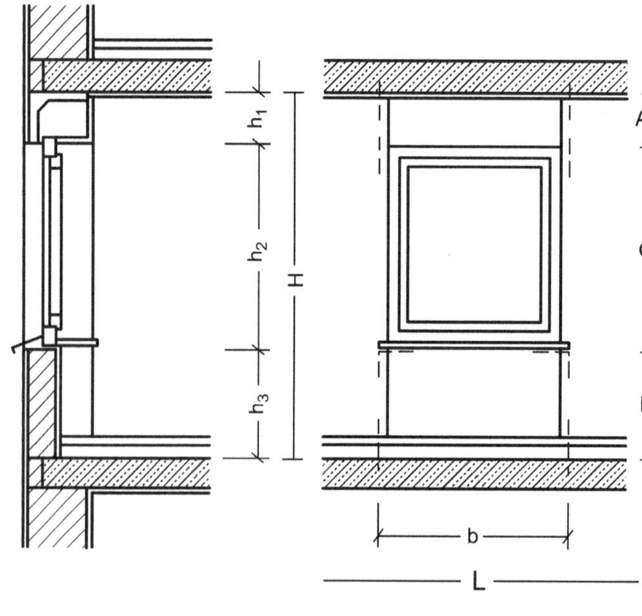

A_{Wand}	$= L \times H$	
$A_{Aussparung}$	$= b \times h_1 \leq 2{,}5\ m^2$;	*sie ist zu übermessen.*
$A_{Öffnung}$	$= b \times h_2 > 2{,}5\ m^2$;	*sie ist zu abzuziehen.*
A_{Nische}	$= b \times h_3 \leq 2{,}5\ m^2$;	*sie ist zu übermessen, Rückfläche der Nischen und Leibungen sind gemäß Abschnitt 5.1.7 gesondert zu rechnen.*

Abb. 5.40: Aussparung, Öffnungen, Nischen im Innenbereich

Außenbereich

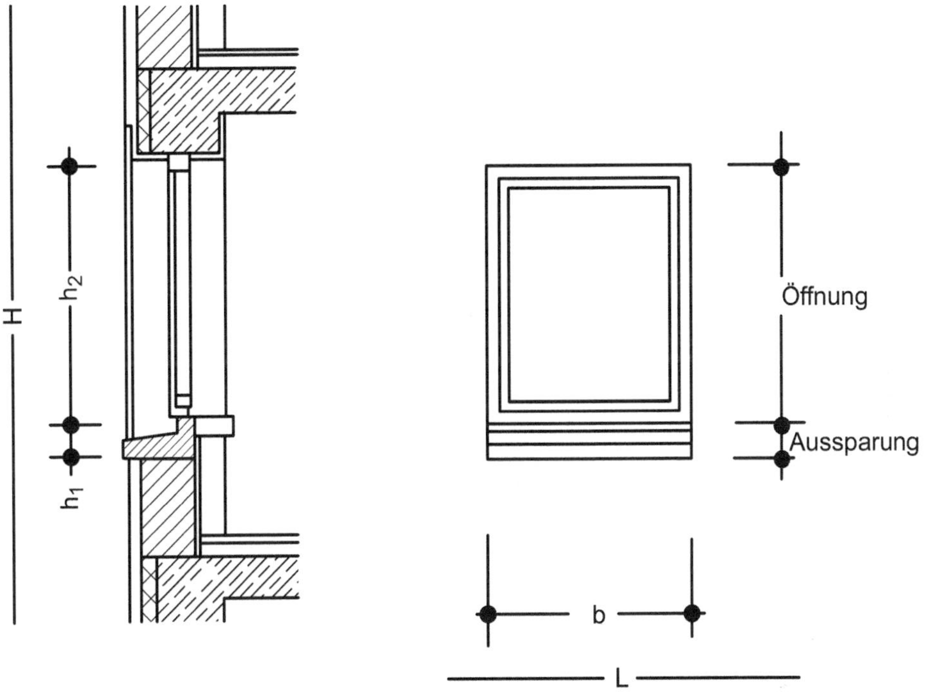

$A_{Fassade} = H \times L$
$A_{Aussparung} = b \times h_1 \leq 2{,}5\ m^2$
$A_{Öffnung} = b \times h_2 > 2{,}5\ m^2$

Abb. 5.41: Aussparung (Naturstein/Betonwerkstein – Fensterbank), Öffnung im Außenbereich

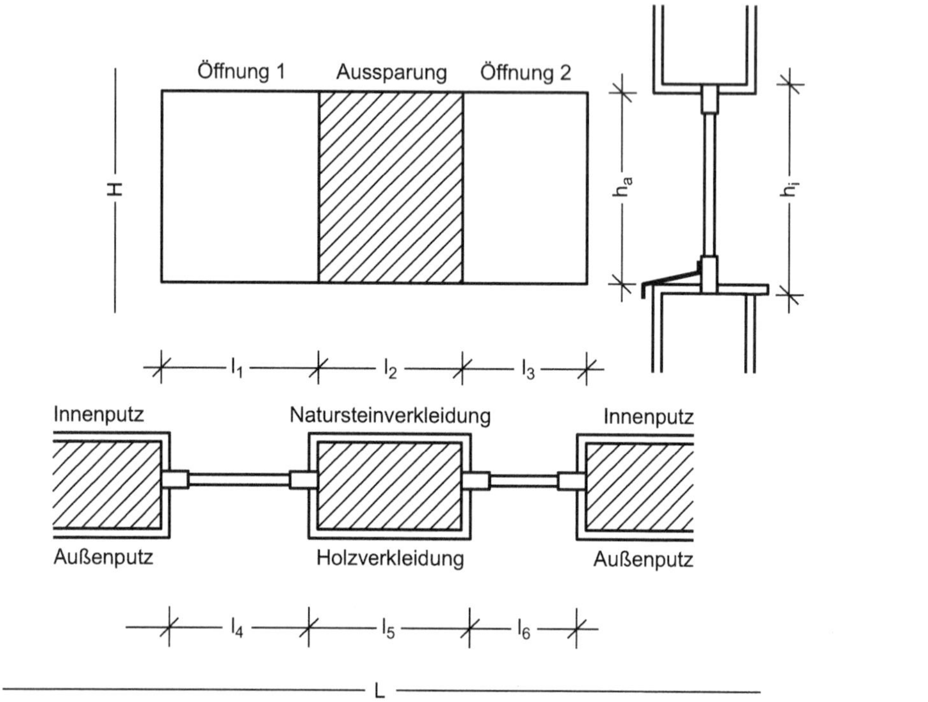

Aufmaß Innenwand

$A_{Innenwand}$ $= L \times H$

$A_{Öffnung\ 1}$ $= l_1 \times h_i > 2{,}5\ m^2$; *Öffnung wird abgezogen;*

$A_{Aussparung}$ $= l_2 \times h_i \leq 2{,}5\ m^2$; *Aussparung wird übermessen:*

$A_{Öffnung\ 2}$ $= l_3 \times h_i \leq 2{,}5\ m^2$; *Öffnung wird übermessen;*

Aufmaß Außenwand

$A_{Außenwand}$ $= L \times H$

$A_{Öffnung\ 1}$ $= l_4 \times h_a \leq 2{,}5\ m^2$; *Öffnung ist zu übermessen;*

$A_{Aussparung}$ $= l_5 \times h_a \leq 2{,}5\ m^2$; *Aussparung ist zu übermessen:*

$A_{Öffnung\ 2}$ $= l_6 \times h_a \leq 2{,}5\ m^2$; *Öffnung ist zu übermessen;*

Behandelte Leibungen sind gemäß Abschnitt 5.2.3 mit ihren Maßen gesondert zu rechnen

Abb. 5.42 Öffnungen mit unmittelbar angrenzender Aussparung (z. B. Holzverkleidung) werden getrennt gerechnet

Das Gebäude in Abb. 5.43 besteht aus Holzfaserplatten, die mit Armierungs- und Oberputz verputzt sind. Im Bereich des Fensterbandes werden die Holzfaserplatten als Nische ausgebildet. Die Fassade erhält einen Oberputz mit 3 mm Körnung, die Nischen erhalten einen Filzputz.

Der Armierungsputz wird wie folgt aufgemessen: L x H

Unmittelbar zusammenhängende Aussparungen, z. B. Öffnung und Nische werden getrennt gerechnet bzw. dahingehend bewertet ob diese jeweils bis ≤ 2,5 m² zu übermessen oder andernfalls von der Wandfläche L x H abzuziehen ist.

Die Rückflächen der Nischen sind in jedem Fall gesondert zu rechnen.

Der Oberputz wird ebenfalls in Länge und Höhe abgerechnet, jedoch wird voraussichtlich aufgrund anderer Materialien ein anderer Preis für den Filzputz gegenüber dem 3 mm Oberputz abzurechnen sein.

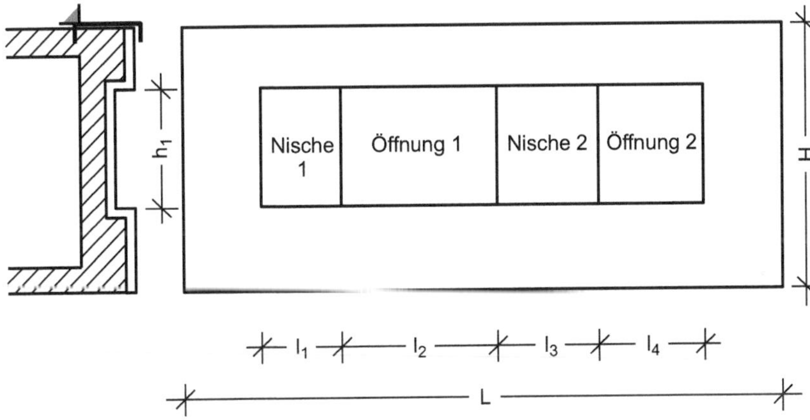

Aufmaß Armierungsputz und Oberputz

$A_{Außenwand}$ = $L \times H$

$A_{Nische\ 1}$ = $l_1 \times h_1 \leq 2{,}5\ m^2$; *Nische ist zu übermessen;*

$A_{Öffnung\ 1}$ = $l_2 \times h_1 > 2{,}5\ m^2$; *Öffnung ist abzuziehen;*

$A_{Nische\ 2}$ = $l_3 \times h_1 > 2{,}5\ m^2$; *Nische ist abzuziehen;*

$A_{Öffnung\ 2}$ = $l_4 \times h_1 \leq 2{,}5\ m^2$; *Öffnung ist zu übermessen;*

$A_{Nische\ 1} + A_{Nische\ 2}$ = $l_1 \times h_1 + l_3 \times h_1$; *Die Rückflächen der Nischen sind gemäß Abschnitt 5.2.3 gesondert zu rechnen*

Behandelte Leibungen sind gemäß Abschnitt 5.2.3 mit ihren Maßen in der jeweiligen Position, z. B. Armierungsputz, Oberputz gesondert zu rechnen

Abb. 5.43 Öffnungen mit unmittelbar angrenzenden Nischen werden getrennt gerechnet

Sind ausnahmsweise nicht überputzbare Vorbau-Rollladenkästen vor dem Verputzen eingebaut, die unmittelbar an eine Öffnung anschließen, so sind die Öffnung und die Aussparung Vorbau-Rollladen jeweils getrennt zu betrachten. Es ist jeweils getrennt zu bewerten, einmal für die Aussparung und einmal für die Öffnung, ob die jeweilige Öffnung oder Aussparung > oder ≤ 2,5 m² groß ist.

Anmerkung gemäß [24]: Sind oberflächenfertige sichtbare Vorbau-Rollläden geplant, so sollten erst nach Fertigstellung des Putzarbeiten die Rollläden aufgemessen und eingebaut werden, weil sonst keine fachgerechten Anschlüsse und häufig keine Revision ermöglicht wird!

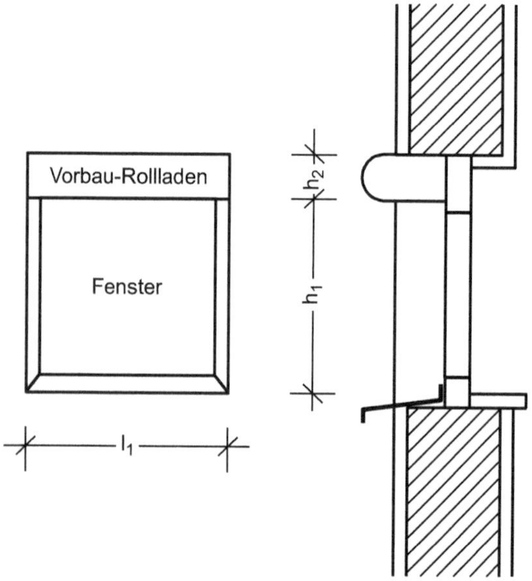

$A_{Aussparung}$ $= l_1 \times h_2 \leq 2{,}5\ m^2$; *sie ist zu übermessen.*
$A_{Öffnung}$ $= l_1 \times h_1 > 2{,}5\ m^2$; *sie ist abzuziehen.*

Abb. 5.44 Öffnung mit nicht überputzbarem Vorbau-Rollladen (Aussparung), der vor Beginn der Außenputzarbeiten vorhanden ist.

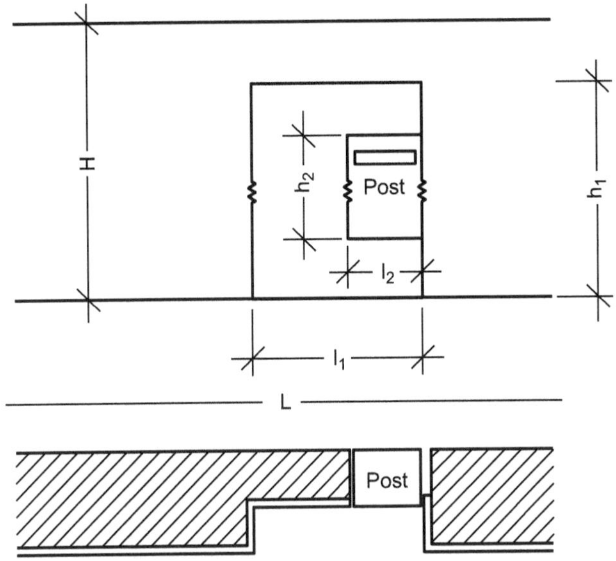

A_{Wand} = $L \times H$

A_{Nische} = $[l_1 \times h_1 - (l_2 \times h_2 = \text{Aussparung})] \leq 2{,}5\ m^2$; *Nische ist zu übermessen, Rückfläche der Nische ist, falls behandelt, gesondert zu rechnen.*

$A_{Aussparung}$ = $l_2 \times h_2 \leq 2{,}5\ m^2$; *Aussparung ist zu übermessen.*

Abb. 5.45 Wandfläche mit Nische und zusammenhängender Aussparung (z. B. Briefkasten) werden getrennt gerechnet

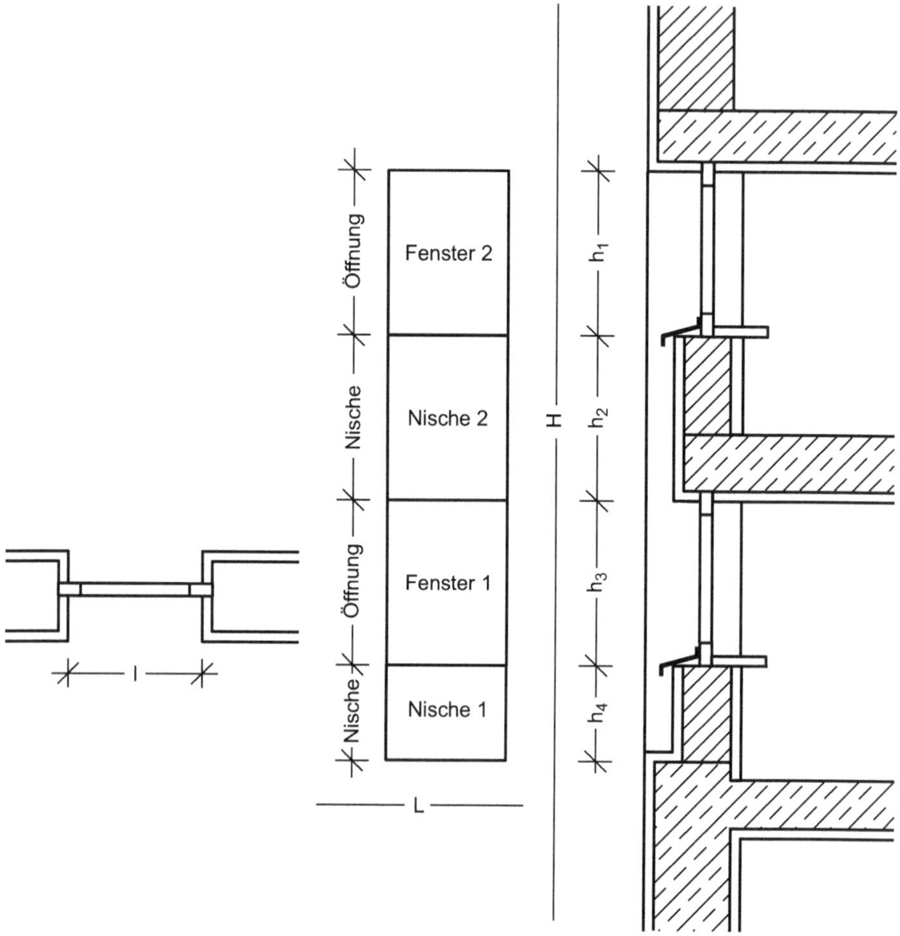

A Wand = *L* x *H*

A Nische 1 = *h_4 x l ≤ 2,5 m^2; Nische ist zu übermessen. Die Rückfläche der Nische ist gesondert zu rechnen.*

A Öffnung 1 = *h_3 x l > 2,5 m^2; Öffnung ist abzuziehen.*

A Nische 2 = *h_2 x l ≤ 2,5 m^2; Nische ist zu übermessen. Die Rückfläche der Nische ist gesondert zu rechnen.*

A Öffnung 2 = *h_1 x l > 2,5 m^2; Öffnung ist abzuziehen.*

Die seitlichen Leibungen der Nischen (2 x h_4 + 2 x h_2) sowie der Fenster (2 x h_3 + 2 x h_1) und die Brüstungsleibung der Nische 1 (l) und die Sturzleibungen der Fenster 1 und Fenster 2 (2 x l) werden jeweils gesondert gerechnet.

Abb. 5.46 Unmittelbar zusammenhängende Nischen und Öffnungen in einer Außenwand

Hintergrund und Zweck dieses Abschnittes sind, dass

- mit Nischen oder Aussparungen zusammenhängende Öffnungen,
- mit Öffnungen oder Aussparungen zusammenhängende Nischen und
- mit Öffnungen oder Nischen zusammenhängende Aussparungen

jeweils gesondert zu rechnen.

Die Regelung bedeutet jedoch nicht, Öffnungskombinationen nach ihrem Zweck zu unterscheiden und, z. B. zusammenhängende Balkontür-Fensterkombinationen jeweils für sich als Fenster oder als Tür zu betrachten (Abb. 5.47 und 5.48). Eine Öffnung erfüllt eine Funktion. Sie wird durch ihre Maße unabhängig von der jeweiligen Geometrie bestimmt, z. B. vier-, sechs-, mehreckig, rund.

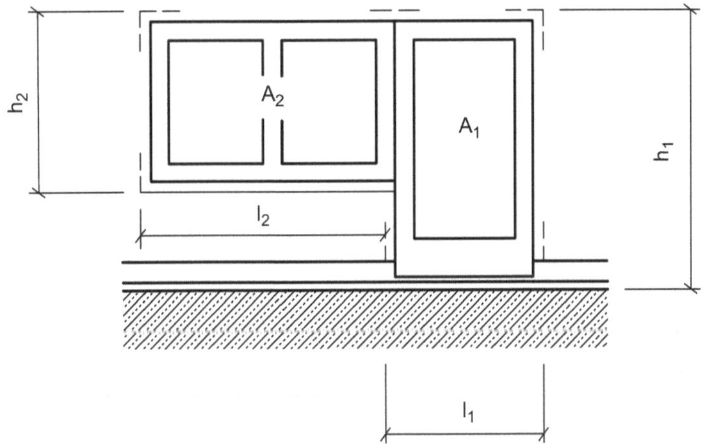

A_1 und A_2 > 2,5 m^2; Öffnung ist abzuziehen.

Abb. 5.47: Balkontür – Fensterkombination, Innenansicht

Sind Tür und Fenster jedoch durch konstruktive Bauteile voneinander getrennt, gelten sie als zwei Öffnungen.

Leibungen sind grundsätzlich gemäß Abschnitt 5.2.3 gesondert zu rechnen.

Kommentar DIN 18350

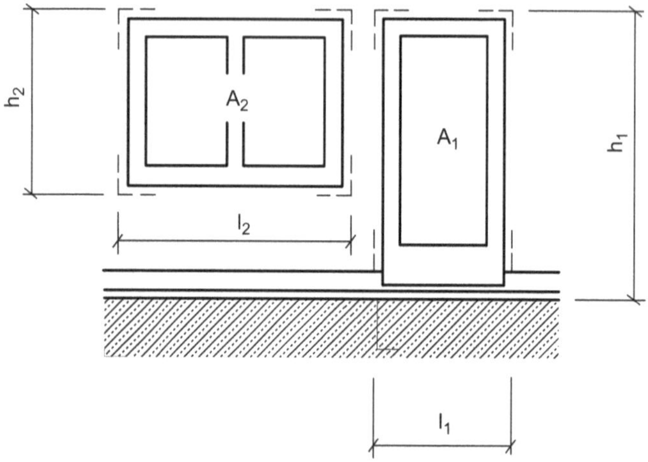

A_1 und A_2 jeweils ≤ 2,5 m^2; sind zu übermessen.

Abb. 5.48: Balkontür und Fenster, Innenansicht

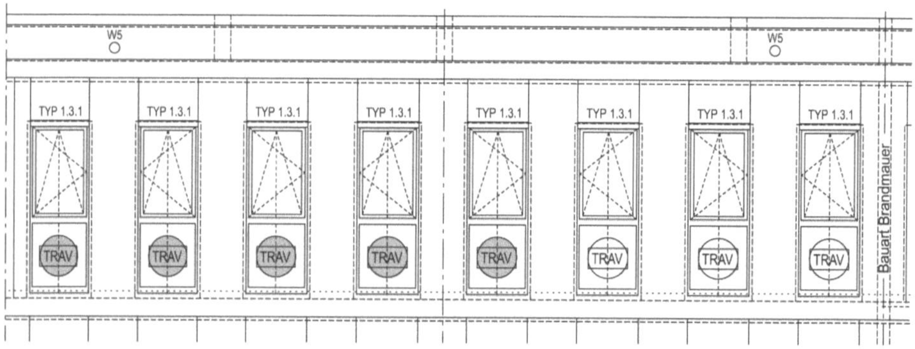

Abb. 5.49 A: Ansicht einer mit Nischen gegliederten Fassade

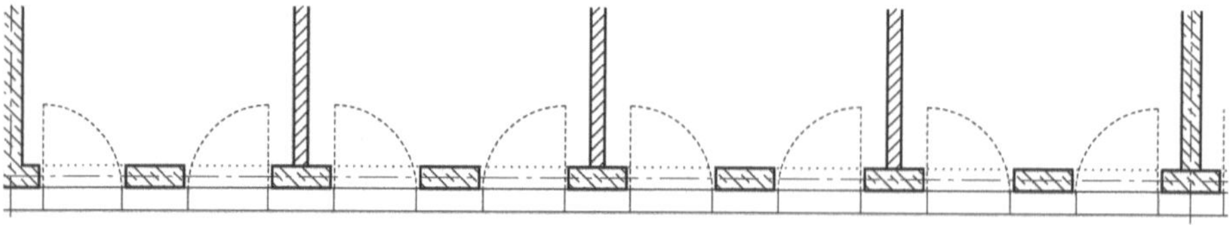

Abb. 5.49 B: Schnitt der mit Nischen gegliederten Fassade

Werden Fassaden, z. B. aus Gestaltungsgründen mit zahlreichen Nischen versehen, ist das Aufmaß von der Hauptfassadenebene zu beginnen. In Abb. 5.49 A und 5.49 B ist eine derartige Fassade dargestellt. Gestaltungszweck war mittels dickerem und dünnerem Mauerwerk der Fassadengestaltung eine besondere Note zu geben.

Aufmaßtechnisch ergibt sich dann aber die Frage, welches die Hauptebene der Fassade ist. Ausgehend von der festzulegenden Hauptebene erfolgt die weitere Beurteilung hinsichtlich der Frage, ob Nischen oder Lisenen zur Abrechnung kommen.

Im vorliegenden Fall (Abb. 5.49 A/B) wurde ein Krankenhaus aus optischen Gründen in der Fassade gegliedert geplant und ausgeführt. Die Ebenen mit den Fenstern waren als Nischen zurückgesetzt und die übrigen Fassadenteile vorgesetzt, wie dies in Abb. 5.49 A (Ansicht) und 5.49 B (Grundriss) zu sehen ist.

Hier ergaben sich zusammenhängende Öffnungen und Nischen (Abb. 5.49 A/B), welche gemäß Abschnitt 5.2.4 grundsätzlich getrennt zu rechnen sind und zusätzlich vielfach ≤ 2,5 m² waren. Daher sind die Öffnungen und Nischen, welche ≤ 2,5 m² waren, in der (Haupt-)Fassadenfläche zu übermessen.

Die behandelten bzw. verputzten Rückflächen der Nischen wurden gemäß Abschnitt 5.2.3 in Verbindung mit Abschnitt 0.5.1 jeweils im Flächenmaß (m²) gesondert gerechnet.

Die jeweils geschosshohen seitlichen Leibungen, die wiederum durch die Decken unterbrochen waren, wurden gemäß Abschnitt 5.2.3 in Verbindung mit Abschnitt 0.5.2 im Längenmaß (m) gesondert gerechnet. An den Fensterstürzen sowie an den Geschossdecken entstanden weitere verputze Leibungen, die ebenfalls im Längenmaß abzurechnen waren.

Verhältnis ATV, Ausschreibender bzw. Ausschreibungsposition, Bieter

Im Zusammenhang mit dem Aufmaß der Abb. 5.49 A/B wurde angeführt, dass hier eine Ungleichbehandlung der beteiligten Parteien vorhanden wäre, da bei den zahlreichen Nischen oder Lisenen sowie den Öffnungen von anderen Voraussetzungen auszugehen gewesen wäre und die ATV als Regelanwendung hier ausgeschlossen ist.

Dem ist entgegenzuhalten, dass die vom Hauptausschuss Hochbau im Deutschen Vergabe- und Vertragsausschuss mit allen Beteiligten (Auftraggeber der öffentlichen Hand und Auftragnehmer) verabschiedeten Abrechnungsregeln der jeweiligen ATV, z. B. DIN 18350 einvernehmlich und ausgewogen aufgestellt worden sind. Dieser Regelung unterwerfen sich die Vertragspartner, wenn diese vereinbart wird. Im vorliegenden Fall wurde das Krankenhaus durch eine Kommune (öffentliche Hand) gebaut, d. h. die Ausschreibung und die Auftragserteilung erfolgten auf Grundlage der VOB.

Ungeachtet dessen hat der Ausschreibende (hier die öffentliche Hand) auch bei Verwendung der ATV weiterhin die Möglichkeit, anhand der Textfassung der jeweils anzufordernden Positionen Einfluss auf die spezielle Art der Abrechnung zu nehmen. Zugegebenermaßen ist dies aufwendig, aber machbar.

Der Bieter wiederum kann nur aufgrund der in der Position ausgeschriebenen bzw. angeforderten Leistung einen Preis kalkulieren und abgeben, der sich auf Grundlage des Positionstextes in Verbindung mit der jeweiligen ATV ergibt.

Im vorliegenden Fall war die Ausschreibung eindeutig und hat keine – aufgrund der Besonderheit des Gebäudes – abweichende Abrechnungsmodalität definiert, die der Bieter zum Zeitpunkt der Kalkulation bei der Preisfindung hätte berücksichtigen können. Insofern muss die Abrechnung eindeutig, so wie dargestellt, nach den Regelungen der ATV DIN 18350 erfolgen.

5.2.5 Bindet eine Aussparung anteilig in angrenzende, getrennt zu rechnende Flächen ein, wird zur Ermittlung der Übermessungsgröße die jeweils anteilige Aussparungsfläche gerechnet.

Der Abschnitt 5.2.5 bezieht sich sowohl auf Aussparungen die sich auf Flächen unterschiedliche Orientierung beziehen, z. B. Nordseite, Ostseite, als auch auf Leistungen unterschiedliche Art, die innerhalb einer Fläche z. B. Nordseite, auszuführen sind.

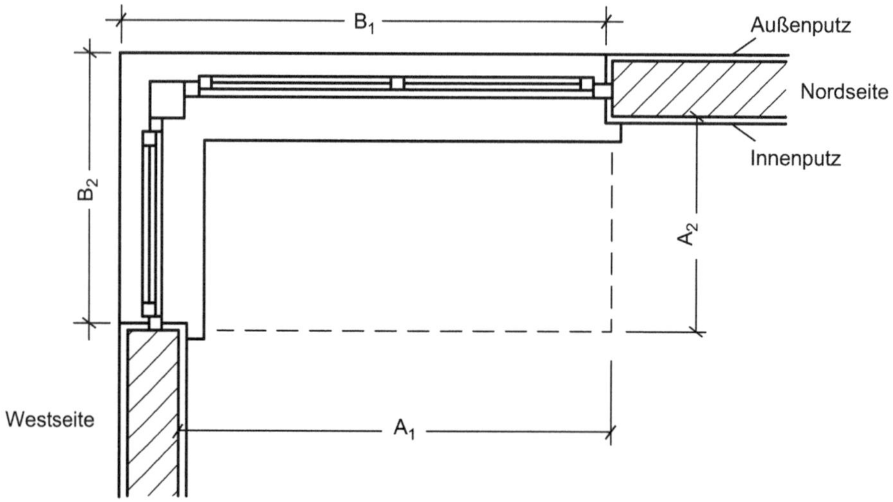

Die Öffnungen A_1 und A_2 (innen) und B_1 und B_2 (außen) sind jeweils ≤ 2,5 m^2 und daher zu übermessen

Abb. 5.50: Öffnung übereck bzw. an zwei unterschiedlich orientierten Flächen

Aussparungen, Öffnungen und Nischen, die in angrenzende, getrennt zu rechnende Flächen einbinden, sind zur Beurteilung der Übermessung jeweils gesondert, bezogen auf die davon tangierte Einzelfläche, zu ermitteln (Abb. 5.50 bis 5.53).

Sowohl beim Innenputz, (Nordseite A_1, Westseite A_2) als auch an der Fassade (Nordseite B_1, Westseite B_2) sind in Abb. 5.50 die Öffnungen im Hinblick auf eine mögliche Übermessung oder einen Abzug der Nord- oder Westseite getrennt zu werten.

Die behandelten bzw. verputzten Leibungen sind grundsätzlich gemäß Abschnitt 5.2.3 getrennt zu rechnen.

Über zwei oder mehr Wandflächen zusammenhängende Öffnungen sind je Wandfläche zu rechnen und, falls ihre Einzelfläche ≤ 2,5 m² beträgt, zu übermessen. Sollten sich in Abb. 5.51 z. B. unter den Öffnungen noch Nischen befinden, so sind diese gemäß Abschnitt 5.2.4 getrennt zu bewerten.

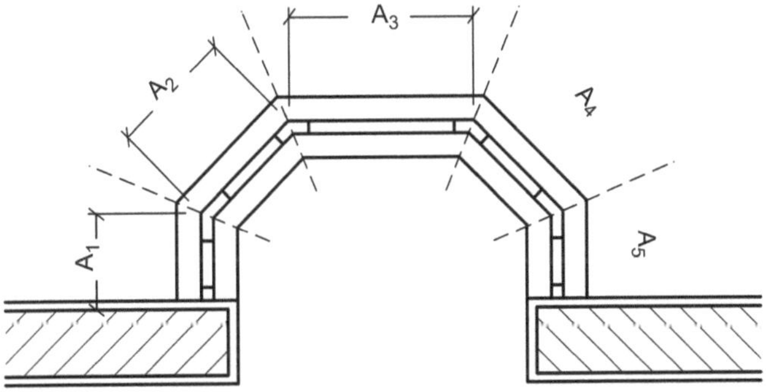

Die Öffnungen A_1 bis A_5 jeweils ≤ 2,5 m²; sind zu übermessen

Abb. 5.51: Öffnung über mehrere Wandflächen zusammenhängend

Bei Öffnungen in Flächen, z. B. mit verschiedenen Putzarten oder Putzsystemen (z. B. Sockelputz, Fassadenputz Abb. 5.52), sind zur Beurteilung der Übermessung jeweils die der Putzart bzw. dem Putzsystem anteilig zugeordnete Fläche zu rechnen.

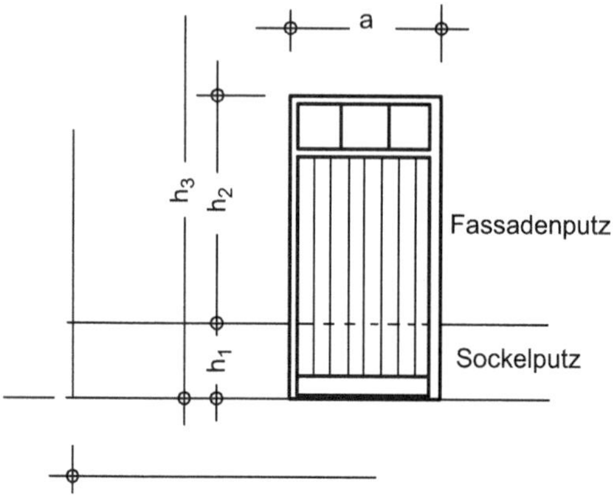

$A_{Sockelbereich} = l \times h_1$

Die anteilige Öffnung, $a \times h_1 \leq 2{,}5\ m^2$, ist zu übermessen. Behandelte Leibungen sind mit ihren Maßen gesondert zu rechnen.

$A_{Wandbereich} = l \times (h_3 - h_1)$

Die anteilige Öffnung, $a \times h_2 \leq 2{,}5\ m^2$ ist zu übermessen. Behandelte Leibungen sind zusätzlich zu rechnen.

Abb. 5.52: Öffnung in getrennt zu rechnenden Flächen

Das Aufmaß für Abb.5.53 ist gemäß Abschnitt 5.2.1 wie folgt vorzunehmen.

Aufmaß von begrenzendem Bauteil zu begrenzendem Bauteil, also von Rohfußboden zu Rohdecke und von Rohwand zu Rohwand (Abschnitt 5.2.1 letzter Satz). Nun ist zu prüfen ob der „halbhoch" angebrachte Fliesenspiegel als Aussparung abzuziehen ist oder nicht. Dabei wird, wie unter Abschnitt 5.2.1 schon erwähnt jede Wandfläche (z. B. nord-, ost-, süd-, westseitig orientierte Innenwand) einzeln betrachtet. Im vorliegenden Fall wird angenommen dass der Fliesenspiegel 1,10 m hoch vom Boden umlaufenden in dem Raum angebracht ist.

Nun ist pro Wandfläche zu prüfen, ob die jeweilige Putzaussparungsfläche des Fliesenspiegels pro Wandseite ≤ oder > 2,5 m² ist. Bei 1,10 m Höhe des Fliesenspiegels ist erst ab einer Wandlänge von 2,28 m die Aussparungsfläche abzuziehen (1,10 m x 2,28 m = 2,51 m²); bei geringeren Wandlängen wäre diese Fläche im genannten Beispiel gemäß Abschnitt 5.3.1 zu übermessen.

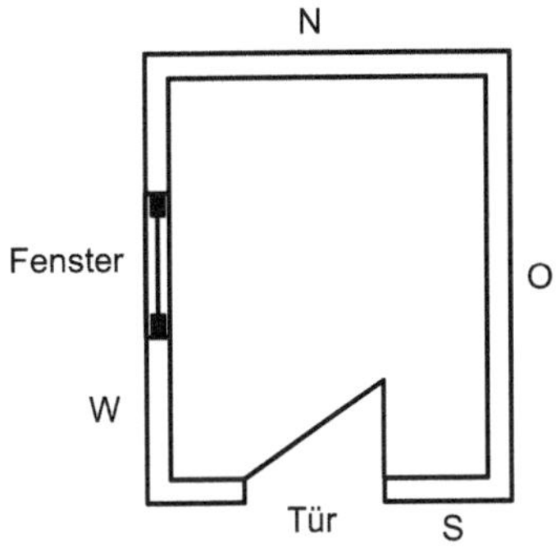

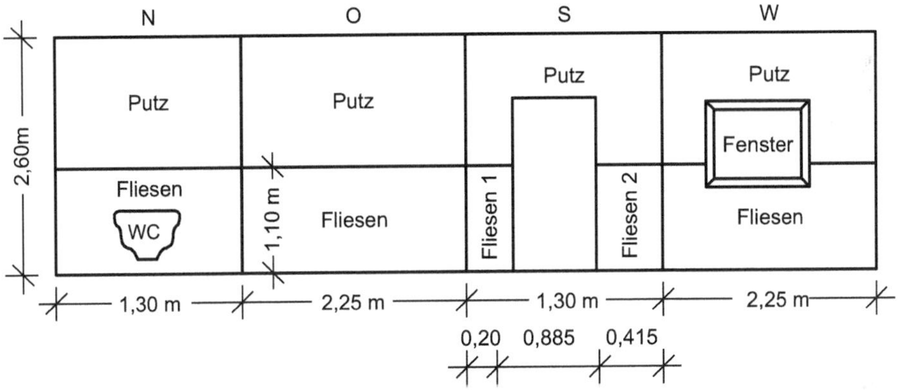

Nordwand

A *Wand*	= *1,30 m x 2,60 m*	
A *Fliesenaussparung*	= *1,30 m x 1,10 m ≤ 2,5 m²;*	*Aussparung ist zu übermessen.*

Ostwand

A *Wand*	= *2,25 m x 2,60 m*	
A *Fliesenaussparung*	= *2,25 m x 1,10 m ≤ 2,5 m²;*	*Aussparung ist zu übermessen.*

Südwand

A *Wand*	= *1,30 m x 2,60 m*	
A *Fliesenaussparung 1*	= *0,20 m x 1,10 m ≤ 2,5 m²;*	*Aussparung ist zu übermessen.*
A *Türöffnung*	= *0,885 m x 2,00 m ≤ 2,5 m²;*	*Öffnung ist zu übermessen.*
A *Fliesenaussparung 2*	= *0,215 m x 1,10 m ≤ 2,5 m²;*	*Aussparung ist zu übermessen.*

Westwand

A *Wand*	= *2,25 m x 2,60 m*	
A *Fensteröffnung*	= *1,00 m x 1,00 m ≤ 2,5 m²;*	*Öffnung ist zu übermessen.*
A *Fliesenaussparung*	= *2,25 m x 1,10 m ≤ 2,5 m²;*	*Aussparung ist zu übermessen.*

Abb. 5.53: Aussparungen durch „halbhohe“ Fliesenspiegel an einer zu verputzenden Wandfläche, z. B. WC/Bad

5.2.6 Bei der Abrechnung von beliebig geformten Einzelflächen ist zur Ermittlung der Maße das kleinste umschriebene Rechteck zugrunde zu legen. Ausgenommen von dieser Regel sind Kreise, Dreiecke, Trapeze und Rauten. Dabei dürfen sich die Einzelflächen nicht überschneiden.

Die neue Abrechnungsregelung, welche seit der Veröffentlichung des Ergänzungsbandes 2015 zur VOB 2012 gilt, optimiert die Vorgängerregelung dahingehend, dass präzisierend darauf eingegangen wird, welche geometrischen Formen von der Regelung ausgenommen sind, nämlich Kreise, Dreiecke, Trapeze und Rauten.

Mit der vom Hauptausschuss Hochbau (HAH) im Deutschen Vergabe- und Vertragsausschuss für Bauleistungen (DVA) getroffenen Präzisierung wird verhindert, dass z. B. über ein Giebeldreieck, über ein Trapez (Giebel beim Pultdach) o. Ä. ein kleinstes umschriebenes Rechteck gelegt wird. Im Falle von Dreiecksflächen hatte dies eine Erhöhung der zu übermessenden Größe von 100% zur Folge. Dies war nie die Auffassung des HAH im DVA, wurde aber von einigen Marktteilnehmern so abgerechnet.

Vielmehr war es Intension des HAH im DVA Vereinfachungsregelungen für die Abrechnung beispielsweise bei der Altbaumodernisierung zu erhalten. Insbesondere, wenn Teilflächen auszubessern sind, die typischerweise eine unregelmäßige Putzanpassung erfordern, sollten diese einfach abrechenbar gemacht werden. Eine genaue Berechnung der Flächen ist zwar über mathematische Formeln wie Integrale möglich, nicht aber über einfache und bauübliche geometrische Formeln wie für Kreise, Dreiecke, Trapeze und Rauten.

Bei Abrechnung beliebig geformter Einzelflächen gelten die Maße des kleinsten umschriebenen Rechtecks (Abb. 5.54).

Diese Regelung dient der Vereinfachung des Flächenaufmaßes, sofern nicht z. B. aufgrund der Regelung nach Abschnitt 0.5.3 die Einzelfläche nach Anzahl (Stück) abgerechnet werden soll. Sie gilt insbesondere für unregelmäßig geformte Flächen, deren Aufmaß im Flächenmaß einen ungewöhnlich hohen Aufwand verursachen würde. Ausgenommen von dieser Regel sind Kreise, Dreiecke, Trapeze und Rauten.

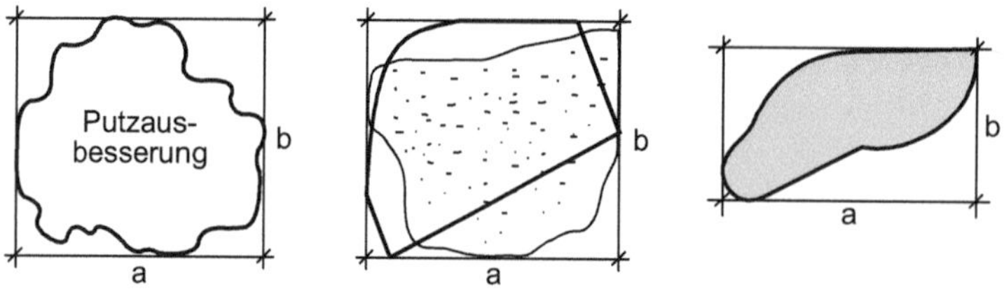

Abb. 5.54:Beispiele verschiedener vieleckiger Einzelflächen

Die Abrechnung z. B. eines Giebels ist z. B. wie folgt vorzunehmen:

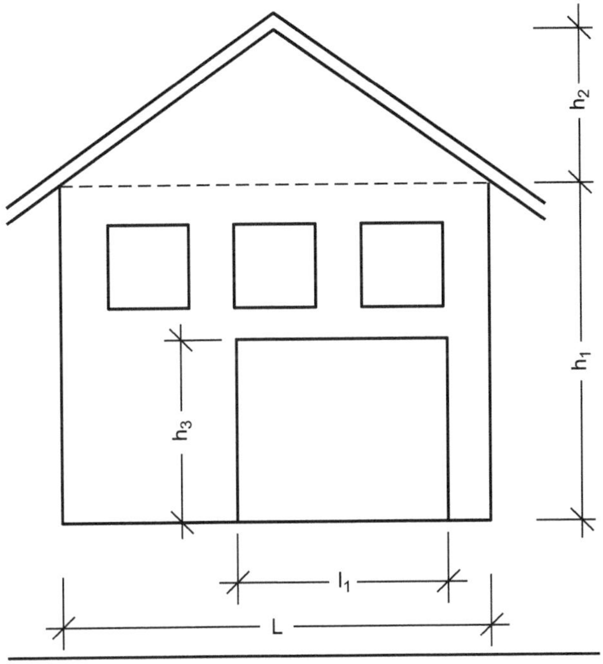

$A_{\text{Unteres Fassadenrechteck}} = L \times h_1$
$A_{\text{Oberes Fassadengiebeldreieck}} = L \times h_2/2$
$A_{\text{Öffnung}} = l_1 \times h_3 > 2{,}5\ m^2$
ist abzuziehen.
Alle behandelten Leibungen sind gesondert zu rechnen.

Abb. 5.55: Aufmaß Fassadengiebel

5.3 Übermessungsregeln

Übermessen werden:

5.3.1 Bei Abrechnung nach Flächenmaß:

Aussparungen, z. B. Öffnungen (auch raumhoch), Nischen mit einer Einzelgröße ≤ 2,5 m².

Bei der Ermittlung der Maße für die Übermessung sind die kleinsten Maße der Aussparung zu Grunde zu legen.

Fugen

Unterbrechungen in der zu bearbeitenden Fläche, z. B. durch Stützen, Unterzüge, Gesimse, Balkonplatten, Podeste, Gurte, Putzbänder mit einer Einzelbreite ≤ 30 cm.

Aussparungen, Öffnungen und Nischen sind gemäß Abschnitt 5.1 bzw. 5.2.1 zu messen, wobei die jeweils kleinsten Maße zugrunde zu legen sind.

Abgezogen werden Aussparungen, Öffnungen, auch raumhohe Öffnungen und Nischen über 2,5 m² Einzelgröße (Abb. 5.56).

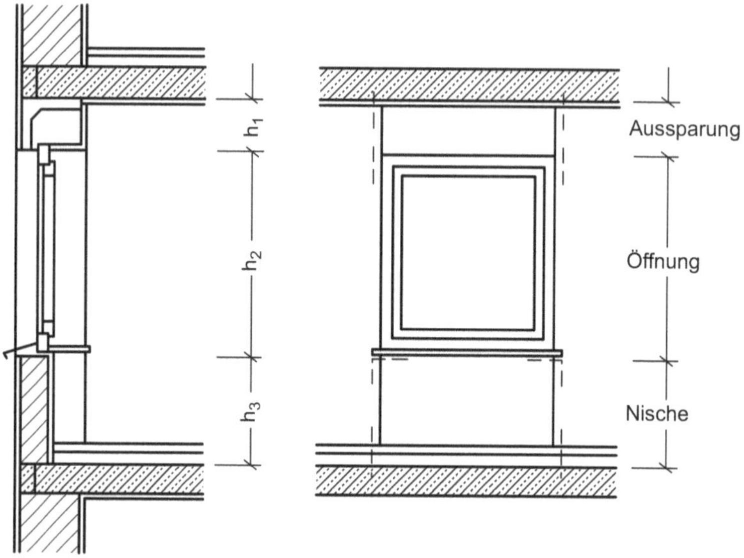

$A_{Aussparung} = b \times h_1 \leq 2{,}5\ m^2$; *ist zu übermessen.*
$A_{Öffnung} = b \times h_2 \leq 2{,}5\ m^2$; *ist zu übermessen.*
$A_{Nische} = b \times h_3 \leq 2{,}5\ m^2$; *ist zu übermessen, Rückfläche der Nische ist gemäß Abschnitt 5.2.3 gesondert zu rechnen.*

Abb. 5.56: Aussparung, Öffnung und Nische im Innenbereich

Die behandelten Leibungen sind unabhängig von der Größe öder Aussparung, Öffnung oder Nische grundsätzlich gesondert zu rechnen.

Teilweise werden an Wandflächen z. B. in Bädern oder Küchen „halbhohe", oder teilflächig begrenzte Fliesenspiegel vor dem Verputzen angebracht oder eine bestimmte begrenzte Fläche ist vom Putz auszusparen und nur der darüber, darunter oder auch seitlich befindliche Wandbereich ist zu verputzen.

Das Aufmaß erfolgt nun von begrenzendem Bauteil zu begrenzendem Bauteil, also von Rohfußboden zu Rohdecke und von Rohwand zu Rohwand (Abschnitt 5.2.1 letzter Satz). Nun ist zu prüfen ob die „teilflächig" angebrachte Aussparung, z. B. Fliesenspiegel abzuziehen ist oder nicht. Dabei wird, wie unter Abschnitt 5.2.1 schon erwähnt jede Wandfläche einzeln betrachtet. Ist die Aussparungsfläche pro einzelner Wandfläche ≤ 2,5 m² ist die Aussparungsfläche zu übermessen, siehe Abb. 5.42 und vergleiche auch Abb. 5.53.

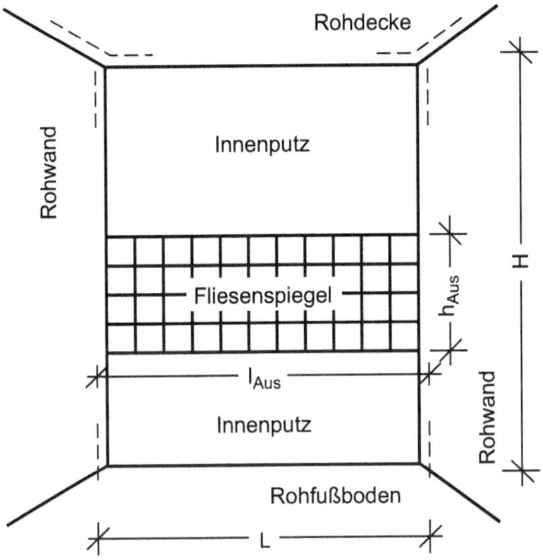

$A_{Innenwand} = L \times H$

$A_{Aussparung} = l_{Aus} \times h_{Aus} \leq 2{,}5\ m^2$ *Aussparung ist zu übermessen*

Abb. 5.57: Innenwand mit Aussparung (z. B. Fliesenspiegel)

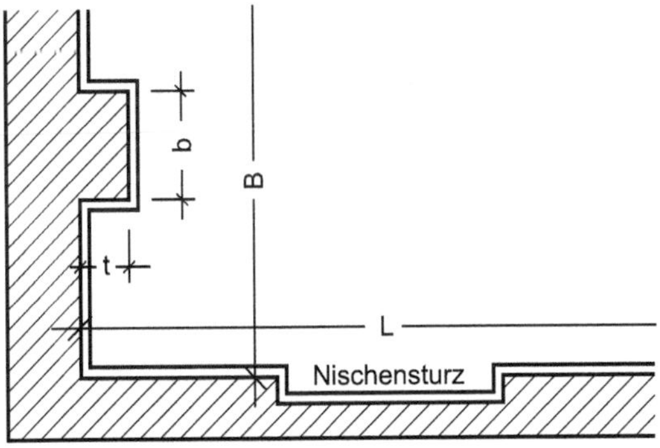

Wenn die Nischensturzleibung flächenbündig mit dem Deckenputz ist, ist diese im Flächenmaß zur Deckenfläche hinzu zu addieren, andernfalls im Längenmaß abzurechnen.

$A_{Decke} = L \times B$

$A_{Vorlage} = b \times t \leq 2{,}5\ m^2$; *ist zu übermessen*

Abb. 5.58: Aussparungen in Decken durch Vorlagen, Kamine und dergleichen

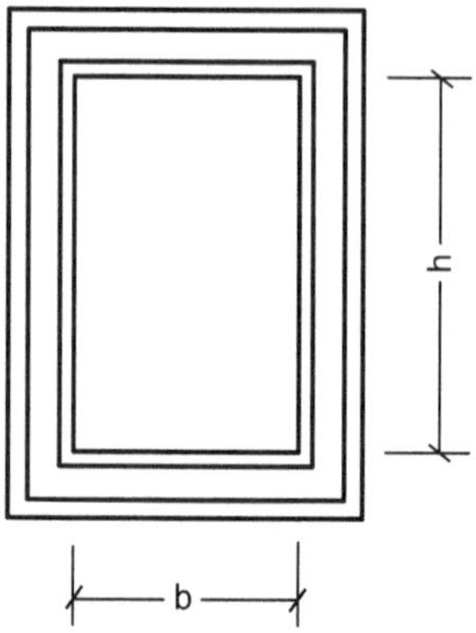

A = b x h ≤ 2,5 m²; ist zu übermessen

Abb. 5.59: Öffnung mit geputzter Umrahmung

Die geputzte Umrahmung der Öffnung (Abb. 5.59) ist Bestandteil der Putzfassade; sie wird übermessen und gemäß Abschnitt 4.2.33 als Besondere Leistung gesondert gerechnet. Dabei ist das größte, gegebenenfalls abgewickelte Bauteilmaß gemäß Abschnitt 5.2.2 zugrunde zu legen.

Leibungen werden gemäß Abschnitt 5.2.3 gesondert gerechnet.

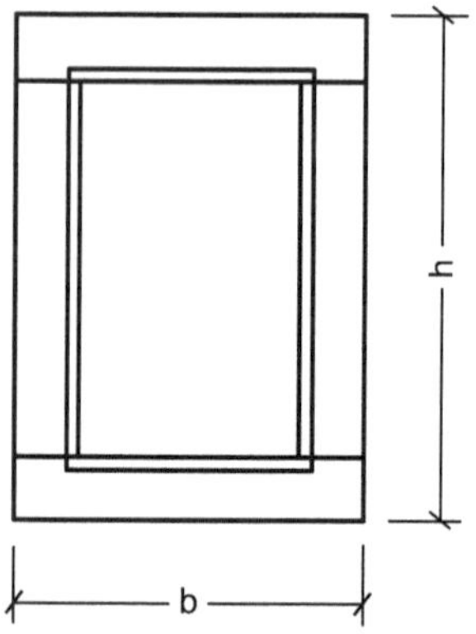

A = b x h ≤ 2,5 m²; ist zu übermessen

Abb. 5.60: Öffnung mit Natursteinumrahmung

Die eine Öffnung vollständig umschließende Natursteinumrahmung (Abb. 5.60) innerhalb einer Putzfassade ist als Aussparung einzuordnen. Die innerhalb der Aussparung befindliche Öffnung ist in diesem Zusammenhang ohne Bedeutung.

Umschließt die Natursteinumrahmung die Öffnung z. B. nur 3-seitig oder 2-seitig, so sind die Natursteinumrahmung und die Öffnung als Aussparung jeweils getrennt zu bewerten, gemäß Abschnitt 5.2.4.

In Abb. 5.61 wird die gesamte Wandbreite von einer Öffnung eingenommen. Im Sturzbereich ist der Rollladenkasten zu verputzen. Da keine längenorientierte Verputzarbeiten ausgeschrieben sind, ist die Außenwand von begrenzendem Bauteil zu begrenzendem Bauteil (vgl. Abschnitt 5.2.1 letzter Satz) aufzumessen. Die Öffnungsfläche ist, da > 2,5 m² abzuziehen. Die verbleibende Wandfläche entspricht der des Rollladenkastens.

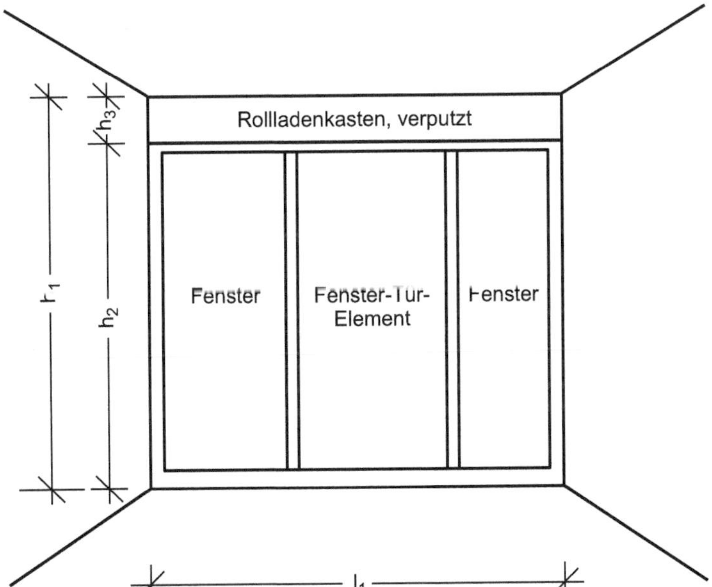

A_{Wand} $= l_1 \times h_1$
$A_{Öffnung}$ $= l_1 \times h_2 > 2{,}5\ m^2$ Öffnung ist abzuziehen
Sturzleibung ist, falls behandelt, gesondert zu rechnen;
flächenbündige seitliche Wandleibungen sind dem Wandputz der jeweiligen Seitenwände im Flächenmaß zuzurechnen.

Abb. 5.61: wandbreite Öffnung und zu verputzender Rollladenkasten

Vormauerung

Durch gemauerte oder gespritzte Vormauerungen (siehe Abb. 5.62), die nachträglich angebracht werden, entstehen keine Nischen, da Vormauerungen konstruktiv untergeordnete Bauteile darstellen.

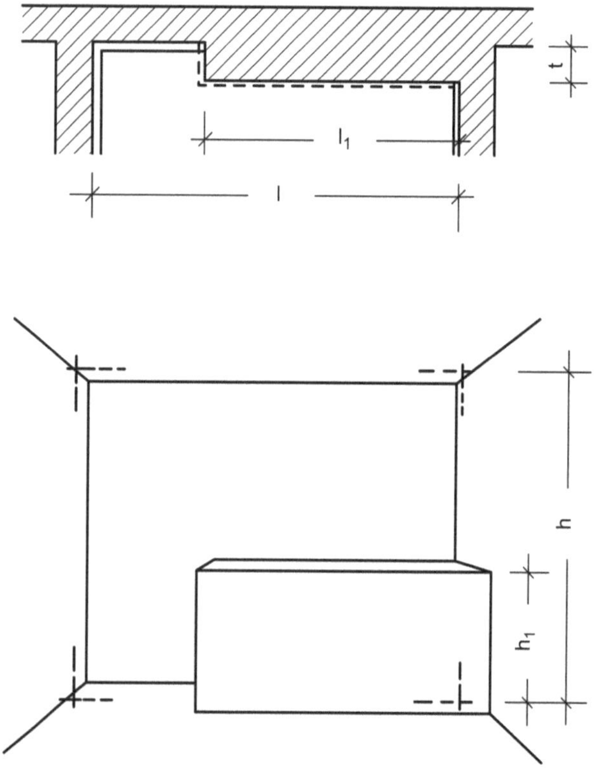

Abb. 5.62: Vormauerung

Beispiel 1: Vormauerung unbehandelt, oder mit anderem Material (z. B. Trockenbau) behandelt

$A_{Vormauerung} = l_1 \times h_1 \leq 2{,}5\ m^2$

Die Vormauerung bleibt bei der Berechnung der Wandfläche unberücksichtigt.

$A_{Wandfläche} = l \times h$

Beispiel 2: Vormauerung wie Wandfläche behandelt

$A_{Wandfläche} = l \times h$

Zuzüglich seitlichem und oberem Abschluss $h_1 + l_1$ (Längenmaß unter Angabe der Tiefe t).

- **Fugen**
- **Unterbrechungen in der zu bearbeitenden Fläche, z. B. durch Stützen, Unterzüge, Gesimse, Balkonplatten, Podeste, Gurte, Putzbänder mit einer Einzelbreite ≤ 30 cm.**

Begriffsdefinition: UNTERBRECHUNGEN

Unterbrechungen sind planmäßig hergestellte Freiräume, die die vorgegebene Leistung in der Höhe, Länge oder Breite unterbrechen. Sie gelten jedoch nur dann als solche, wenn die vorgegebene Leistung, bezogen auf die jeweilige Wand- oder Deckenfläche, nach der Unterbrechung wieder aufgenommen wird (Abb. 5.63).

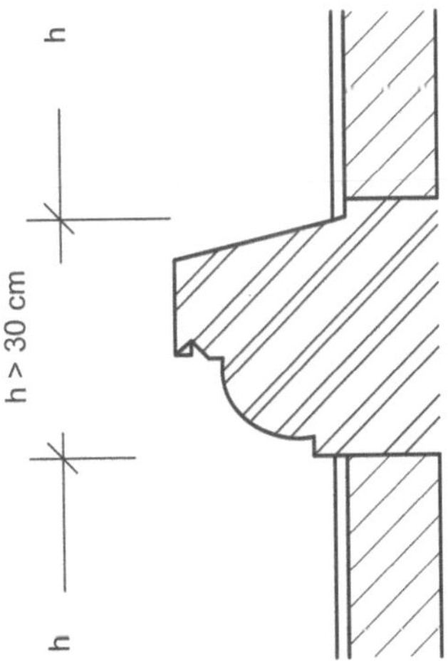

Abb. 5.63: Unterbrechung

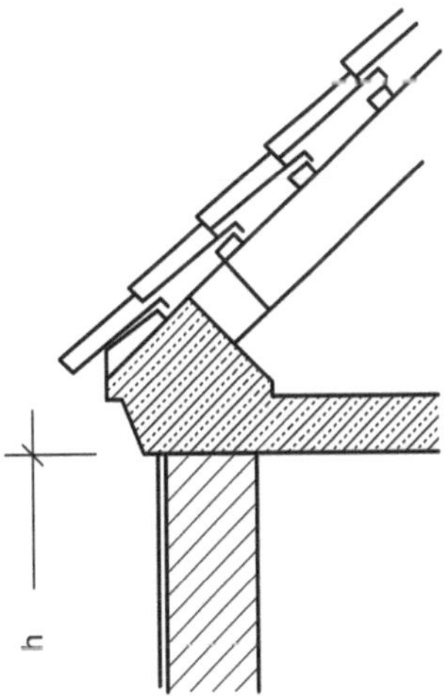

Abb. 5.64: keine Unterbrechung

Gedämmte, bekleidete, beschichtete und geputzte Flächen werden bei Abrechnung nach Flächenmaß gemäß Abschnitt 5.2.1 abgerechnet. Unterbrechungen bis 30 cm Einzelbreite durch Bauteile, z. B. Stützen, Unterzüge, Vorlagen, Gesimse, Balkonplatten, Podeste oder auch Fachwerkteile werden übermessen (Abb. 5.63 und 5.65).

Fachwerkteile bis 30 cm Breite werden übermessen.

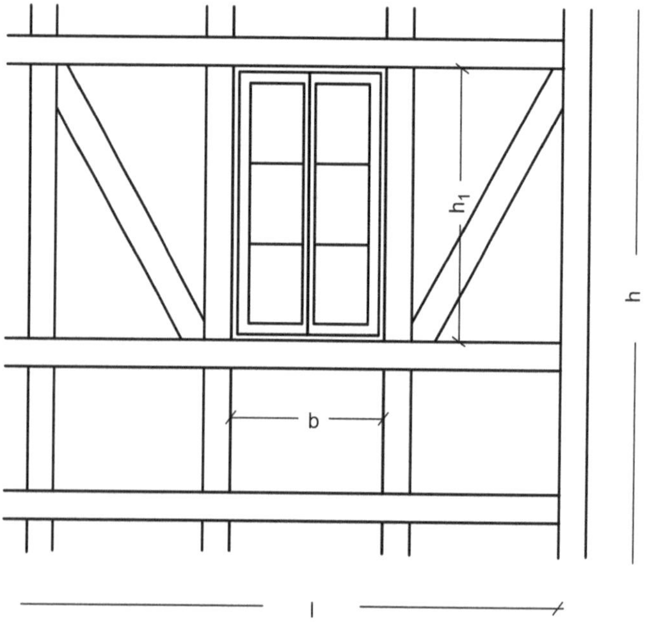

$A_{Wand} = l \times h$

$A_{Öffnung} = b \times h_1 \leq 2{,}5\ m^2$; *ist zu übermessen.*

Abb. 5.65: Fachwerkteile

Unbehandelte Stützen ≤ 30 cm Einzelbreite (Abb. 5.66) werden übermessen.

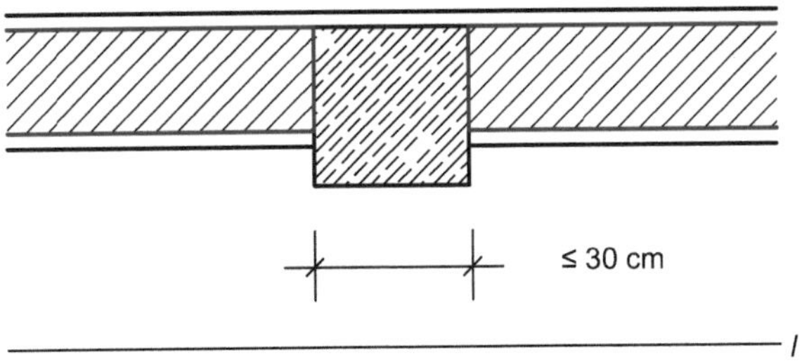

Abb. 5.66: zu übermessende Stütze

Unbehandelte Unterzüge und Vorlagen ≤ 30 cm Einzelbreite werden übermessen.

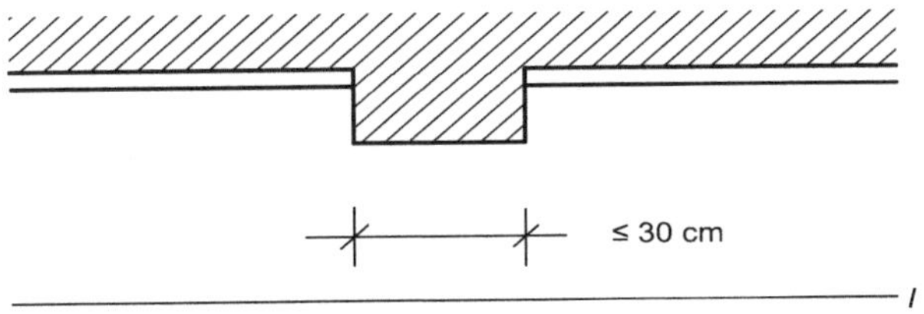

Abb. 5.67: Unterzüge, Vorlage, zu übermessende Unterbrechungen

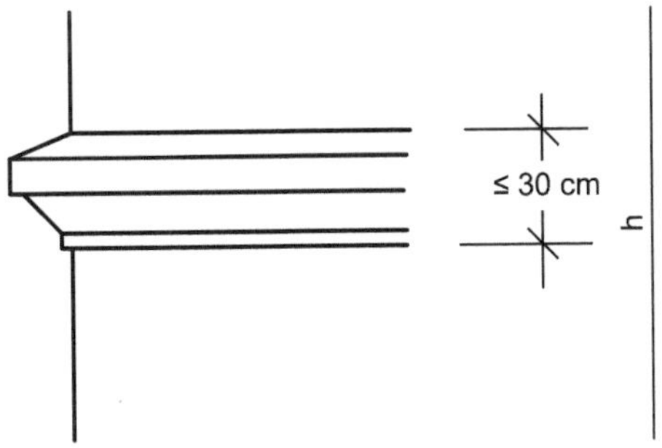

Abb. 5.68: Gesimse

Unbehandelte Gesimse über 30 cm Einzelbreite werden abgezogen.

Balkonplatten bis 30 cm Einzelbreite werden übermessen. Allerdings werden sie nur dann übermessen, wenn sie die jeweilige Wandfläche unterbrechen, was z. B. bei Loggien der Fall ist.

Andernfalls stellen einzelne Balkonplatten Aussparungen dar und die jeweilige Aussparungsfläche (Balkonplatte und z. B. Blechverwahrung) sind dahin gehend zu überprüfen, ob die Gesamtaussparungsfläche > oder ≤ 2,5 m² ist.

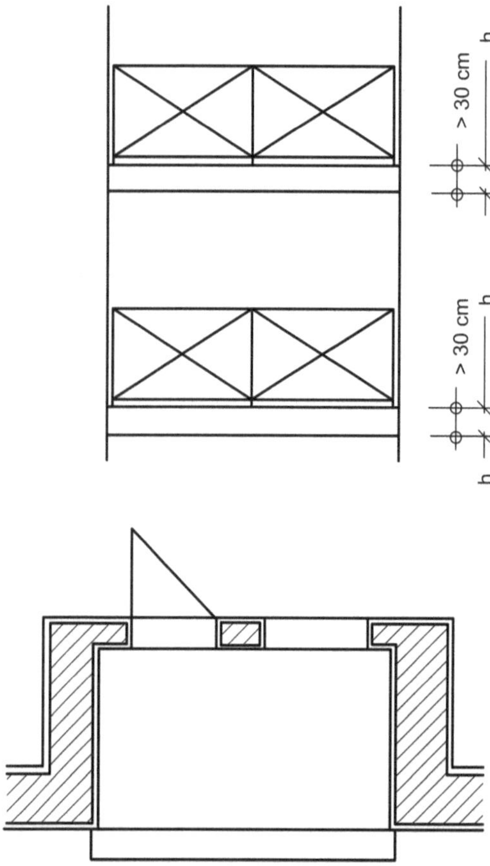

Abb. 5.69: Balkonplatten – Loggia

Balkonplatten, die die jeweilige Wandfläche nicht in der jeweiligen gesamten Länge unterbrechen, werden nur dann übermessen, wenn die davon betroffene Aussparungsfläche innerhalb der Fassade gemäß Abschnitt 5.3.1 ≤ 2,5 m^2 Einzelgröße ist.

Balkonplatten (Abb. 5.70) mit einer Länge von 8,34 m und einer Höhe bis 0,30 m werden übermessen, da die Aussparungsfläche ≤ 2,5 m² beträgt. Erst ab 8,35 m Länge und 0,30 m beträgt die Aussparungsfläche der Balkonplatte 2.51 m² und ist dann abzuziehen.

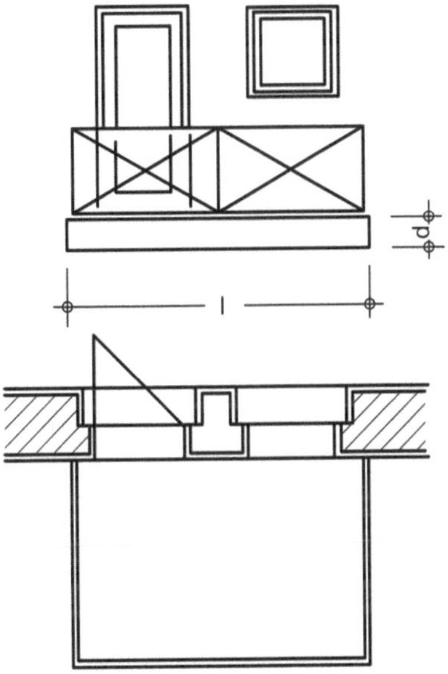

Balkonplatte = l x d ≤ 2,5 m^2; sie ist zu übermessen.

Abb. 5.70: Balkonplatten

In Treppenhäusern sind die Wandflächen in ihrer Höhe mit Podesten und Treppenläufen als Unterbrechungen bis 30 cm Einzelbreite zu übermessen (Abb. 5.71). Bearbeitete Flächen von Treppen- und Podestwangen sind in einer besonderen Leistungsposition nach Längenmaß zu erfassen.

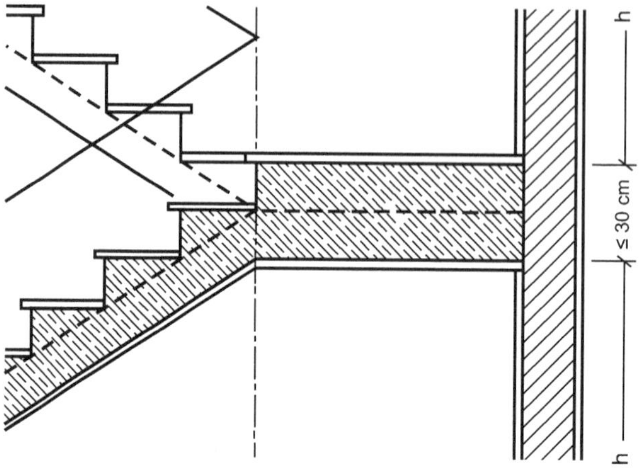

Abb. 5.71: Podeste

Podeste bis 30 cm Einzelbreite werden übermessen.

5.3.2 Bei Abrechnung nach Längenmaß:

– **Unterbrechungen von Einzellängen ≤ 1 m.**

Die Übermessungsgröße bei Abrechnung nach Längenmaß ist bis 1 m Länge festgelegt, z. B. bei Unterbrechungen von Putzprofilen durch Fenster oder Türen und dergleichen.

5.4 Einzelregelungen

5.4.1 Die Wandhöhen überwölbter Räume werden bis zum Gewölbeanschnitt, die Wandhöhe der Schildwände bis zu 2/3 des Gewölbestichs gerechnet.

Die Wandhöhen überwölbter Räume – Seiten- und Schildwände – werden grundsätzlich den Abrechnungsregelungen der Abschnitte 5.2.1 entsprechend ermittelt. Danach ist bei Wänden ohne begrenzende Bauteile die Maße der zu behandelnden, zu bekleidenden Wand, bei Wänden mit begrenzenden Bauteilen die Maße der zu behandelnden, zu bekleidenden Wand bis zum begrenzenden unbekleideten Bauteil maßgebend. Daneben gilt, die Höhe der Seitenwand ist bis zum Gewölbeanschnitt und die Höhe der Schildwand bis zum Scheitel des Gewölbes, reduziert um 1/3 des Gewölbestiches, zu rechnen (Abb. 5.72).

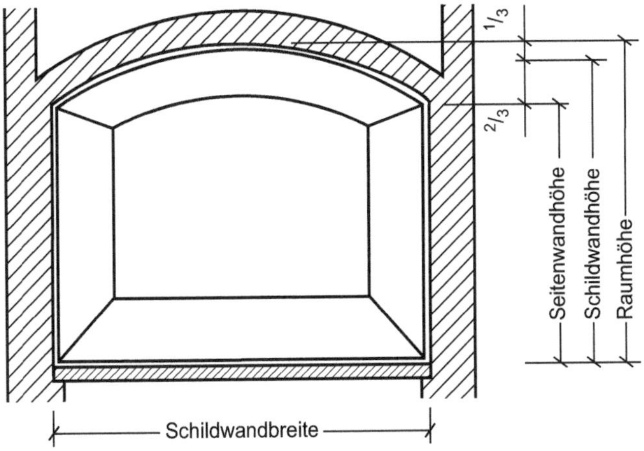

Abb. 5.72: Wandhöhen überwölbter Räume

5.4.2 Gewölbte Decken werden nach der Fläche der abgewickelten Untersicht gerechnet.

Gewölbte Decken werden bei Abrechnung nach Flächenmaß mit der Fläche der abgewickelten Untersicht, entsprechend Abschnitt 5.2.2, gerechnet (Abb. 5.73).

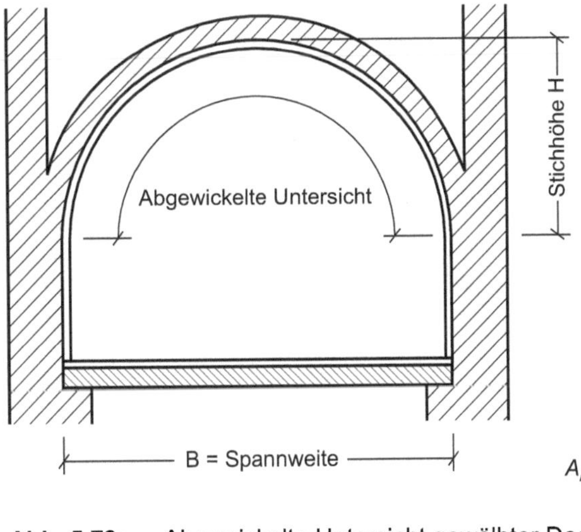

$$A_{\text{Abgewickelte Untersicht}} = B \cdot 1/2 \cdot 3{,}14 \cdot L$$

Abb. 5.73: Abgewickelte Untersicht gewölbter Decken

Kreuzgewölbe

Beim Abrechnen der Putzflächen von Kreuzgewölben (Abb. 5.74) entstehen geometrische Figuren, welche nur über Integralrechnung annähernd abgebildet werden können. Es bietet sich daher für Kreuzgewölbe annähernd folgende Berechnung an:

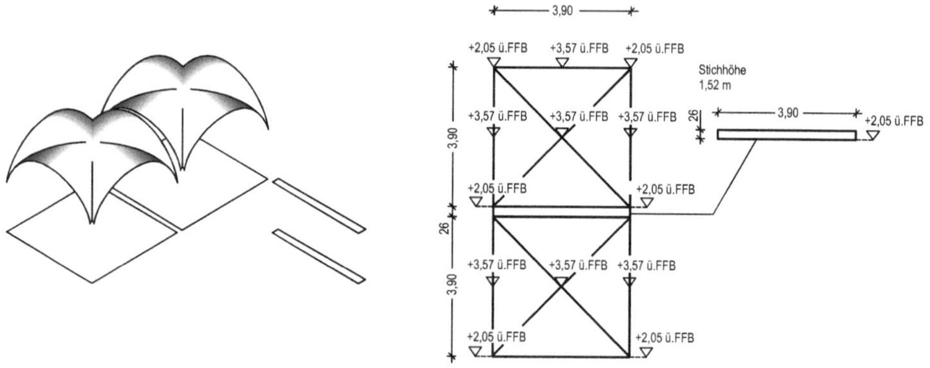

Abb. 5.74: Flächen eines zu verputzenden Kreuzgewölbes

Beim Abrechnen der Putzflächen von Kreuzgewölben (Abb. 5.70) entstehen gekrümmte Flächen in einem dreidimensionalen Raum, welche nur über Differentialgeometrie oder Integralrechnung genau berechnet werden können. Für die Praxis bietet sich daher für Kreuzgewölbe nur eine näherungsweise Berechnung an.

Nimmt man die Spannweite der Stützen eines Kreuzgewölbes von 3,90 m und halbkreisförmige Bögen (Tonnen) an, so ist der Kreisbogen zu berechnen, der bei Kreuzgewölben als Grundlinie bzw. einer Hypotenuse einer gedachten „Dreiecksfläche" gelten kann.

Kreisbogen (Halbkreis) Kb = π x B/2 = 3.14159 x (3,90 m/2) = 6,13 m.

Nimmt man nun von der Mitte des Kreisbogens bis zur Mitte des Kreuzgewölbes die Hälfte der Spannweite der Stützen an, so kann damit näherungsweise ein Viertel der Fläche eines Kreuzgewölbes berechnet werden. Der relevante Abstand beträgt in diesem Fall 1,95 m. Damit kann der Flächeninhalt, von ca. ¼ der Gewölbefläche berechnet werden

Berechnung des näherungsweisen „Dreiecks":

Kreisbogenfläche = Hypotenuse des „Dreiecks" = Länge A

Mitte des Kreisbogens bis Mitte des Kreuzgewölbes = Höhe des „Dreiecks" = Höhe h

„Dreiecksfläche" F = A x h/2

F = 6,13 m x 1,95 m/2 = 5,98 m² was ein Viertel der Kreuzgewölbefläche ausmacht. Die Annäherungsfläche beträgt ca. 4 x 5,98 m² = 23,92 m²

Eine exaktere Flächenberechnung wäre jedoch nur durch höhere Mathematik wie der differenzialgeometrischen (gekrümmte Flächen in einem dreidimensionalen Raum) Berechnung möglich, die aber unter Praxisbedingungen auf den Baustellen nur äußerst selten anzutreffen ist.

Bei anderen Bogenformen z. B. Korbbogen, Stichbogen, Böhmische Kappe, Preußische Kappe, sind derartige Näherungen ungenauer.

Insbesondere sind bei derartigen Putzarbeiten die Aufwendungen zur Herstellung der gekrümmten Flächen keinesfalls mit den Aufwendungen für zweidimensionale Wände zu vergleichen. Aus diesem Grunde ist es entscheidend, dass der jeweilige Bieter bei der Kalkulation auch einen Preis ermittelt der näherungsweise dem hohen Schwierigkeitsgrad zur Erstellung gekrümmter Putzflächen gleichkommt.

5.4.3 Gehrungen, Kreuzungen, Verkröpfungen und Endungen von Stuckgesimsen werden gesondert gerechnet.

Das Herstellen von Ecken und Verkröpfungen und sichtbar bleibenden Endungen an Stuckprofilen, Kehlen und Gesimsen ist nach Abschnitt 4.2.34 eine Besondere Leistung. Gemäß Abschnitt 0.5.3 sind solche Leistungen in der Leistungsbeschreibung nach Anzahl (Stück) gesondert auszuschreiben.

Gemeinhin können Gehrungen, Kreuzungen und Verkröpfungen auf das Längenmaß eines Stuckstabes übertragen werden, dabei können Gehrungen, Kreuzungen und Verkröpfungen zeitlich bzw. preislich gleichwertig wie 1,0 m einer Stuckstablänge in der jeweiligen Profilierung angesetzt werden. Für Endungen kann 0,75 m Länge eines Stuckstabes angesetzt werden (s. auch [49]).

5.4.4 Verputzen von Schornsteinköpfen und Einarbeiten von Diagonalbewehrungen werden gesondert gerechnet.

Das Verputzen von Schornsteinen wird jeweils im Stück abgerechnet. Zu beachten ist hierbei, dass die Arbeitsvorbereitung um derartige Arbeiten ausführen zu können die eigentliche Leistung deutlich übersteigt. Z. B. werden spezielle dafür ausgestattete Gerüste für Dächer benötigt und die Verbringung der Materialien an den Verwendungsort ist aufwendig. Insofern wird der jeweilige Einzelpreis von den wesentlichen Zeitaufwendungen maßgeblich beeinflusst. Insofern ist die gesonderte Berechnung bei dieser Ausführungsart daher geschuldet, da kleine (zu verputzende Schornstein-)Flächen hohe Aufwendungen nach sich ziehen. Die Abrechnung in Flächen- oder Längenmaß erscheint hier weniger zielführend; eher ist eine Abrechnung im Stück oder nach Stundenlohn sinnvoller.

Das Einarbeiten von Diagonalbewehrungen an Öffnungen, Aussparungen und Nischen z. B. in den Unterputz erfolgt vorzugsweise nach Anzahl (Stück).

6 Anhang

6.1 Literatur

[1] „Sicherer Umgang mit transportablen Baustellensilos“, Merkblatt Nr. 1, Hrsg.: Bundesverband der Gipsindustrie e. V., Industriegruppe Baugipse, Berlin, Industrieverband WerkMörtel e. V., Duisburg 08/2015

[2] Baustellenverordnung – Internet: http://bundesrecht.juris.de/baustellv

[3] Regeln für den Arbeitsschutz auf Baustellen (RAB) – Internet: http://www.baua.de/de/Themen-von-A-Z/Baustellen/FAQ/06/FAQ-06.html

[4] Gewerbeordnung – Internet: http://bundesrecht.juris.de/gewo/

[5] Arbeitsstättenverordnung – Internet: http://bundesrecht.juris.de/arbst_ttv_2004

[6] Geräteliste für das Stuckateurhandwerk, 2. Auflage 10/2015; Hrsg.: Fachverband der Stuckateure für Ausbau und Fassade Baden-Württemberg www.stuck-verband.de

[7] „Merkblatt Verputzen, Wärmedämmen, Spachteln und Beschichten bei hohen und niedrigen Temperaturen“ 2. Ausgabe Hrsg.: Bundesverband Ausbau und Fassade im Zentralverband Deutsches Baugewerbe, Berlin (D); Österreichische Arbeitsgemeinschaft Putz, Guntramsdorf (A); Schweizerischer Maler- und Gipserunternehmer-Verband, Wallisellen (CH) et al. mitwirkende internationale Verbände (12/2013)

[8] DIN EN 13914-1 „Planung, Zubereitung und Ausführung von Innen- und Außenputzen“ – Teil 1 Außenputze sowie DIN 18550 Planung, Zubereitung und Ausführung von Innen- und Außenputzen — Teil 1:Ergänzende Festlegungen zu DIN EN 13914-1:2017:03 für Außenputze

[9] DIN EN 13914-2 „Planung, Zubereitung und Ausführung von Innen- und Außenputzen“ – Teil 2 Innenputze sowie DIN 18550 Planung, Zubereitung und Ausführung von Innen- und Außenputzen — Teil 2:Ergänzende Festlegungen zu DIN EN 13914-2:2017:03 für Innenputze

[10] DIN 18558 – Kunstharzputze, Begriffe, Anforderungen, Ausführung (01/1985)

[11] DIN EN 15824 – Festlegung für Außen- und Innenputze mit organischen Bindemitteln (10/2009)

[12] DIN EN 998-1 Festlegungen für Mörtel im Mauerwerksbau – Teil 1: Putzmörtel (12/2010)

[13] „WTA-Merkblatt 2-9-04/D Sanierputzsysteme“ Hrsg.: Wissenschaftlich-technische Arbeitsgemeinschaft für Bauwerkserhaltung und Denkmalpflege e. V. (WTA), München, 12/2005

[14] Lehmbau Regeln – Begriffe, Baustoffe, Bauteile, 06/1998, Liste der technischen Baubestimmungen 2008

[15] „Putzoberflächen im Innenbereich – Qualitätsstufen für abgezogene, geglättete, abgeriebene und gefilzte Putze", Merkblatt, Hrsg.: Bundesverband Ausbau und Fassade, Berlin; Schweizerischer Maler- und Gipserunternehmerverband, Wallisellen (CH); Bundesverband der Gipsindustrie e. V., Berlin; Industrieverband Werkmörtel, Duisburg; Bundesausschuss Farbe und Sachwertschutz e. V., Frankfurt/M.; Hauptverband Farbe, Gestaltung Bautenschutz, Frankfurt/M., Wirtschaftskammer Österreich, Berufsgruppe Stuckateure und Trockenausbauer Wien (A), Österreichische Arbeitsgemeinschaft Putz, Guntramsdorf (A) 10/2011

[16] „Strukturierte Putzoberflächen – Visuelle Anforderungen", Merkblatt, Hrsg.: Bundesverband Ausbau und Fassade, Berlin; Bundesverband Farbe, Gestaltung Bautenschutz, Frankfurt/M. 05/2008

[17] „Egalisationsanstriche auf Edelputzen – Farbtonegalisierende Beschichtung", Hrsg.: Industrieverband Werkmörtel, Duisburg; Bundesverband Ausbau und Fassade im Zentralverband Deutsches Baugewerbe, Berlin; Hauptverband Farbe, Gestaltung Bautenschutz, Frankfurt/M 04/2012

[18] „Algen und Pilze an Fassaden – Gewährleistungsfälle oder Naturphänomene" Hrsg.: Bundesverband Ausbau und Fassade, Berlin, 4/2005

[19] „Algen, Pilze, Flechten auf Oberflächen" (Information für Kunden), Hrsg.: Bundesverband Ausbau und Fassade, Berlin; Hauptverband Farbe, Gestaltung Bautenschutz, Frankfurt/M., Bundesausschuss Farbe und Sachwertschutz e. V., Frankfurt/M., 4/2004

[20] „Algen- und Pilzbefall an Fassaden" (Information für Betriebe), Hrsg.: Bundesverband Ausbau und Fassade, Berlin; Hauptverband Farbe, Gestaltung Bautenschutz, Frankfurt/M., Bundesausschuss Farbe und Sachwertschutz e. V., Frankfurt/M., 4/2004

[21] „Technische Information – Algen und Pilze auf Fassaden", Hrsg.: Fachverband Wärmedämm-Verbundsysteme e. V., Baden-Baden; Bundesverband Ausbau und Fassade, Berlin; Industrieverband Werkmörtel, Duisburg; Gemeinsamer Technischer Ausschuss der Verbände (GTA), Baden-Baden; Hauptverband Farbe, Gestaltung Bautenschutz, Frankfurt/M.; Bundesausschuss Farbe und Sachwertschutz e. V., Frankfurt/M.; Fachverband Putz und Dekor e. V., Düsseldorf; 04/2005

[22] „Algen, Pilze u. a. an Fassaden", Hrsg.: Österreichische Arbeitsgemeinschaft Putz, Guntramsdorf (A) 1996.

[23] „Richtlinie Fassadensockelputz / Außenanlage – Richtlinie für die fachgerechte Planung und Ausführung des Fassadensockelputzes sowie des Anschlusses der Außenanlage“, 3. Auflage, Hrsg.: Fachverband der Stuckateure für Ausbau und Fassade Baden-Württemberg, Stuttgart; Verband Garten-, Landschafts- und Sportplatzbau Baden-Württemberg e. V., Leinfelden, 01/2013

[24] „Richtlinie Anschlüsse an Fenster und Rollläden bei Putz, Trockenbau und Wärmedämm-Verbundsystem“, 2. Auflage. Hrsg.: Fachverband der Stuckateure für Ausbau und Fassade Baden-Württemberg, Stuttgart; Fachverband Glas, Fenster, Fassade Baden-Württemberg, Karlsruhe, Bundesverband Rollladen + Sonnenschutz e. V., Bonn, 10/2010

[25] DIN 18947 Lehmputzmörtel – Begriffe, Anforderungen, Prüfverfahren, 08/2013, DIN 18947/A1 Lehmputzmörtel – Begriffe, Anforderungen, Prüfverfahren; Änderung A1 03/2015

[26] DIN EN 13279-1 – Gipsbinder und Gips-Trockenmörtel – Teil: Begriffe und Anforderungen 11/2008

[27] Leitlinien für das Verputzen von Mauerwerk und Beton – Grundlagen für die Planung, Gestaltung und Ausführung Hrsg.: Industrieverband Werkmörtel, Duisburg; unter Mitarbeit von Bundesverband Ausbau und Fassade, Berlin; Bundesverband Farbe, Gestaltung Bautenschutz, Frankfurt/M.et al.; 11/2014

[28] DIN 4108-4 – Wärmeschutz und Energie-Einsparung in Gebäuden – Wärme- und feuchteschutztechnische Bemessungswerte, 03/2017

[29] DIN EN 1745 – Mauerwerk und Mauerwerksprodukte – Verfahren zur Ermittlung von Wärmeschutzrechenwerten, 08/2002

[30] DIN 4108-10 – Wärmeschutz und Energie-Einsparung in Gebäuden – Anwendungsbezogene Anforderungen an Wärmedämmstoffe – werkmäßig hergestellter Wärmedämmstoffe, 06/2008

[31] Merkblatt für Planung und Anwendung von Putzprofilen im Außen- und Innenbereich; Hrsg.: Europrofile, Bundesverband Ausbau und Fassade, Berlin; Bundesverband der Gipsindustrie e. V. Darmstadt; Industrieverband Werkmörtel, Duisburg; Österreichische Arbeitsgemeinschaft Putz, Innsbruck (A); Schweizerischer Maler- und Gipser-Unternehmerverband, Wallisellen (CH); 01/2011

[32] „Dünnlagenputz im Innenbereich“, Merkblatt, Hrsg.: Bundesverband Ausbau und Fassade, Berlin; Bundesverband der Gipsindustrie e. V., Darmstadt; Industrieverband Werkmörtel, Duisburg; Bundesverband der Kalksandsteinindustrie e. V., Hannover, 09/1999

[33] Toleranzen im Hochbau – Kommentar zur DIN 18202, zulässige Maßabweichungen im Roh- und Ausbau Ertl, R. Müller Verlag, Köln. 03/2006

[34] „Außenputz auf Leichtziegel“, Merkblatt, Abschnitt 5 (36), Hrsg.: Hauptgemeinschaft der Deutschen Werkmörtelindustrie, Köln; Bundesverband Deutsche Ziegelindustrie, Bonn; Bundesverband der Deutschen Mörtelindustrie, Duisburg, 12/1988

[35] „Putz auf Ziegelmauerwerk“, Hrsg.: Arbeitsgemeinschaft Mauerziegel e. V. im Bundesverband der Deutschen Ziegelindustrie e. V., Bonn, Bundesverband Ausbau und Fassade im Zentralverband des Deutschen Baugewerbes, Berlin; Industrieverband WerkMörtel e. V., Duisburg; Bundesverband Farbe Gestaltung Bautenschutz, Frankfurt 12/2015

[36] „WTA-Merkblatt 2-4-14/D Beurteilung und Instandsetzung gerissener Putze an Fassaden“– Hrsg.: Wissenschaftlich-technische Arbeitsgemeinschaft für Bauwerkserhaltung und Denkmalpflege e. V. (WTA), München, 08/2014

[37] „WTA-Merkblatt 2-7-01 Kalkputze in der Denkmalpflege“, Hrsg.: Wissenschaftlich technische Arbeitsgemeinschaft für Bauwerkserhaltung und Denkmalpflege e. V. (WTA), München, 07/2001

[38] „Merkblatt „Einbau und Verputzen von Platten aus extrudiertem Polystyrolschaum (XPS-R) mir rauer oder gewaffelter Oberfläche“, Hrsg.: Industrieverband Werkmörtel, Duisburg; Arbeitsgemeinschaft Mauerziegel e. V. im Bundesverband der Deutschen Ziegelindustrie e. V., Bonn; Bundesverband Ausbau und Fassade im Zentralverband Deutsches Baugewerbe, Berlin; Fachvereinigung Polystyrol Extruderschaumstoff, Berlin.; Bundesverband Farbe, Gestaltung, Bautenschutz, Frankfurt/M.;, 05/2016

[39] „Gipsputze und gipshaltige Putze auf Beton“, Hrsg.: Bundesverband Ausbau und Fassade, Berlin; Bundesverband der Gipsindustrie e. V., 12/2010

[40] Technisches Handbuch Putz – Stuck – Trockenbau – Wärmedämmung, 3. Auflage, Hrsg.: Fachverband der Stuckateure für Ausbau und Fassade Baden-Württemberg, Stuttgart; Schweizerischer Maler- und Gipserunternehmerverband, Wallisellen (CH), 2010

[41] „Richtlinie Metallanschlüsse an Putz und Wärmedämm-Verbundsysteme – Richtlinie für die fachgerechte Planung und Ausführung von Anschlussdetails im Bereich von Klempner- und Stuckateurarbeiten“, Hrsg.: Fachverband der Stuckateure für Ausbau und Fassade Baden-Württemberg, Stuttgart; Zentralverband Sanitär-Heizung-Klima St. Augustin (Entwurfsfassung 01/2017, voraussichtlich Herbst 2017 verfügbar)

[42] „Richtlinie luftdichte Konstruktionen und Anschlüsse“, Hrsg.: Fachverband der Stuckateure für Ausbau und Fassade Baden-Württemberg, Stuttgart; Fachverband Elektro- und Informationstechnik Baden-Württemberg, Stuttgart; Verband des Zimmerer- und Holzbaugewerbes Baden-Württemberg, Stuttgart, 03/2009

[43] Innenwärmedämmung – Merkblatt für Planung und Anwendung im Bestand und Neubau; Hrsg: Fachverband der Stuckateure für Ausbau und Fassade Baden-Württemberg, Stuttgart; Schweizerischer Maler- und Gipser-Unternehmer Verband, Wallisellen (CH); Bundesverband Farbe Gestaltung Bautenschutz, Frankfurt/M. 01/2016[44] BFS-INFO 01/05 Raufaser; Hrsg.: Bundesausschuss Farbe und Sachwertschutz e. V., Frankfurt/M. 2005

[45] DIN 4108-3 – Wärmeschutz und Energie-Einsparung in Gebäuden – Klimabedingter Feuchteschutz – Anforderungen, Berechnungsverfahren und Hinweise für Planung und Ausführung, 07/2001

[46] DIN 4108-2 – Wärmeschutz und Energie-Einsparung in Gebäuden – Mindestanforderungen an den Wärmeschutz, 02/2016

[47] „Handlungsanleitung für den Umgang mit Arbeits- und Schutzgerüsten", BGI 663, Hrsg.: Berufsgenossenschaft der Bauwirtschaft, Berlin; Hauptverband der gewerblichen Berufsgenossenschaften, Sankt Augustin; Zentralverband deutsches Baugewerbe; et al., 2010

[48] Gemeinsame Stellungnahme zum Schutz eingebauter Installationsdosen der Fachverbände: Elektro- und Informationstechnik Baden-Württemberg, Stuckateure für Ausbau und Fassade Baden-Württemberg und Ausbau und Fassade Baden e. V., 12/2000

[49] Putz, Stuck, Trockenbau; S. Leixner, A. Reddatz, DVA 2004

6.2 Adressen

Fachverband der Stuckateure für Ausbau und Fassade
Baden-Württemberg
Wollgrasweg 23
D-70599 Stuttgart
http://www.stuck-verband.de

Fachgruppe Putz und Dekor im Verband der deutschen Lackindustrie e. V.
Karlstraße 21
D-60329 Frankfurt;
http://www.putz-dekor.org

Bundesverband Ausbau und Fassade
Putz – Stuck – Trockenbau – Farbe
Im Zentralverband Deutsches Baugewerbe
Kronenstraße 55–58
D-10117 Berlin
http://www.stuckateur.de

Bundesverband der Gipsindustrie e. V.
Kochstraße 6–7
D-10969 Berlin
www.gips.de

Wissenschaftlich-Technische Arbeitsgemeinschaft für Bauwerkserhaltung und Denkmalpflege e. V. (WTA)
Ingolstädter Str. 102
D-85276 Pfaffenhofen
http://www.wta.de

Bundesverband Farbe, Gestaltung Bautenschutz
Hahnstraße 70
D-60528 Frankfurt/M.
http://www.farbe.de

Industrieverband WerkMörtel
Düsseldorfer Straße 50
D-47051 Duisburg
http://www.iwm-info.de

Bundesausschuss Farbe und Sachwertschutz e. V.
Hahnstraße 70
D-60528 Frankfurt/M.
http://www.farbe-bfs.de

Fachverband Wärmedämm-Verbundsysteme e. V.
Fremersbergstraße 33
D-76530 Baden-Baden
http://www.heizkosten-einsparen.de

Schweizerischer Maler- und Gipserunternehmer-Verband
Grindelstraße 2
CH-8304 Wallisellen
Schweiz
http://www.malergipser.com

Wirtschaftskammer Österreich
Berufsgruppe Stuckateure und Trockenausbauer
Schaumburgergasse 20/6
A-1040 Wien
http://www.wko.at/bauhilfsgewerbe

Österreichische Arbeitsgemeinschaft Putz
Laxenburgerstraße 28
A-2353 Guntramsdorf
Österreich
http://www.oeap.at

Europrofiles c/o Building Products
POB 2
B-8850 Zwevegem
Belgien
http://www.europrofiles.com

Sachwortverzeichnis

A

C

D

E

F

G

H

I

M

N

O

P

Q

R

Kolibri 360 GmbH
Ferdinand-Jühlke-Straße 7
99095 Erfurt, Deutschland
produktsicherheit@kolibri360.de